Daniel Anker

GIPFELZIELE IM TESSIN

66 Touren zwischen
Gotthard und Chiasso

NATUR
PUNKT

Ein Wanderführer im Rotpunktverlag

Daniel Anker

GIPFELZIELE IM TESSIN

66 TOUREN ZWISCHEN GOTTHARD UND CHIASSO

Die Wandersfrau und der Steinmann stehen auf der Cima d’Efra (2577 m), einem Gipfel hoch oberhalb der Täler Leventina und Verzasca. Er bleibt, und sie bricht auf zu neuen Zielen. Schultern wir den Rucksack!

Naturpunkt-Fachbeirat
Daniel Anker, Thomas Bachmann, Ursula Bauer, Fredi Bieri, Markus Lüthi, Dominik Siegrist, Marco Volken

Titelbild: Wie eine Himmelsleiter zieht sich eine Steinmauer zum Gipfel des Pizzo Bombögn (Tour 31) empor. Bergler haben sie errichtet, um die Ziegen vom jäh abfallenden Grashang links abzuhalten. Wanderer benützen diesen besonderen Kulturweg, um vom Gipfel ins Tal zu gelangen.

Bildnachweis: Eva Feller, S. 122–123, 194, 252; Ray Gallagher, S. 127; Ralph Schnegg, S. 75; Hans G. Stricker, S. 210. Alle andern Fotos von Daniel Anker.

Für Andrea, Anna und Eva

Druck und Bindung: fgb · freiburger graphische betriebe
Routenskizzen: Thomas Vogelmann · www.kartengrafik.de
1. Auflage
ISBN 3-85869-258-1

VORWORT

»Vergeblich suche ich nach dem Buch *Gipfelziele im Tessin* – weil es offenbar vergriffen ist«, schrieb mir Anna Luterbacher am 19. September 2000. »Deshalb mache ich es wie meine Freunde B. Tschudin, M. Ganz und frage Sie direkt und persönlich an, ob Sie noch ein Exemplar zum Verkauf haben. Es würde mich riesig freuen und meine Bergbibliothek würde wesentlich bereichert.«
Solche Zuschriften freuen mich natürlich. Doch in den letzten Jahren konnte ich persönlichen Anfragen nicht mehr nachkommen, weil ich nur noch ein Exemplar meines ersten Wanderführers hatte. Er ist offenbar gut angekommen. Zum Beispiel bei H.R. Kolar aus Carena: »Meine Frau und ich sind eben erst von der Tour 29 – Pizzo Alzasca – zurückgekehrt, haben unsere Badekleider zum Trocknen aufgehängt. Jede Möglichkeit haben wir gem. Ihren Anleitungen genutzt, um sich ›weitab von Bikinigirls und Tangajungs‹ in den den verschiedenen Gewässern zu erfrischen«, heißt es auf der Postkarte vom 17. August 1993. Kürzer fasste sich Heinz Zumstein im September 1998: »Traumhaftes Herbstwetter, 1 tolles Anker-Buch, Merlot und eine gute Küche. Was braucht es mehr …«
Ja, was? Vielleicht den Umstand, dass die »Gipfelziele im Tessin« zehn Jahre nach dem erstmaligen Erscheinen wieder greifbar sind. Neu mit 66 statt 50 Touren. Die schon beschriebenen Wege bin ich nur selten nochmals gegangen, weil ich lieber neue gesucht habe. Doch Wanderer haben mir geschrieben, was sich verändert hat, beispielsweise Heinz Zumstein. Vor allem aber hat der Tessiner Marco Volken, Fotograf und Wanderführerautor, den Text kritisch durchgelesen und manchen Verbesserungsvorschlag angebracht. Ihnen beiden und vielen andern, die mir bei der Überarbeitung geholfen haben, sei herzlich gedankt.
Und dann sind da noch Katrin Hetzendorfer und Timo Widmer. »Zur Wanderung 39 auf den Sassariente haben wir einen Vorschlag für eine interessante Variante. Wir nennen sie die Chinesische Mauer: Es handelt sich dabei um eine 1 bis 1,5 m hohe Gneisplattenmauer, die vom Gratgipfel neben dem Sassariente bis zur Cima di Sassello führt«, schrieben sie am 15. Juni 1993 und fragten sich und mich: »Wann und weshalb ist wohl diese Mauer gebaut worden?« Die Antwort steht auf Seite 220.

Bern, 16.7.03 Daniel Anker

INHALT

RIVIERA, VAL CALANCA UND VALLE MESOLCINA

VALLEMAGGIA UND SEITENTÄLER

DER SENTIERO IST AUCH DAS ZIEL

»Wer unsere Berge nicht aus der Nähe kennt, kann sich von der riesigen Arbeit keine Vorstellung machen, die für den Bau der Alpwege nötig war. Es sind Kilometer von Stützmauern, Zehntausende von Stufen; an den schwierigsten Stellen war es nötig, den Weg aus dem Felsen zu meißeln, oder Stege aus Lärchenbalken zu bauen. Diese gefährliche Arbeit mussten die Menschen hängend an Seilen verrichten. Aber es gab nicht nur die Alpwege, die Kuhwege, wie sie genannt wurden. Man musste auch hundert andere, kleinere Pfade und Abkürzungen bauen, für die Ziegen, für die Wildheuer, damit sie an den unzugänglichsten Hängen den letzten Grashalm ernten konnten.« Der Tessiner Schriftsteller Plinio Martini (1923–1979) kannte seine Berge, er wohnte mittendrin, in Cavergno am Ausgang der Val Bavona; er zeigt uns in seinen Texten, wie hier in *Alpi di Val Bavona*, ein Tessin, das nicht die viel zitierte Sonnenstube der Schweiz ist, es nicht war, müsste ich eigentlich schreiben. Um die vorletzte Jahrhundertwende wurden 450 Alpen bestoßen, heute sind es nicht einmal mehr 100.

Über die sentieri alpestri gehen kaum noch Bergbauern und Kühe, vielleicht noch ein paar Ziegen und Schafe, und Wanderer, immer mehr Wanderer, die gerade dank der Arbeit der Tessiner Bergler in den unzugänglichen Bergen einen faszinierenden Natur- und Kulturraum erleben. Die Bergwege im Tessin sind meistens nicht Wege, die eigens für Touristen und ihre Ansprüche angelegt wurden: für den Nervenkitzel im Augenblick, den Gipfelsieg, den ästhetischen Genuss dazwischen. Und trotzdem bietet das Gehen auf alten Wegen physische und psychische Herausforderungen: Gehen nicht auf einer modernen Via ferrata, sondern auf einem alpwirtschaftlichen Steinweg, geschaffen zum Überleben in den Bergen, kunstvoll angelegt und doch mit der Natur verbunden (wie zum Beispiel beim Aufstieg von Biasca auf den Mottone di Cava), im Gegensatz zu einem Klettersteig, der die Ausgesetztheit über dem Abgrund künstlich sucht: bäuerliche Ingenieurkunst gegen touristische Installationen.

Die Wege hat die einheimische Bevölkerung der Natur abgetrotzt und befestigen müssen, wegen der Steilheit des Geländes und wegen der Niederschlagsintensität. Wandern im Tessin heißt deshalb: auf Wegen von einst bis hoch hinauf in die

Gipfelregion, vom Dorf zum Maiensäß, von dort zur Alp, von einer Alp über einen Pass zur andern Alp in einem andern Tal, vom Pass auf Ziegen- und Schafspfaden auf den Gipfel. Und gerade weil man den vergessenen, verschwundenen, wiederentdeckten, instand gesetzten sentieri folgt, ist der Weg (auch) das Ziel.

*

»Im Allgemeinen sind die Excursionen in diesen Gegenden [Tessiner Alpen] sehr beschwerlich und mühsam. Um auf eine nicht sehr bedeutende absolute Höhe zu gelangen, ist bei der tiefen Lage der Wohnplätze immer eine bedeutende Höhe zu überwinden und darum verhältnismässig viel Zeit nothwendig. Zudem fängt unmittelbar von der Thalsohle aus eine bedeutende und anhaltende Steigung an und die Fusswege, wenn solche vorhanden sind, sind schlecht und steinig.« Steinig sind die Wege des Tessins tatsächlich, da hatte Ludwig Rütimeyer Recht gehabt, aus dessen Feder der erste deutschsprachige Führer von 1873 über die (westlichen) Tessiner Alpen stammt: ein so genanntes *Itinerarium für den Schweizer Alpen-Club*, eine Wegleitung für dessen wechselnde Exkursionsgebiete.

Allerdings hätte Rütimeyer etwas unterscheiden sollen: Steinig ist nämlich nicht gleich steinig. Wenn es Steine sind, die Menschen auf- und nebeneinander gelegt haben, dann ist es angenehm, auf dem Weg zu gehen. Wenn hingegen die Natur die Steine wahllos aufeinander gehäuft hat, dann hat man einen schlechten Weg unter den Füßen. Guter und schlechter Weg liegen manchmal nur wenig auseinander, zum Beispiel in einer Geröllhalde:

▼ **Erwandern: Wandern im Tessin ist umweltgerechte Fortbewegung von einem Ort zum andern. Auf alten Alp- und Saumwegen, die der Natur abgetrotzt werden mussten und trotzdem natürlich sind – wie hier beim Abstieg vom Madom da Sgióf durch die Valle del Salto nach Maggia (Tour 44).**

Man merkt, dass man auf dem richtigen Pfad geht – und zwar nicht mit den Augen, sondern mit den Füßen: Geherfahrungen ganz besonderer Art, beispielweise am Pizzo Rosso in der Val Bavona.
Weit sind die Wege zu den Tessiner Gipfeln freilich fast in jedem Fall. Denn die Höhenunterschiede, hervorgerufen durch den gewaltigen Steilabfall der Alpensüdseite, sind beträchtlich. Tagesaufstiege von 2000 Höhenmetern sind keine Seltenheit, und die Abstiege sind selten kürzer. Wenn der Weg zum Gipfel so lang, so gut oder so schlecht ist, dann wird er ganz natürlich zum Ziel.

*

»Der Hauptcharakter dieser italienischen Alpen ist, dass alle Berge steiler sind, und sich näher an einander drängen, als in der nördlichen Alpenkette. Darum gruppirt sich alles so mahlerisch und lustig, und da die Vegetation kräftiger ist, so ist jeder Stein bemahlt, und jede Felsenkluft beschattet.« Als Karl Viktor von Bonstetten in seinen *Briefen über die italienischen* [= tessinerischen] *Ämter* aus dem Jahre 1795 die von der Vegetation überwachsenen Steine festhielt, konnte er nicht ahnen, wie buchstäblich Recht er mit dem Ausdruck »bemahlt« behalten sollte. Denn häufiger als in den nördlichen Alpenketten sind die Steine tatsächlich bemalt: mit Farbe, meistens mit roter, die den Namen einer Hütte, einer Alp, einer Siedlung, eines Berges anzeigt. Wegweiser mit Metallstange und gelben Schildern trifft man auch, aber weit häufiger bilden Steine die Wegweiser. Steine gibt es im Tessin ja genug.
Viele Wanderwege im Tessin wurden zwar touristisch aufbereitet, indem man sie markierte, basieren aber auf alten Wegen. Gewiss gibt es auch neu angelegte Wege, wie beim Normalaufstieg auf den Pizzo Campo Tencia. Doch der Abstieg in die Val di Prato erfolgt auf alten Pfaden, oben kaum mehr auszumachen, unten in eine senkrechte Schlucht gebaut. Wandern im Tessin ist sanfter Tourismus, weil meistens bestehende Strukturen, vom Talort über die Hütte bis ganz oben, benützt werden.
Es gibt alte Wege, die führen auf den Gipfel, wie beim Pizzo Bombögn zwischen dem deutschsprachigen Dorf Bosco/Gurin und dem vom Untergang bedrohten Cimalmotto: Die Bergler bauten einen steinernen Viehzaun bis auf den höchsten Punkt, damit die Ziegen nicht die Vegetation beschädigten. Weil die Arbeit zur Bewahrung des ökologischen Gleichgewichts erst ganz oben zu Ende war, war das Ziel der Bergler der Gipfel.

*

»Die Vorzüge und Schönheiten weit entlegener Climate finden sich hier in einem harmonischen Ganzen vereinigt, wie unser Weltheil es schwerlich irgendwo zum zweiten Male bietet«, schreibt Hermann Christ in *Das Pflanzenleben der Schweiz* aus dem Jahre 1879 über das Tessin zwischen Lugano und Locarno: »Kann es uns wundern, dass unter solchen climatischen Verhältnissen, bei dem geradezu einzig schönen Relief der Gegend mit ihren, in wechselnde Buchten getheilten Seen und Bergcoulissen der landschaftliche Charakter des Tessin ein unvergleichlicher ist, der den nordischen Wanderer unwiderstehlich bezaubert und selbst in der erhabenen Tropenwelt kaum seines Gleichen findet.« Dass diese Landschaft den Wan-

derer immer noch bezaubert, liegt aber nicht allein in der unglaublich vielfältigen Natur, die auf kleinstem Raum Palmen und Gletscher vereinigt, wie zum Beispiel beim Abstieg vom Rheinwaldhorn durch die Val Malvaglia. Der Zauber besteht auch darin, dass die Landschaft dank ihrer Unzugänglichkeit noch sehr intakt ist, unversehrter jedenfalls als in vielen Gegenden nördlich des Gotthards. Und in dieser idyllisch-herben Natur, wo nahe beieinander mediterrane und arktische Pflanzen wachsen, finden sich überall Spuren von Menschen: Häuser, Wege, Kapellen. Die Bergwelt des Tessins ist keine menschenleere Wildnis.
Das Tessin: einst ein Auswandererland von Leuten, die genug von den steilen, von dichter Vegetation überwucherten Alpwegen hatten – heute ein Wanderland von Leuten, die gerade diese Wege in dieser Landschaft aufsuchen, weil sie genug von Wanderstraßen und Gehsteigen haben. Das ist ebenfalls ein Ziel von nordischen Wanderern, nicht allein der Gipfel.

*

»Die Tessiner Alpen im allgemeinen gelten als langweilig. Ihre Bergspitzen, mit Ausnahme vielleicht des Basodano, der nur besucht wird, weil er den höchsten Punkt der Gruppe bildet, werden verschmäht. In den Thalern sind zu viel Felsblöcke und zu wenig Brücken, zu viel Wasser und doch zu wenig Wirthshäuser.« Nochmals ein Urteil aus dem Führer von Ludwig Rütimeyer von 1873. Tatsächlich: Viele Bergspitzen der Tessiner Alpen werden noch heute verschmäht, obwohl die Felsblöcke Straßen weichen mussten und viele Brücken die durch Staudämme

▼ Erwarten: Stöcke erleichtern das Wandern auf den oft steilen und steinigen Wegen. Wer aber in den Lago della Cavegna (Tour 33) springen will, macht dies besser im Badekleid – oder nackt.

gezähmten Wasser überspannen. Doch welche Bergspitzen gehören überhaupt zu den Tessiner Alpen? Nach Rütimeyers Definition nur das Gebirge, welches von den Gewässern Toce, Ticino und Lago Maggiore begrenzt wird. Darin ist dann auch die italienische Monte-Zeda-Gruppe eingeschlossen, die man dann häufig trotzdem nicht mehr in diese Definition der Tessiner Alpen miteinschließt. Immer noch nach dieser häufig gewählten Einteilung erheben sich im Norden die Gotthard-Berge und im Nordosten, zwischen Lukmanier und San Bernardino, Rhein und Bellinzona, die Adula-Alpen mit dem Rheinwaldhorn als höchstem Punkt. Dieser Berg ist aber auch der höchste Gipfel des Kantons Tessin.

Eine andere Gebirgseinteilung (für die sich vor allem der Schweizer Alpen-Club mit seinen fünf Tessin-Führern stark macht) berücksichtigt mehr politische als geografische Grenzen und definiert die Tessiner Alpen als die Berge, die auf Kantonsgebiet und an dessen Rand liegen. Und damit neben den eigentlichen Tessiner Alpen (in diesem Fall sind es dann die westlichen) auch große Teile der Gotthard-Berge, der Adula-Alpen und der Lombardischen Voralpen, die wiederum manchmal zu den Adula-Alpen, oder gar zur Tambo-Gruppe, gezählt werden. Und schließlich müssten auch noch die Lepontinischen Alpen erwähnt werden, zu denen ganz sicher die (westlichen) Tessiner Alpen gehören, teilweise aber noch mehr. Verwirrlich, nicht wahr?

Wir halten uns in diesem Buch an die Grenzen des Kantons Tessins, aber nicht stur, wenn Gipfel – wie die Cima del Sassone über der italienischen Valle Vigezzo oder die Cima de Nomnom zwischen den bündnerischen Val Calanca und Valle Mesolcina – am Anreiseweg liegen und so spannende Einreisen zu Fuß ins Tessin ermöglichen. Wie die Definition der Tessiner Alpen auch immer lautet, eines sind ihre Berge nicht: langweilig. Nicht zuletzt deshalb, weil nicht nur der Gipfel, sondern auch der Weg das Ziel ist.

*

»Gerade in dieser Urwüchsigkeit liegt ja ein besonderer Reiz, nicht für den Durchschnittstouristen, der da wähnt, nur auf geebneten Pfaden wandeln zu können und jede Stunde ein Wirtshaus und abends ein weiches Bett finden zu müssen, wohl aber für den Wanderer, der die Natur um ihrer selbst willen aufzusuchen gewohnt ist.« Leodegar Lisibach und Julius Kutzner, die dieses Urteil im Artikel *Aus den Tessiner Alpen* im Jahrbuch des Schweizer Alpen-Clubs von 1902 fällten, konnten nicht wissen, dass heute rund 80 Berghütten im Tessin stehen, neu erstellte Hütten und umgebaute ehemalige Alphütten, wie zum Beispiel das Rifugio Piano delle Creste am Südfuß des Basòdino. Nicht alle Hütten sind bewirtschaftet, man muss also selbst die Verpflegung mitbringen, doch ein weiches Bett wird man immer finden; nicht nur in den Capanne und Rifugi, sondern auch in den meisten Talorten.

Die Gipfeltouren des Buches wurden bewusst so ausgewählt, dass sich der Zielort der einen mit dem Ausgangsort der nächsten Tour deckt. So entstand ein Netz durch das ganze Tessin, von Wirtshaus zu Wirtshaus sozusagen. Am Schluss des Buches sind neun besondere Gipfeltrekkings vorgestellt. Fast jede der 66 Bergtouren

und -wanderungen hat mindestens eine Anschlusstour und kann gleichzeitig als Ein- oder Zweitagestour gemacht werden. Mit dieser Vernetzung der Tessiner Gipfelziele werden die Wege zum Ziel: Nicht allein der Berg in der urwüchsigen Natur zählt, sondern das Gehen von einer Hütte zur andern, von einem Ort zum nächsten. Neue Horizonte mit Badegenuss am Wegrand. Große Belohnung durch Natur und Kultur – tagsüber mehr Ersteres, abends mehr Letzteres.

In dieser ständigen Vermischung von beidem liegt das Ziel der Gipfeltouren, und wir begegnen ihm überall, zum Beispiel in Otto Roegners Bericht *Aus den Tessinerbergen* aus dem SAC-Jahrbuch von 1921, worin er eine Besteigung des Pizzo di Claro so ausklingen lässt: »Dort [im Talboden] flüchtete ich mich in den Schatten einer Osteria; wieviel Windungen der Bergpfad bis dahin aufweist, weiß ich nicht, meine Knie sprachen für tausend, mein Durst für die doppelte Zahl. Doch für beides gab es hier Heilmittel.«

▼ Erfahren: Steinig ist zuoberst der Weg von Airolo in den Passo Sassello (Tour 5). Wenn es Steine sind, die Menschen gelegt haben, haben die Wanderer einen guten Weg unter den Füßen. Ist es hingegen eine der vielen Geröllhalden, dann wird das Gehen schwieriger.

ANNÄHERUNG VON NORDEN

Ein Tessiner Fähnchen steckt zuoberst auf dem Pizzo Centrale (2999 m), dem höchsten Gipfel über dem klassischen Gotthardpass. Der Blick geht nach Westen zum Basòdino (und in der Ferne zum Monte Rosa). Unser Horizont ist abgesteckt.

1 Pizzo Centrale (2999 m)

Vom Passo del San Gottardo auf den Berg im Herzen der Alpen

Tourencharakter: Bergwanderung auf einen ziemlich gut besuchten Gipfel zwischen Tessin und Uri. Teilweise markierte Pfade, die Trittsicherheit und etwas Orientierungsvermögen verlangen. Eine Schwierigkeit abseits der Route: der militärische Schießbetrieb. Große Sicht auf die Gipfel des nördlichen Tessins.
Beste Jahreszeit: Ende Juni bis Anfang Oktober.
Gehzeit: 5 Std.

»Wir stehen im Mittelpunkt der mächtigen Zentralalpenkette, auf der altehrwürdigen Gotthardpasshöhe, der Wasser- und Wetterscheide zwischen Süd und Nord, und schauen gierig hin nach dem ersehnten Land, wo die Citronen blühn ... Nichts erspäht unser Auge als einen nackten, felsigen Höhenzug. Enttäuscht und ungeduldig dringen wir weiter vor; denn nun müssen sie wohl ganz nahe sein, die lachenden Gefilde ewigen Frühlings, sprießenden Lebens ... Uns umfängt die lawinen- und toddrohende Schlucht des Trümmeltals (Val Tremola).« Mit dieser Schilderung leitet der Zürcher Bergsteiger und Autor Carl Täuber sein Anfang des 20. Jahrhunderts veröffentlichtes Buch *Aus den Tessiner Bergen* ein, worin er seine unermüdlichen Streifzüge durch diesen »interessanten Erdenwinkel« wiedergibt. Täuber gibt die Suche nach dem Süden nicht auf. »Wir flüchten uns hinauf zu den 3000 Meter hohen, vom Hospiz unschwierig zu ersteigenden Gipfeln des Centrale im Osten und des Lucendro im Westen, um die Ebene des Ticino zu übersehen und ... erblicken ein Meer von Bergspitzen, langsam abfallend von 3000 zu 2500 und 2000 und schließlich 1500 Metern.«

Das Tessin: Es ist dieser traubenförmige Keil, dessen Basis im zentralen Alpenbogen wurzelt, während die Spitze die Poebene streift. Nur 90 Kilometer Luftlinie liegen zwischen dem Gotthard-Pass und Chiasso. Das Tessin ist der einzige Kanton der Schweiz, der fast ganz auf der Alpensüdseite liegt – einzig der Reno di Medel der Val Cadlimo fließt gegen Norden. Und obwohl er den tiefsten Punkt dieses Alpenstaates aufweist, das palmengesäumte Ufer des Lago Maggiore (193 m), ist der Kanton Tessin eine der gebirgigsten Gegenden Helvetiens. Auf drei Vierteln des Kantons erheben sich Berge, steile Gebirgskämme, getrennt durch tiefe Täler, die weit ins Herz der Alpen einschneiden: Der Torrone (2957 m) südöstlich von Biasca überragt die Ebene des Tessins um 2600 Meter, und Olivone (889 m), das auf der gleichen geografischen Breite wie der Gotthard liegt, befindet sich weiter nördlich als der höchste Gipfel des Tessins, das Rheinwaldhorn (3402 m). Selbst im Sottoceneri, der Region südlich des Monte-Ceneri-Passes, erreichen die Berge noch 2000 Meter; ihren gebirgigen Charakter verliert die Gegend erst in den Hügeln der Lombardei.

Es scheint paradox: Gerade weil die Berge so hoch über den Tälern liegen, scheinen die von Norden durch und über den Gotthard anreisenden Menschen das Tessin nicht als Gebirge wahrzunehmen. Was vielleicht auch daran liegt, dass viele Tessinreisende die Idee vom Land, wo die Zitronen blühen, wie ein Brett vor dem Kopf haben. Jedenfalls kann es nicht allein an den zugegebenermaßen anstrengenden, teilweise schlecht erschlossenen, unbekannten und unprätentiösen Gipfeln des unteren Tessintales liegen, dass sie kaum besucht werden, obwohl eine der meistbenützen Transitachsen der Alpen an ihrem Fuß verläuft. »Von den vielen Tausenden, welche den Tessin alljährlich im Bahnzug durchreisen, ahnen wohl nur wenige, welch prächtige Ausblicke diese Berge bieten und mit welch pittoresken Partien uns die vielen Seitentäler zu überraschen vermögen«, schrieben Leodogar Lisibach und Julius Kutzner in ihrem Artikel *Aus den Tessiner Alpen* im Jahrbuch des Schweizer Alpen-Clubs von 1902. Die beiden erarbeiteten zusammen mit Gotthard End den ersten SAC-Führer für dieses Gebirge, der 1908 erschien. Täuber seinerseits freute sich schon im Voraus für dieses Werk: »Es entstehen immer mehr Vorkämpfer um die Bekanntmachung der Schönheit und Vorzüge der Tessiner Berge.« Wie Recht er gehabt hat. Nur etwas konnte er nicht vorausahnen: Dass der Pizzo Centrale seit 1984 mit neu vermessenen

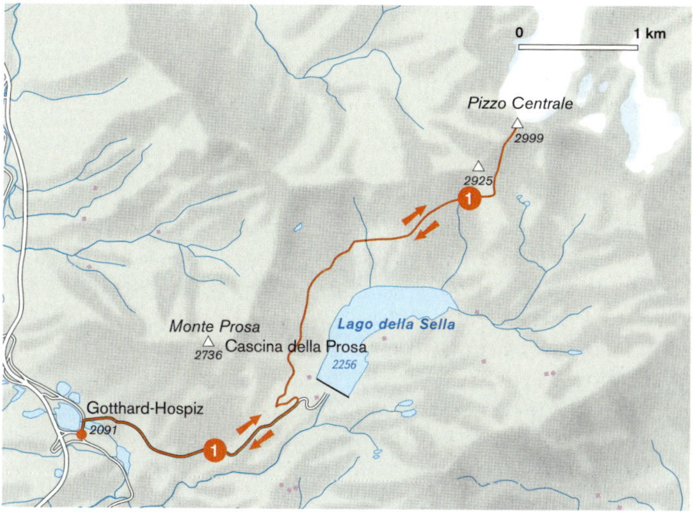

2999,2 Metern kein Dreitausender mehr ist. Was aber keinen Stein aus der granitharten Tatsache lockert:
Tessin: Land der Berge.

Der Auf- und Abstieg

Vom Gotthard-Hospiz (2091 m) ostwärts auf der Straße zum Lago della Sella bis zur einer Straßenverzweigung etwa 150 Meter unterhalb der Staumauer. Dort zweigt links ein Weg ab. Er geht, anfänglich talauswärts ausholend, zu einer Ruine empor. Auf Wegspuren durch eine Mulde hinauf zur Cascina della Prosa (2403 m). Ein Weg quert ansteigend die ganze Grasflanke (Traversa della Prosa) und stößt in der Mulde Prosette auf den vom Lago della Sella heraufkommenden Bergwanderweg (diese Route ist wegen größerer Straßenstrecke weniger empfehlenswert). Ostwärts über eine Steilstufe hinauf zum Sasso di Paisgion (2560 m) und schräg hoch auf eine Schulter im SO-Grat des Gamsspitz (2925 m) ansteigen. Man quert seine geröllige O-Flanke in einen Sattel (ca. 2890 m, Guspissattel genannt) am Beginn des S-Grats des Pizzo Centrale, über den ein Pfad zum Gipfel (2999 m) führt.

Nützliche Informationen

Ausgangs- und Zielort: Passo San Gottardo (2091 m). Von Norden: Mit dem Postauto [600.50] von Andermatt; bis dort mit der Furka-Oberalp-Bahn [610] von Göschenen, dem Nordportal des Gotthardtunnels, bzw. von Oberwald oder von Disentis. Von Süden: Mit dem Postauto [600.50] von Airolo am Südportal des Gotthardtunnels. Das Postauto fährt von Juni bis September.

Schwierigkeit: T3.

Höhenunterschiede: Auf- und Abstieg je 910 m.

Gehzeiten: Aufstieg 3 Std., Abstieg 2 Std.

Distanz: 12 km.

Unterkunft/Verpflegung: Ospizio San Gottardo, Betten und Lager, Tel. 091 869 12 35, www.gotthard-hospiz.ch; offen von Mai bis Oktober.

Karten: 255 Sustenpass, 256 Disentis, 265 Nufenenpass, 5001 Gotthard; 1231 Urseren, 1232 Oberalppass, 1251 Val Bedretto.

Variante für Museumswanderer: In der 1833 als Herberge und Zollstation eingerichteten Alten Sust befindet sich das Museo Nazionale del San Gottardo (täglich offen von Juni bis Oktober, 9 bis 18 Uhr); wer keinen Wissensdurst hat, wandert in das darunter liegende Servisol. Ebenfalls besichtigenswert: das Museo Forte Ospizio San Gottardo, das Museum der Gotthardfestung auf dem Pass mit Waffen, Uniformen und anderer militärischer Ausrüstung (täglich offen von Juni bis Oktober 9 bis 12 Uhr, 13 bis 18 Uhr).

Besonderes: Unter der Woche teilweise Schießbetrieb im Raume Gotthard. Regionale Auskunftsstelle Monte-Ceneri über militärische Schießen, Tel. 091 935 90 97. Schießanzeigen (Avviso di Tiro San Gottardo) im Hospiz-Eingang sowie nördlich der Souvenirstände auf der Passhöhe am Lago della Piazza.

Literatur: Markus Bühler (Fotos)/Peter Stamm (Texte), *Gotthard. Die steinerne Seele der Schweiz,* AS Verlag, Zürich 1997. Jean Odermatt, *Himmelsland,* Scalo Verlag, Zürich 1997 – zwei sehr anregende Bildbände. Allen Hintergrund bei Helmut Stadler, *Mythos Gotthard,* Orell Füssli Verlag, Zürich 2003. Und: Alles über den Centrale und seine verlorene Ehre als Dreitausender bei Remo Kundert/Marco Volken, *Alpinwandern Zentralschweiz-Glarus-Alpstein,* Verlag des SAC, Bern 2000.

Anschlusstour: 4.

◀ **Spitzig: Steinmann am Weg zum Pizzo Centrale. Er hilft, den Weg auf den Gipfel zu finden. Aber hält er dem Nordwind stand, wenn dieser über den Alpenhauptkamm bläst?**

2 Scopi (3189 m)

Von der Lukmanierpassstraße auf einen eigen- und einzigartigen Gipfel

Tourencharakter: Eine zu Beginn und am Schluss wenig erbauliche, steile und ausgesetzte Tour für trittsichere, schwindelfreie Bergwanderer. Eine der weitreichendsten Aussichten des Tessins entschädigt für die Mühen und den überbauten Gipfel: von den Ortler Alpen zum Mont-Blanc-Massiv, vom Tödi zum Camoghè; nur die Jungfrau und das Matterhorn sieht man nicht, dafür mindestens die Hälfte der in diesem Buch vorgestellten Gipfel.
Beste Jahreszeit: Juli bis September.
Gehzeit: 6 Std.

»Das Auto hat den Berg abgeschafft«, bilanziert Dieter Bachmann im Epilog zum 1991 erschienenen Bildband *Gresso* von Maren Heyne, der die angeblich heile, doch unwiederbringlich ins Rutschen geratene Welt eines Tessiner Bergdorfes dokumentiert. »Der Hauptgrund aber dafür, dass Gresso nur noch Kulisse ist und es dort (...) und überall im Tessin nach dem Aussterben der jetzigen Alten diese Gesichter und Menschen nie mehr geben wird, ist die Mobilität. Mobil waren zuerst die Fremden, jetzt sind es die Tessiner

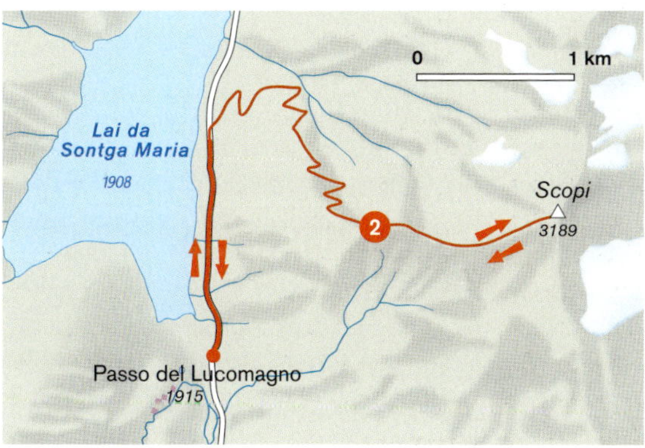

auch und zwar total. Das Tessin ist der verkehrsdichteste Kanton der Schweiz, mit dem Jura und dem Wallis zusammen der unfallträchtigste, von der Mentalität her vielleicht der auto- und motorverrückteste.«

Früher waren es die Saum- und Alpwege, die Ziegen- und Schafspfade, auf denen man sich abmühte, und als dann bei der rasanten Fahrt von der armen, bäuerlich-handwerklichen Gesellschaft in die moderne Dienstleistungswirtschaft mit Banken und Tourismus endlich Geld genug da war, um sich mühelos fortzubewegen, warf man die gerla (Tragkorb) endgültig fort, um sich den neusten BMW zu kaufen. Doch nicht nur klein-, sondern auch großräumig bestimmten und bestimmen Straßen das Durchgangsland: »Die Geschichte des Tessins ist die Geschichte seiner Verkehrswege«, schreibt der Tessiner Wirtschaftwissenschafter Basilio M. Biucchi im Tessin-Reader *Südwind*.

Diese Verkehrswege benützen wir Wanderer, bei der Anreise die großen, beim Auf- und Abstieg an den Gipfelzielen die kleinen. Am Scopi, dem dritthöchsten dieser Ziele, verbinden sich beide Wege mit einem dritten. Auf dem Gipfel steht nämlich, neben militärischen Bauten, auch eine zivile Flugsicherungsstation. So treffen sich hier am Lukmanier modernste mit uralten Straßen. Während heute der Gotthard und der San Bernardino mit Eisen- und Autobahnen den Transitverkehr aufnehmen, war nämlich in der Römerzeit der tiefer gelegene und weniger unwegsame Lukmanierpass der bevorzugte Übergang über den Alpenhauptkamm. In seinem italienischen Namen Passo del Lucomagno ist das lateinische »Lucus magnus«, großer Wald, erkennbar. Allzu viel ist davon nicht übrig geblieben, und die Wälder, welche die Wirbelstürme Anfang der 1990er-Jahre auf der Bündnerseite des Lukmaniers zerstört haben, wurden von italienischen Holzlastern nach Süden abtransportiert, wohin ihnen die Touristenautos folgen.

Dorthin wollen wir ebenfalls, doch zuerst steigen wir auf einem steilen, ausgesetzten, mühsamen Pfad zum Scopi. Wo er den Westgrat erreicht, blicken wir erstmals nach Süden hinab, durch die Valle di Blenio hinaus nach Biasca, wo das Tal in die vom Gotthard- und Nufenenpass herabkommende Leventina mündet.

Tessin: Land der Wege.

Der Auf- und Abstieg

Vom Hospiz auf dem Passo del Lucomagno (1915 m) geht der Weg entlang der Straße zur Lawinengalerie, dann auf ihrem Dach nordwärts, bis nach gut 1 Kilometer rechts der steile Weg zum Scopi abzweigt. Er steigt in die Mulde Puoza dil Scopi auf, erreicht südwärts über Gras und Geröll den W-Grat und folgt dem schmalen, oben steiler und gerölliger werdenden Grat bis zu dem mit einer Radaranlage und anderen Gebäuden überbauten Gipfel des Scopi (3189 m).

Nützliche Informationen

Ausgangs- und Zielort: Passo del Lucomagno (1915 m). Von Chur mit der Rhätischen Bahn [920] nach Disentis und mit dem Postauto [920.80] auf den Pass. Oder von Biasca an der Gotthardlinie [600] mit dem Bus [600.73] über Olivone auf den Lukmanierpass. Postauto/Bus von Juni bis Oktober.

Schwierigkeit: T3/T4.

Höhenunterschiede: Auf- und Abstieg je 1280 m.

Gehzeiten: Aufstieg 4 Std., Abstieg 2 Std.

Distanz: 10 km.

Unterkunft/Verpflegung: Hospezi Santa Maria auf dem Passo del Lucomagno, geöffnet von Juni bis Oktober, Tel. 081 947 51 34. Centro ecologico Uomo Natura in Acquacalda 4 km südlich der Passhöhe, Tel. 091 872 26 10.

Karten: 256 Disentis, 266 Valle Leventina; 1232 Oberalppass, 1252 Ambrì-Piotta.

Anschlusstouren: 12, 13.

◄ **Bergig: Mountainbiker mit vollgefedertem Bergrad auf dem Passo del Lucomagno, anlässlich des schweizerischen Alpenbrevets. Hier starten auch die Scopi-Wanderer – ohne Helm.**

▼ **Wuchtig: Der Scopi in winterlicher Montur; der Sommerweg benützt den Grat links. In der Tiefe die Lukmanierpassstraße.**

3 Chilchhorn (2784 m)

Vom Nufenenpass auf eine Spitze im Quellgebiet des Ticino

Tourencharakter: Für schwindelfreie Bergwanderer, die an einer ganz kurzen Klettereinlage (Schwierigkeit II) Freude haben. Die mit Abstand kürzeste Gipfelbesteigung in diesem Führer, was Zeit für die erhabene Sicht auf Blinnenhorn-Gruppe und östliche Berner Alpen gibt.
Beste Jahreszeit: Juni bis Oktober.
Gehzeit: 1½ Std.

Am Nufenenpass zwischen dem Wallis und dem Tessin entspringt der Tessin. Il Ticino heißt dieser Fluss auf Italienisch, der als größter Wasserlauf zwischen Alpenhauptkamm und Poebene dem ganzen Kanton seinen Namen gegeben hat. Ticino: Das bedeutet schnelles Wasser. Mehr als 2000 Höhenmeter überwindet der Fluss auf 90 Kilometern, bevor er sich in den Lago Maggiore ergießt, den tiefsten Punkt der Schweiz (193 m). Das sagt viel aus über das Gefälle im südlichen Zipfel dieses Landes, über die Erosionskraft des Wassers, über Schäden und Gewinne.

Wenn wir auf dem Chilchhorn sitzen und nach Süden blicken, dann fällt uns der Griesgletscher auf, der vom Blinnenhorn herabströmt und früher in den Griessee kalbte. Dessen Wasser würde in die Rhone fließen, aber er ist kein natürlicher, sondern ein aufgestauter See. Nach einer ersten Nutzung fließt das Wasser unter der Wasserscheide und der Kantonsgrenze hindurch in den Robièi-Stausee, der zuhinterst in der Val Bavona liegt, einem Seitental der Vallemaggia. Sieben Stauseen gehören zu den Maggia Kraftwerken AG, die jährlich etwa 1,2 Milliarden kWh produzieren, vor allem für die Städte auf der Alpennordseite. Die Anlagen wurden 1952 bis 1973 gebaut und zapfen fast alle Wasser im Einzugsbereich der Vallemaggia an. Die Fallhöhe zwischen dem Griessee (2386 m) und dem Lago Maggiore, wohin die Druckwasser endgültig entlassen werden, beträgt mehr als 2000 Höhenmeter. Es ist das größte Gefälle in der Schweiz.

Blicken wir hingegen vom Chilchhorn nach Osten, so fallen uns die steilen, teilweise bewaldeten Hänge der Val Bedretto auf, in die Wildbäche und Lawinen klaffende Wunden gerissen haben. In den fünf Dörfern stehen die Häuser dicht gedrängt beieinander, um sich vor den drohenden Naturgewalten zu schützen. Die Val Bedretto, eine der schneereichsten Gegenden der Schweiz, gilt als das Lawinental des Tessins schlechthin. Schneemassen fegten 1863 das halbe Dorf Bedretto weg und töteten 29 Einwohner. Lawinenverbauungen und Aufforstungen haben das Bergtal sicherer gemacht, die Abwanderung aber nicht stoppen können: Um die Jahrhundertwende lebten noch 300 Einwohner im Tal, heute trotzen nur noch 50 meist alte Leute den strengen Wintern. Noch im Sommer, wenn das Leben zurückkehrt und die Straße über den Nufe-

nenpass wieder offen ist, fließt der Ticino durch steinharte Lawinenkegel.
Tessin: Land des Wassers.

Der Auf- und Abstieg

Von der Raststätte auf dem Nufenenpass (2478 m) nordostwärts auf dem breiten Kamm an den Fuß des Chilchhorns. Seine steile W-Flanke überwindet der Pfad in elf Serpentinen. Man kommt zu einer Militärbaracke. Dahinter links oder rechts auf ein Band hochsteigen. Auf ihm nach links zum zweiten Riss. Zwei Meter hochklettern, sich durch einen Spalt zwischen Felsblöcken hindurchzwängen und leicht, aber ausgesetzt zur Spitze des Chilchhorns (2784 m).

Nützliche Informationen

Ausgangs- und Zielort: Nufenenpass (2478 m) zwischen der Val Bedretto und dem Goms. Postauto [600.51] von Ulrichen und Oberwald, Stationen der Furka-Oberalp-Bahn Brig-Andermatt-Disentis [610], nach Airolo, Bahnhof der Gotthardlinie [600]; fährt von Juni bis September.
Schwierigkeit: T2 und eine kurze Kletterei.
Höhenunterschiede: Auf- und Abstieg je 310 m.
Gehzeiten: Aufstieg 1 Std., Abstieg 30 Min.
Distanz: 2 km.
Unterkunft: In All'Acqua (1614 m), der obersten Siedlung in der Val Bedretto: Ospizio All'Acqua, Tel. 091 869 11 85.
Verpflegung: Raststätte auf dem Pass.
Karten: 265 Nufenenpass; 1251 Val Bedretto.
Variante für Nichtkletterer: Von der Militärbaracke über den Pfad und zuletzt über ein paar Blöcke auf den Nordgipfel (2789 m) des Chilchhorns.
Besonderes: Das Tessin ist das Gebiet, der Tessin der Fluss.

◄ **Eisig: Aussicht vom Chilchhorn auf den Nufenenpass und den vom Blinnenhorn (3373 m) gekrönten Griesgletscher, dessen Wasser umgeleitet und bis zum Lago Maggiore (193 m) hinab genutzt wird.**

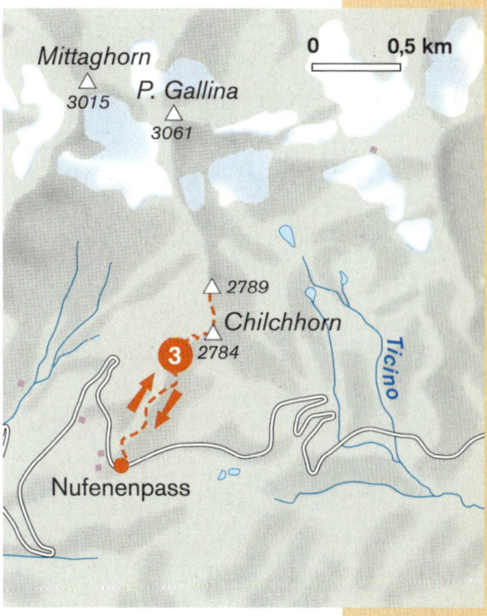

VALLE LEVENTINA

Steinmänner erheben sich auf dem Pizzo Campo Tencia (3071 m), dem höchsten Gipfel ganz im Tessin. Entsprechend weit die Aussicht, zum Beispiel aufs Finsteraarhorn. Der Transitkorridor der Leventina liegt tief unter uns.

4–12

4 Pizzo Lucendro (2962 m)

Vielseitige Geherfahrungen vom Gotthard nach Airolo

Tourencharakter: Abwechslungsreiche, widersprüchliche und bis zum Passo di Lucendro leichte Bergwanderung, die für den Gipfelanstieg stabile Schuhe und ein gutes Auge für die beste Route im Gletschergeröll verlangt. Im Rückblick winken Urner und Berner Alpen mit weißen Firnen zum Abschied, im Süden verfängt sich der Blick an den hohen Gipfeln über der Valle Leventina,.
Beste Jahreszeit: Juli bis Anfang Oktober.
Gehzeit: 8 Std.

Gotthard auf Deutsch, San Gottardo auf Italienisch. Besser ist das zweite, denn das Passgelände liegt auf dem Boden des Kantons Tessin. Ein Pass also. Besser wäre: DER Pass. Der wichtigste Übergang über das Hindernis Alpen. Der Brenner ist zwar heute die warenmäßig gewichtigere Transitachse. Aber das will nichts heißen. Gotthard, Sankt Gotthard eigentlich: Er liegt schön in der Mitte des Alpenhauptkammes, die tief eingreifenden Längstalfurchen von Reuss und Ticino ermöglichen die Überwindung der Alpen in einmaligem Auf- und Abstieg – kurz: die kürzeste Verbindung von Mitteleuropa nach Italien, seit im 13. Jahrhundert die Schöllenenschlucht gangbar gemacht wurde. Gotthard: Wo sich der Norden und der Süden begegnen.

Im gleichen Gebirge entspringt der vorerst nach Osten strömende Rhein und quellen Wasser, die in die Rhone und nach Westen fließen. Gotthard: die Wasserscheide Europas.

Noch etwas: die Wiege der Schweiz. Damit dies nicht vergessen wird, verteidigt die eidgenössische Armee das Herz der Alpen übungshalber – der Schießlärm vermag sogar das ununterbrochene Heran-, Herum- und Wegfahren der Autos, der Motorräder, der Busse, der Lastwagen zu übertönen.

Und so sind wir mitten drin im Passgetümmel, in der Kleidervielfalt, im Sprachenwirrwarr, gehen umher zwischen starken Gebäuden und eitlen Denkmälern, zwischen Blechkarossen und Souvenirshops, zwischen Kartenständern und Wegweisern. »Ospizio San Gottardo« steht in deren Mitte, und eines der Wanderziele ist der Passo di Lucendro. Dort wollen wir hin.

Wir könnten gleich losziehen. Doch besser ist es, eine Nacht im Hospiz-Hotel zu verbringen – plötzlich, nachdem der Rummel verstummt ist, den Wind hören, wie er über die gletschergeschliffenen Granitbuckel und die Seenplatte des weiten Passes fegt, und später im Zimmer, das den Charme von einst ausstrahlt, Goethe lesen, wie er auf seiner ersten Schweizer Reise den Anblick nach Süden so schrecklich findet. Dorthin gehen wir morgen.

Es gibt im Tessin schönere Bergwanderungen als den Pizzo Lucendro, aber es gibt wohl kaum eine, die solch vielfältige, gegensätzliche Geherfahrungen ermöglicht. Die alte Poststraße von einst und der noch ältere, gepflasterte Saumweg, abgelöst von einer schlecht geteerten Kraftwerkstraße. Der militärische Saumweg zum Passo di Lucendro, der kaum eine Abweichung zulässt. Der Geröllpfad zum Gipfel, der immer schlechter und mühsamer wird, bis er ganz verschwindet unter dem Schutt und den unstabilen Felsblöcken, die der abschmelzende Gletscher freigibt. Später ein steiniger, sonnenexpo-

nierter Pfad, der ahnen lässt, wie die Sentieri del Ticino sind. Und dann der Schock, wenn man auf die neue Passstraße tritt; fast eine Autobahn, welche die Gotthard-Hänge in riesigen Schlaufen überfährt. Daneben eine Raststätte, faszinierend in ihrer Hässlichkeit, eine Art Bildstock des modernen Verkehrszeitalters, wo Wanderer wie Schafe angestarrt werden. Unterhalb davon vermodern Schützengräben, und am Ausgang der Val Tremola, an deren Steilhang sich die alte Passstraße vielkurvig schmiegt, erreichen wir den Sentiero Gottardo; hinter uns eine Käserei, vor uns der gewaltige Lüftungsschacht des 1980 eröffneten Gotthard-Straßentunnels. Kuhglockengebimmel, Verkehrslärm, der Schritt unserer Wanderschuhe, abwechslungsweise auf Pfad und Straße, bis nach Airolo hinunter. Durch die engen Gassen hinab zum Bahnhof, wo gerade der Cisalpino von Stuttgart nach Milano, eben den 1882 fertig gestellten Eisenbahntunnel hinter sich lassend, vorübergleitet. Wir sind da. Benvenuti in Ticino!

Der Aufstieg

Vom Gotthard-Hospiz (2091 m) auf der Straße entlang dem östlichen Ufer des Lago della Piazza zum eigentlichen Passo del San Gottardo, wo rechts der alte gepflasterte Saumweg abzweigt. Er führt zur Unterführung der Autostraße. Dahinter auf der Kraftwerkstraße zum gestauten Lago di Lucendro hinauf und an seinem nördlichen Ufer zur Alpe di Lucendro (2181 m). Auf dem militärischen Saumweg zum Passo di Lucendro (2532 m) hinaufmarschieren. Man folgt dem markierten Wanderweg Richtung Passo di Cavanna/Bedretto bis dort, wo er links an den Gratkamm hinauszieht. Auf einem mit Steinmännern markierten Geröllpfad weiter in westlicher Richtung über Moränenrücken ansteigen. Der Pfad führt zum Ghiacciaio di Lucendro, der so weit abgeschmolzen ist, dass er nun aus zwei Teilen besteht, die ein Moränenrücken trennt. Auf ihm (unstabile Blöcke) zu einem Aufschwung und über diesen in deutlichen Steigspuren auf den O-Grat hinauf. Über den leichten Blockgrat zum Gipfel des Pizzo Lucendro (2962 m).

Der Abstieg

Auf dem Aufstiegsweg zurück in den Passo di Lucendro. Auf der Bedretto-Seite quert der markierte Wanderweg die steile Südseite der Fibbia in die Bocchetta dei Laghi Scuri (2451 m, ohne Namen auf der Karte). Am oberen Lago Scuro vorbei steigt der Weg ostwärts an die Begrenzungskante der Val Tremola (aufschlussreicher Aussichtspunkt) und sinkt zur Raststätte Pian Secco (1931 m) in einer Kurve der Autostraße hinunter. Der Wanderweg folgt noch etwas der Kante und zieht nordwärts an den Ausgang der Val Tremola, wo man bei einer Käserei auf die alte Passstraße und unterhalb davon bei der Brücke auf den Sentiero Gottardo stößt. Talabwärts auf diesem Wanderweg durch das Straßen- und Festungsgewirr über Motto Bartola (1537 m) und Fondo del Bosco an den nördlichen Dorfrand von Airolo. Durch das Dorf hindurch zum Bahnhof (1141 m).

Nützliche Informationen

Ausgangsort: Passo San Gottardo (2091 m). Von Norden: Mit dem Postauto [600.50] von Andermatt; bis dort mit der Furka-Oberalp-Bahn [610] von Göschenen, dem Nordportal des Gotthardtunnels, bzw. von Oberwald oder von Disentis. Von Süden: Mit dem Postauto [600.50] von Airolo am Südportal des Gotthardtunnels. Das Postauto fährt von Juni bis September.
Zielort: Airolo (1141 m) an der Gotthardlinie [600].
Schwierigkeit: T4; ohne Pizzo T2.
Höhenunterschiede: Aufstieg 870 m, Abstieg 1820 m.
Gehzeiten: Aufstieg 3½ Std., Abstieg 4½ Std.
Distanz: 17 km.
Unterkunft: Ospizio San Gottardo, Betten und Lager, Tel. 091 869 12 35, www.gotthard-hospiz.ch; offen von Mai bis Oktober. In Airolo verschiedene, zum Teil günstige Hotels, wie das Alloggio Girasole, Tel. 091 869 19 27.
Verpflegung: Servisol im Museo Nazionale del San Gottardo; Autostraße-Raststätte Pian Secco; die Butea du Pan gegenüber der Post von Airolo, wo es Panini, Formaggio di Bedretto und Merlot gibt.
Karten: 265 Nufenenpass; 1251 Val Bedretto.
Besonderes: Unter der Woche teilweise Schießbetrieb im Raume Gotthard. Regionale Auskunftsstelle Monte-Ceneri über militärische Schießen, Tel. 091 935 90 97. Schießanzeigen (Avviso di Tiro San Gottardo) im Hospiz-Eingang sowie nördlich der Souvenirstände auf der Passhöhe am Lago della Piazza. Kein Pulverdampf mehr dafür im Fort Airolo in Fondo del Bosco. Die Festung wurde von 1886 bis 1890 erbaut und galt bis zum Ersten Weltkrieg als die modernste Europas; heute dient sie als Museum. Offen von Juli bis September, nur geführte Touren, und zwar um 13.30 und 15 Uhr; montags geschlossen; Auskunft 091 873 71 11.
Anschlusstouren: 1, 5, 11, 27.

◄ Zurückschauen: Der Pizzo Lucendro von der Bocchetta dei Laghi Scuri; über den Grat rechts sind Auf- und Abstieg erfolgt. Jetzt gehts zur die Gotthardstraße.

▼ Tierisch, erste Folge: Beim Lago Scuro starren Schafe die Wanderer an – weiter unten werden diese dann wie Schafe angeschaut.

5 Pizzo di Sassello (2480 m)

Durst auf dem alten Weg von der Leventina zu einem wilden Fluss

Tourencharakter: Die Wanderung von Airolo nach Fusio über den Passo Sassello ist lang und bekömmlich, der teilweise schmale Weg ist weiß-rot-weiß markiert. Auf den nahe gelegenen Gipfel sollten sich indes nur Bergwanderer vorwagen, denen steile Grashalden und unschwierige, aber ausgesetzte Kletterstellen kein Bauchgrimmen verursachen.
Beste Jahreszeit: Juni bis Oktober.
Gehzeit: 7½ Std.

Der Pizzo di Sassello ist ein spitzer, steiniger Gipfel, der auf der Hauptkette liegt, die das große Tessintal vom Nufenenpass bis zum Lago Maggiore begleitet. Vom Pizzo di Sassello genießt man den Blick nach Norden, zu den Gotthard-Bergen und zum gleichnamigen Pass mit den großen Straßenbauten; nach Süden blickt man zu den wilden, unbekannten Tessiner Bergen und hinunter in die Val Lavizzara, das längste und nördlichste Seitental der Valemaggia, wo der Lago di Sambuco mit seinen Schmutzrändern liegt, was seine Künstlichkeit verrät. Er staut die Maggia, den wahrscheinlich wildesten Fluss des Tessins. Bei Hochwasser kann er mehr (zerstörerische) Wassermengen führen als der Rhein bei Basel und ergießt sich dann 7000-mal größer in den Lago Maggiore als in Trockenzeiten, wenn er als weitgehend zahmes Badeflüsschen dahinplätschert.

Der Grund, warum die Maggia innert kürzester Zeit zum reißenden Strom anschwellen kann, sind die subtropisch anmutenden Starkniederschläge der Alpensüdseite. Im Einzugsbereich der Maggia liegen die niederschlagreichsten Gebiete der Schweiz: um den Basòdino herum und im Centovalli; in Camedo fielen am 10. September 1983 413 Liter pro Quadratmeter – einer der höchsten in der Schweiz innerhalb eines Tages gemessenen Werte. Insgesamt regnet es im Centovalli bis über 3000 Millimeter jährlich, während es in Zürich nur etwa 1100 Millimeter sind. Trotzdem registriert man dort mehr Niederschlagstage, weil es eben im Tessin, wenn es mal regnet, gießt wie aus Kübeln.

Allerdings: Wenn man an einem trockenen Sommertag vom Passo Sassello zur gestauten Maggia absteigt, so wünscht man sich eine Erfrischung. Die gibt es für diejenigen, die beim Abstieg die anstrengendere Variante nehmen. Die Sonne brennt unbarmherzig auf den schmalen, meist schattenlosen Pfad, und zum Brunnen vor der Kirche in Fusio dehnen sich die Kilometer, insbesondere auf der Straße entlang dem Lago di Sambuco. Angenehmer zum Wandern wird es früher gewesen sein, als der Saumweg über den Passo di Sassello noch vorhanden war. Und unerfreulich wäre es, wenn die Pläne für den Sassello-Tunnel oder den weiter östlich liegenden Campolungo-Tunnel von Dalpe nach Fusio verwirklicht worden wären: Dann könnte man dem Lärm, den der Transitkorridor Leventina erleidet, nicht entfliehen.

Der Aufstieg

Vom Bahnhof Airolo (1141 m) zu Fuß in 20 Minuten auf der Hauptstraße (oder mit dem Postauto Richtung Ronco/Bedretto) zur Talstation (1178 m) der Luftseilbahn nach Pesciüm-Sasso della Boggia. Auf dem Wanderweg auf der Skipiste hinauf nach Nante (1423 m), von wo ein Wanderweg größtenteils durch Wald über die Alpe di Ravina (1775 m) zum gleichnamigen Lago (1885 m) aufsteigt. In dichter Vegetation um den Nordgratausläufer des Pizzo di Sassello herum auf die Ostseite desselben und in gewelltem Gelände, wo teilweise noch die alten Wegbauten sichtbar sind, hinauf in den Passo Sassello (2336 m).

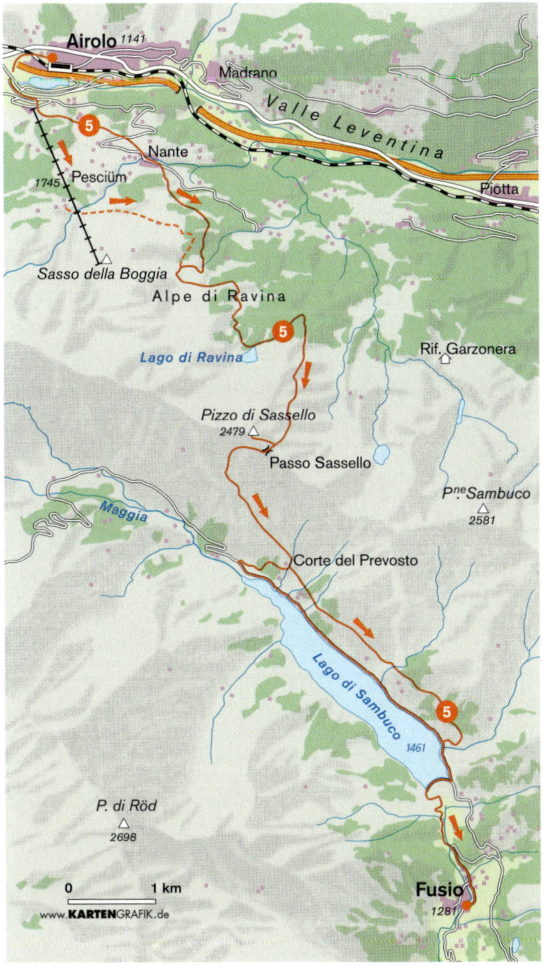

Von der verfallenen Militärbaracke gleich nördlich des Passes in der steilen Grasflanke die untersten Felstürme des SO-Grats umgehen, bis man durch die erste, schmälere oder zweite, breitere Grasrinne sehr steil aufsteigen kann. Über den schmalen Grat, ein paar Felsen überkletternd, direkt zum Gipfel des Pizzo di Sassello (2480 m).

Der Abstieg

Auf dem Aufstiegsweg zurück in den Passo Sassello. Der schmale Wanderpfad führt auf der trockenen Südseite über Sotto la Cima und Piatto ziemlich steil nach Corte del Prevosto (1646 m) hinunter. Hier trennen sich die Wege: 1) rechtshaltend zur Stauseestraße Fusio–Lago di Sambuco–Lago del Narèt hinab, auf die man bei Cortino (1515 m) gelangt; dann 3 Kilometer Straßenhatscher zur Staumauer. 2) länger, aber erfrischender (Traumbadeplatz mit kleinem Wasserfall fast am Ende der 140-Meter-Gegensteigung) ist es, links in die Strada alta di Sambuco einzubiegen; sie führt rund 200 Höhenmeter oberhalb des Sees talauswärts und erreicht die Uferstraße erst kurz vor der Staumauer. Diese überqueren und auf dem Wanderweg hinab nach Fusio (1281 m).

Nützliche Informationen

Ausgangsort: Airolo (1141 m) am Südportal des Gotthardtunnels. Wenige Postautokurse [600.52] nach Nante (1423 m).

Zielort: Fusio (1281 m), oberstes Dorf in der Val Lavizzara; Postauto [630.72] und Bus [630.60] über Bignasco (umsteigen) nach Locarno.

Schwierigkeit: T5; ohne Pizzo T2.

Höhenunterschiede: Aufstieg 1340 m, Abstieg 1200 m.

Gehzeiten: Aufstieg 4½ Std., Abstieg 3 Std.

Distanz: 17 km.

Unterkunft/Verpflegung: In Airolo verschiedene, zum Teil günstige Hotels, wie das Alloggio Girasole, Tel. 091 869 19 27. In Fusio: Antica Osteria Dazio, mit Zimmer und 1A-Massenlager, Tel. 091 755 11 62; Ristorante Pineta, Tel. 091 755 16 16; Ostello Comunale mit 24 Plätzen, Tel. 091 755 12 40. Nordöstlich unterhalb des Pizzo di Sassello liegt das Rifugio Garzonera SAT (1973 m), 20 Plätze, nicht bewirtschaftet, immer offen, kein Telefon, Reservation obligatorisch bei Mariateresa Coppa, 6775 Ambrì, Tel. 091 868 11 77.

Karten: 266 Valle Leventina; 1251 Val Bedretto, 1252 Ambrì-Piotta, 1272 Pizzo Campo Tencia.

Variante für Seilbahnwanderer: Ohne zu schwitzen hinauf nach Pesciüm (1745 m) und um den Sasso della Boggia herum auf die Alpe di Ravina; etwa 1½ Std. Zeitgewinn, um länger im Lago di Ravina zu baden.

Besonderes: Unter der Woche kann es schon vorkommen, dass Gebirgsfüsiliere den Raum um die Alpen Ravina und Prato unsicher machen. Regionale Auskunftsstelle Monte-Ceneri über militärische Schießen, Tel. 091 935 90 97; Schießanzeigen gegenüber dem Bahnhofskiosk in Airolo beachten.

Anschlusstouren: 4, 6, 11.

6 Pizzo Campo Tencia (3071 m)

Stärkste Bergwandergefühle am höchsten Berg ganz im Tessin

Tourencharakter: Nur für erfahrene Berggänger mit starken Fußgelenken und Nerven. Auf den vier ernsthaften Routen zwischen der Valle Leventina und der Val Lavizzara sind gute Sichtverhältnisse nötig, da die Orientierung sonst heikel wird. Eindeutig mehr Bergtour als Bergwanderung.

Beste Jahreszeit: Juli bis September (immer mit Firnfeldern rechnen).

Gehzeit: Sehr strenge Tages- bzw. Zweitagestouren: 6 Std. von der Capanna Campo Tencia in die Capanna Sovèltra, 9 Std. von Fusio ins Rifugio Sponda.

»Eine der schönsten Wanderungen!«, schrieb ich am 18. September 1991 in mein Tourenbuch. An diesem Tag mit einem knallblauen Himmel überschritt ich den Pizzo Campo Tencia von Dalpe in der Valle Leventina nach Prato in der Val Lavizzara. Allein mit acht Steinmännern bewunderte ich vom Gipfel die grandiose Aussicht: ein gutes Gefühl, wie viele Stunden später in Bignasco am Beginn der Vallemaggia, als ich weit hinten und hoch oben im Talauschnitt nochmals den Gipfel sah, rötlich leuchtend in der Abendsonne. Dazwischen lag der Abstieg durch die Val di Prato in der Nachmittagssonne, neun Kilometer und mehr als 2300 Höhenmeter von den Gletscherfeldern zu den Kastanien. Die ersten 900 Meter sind steile Schutt- und Geröllhalden, doch um eine der eindrücklichsten Alpen des Tessins zu finden, darf schon etwas gelitten werden: Pradòi (2147 m). Zwei an zyklopische Felsblöcke sich schmiegende Alphütten, eine zerfallen, die andere noch einigermaßen intakt, gleich daneben eine Quelle, weiter unten Heidelbeeren, hinten die Steinfluchten des Pizzo Campo Tencia

◄ Nach unten: Ein sonniger, schmaler Pfad beim Abstieg vom Passo di Sassello zum Lago di Sambuco, in dem die Maggia gestaut wird. Am Horizont taucht der Bergkamm zwischen den Tre Corni und dem Pizzo Rüscada auf.

▼ Nach oben: Die Hütten von Pradòi (2147 m) sind stumme Zeugen der ehemaligen Alpwirtschaft bis hoch unter die höchsten Gipfel, zum Beispiel den Pizzo Campo Tencia.

und die furchterregende Nadel des Pizzo di Scinghign, unten die Val di Prato mit ihrem eindrücklichen Schluchtweg und den idyllischen Badebecken, im Ausschnitt der Monte Rosa, der höchste Berg der Schweiz. Mit einem Wort: perfetto!

»Noch nie so schlimmen Muskelkater gehabt«, notierte ich am 2. August 1991 ins Tourenbuch. An diesem Tag traversierten wir den Berg vom Rifugio Sponda am Ende der Val Chironico nach Fusio am Ende der Val Lavizzara. Auf dem Gipfel Neuschnee und Nebel, und dann der Abstieg über knapp 2000 steile Höhenmeter.

Anstrengung und Belohnung: Sehr groß und sehr nahe beieinander sind sie am höchsten Berg, der ganz im Tessin liegt. Vor allem auch dann, wenn der Pizzo Campo Tencia von einem Tal ins andere überquert wird. Die steilste und einzige vergletscherte, aber markierte und am häufigsten gemachte Route ist diejenige von Nordosten, von der Capanna Campo Tencia, die von Dalpe aus durch die Val Piumogna erreicht wird. Die anstrengendste, weil am meisten Gegenaufstiege und Steilhänge aufweisende Route ist diejenige von Nordwesten, von Fusio. Beide Wege wählt man am besten als Aufstiege. Die schönste, weil als Natur- und Kulturlandschaft am vielfältigsten, ist die Route nach Südwesten, nach Prato. Und die schwierigste Route, weil die Plattenschüsse des Passo Sovèltra ein ausgeprägtes Gleichgewichtsgefühl erfordern, ist diejenige nach Südosten, ins Rifugio Sponda (von wo man nach Chironico in der Leventina absteigen kann). Beide Wege wählt man am besten als Abstiege.

Wie man die Routen auch immer miteinander kombiniert, etwas ist gewiss: Der Pizzo Campo Tencia ist bloß bergsteigenden Bergwanderern zu empfehlen. Diese Bedingungen erfüllten am 4. August 1867 die Herren G. Studer, W. Lindt, F. Aebi mit den Führern P. Sulzer und Caveng. Ihre Route: Val Piumogna–Bocchetta di Staletto (östlich von Pizzo Penca)–Passo Sovèltra–Val di Prato–Pizzo Campo Tencia–Val di Prato–Prato. Sie waren die Erstbesteiger.

Traversierung NO-SW (Dalpe–Capanna Campo Tencia–Capanna Sovèltra–Prato-Sornico):

Der Aufstieg

Von der Postautoendstation in Dalpe (1192 m) auf der Dorfgasse bis an deren Ende, wo bei einem Ristorante der Hüttenweg durch die Val Piumogna beginnt. Unterhalb der gleichnamigen Alp folgt er kurz einer Fahrstraße, zweigt bei ihren Gebäuden aber rechts ab, gewinnt durch Wald langsam an Höhe, überwindet eine Steilstufe, quert die flache Alpe di Croslina und zieht zur Capanna Campo Tencia (2140 m) hoch. Von der Hütte den Wegweisern und Markierungen folgend auf einem Pfad südwestwärts zu einem Bach und südwärts über Geröllhänge an den Fuß der mächtigen Nordmauer des Pizzo Campo Tencia. Der Einstieg befindet sich bei P. 2271 m, wo ein in Felsen ausgewaschenes Bachbett eine Einbuchtung in der Mauer bildet. Man quert das Bachbett und steigt linkshaltend eine Rinne auf einen Absatz (etwa 2310 m) hoch. Der ausgesetzte Pfad quert linkshaltend die steile Flanke. Ausstieg auf einer Kante (etwa 2410 m), gegenüber von P. 2475 m. Auf einem

Rücken südwestwärts zu einem Flachstück aufsteigen, von wo man den Gletscher sieht. Der Pfad folgt ein gutes Stück dem Felsgrat, der von P. 2857 m herabkommt, und quert links auf den flachen Ghiacciaio Grande di Croslina hinaus; Ende der Markierungen. Auf dem hier spaltenlosen Gletscher in den Sattel südwestlich P. 2857 m. Über Firn und mühsame Schutthänge gewinnt man den N-Grat. Über ihn, wobei man einige Felshindernisse, insbesondere den nördlichen Vorgipfel, knapp links umgeht (teilweise Wegspuren), auf den Pizzo Campo Tencia (3071 m).

Der Abstieg

Vom Gipfel über den Ostgrat (Felsblöcke, Wegspuren) in die Lücke 2974 Meter. Südwärts durch ein Schuttkar, dann deutlich linkshaltend über Geröllhänge bis in die Mulde unterhalb des Pizzo Penca (Gann da

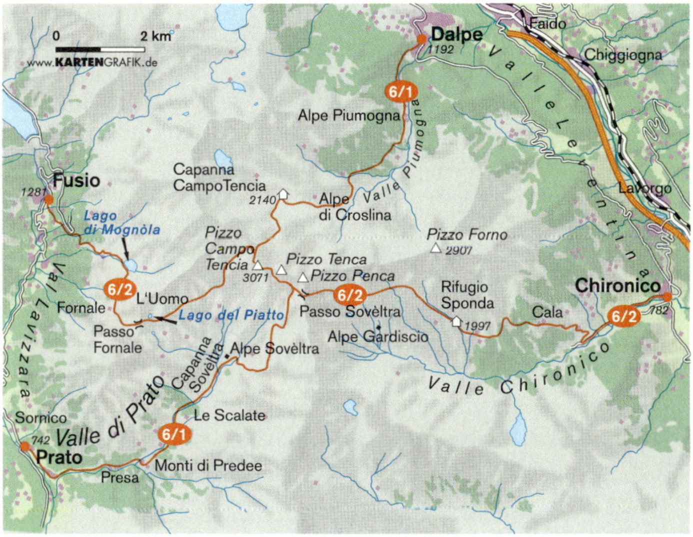

Pioda Rossa auf der Karte), die man auf etwa 2700 Metern erreicht. Durch diese Mulde 100 Meter absteigen und links auf eine Schulter in einem grasigen Rücken hinüberwechseln. Hier setzt eine nach Süden gerichtete Mulde an, durch die man über Gras und Geröll absteigt. Auf etwa 2400 Metern, oberhalb eines Felsbandes, westwärts auf grasigen Moränenrücken hinausqueren. Auf ihm steil zu zwei großen Steinblöcken (Biwakhöhle) und linkshaltend zu den Alpgebäuden von Pradòi (2147 m); die Route ist spärlich markiert. Man kann aus der Mulde Gann da Pioda Rossa auch direkt den erwähnten Moränenrücken ansteuern. Von Pradòi führt ein mit Steinmännern markierter Pfad in die Val di Prato hinab. Südwärts absteigend bis auf den Rücken queren, der links vom Ri della Gerra begrenzt wird. Über diesen Rücken in die Tiefe. Bei Corte Nuovo rechtshaltend über zwei Bäche, durch eine Steinspalte hindurch und hinab zur Sovèltra-Alp. Über Wiesen zum großen Bachzusammenfluss und auf dem rechten Ufer zur großen, 1927 errichteten Alphütte (1534 m) von Campo Tencia; darin befindet sich seit 1997 die Capanna Sovèltra der Società Alpinistica Valmaggese. Der Weg zieht zur Brücke (1458 m) über den Ri della Valle di Prato und überwindet die folgende Schlucht auf Treppenstufen (Le Scalate genannt), die aus der linken Felswand gehauen wurden. Vor Schièd biegt der Weg in einen Fahrweg ein. In diesem Weiler findet man den alten Weg, der direkt durch Wald die obersten Gebäude von Monti di Predee erreicht. Scharf nach rechts und hinab zur Brücke (1001 m). Auf dem Sträßchen bis Presa, dann links in den Kulturweg einbiegen und oberhalb des Ri della Valle di Prato zu einem Bildstock (P. 738 m) unweit der alten Steinbogenbrücke. Nun noch etwas weiter absteigen zu einem sehr erfrischenden Badebecken. Schließlich talaufwärts über die Ebene nach Prato (742 m). Wer nicht duschen will, wandert vom Bildstock direkt nach Prato.

Nützliche Informationen

Ausgangspunkt: Dalpe (1192 m) am Ausgang der Val Piumogna; von Airolo, Haltestelle von Gotthardschnellzügen [600], mit dem Postauto [625.09] nach Rodi-Fiesso und mit Postauto [600.58] nach Dalpe.

Zielort: Prato-Sornico (742 m) in der Val Lavizzara; Postauto [630.72] und Bus [630.60] über Bignasco nach Locarno.

Schwierigkeit: T5 (Auf- und Abstieg).

Höhenunterschiede: Aufstieg zur Capanna Campo Tencia 950 m, Aufstieg zum Pizzo Campo Tencia 930 m, Abstieg zur Capanna Sovèltra 1540 m, Abstieg nach Prato 790 m.

Gehzeiten: Aufstieg zur Capanna Campo Tencia 3 Std., Aufstieg zum Pizzo Campo Tencia 3 Std., Abstieg zur Capanna Sovèltra 3 Std., Abstieg nach Prato 1½ Std.

Distanz: Dalpe–Capanna Campo Tencia 6 km, Hütte–Pizzo Campo Tencia 3 km, Gipfel–Capanna Sovèltra 5 km, Hütte–Prato 5,5 km.

Unterkunft: Capanna Campo Tencia CAS (2140 m), 80 Plätze, immer offen, von Mitte Juni bis Mitte Oktober bewirtschaftet, Tel. 091 867 15 44. Capanna Sovèltra SAV (1534 m), 35 Plätze, bewirtschaftet und offen an den Wochenenden von Mai bis Oktober, im Juli und August durchgehend, Tel. 00873 762 602 293, sav@ticino.com. In Dalpe: Albergo delle Alpi, Tel. 091 867 14 24. In Sornico bei Prato: Ristorante Lavizzara, Betten und Lager, Tel. 091 755 14 98; Casa Antica, 60 Lager, Tel. 01 940 73 37.

Material: Gletscherausrüstung nicht nötig. Zur Sicherheit ein Pickel pro Gruppe, falls Blankeis auf dem kurzen Gletscher-Teilstück. Ganz Vorsichtige nehmen Steigeisen mit.

Karten: 266 Valle Leventina; 1252 Ambri-Piotta, 1272 Pizzo Campo Tencia.

Literatur: Angelo Valsecchi, *Campo Tencia. Der Berg mit dem »schmutzigen« Fels*, Sezione Ticino CAS, Lugano 1998.

Anschlusstouren: 7, 34, 35.

◄ **Nach hinten: Eine Berggängerin quert einen namenlosen See in der hintersten Val di Prato, auf dem Weg zwischen Fusio und Gipfel. Hinten schaut die Corona di Redorta hervor.**

▼ **Nach vorne: Der Pizzo Croslina (3012 m) erscheint über dem Ghiacciaio Grande di Croslina – einer von 42 Dreitausendern im Kanton Tessin.**

Traversierung NW-SO (Fusio–Rifugio Sponda–Chironico):

Der Aufstieg

Von der Maggia-Brücke und Postautohaltestelle in Fusio (1281 m) ein paar Schritte taleinwärts und rechts in breiten Wanderweg einbiegen. Er wird bald schmäler und führt talauswärts meistens durch Wald nach Vaccarisc di fuori (1496 m); Ferien-Rustici. Bei der Haarnadelkurve der Erschließungsstraße beginnt der gut markierte Wanderweg zum Lago di Mognòla (2003 m). Hier zweigt der nur mehr spärlich markierte Pfad auf den Passo Fornale ab. Er geht dem südwestlichen Seeufer entlang, biegt nach rechts um und quert die abschüssige Westflanke von L'Uomo. Von der Felskanzel (etwa 2060 m) südlich P. 2013 m senkt er sich zur Weggabelung (etwa 2000 m) oberhalb der Alphütte von Fornale ab. Linkshaltend hinein in das Trümmertal von Fornale und darin hinauf in den Passo Fornale (2327 m), zuletzt in einer sehr steilen Rinne. Vom Übergang südwärts dem Kammverlauf folgen, bis die Markierungen links sehr steil, zuerst über Gras, dann Geröll zum Lago del Piatto (2241 m) hinunterleiten. Vom Südufer zieht ostwärts ein grasbewachsenes Tälchen weg, durch das ein nicht markierter Pfad auf eine Kante (etwa 2300 m) führt. Etwa auf gleicher Höhe auf dem sich mehr und mehr verlierenden Pfad die Gras- und Geröllhänge bis in die Geröllmulde Ganne del Madone in der hintersten Val di Prato queren. Sich nordwärts durch ein Steintal, oben nach Osten abbiegend, in die Bocchetta di Croslina (2867 m) hinaufmühen. Über den blockigen Nordgrat zum Gipfel des Pizzo Campo Tencia (3071 m), wobei man einige Felshindernisse, insbesondere den nördlichen Vorgipfel, knapp links umgeht (teilweise Wegspuren).

Der Abstieg

Vom Gipfel über den Ostgrat (Felsblöcke, Wegspuren) in die Lücke 2974 Meter. Südwärts durch ein Schuttkar hinab, dann linkshaltend Geröllhänge bis an den Fuß (etwa 2820 m) eines Felssporns queren, der vom Pizzo Tenca (3035 m, ohne Namen und Kote auf der Karte) zwischen Pizzo Campo Tencia und Pizzo Penca herabkommt. Mehr oder weniger Höhe haltend weiter über die Geröllhänge bis zu den großen Plattenschüssen unterhalb des Pizzo Penca. Diese glatten Granitschüsse brechen rechts ins Schuttkar ab. Einstieg auf etwa 2850 Metern; ein undeutlicher Riss durchzieht schräg die Platten – ihm entlang steigt man rechtshaltend auf: sehr ausgesetzt, bei Nässe sehr heikel, bei Schnee unbegehbar. Man erreicht grasige Schuttbänder fast oben am Grat. Sie führen zum nördlichen Passo Sovèltra (2874 m) hinab. Sich von der Lücke durch eine brüchige, steile Rinne auf Geröllhänge hinuntertasten und linksausholend zu einem länglichen See hinabgehen. Seinen Bach auf eine Schwemmebene bei P. 2490 m auf der Alpe Gardiscio begleiten. Etwa auf dieser Höhe über grasig-felsige Urgesteinsterrassen zum markierten Pfad hinüberhalten, der vom Passo di Ghiacciaione herabkommt. Auf ihm ohne Orientierungsschwierigkeiten zum Rifugio Sponda (1997 m). Von der Hütte steigt man auf dem beim Pizzo Barone (Tour 8) beschriebenen Wanderweg nach Chironico (782 m) ab.

Nützliche Informationen

Ausgangspunkt: Fusio (1281 m), oberstes Dorf in der Val Lavizzara. Bus [630.60] und Postauto [630.72] von Locarno über Bignasco (umsteigen).

Zielort: Rifugio Sponda (1997 m) bzw. Chironico (782 m) am Ausgang des gleichnamigen Seitentals; Postauto [600.67] nach Lavorgo und Postauto [625.09] nach Airolo oder Bellinzona.

Schwierigkeit: T5 (Aufstieg von Fusio), T6 (Abstieg zum Rifugio Sponda).

Höhenunterschiede: Fusio–Pizzo Campo Tencia 1000 m Aufstieg und 150 m Abstieg; Abstieg zum Rifugio Sponda 1150 m (mit etwa 80 m Gegenaufstieg zum Passo Sovèltra); Abstieg nach Chironico 1220 m.

Gehzeiten: Aufstieg zum Pizzo Campo Tencia 6 Std., Abstieg zum Rifugio Sponda 3 Std., Abstieg nach Chironico 2½ Std.

Distanz: Fusio–Pizzo Campo Tencia 9 km, Gipfel–Rifugio Sponda 5 km, Abstieg nach Chironico 6 km.

Unterkunft: Rifugio Sponda SAT (1997 m), 56 Plätze, immer offene Selbstversorgerhütte, von

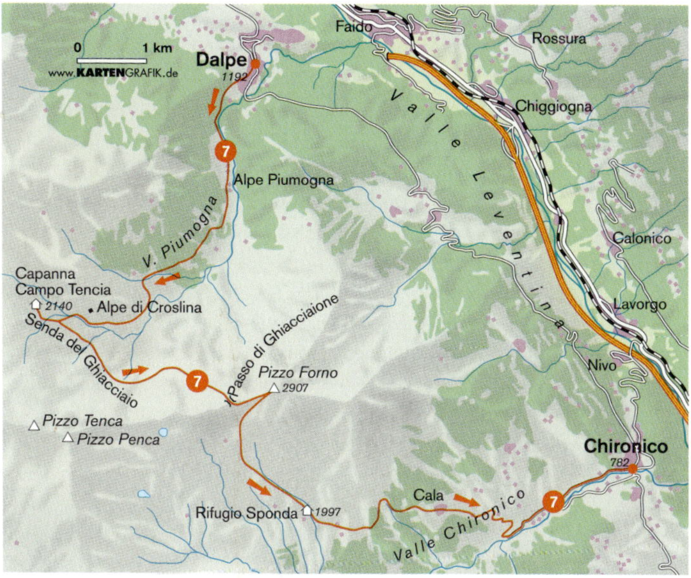

Mitte Mai bis Mitte Oktober zeitweise bewartet, Getränke meistens vorhanden, 20-Rappen-Stücke für Gaskocher mitnehmen, Tel. 091 864 23 52. In Fusio: Antica Osteria Dazio, mit Zimmer und 1A-Massenlager, Tel. 091 755 11 62; Ristorante Pineta, Tel. 091 755 16 16; Ostello Comunale mit 24 Plätzen, Tel. 091 755 12 40. In Chironico: Ristorante con alloggio Pizzo Forno, Tel. 091 865 16 26.

Karten: 266 Valle Leventina; 1272 Pizzo Campo Tencia.

Besonderes: Die Überschreitung Fusio-Sponda ist die Schlüsseletappe der 11-tägigen Strada altissima Gottardo-Chiasso.

Anschlusstouren: 5, 7, 8.

7 Pizzo Forno (2907 m)

Traversierung des massigsten Bergs der Leventina

Tourencharakter: Ziemlich anspruchsvolle Bergwanderung zwischen der Val Piumogna und der Val Chironico. Trittfestigkeit, Schwindelfreiheit und etwas Orientierungsvermögen nötig; gute Sicht ebenfalls. Die Route von der Capanna Campo Tencia über den Passo di Ghiacciaione ins Rifugio Sponda ist markiert; vom Übergang zum Gipfel wegloses Geröll.

Beste Jahreszeit: Juli bis September. Bis weit in den Sommer hinein muss beim Aufstieg zum Passo di Ghiacciaione mit Schneefeldern gerechnet werden; heikel wirds, wenn dieser noch auf der Senda del Ghiacciaio liegt.

Gehzeit: 11 Std. als Tagestour; 5½ Std. von Hütte zu Hütte.

»Mächtige Pyramide am Endpunkt des Querkammes, der sich vom Pizzo Penca gegen Osten hin löst. Beherrscht die mittlere Leventina und lässt sich schon von Biasca aus bewundern. Bietet eine sehr ausgedehnte Sicht.« So beginnt Giuseppe Brenna die Schilderung des Pizzo Forno in seiner *Guida delle Alpi Ticinesi Ovest,* die der Schweizer Alpen-Club (SAC) 1989 publiziert hat. Es ist dies der erste Führer, der vollständig die westlichen Tessiner Alpen beschreibt. Zwischen Gotthard und Locarno, Formazza und Leventina erstieg Brenna 300 Gipfel (wovon einige gar keinen Namen hatten) und überquerte 175 Pässe. Mehr als 1500 Routenbeschreibungen enthält sein epochales Werk, das 1992 auch in deutscher Übersetzung und in zwei Bänden herausgekommen ist.

In den folgenden Jahren publizierte der SAC weitere Clubführer von Giuseppe Brenna, zuerst auf Italienisch und dann auf Deutsch: *Tessiner Alpen 3 – Von der Piora zum Pizzo di Claro* (1996), *Misoxer Alpen 4 – Vom Zapporthorn zum Passo San Jorio* (2001), *Tessiner Voralpen 5 – Vom Passo San Jorio zum Generoso* (2000); den letztgenannten Führer verfasste Brenna zusammen mit Maurice Brandt. Ohne diese fünf Bände wäre das Bergwandern und Bergsteigen im Tessin, Calanca und Misox nicht so möglich, wie es heute ist.

Dass rund 130 Jahre nach der 1863 erfolgten Gründung des SAC die ersten vollständigen Führer über die Tessiner Alpen erschienen sind, und dies zuerst auf Italienisch, kann als Beginn einer neuen Zeit in den Alpi Ticinesi bezeichnet werden. Ludwig Rütimeyer hatte schon 1871 bis 1873 so genannte SAC-Itinerarien über die Gotthard-Berge, das Rheinwaldgebirge und die eigentlichen Tessiner Alpen verfasst. Doch den ersten richtigen Clubführer über die Berge der Südschweiz veröffentlichte der SAC erst 1908, in zwei Bänden und auf Deutsch, da ihn deutschschweizerische Mitglieder der Sektion Leventina geschrieben hatten. 1931 erschien eine erweiterte Neuausgabe dieses Führers, gefolgt von der italienischen Übersetzung. 1973 wurde eine überarbeitete, dritte Auflage in beiden Sprachen ge-

druckt, die jedoch den Bedürfnissen eines brauchbaren Gebietsführers für Bergsteiger nicht mehr entsprach.
Wanderer hingegen hatten und haben sich nicht zu beklagen: die Wanderbücher und -broschüren für das Tessin füllen einen großen Rucksack. Sie stellen vor allem die ausgetrampelten Pfade vor, während die wilden Wege der Tessiner Alpen, wie etwa derjenige aus der Val Piumogna über den Passo di Ghiacciaione in die Val Chironico, kaum bekannt sind. Das wird sich, rund 140 Jahre nach der wohl ersten Beschreibung des Pizzo Forno, vielleicht ändern. In seinen zwischen 1859 und 1863 publizierten (und 1988 wiederaufgelegten) *Escursioni nel Cantone Ticino* schildert der Tessiner Naturforscher Luigi Lavizzari diesen mächtigen Berg so: »Der Gipfel des Pizzo Forno hat etwas Unheilbringendes an sich, und die grauenhafte, dem Tal zugewandte Flanke jagt auch den erfahrensten Berggängern Schauder ein.« In der Nähe dieser 1200 Meter hohen Nordflanke erfolgt der Aufstieg. Er ist markiert, weiß-blau-weiß.

Der Aufstieg

Von Dalpe zur Capanna Campo Tencia (2140 m) folgt man dem beim Pizzo Campo Tencia (Tour 6) beschriebenen Weg. Von der Hütte wieder absteigen bis dort, wo der Hüttenweg den Bach überquert: Auf einer Steinplatte ist der Weg zur Capanna Sponda angezeigt. Der Pfad steigt auf die Senda del Ghiacciaio hinauf, dieses abschüssige Band, das sich oberhalb von Felsen zur NW-Flanke des Pizzo Forno hinüberzieht. Die Traverse ist an einigen Stellen ganz schön ausgesetzt (eine Bachquerung ist mit einem Seil gesichert), der

▼ Wanderpause: Der Vorplatz der Capanna Campo Tencia eignet sich gut zum Beobachten und zum Trocknen der Ausrüstung. Frisch und sicher zieht man am nächsten Morgen über den Passo di Ghiacciaione zum Pizzo Forno links.

weiß-blau-weiß markierte Pfad ist meistens deutlich erkennbar. Nach etwa 2 Kilometern beginnt der Aufstieg über zuerst noch grasige, dann immer steiniger werdende Steilhänge zum Passo di Ghiacciaione. Das Firnfeld von Lavina di Croslina umgeht man am besten links und stapft über Geröll in den Passo di Ghiacciaione (2716 m) empor. Vom Pass rechtshaltend um Blöcke herum in Richtung eines Schutthanges; über diesen schräg zum Gipfel des Pizzo Forno (2907 m), der zuletzt über einen leichten Blockgrat erreicht wird.

Der Abstieg

Auf dem Aufstiegsweg zurück in den großen Schutthang am Gipfel, den man in südwestlicher Richtung hinter sich bringt. Auf etwa 2600 Metern stößt man auf den nun weiß-rot-weiß markierten Pfad. Er führt direkt, ab etwa 2400 Metern auf dem rechten Ufer des eingeschnittenen Ri di Vedlè, zum Rifugio Sponda (1997 m). Von der Hütte steigt man auf dem beim Pizzo Barone (Tour 8) beschriebenen Wanderweg nach Chironico (782 m) ab.

Nützliche Informationen

Ausgangsort: Dalpe (1192 m) am Ausgang der Val Piumogna; von Airolo, Haltestelle von Gotthardschnellzügen [600], mit dem Postauto [625.09] nach Rodi-Fiesso und mit Postauto [600.58] nach Dalpe.

Zielort: Chironico (782 m) am Ausgang des gleichnamigen Seitentals; Postauto [600.67] nach Lavorgo und Postauto [625.09] nach Airolo oder Bellinzona.

Schwierigkeit: T4.

Höhenunterschiede: Aufstieg zur Capanna Campo Tencia 950 m, Hütte–Pizzo Forno 770 m, Gipfel–Rifugio Sponda 910 m, Abstieg nach Chironico 1220 m.

Gehzeiten: Aufstieg zur Capanna Campo Tencia 3 Std., Hütte–Pizzo Forno 3½ Std., Gipfel–Rifugio Sponda 2 Std., Abstieg nach Chironico 2½ Std.

Distanz: Dalpe–Capanna Campo Tencia 6 km, von Hütte zu Hütte 7 km, Rifugio Sponda–Chironico 6 km.

Unterkunft: Capanna Campo Tencia CAS (2140 m), 80 Plätze, immer offen, von Mitte Juni bis Mitte Oktober bewirtschaftet, Tel. 091 867 15 44. Rifugio Sponda SAT (1997 m), 56 Plätze, immer offene Selbstversorgerhütte, von Mitte Mai bis Mitte Oktober zeitweise bewartet, Getränke meistens vorhanden, 20-Rappen-Stücke für Gaskocher mitnehmen, Tel. 091 864 23 52. In Dalpe: Albergo delle Alpi, Tel. 091 867 14 24. In Chironico: Ristorante con alloggio Pizzo Forno, Tel. 091 865 16 26.

Karten: 266 Valle Leventina; 1272 Pizzo Campo Tencia, 1273 Biasca.

Anschlusstouren: 6, 8.

Routenskizze: Seite 41.

8 Pizzo Barone (2864 m)

Badefreuden am höchsten Berg der Val Verzasca

Tourencharakter: Überquerung des Pizzo Barone, Kulminations- und Anfangspunkt der Val Verzasca, von Chironico (Leventina) nach Sonogno (Verzasca). Markierte Pfade (mit einer Ausnahme). Ausdauer, Trittsicherheit, etwas Orientierungsfähigkeit und Kaltwasserfestigkeit vonnöten.

Beste Jahreszeit: Juli bis September.

Gehzeit: 1. Tag 4 Std.; 2. Tag 7 Std.

Fast drei Stunden sind wir von Chironico durch das gleichnamige Tal hochgewandert. Die Diskussionen, ob das gut erhaltene Dorf, einst wichtiger Etappenort der alten Gotthardpassroute, mit seinem Nebeneinander von Holz- und Steinbauten mehr ans Urnerland oder doch ans Tessin erinnerte, sind längst verstummt, die Valle Leventina blieb im Dunst und Verkehrslärm zurück, und die Brunnen der Alpsiedlung Cala hatten keine durstige Gesellschaft mehr.

Doch oben ist schon das Rifugio Sponda

sichtbar, die Selbstversorgerhütte der Sektion Chiasso der Società Alpinistica Ticinese. Wir fühlen uns wohl, als wir auf der großen Terrasse sitzen, ein Glas in der rechten, ein Stück Brot mit Salametto in der linken Hand, und die wilde Schönheit der Val Chironico auf uns einwirken lassen.

Aber sind wir nicht auch zum Baden ins Tessin gereist? Also: Hinter der Hütte fünf Minuten gegen den Passo di Ghiacciaione ansteigen, bis der Pfad den tief eingeschnittenen Ri di Vedlè quert. Dem Bach entlang abwärts, zu einem Planschbecken – kalt wie ein Gletscher ist das Wasser, warm wie ein Kachelofen die Felsplatte daneben. Badevergnügen auf 2000 Metern über Meer, aber keine vorbeistolzierenden

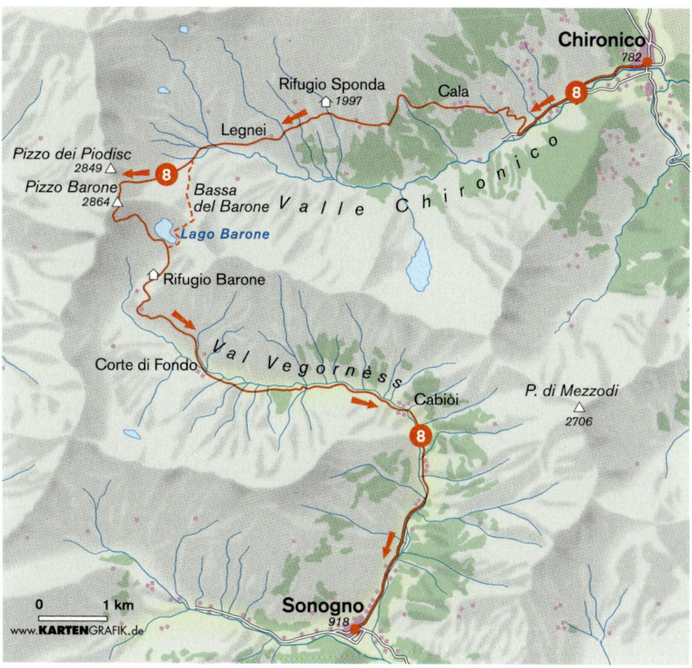

Bikinischönheiten und Tangajungs, nur die Granitsäule des Uomo di Campionigo am gezackten Horizont, von einem Ziegenhirten auf der Alpe Sponda Pissmännchen genannt.

Der Rucksack schmerzt auf den Schultern, das (Sonnen-)Bad gestern hat sich sehr in die Länge gezogen. Feucht und heiß ist es, als wir zuhinterst in der Val Chironico den Ticinetto überspringen. Zum Baden führt er zu wenig Wasser. Abkühlung bringt dafür das Schneefeld gegen den Pizzo Barone, wenigstens dann, wenn wir auf allen Vieren hinaufkraxeln müssen.

Auf dem Gipfeldach des Barone, dem höchsten Punkt im Gipfelkranz der Val Verzasca, ist die Schinderei vorbei. Überraschende Fernsicht auf Walliser Viertausender, beeindruckende Nahblicke auf Granitfluchten und Geröllhalden, und mitten in diesem Chaos aus Steinen und einigen Grasbüscheln der Lago Barone wie ein geheimnisvoll tiefblaues Auge am Ende der Welt. Traumhaft schön, aber keine Destination für Badenixen, sondern eher für Eisbären.

Vielleicht hätten wirs trotzdem wagen müssen, denn der 1000-Meter-Abstieg über den Südhang in die Val Vegornèss hinab lässt die Schweißdrüsen so heftig arbeiten wie der steile Pfad die Oberschenkelmuskeln. Das ist genau der Moment, wo man sich ein Bad wünscht, in einem eisklaren Bergbach. Plötzlich ist er da, die Kleider fliegen weg, der Atem stoppt, so frisch ist das Wasser, und dann taucht man unter, einmal, zweimal, und hinaus auf den flachen, blanken, sonnigen Stein. Das prickelnde Gefühl an der jungen Verzasca suchen wir noch oft, wie wir ihr entlang durch die sechs Kilometer lange Val Vegornèss nach Sonogno marschieren. Hunger und Durst sind groß, als wir uns mit nassen Haaren an einen Tisch des Ristorante Alpino setzen, neben die fein coiffierten Tagestouristen aus dem Locarnese, die den Barone, diesen höchsten Einstieg in die Val Verzasca, für einen Wein halten.

◀ **Blau: Der Lago Barone am Fuß der Südostflanke des Pizzo Barone (2864 m), über die der Abstieg Richtung Val Verzasca verläuft.**

Der Aufstieg

Von Chironico (782 m) folgt man dem Sträßchen in der Val Chironico bis dort, wo der Wanderweg zum Rifugio Sponda rechts abzweigt und sich zur Alp- und Feriensiedlung Cala (1469 m) hinaufwindet. Auf dem oberen Wanderweg durch Wald ansteigen, ein Felsband etwas ausgesetzt überwinden und westwärts zum Rifugio Sponda (1997 m) weitergehen. Von der Hütte auf dem Pfad über die aufgelassenen Alphütten von Vedlè und Legnei den hintersten Talkessel der Val Chironico erreichen und bei P. 1987 m den Ticinetto überspringen. Wo die markierte Route südwärts zur Bassa del Barone (2558 m) abbiegt, schreitet man pfad- und markierungslos weiter westwärts zusehends steinigere und rutschigere Hänge empor. Man steuert das oft ein Schneefeld aufweisende Tälchen an, das sich in den Sattel zwischen Pizzo dei Piodisc und Pizzo Barone hinaufzieht. Darin bis fast zuoberst aufsteigen, links über eine Rampe aussteigen und zuletzt entlang dem N-Grat den Gipfelblock des Pizzo Barone (2864 m) gewinnen.

▼ **Weiß: Beim Aufstieg zum Pizzo Barone oder auch zur leichteren Bassa del Barone muss im Frühsommer mit Schneefeldern gerechnet werden. Am Horizont zeigt sich die Adula.**

Der Abstieg

Vom Gipfel auf dem markierten, in der Karte eingetragenen Pfad in einem S-Bogen über die von ein paar Felsbändern durchzogene, geröllig-grasige Südostflanke zum Lago Barone (2391 m) absteigen, wo man an dessen Südecke auf den Bergwanderweg von der Bassa del Barone trifft. Er führt über das Rifugio Barone (2172 m) und die Piodoo-Alp steil nach Corte di Fondo (1487 m) hinunter, wo man die Verzasca überschreitet. Auf ihrem rechten Ufer durch die Val Vegornèss zur Rustico-Siedlung Cabiói und auf dem Sträßchen nach Sonogno (918 m) marschieren.

Nützliche Informationen

Ausgangsort: Chironico (782 m) am Ausgang des gleichnamigen Seitentals; und Postauto [625.09] von Airolo oder Bellinzona nach Lavorgo, Postauto [600.67] nach Chironico.

Zielort: Sonogno (918 m) zuhinterst in der Val Verzasca. Postauto [630.55] über Bahnhof Tenero (Zug Richtung Bellinzona) nach Locarno.

Schwierigkeit: T4; ohne Pizzo T3.

Höhenunterschiede: 1. Tag: Aufstieg 1220 m. 2. Tag: Aufstieg 870 m, Abstieg 1950 m.

Gehzeiten: Chironico–Rifugio Sponda 3½ Std, Hütte–Pizzo Barone 3 Std., Gipfel–Sonogno 4 Std.

Distanz: 1. Tag 6 km, 2. Tag 16 km.

Unterkunft: Rifugio Sponda SAT (1997 m), 56 Plätze, immer offene Selbstversorgerhütte, von Mitte Mai bis Mitte Oktober zeitweise bewartet, Getränke meistens vorhanden, 20-Rappen-Stücke für Gaskocher mitnehmen, Tel. 091 864 23 52. Rifugio Barone SEV (2172 m), 32 Plätze, von Juni bis Oktober offene Selbstversorgerhütte (Schlüssel über der Türe). In Chironico: Ristorante con alloggio Pizzo Forno, Tel. 091 865 16 26. In Sonogno das Ristorante Alpino, 15 Betten, Tel. 091 746 11 63 (hier auch Vermittlung von weiteren Unterkunftsmöglichkeiten).

Material: Badekleider.

Karten: 266 Valle Leventina; 1272 Pizzo Campo Tencia, 1273 Biasca.

Besonderes: In den Marschzeiten sind die Badepausen nicht einberechnet!

Anschlusstouren: 6, 7, 35, 47.

9 Pécian (2662 m)

Viel Luft unter den Sohlen auf einer strada altra von Lurengo nach Carì

Tourencharakter: Eine andere, sozusagen vertikale Strada alta, 2000 Höhenmeter oberhalb der Autobahn Dänemark-Kalabrien: weniger Staus und mehr Sicht, aber auch mehr Gefahr und weniger Raststätten.

Beste Jahreszeit: Spätfrühling und Herbst; im Sommer zu heiß.

Gehzeit: 6½ Std.

Leventina – das Tor zum Süden. Tausende von Autos, die nach dem Nadelöhr des Gotthardtunnels ungehemmt durch den Transitkorridor Tessin hinab nach Italien rasen. Strada alta Leventina – die bekannteste Mehrtageswanderung des Tessins. Unzählige Wanderer, die von Airolo in zwei bis drei Etappen über die Sonnenhänge des ganzen Livinentals nach Biasca marschiert sind.

Diese linke Talseite des verkehrsdurchströmten Bergtals wird von einer Kette von Gipfeln gebildet, die zwischen 2100 und 2800 Meter hoch sind. Der oberste ist der Föisc; der unterste der Matro, markiert durch eine Sendeanlage; der auffälligste der Pécian, dessen 300 Meter hohe, gleichmäßig steile und lawinenschutzverbaute Südwestflanke als Schild oder im Profil fast von der ganzen Leventina aus sichtbar ist. Über diese Flanke windet sich ein Pfad zum knapp 14 Meter hohen Gipfelkreuz. Aus hoher Warte blickt man da auf Ambrì-Piotta und auf das helle Band der Autobahn, die sich in den Dunst bei Biasca hinauszieht. Gegenüber die eindrucksvolle Campo-Tencia-Gruppe mit ein paar Restgletschern, in der Ferne die Walliser und Berner Viertausender. Und dann kehrt der Blick zurück zu den dunkelblauen Laghi Chièra, die man noch in den 70er-Jahren des 20. Jahrhunderts zu Kraftwerken verschandeln wollte.

Noch ein Wort zum Namen: Auf der 1:25000-Karte von 1998 heißt unser Berg Pécian (2662 m), und der weiter nördlich und hinten liegende Gipfel ist mit Pécianett (also »kleiner Pécian«) angeschrieben, obwohl er 102 Meter höher ist. Aber von unten gesehen wirkt halt der vordere Gipfel mächtiger. Pécian ist der Dialektausdruck für Pettine, und in alten Karten und Führern steht denn auch Pizzo Pettine, allerdings bei P. 2764 m. Die Verwirrung wird noch größer, wenn man auf dem Gipfelbuchbehälter von P. 2662 m Pizzo Pécian liest, während im Buch selbst dann wieder vom Pizzo Pettine die Rede ist. Da haben es die Wanderer auf der Strada alta einfacher.

Der Aufstieg

Von Lurengo (1324 m) nicht auf der Strada alta, sondern auf dem Sentiero dei monti kurz talauswärts leicht ansteigend bis zu einer Verzweigung. Links abbiegen und auf dem Wanderweg hinauf nach Cassine

di Quinto und auf einem Waldsträßchen nach Cassine di Deggio (etwa 1640 m). Die Erschließungsstraßen verlassen und auf einem unmarkierten Weg nordwärts durch eine Wiesenmulde nach Piümadéi ansteigen. Auf etwa 1850 Metern biegt der Weg nach Osten und zieht auf einen Absatz (P. 2001 m) hinaus. Durch die folgende Mulde zu P. 2038 m, von wo der Pfad durch die abschüssige, grasige SW-Flanke zum großen Gipfelkreuz des Pécian (2662 m) emporzickzackt.

Der Abstieg

Auf dem Aufstiegsweg bis zur Weggabelung bei den untersten steinernen Lawinenverbauungen. Nun den linken, teilweise weiß-rot-weiß markierten Weg einschlagen. Er führt, an einem Steinaltar vorbei, gegen eine Antenne; oberhalb von ihr verlässt er die SW-Flanke des Pécian und sinkt schräg über die Alphütte Chièra (2038 m) zur Ferienhäuschensiedlung Sompréi (1848 m). Auf dem Sträßchen zum Wegweiser (etwa 1700 m) oberhalb von Predèlp, wo man den Höhenweg nach Carì nimmt. Er führt oberhalb von Tarnolgio durch Wald direkt zur Capanna Prodör (1757 m). Wenn man aber nach Carì (1622 m) will, so steigt man von der Wegverzweigung (etwa 1660 m) nordöstlich oberhalb von Tarnolgio auf die Verbindungsstraße Predèlp-Carì und folgt ihr ins Dorf.

Nützliche Informationen

Ausgangsort: Lurengo (1324 m), kleines Dorf auf der linken Talseite der oberen Valle Leventina. Von Airolo, Haltestelle von Gotthardschnellzügen [600], mit dem Postauto [625.09] nach Ambrì-Piotta und mit dem Postauto [600.56] nach Lurengo.

Zielort: Carì (1622 m), Tourismusort oberhalb von Faido. Postauto [600.61] nach Faido (755 m) an der Gotthardlinie. Von Juni bis September fährt zweimal täglich ein Postauto [600.60] von Predèlp (1671 m) über Osco nach Faido.

Schwierigkeit: T3.

Höhenunterschiede: Aufstieg 1340 m, Abstieg 1040 m.

Gehzeiten: Aufstieg 4 Std., Abstieg 2½ Std.

Distanz: 12 km.

Unterkunft: In Carì: Capanna Prodör UTOE (1757 m), 50 Plätze, zeitweise bewirtschaftet, nicht offen, Tel. 091 866 18 33 (Schlüssel in der Pensione Carì in Carì); Pensione Carì, Tel. 091 866 20 97. In Faido: verschiedene Hotels.

Verpflegung: Ristorante in Catto unterhalb Lurengo und in Carì.

Karten: 266 Leventina; 1252 Ambrì-Piotta.

Varianten für Taucher …: Vom Pécian-Gipfel direkt in Pfadspuren über den stotzigen SO-Grat (Schwierigkeit T4) zu den Laghi Chièra hinunterkraxeln – und gleich hineinspringen. **… für Kletterer:** Über die Plattenschüsse der Valle di Freggio unterhalb des Pécian führt eine der längsten Plaisirrouten der Alpensüdseite – die Anzahl Seillängen ist gleich wie diejenige der Haarnadelkurven der Tremola am Gotthard, nämlich 24. Mehr zur Genussroute »Via del Veterano« in Jürg von Känels Führer *Schweiz plaisir sud* (Edition Filidor, Reichenbach 2003).

Literatur: Marco Volken, in Zürich lebender Tessiner mit Walliser Wurzeln, enthüllt in seinem Bildband *Leventina und Bedrettotal. Ursprung des Tessins* (Salvioni Edizioni, Bellinzona 2001) die wilde Schönheit oberhalb von Autobahn und Bahntrassee. Großartige Fotos einer Landschaft abseits der Grotto-Piazza-Zoccoli-Romantik. Ein Buch für Wanderer und Stubenhocker, für Ski- und Bahnfahrer. Und ein Muss für Tessintouristen.

Anschlusstour: 10.

10 Pizzo di Nara (2231 m)

Über einen alten Pass zu einer der schönsten Kirchen des Tessins

Tourencharakter: Größtenteils markierter Wald- und Wiesenausflug von der verkehrsgeplagten Valle Leventina über die historische Bassa di Nara in die sonnenverwöhnte Valle di Blenio. Der bescheidene Pizzo di Nara ermöglicht den aufschlussreichsten Blick auf das Rheinwaldhorn, die höchste Spitze des Kantons, und die Kirche San Carlo di Negrentino andächtiges Staunen.
Beste Jahreszeit: Mai bis Oktober.
Gehzeit: 6 Std.

◄ **Tierisch, zweite Folge: Ziegen auf dem Pécian, hoch oberhalb der Autobahn Dänemark–Kalabrien, die unter den Gotthard-Bergen im Hintergrund hindurchröhrt.**

»Sicher war der Narapass zur Zeit der Urner Herrschaft ein bedeutsamer Saumweg zwischen den beiden Tessiner Tälern«, meint Johann Jakob Ess in *Auf Wanderwegen im Tessin,* einem 1952 erstmals aufgelegten Führer: »Gegen die Passhöhe hinauf ist die breite Anlage stellenweise noch deutlich zu erkennen, und das andere Ende auf der Blenioseite zeigt sich dem Wanderer vielfach als solid gefügte 1½ bis 2 Meter breite Pflästerung, welche die Jahrhunderte überdauert hat. Ein Streifen Land von rund 500 Metern Breite quer über den Bergrücken bis nach Prugiasco

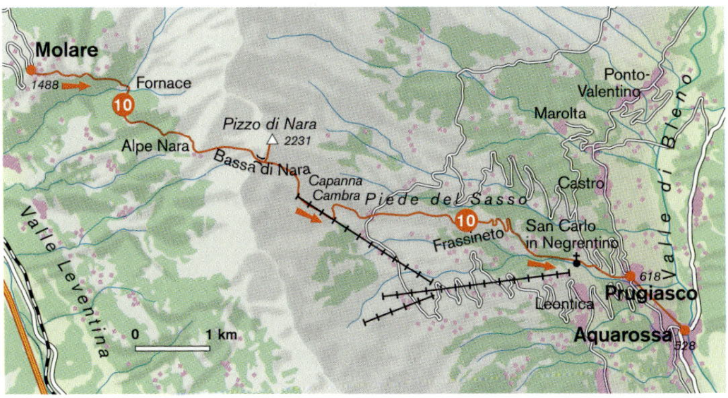

am Brenno hinunter gehörte zur Leventina, war also gleichsam exterritorial herausgeschnitten.«
So wiederholte sich an der Bassa di Nara im kleinen Rahmen, was die Urschweizer im Großen zu tun pflegten: zwecks ökonomischer und machtpolitischer Vorteile über die Wasserscheiden hinweg Gelände unter Kontrolle und in eigenen Besitz bringen. Seit dem 14. Jahrhundert gehörte die Leventina den Urnern, und seit 1512 war das ganze Tessin ennetbirgisches (= jenseits des Gebirges gelegenes) Untertanenland der damaligen Eidgenossenschaft, das deutschschweizerische Landvögte verwalteten. Erst 1803 wurde das Tessin ein gleichberechtigter Kanton der Schweiz.
Geschichte, denkt man, und doch: Wenn man am Campanile der Kirche San Carlo in Negrentino das Uristierwappen entdeckt, dann wird die Vergangenheit anschaulich. Wenn man zudem noch weiß, dass die Bewohner des Bleniotals und der Leventina im »Schwur von Torre« schon 1182 einen gegenseitigen Beistand gegen die Herren gelobten und mehrere Burgen brachen – mehr als 100 Jahre vor dem durch Urner mitinszenierten Rütlischwur von 1291, der als Geburt der Eidgenossenschaft gilt -, so wird heutigen Gipfelwanderern bewusst, dass die Geschichte des Tessins die eines kolonialisierten Landes ist. Und plötzlich erinnert man sich an den Tiefblick vom Pizzo di Nara in die Leventina: Die Eisen- und Autobahnen als Saumwege der Neuzeit, die mit Abgasen und Lärm einen dreidimensionalen Korridor aus dem Tessin und – späte Rache der Geschichte – aus dem Urnerland herausschneiden. Die alten Saumwege hingegen, wie derjenige über die Bassa di Nara, verfallen zusehends. An seine Stelle ist teilweise eine Skipiste getreten, eine Kultstätte der mobilen Freizeitgesellschaft, über die unsere Nachfahren wohl kaum so staunen werden wie wir über das aus dem 11. bis 12. Jahrhundert stammende Heiligtum San Carlo in Negrentino.

Der Aufstieg

Von Molare (1488 m) folgt man ostwärts der Wanderroute auf dem flachen Ziehweg bis jenseits der Brücke (1565 m) bei Fornace, wo man den linken Wanderweg nimmt. Er führt mehrheitlich durch Nadelwald zur Alpe Nara (1929 m) und über Weiden in die Bassa di Nara (2123 m). Vom Pass leicht in Pfadspuren über den grasigen SW-Grat auf den Pizzo di Nara (2231 m).

Der Abstieg

Zurück in den Pass und auf selten markierten Pfadspuren über Alpweiden mehr oder weniger dem Skilift entlang, zuletzt deutlich rechtshaltend, zur geschlossenen Capanna Cambra unterhalb der Bergstation eines Sessellifts (nicht verwechseln mit dem Alpgebäude Cambra, das bei der Talstation des Skilifts liegt). Von hier gibt es zwei Möglichkeiten, um auf die große Hangterrasse von Piede del Sasso zu gelangen: Der Wanderweg benützt die weit ausholende, hässliche Erschließungsstraße. Wilder ist folgende, unmarkierte Route: Auf der Skipiste unter dem Sessellift bis etwa dort, wo diese nach rechts in eine Waldschneise zieht; links auf Pfadspuren steil in eine Talmulde absteigen und den Bach überqueren; der Pfad quert flach auf den Grasrücken Sul Sasso hinaus und sinkt in ein paar Serpentinen links (nördlich) einer kleinen Schlucht in die Siedlung Piede del Sasso (1541 m). Auf dem Wanderweg (und alten Saumweg) ostwärts hinunter nach Frassineto (1273 m). Nun wird es wieder schwierig: entweder auf dem Wanderpfad direkt weiter über den Geländerücken absteigen, oder auf der Erschließungsstraße hinabkurven. In Bièd muss man aufpassen, dass man den Wanderweg Richtung Leontica und San Carlo in Negrentino erwischt. Immer links des Wildbaches bleibend kommt man zur Kirche San Carlo di Negrentino (854 m). Von hier führt der markierte Weg direkt über Weiden zur Brücke (618 m) am südlichen Dorfrand von Prugiasco.

Nützliche Informationen

Ausgangsort: Molare (1488 m), Bergdorf auf der linken Talseite der mittleren Valle Leventina. Postauto [600.61] von Faido, Haltestelle von Gotthard-Schnellzügen [600]. Oder die gleiche Postautolinie von Carì benützen, wenn man dort übernachtet hat.

Zielort: Prugiasco (618 m) in der mittleren Valle di Blenio. Rare Buskurse [600.76] nach Acquarossa (528 m); besser ist es, den Wanderweg in der Talebene dorthin zu benützen (etwa 15 Min.). Von Acquarossa mit Bus [600.72] nach Biasca an der Gotthardlinie.

Schwierigkeit: T2.

Höhenunterschiede: Aufstieg 740 m, Abstieg 1610 m.

Gehzeiten: Aufstieg 2½ Std., Abstieg 3½ Std.

Distanz: 11 km.

Unterkunft: Capanna Piandios (1875 m) des Sci Club Crap P. Valentino, nordöstlich unterhalb des Pizzo di Nara, 104 Plätze, durchgehend bewirtschaftet Juli und August, teilweise bewirtschaftet Juni und September, Tel. 091 864 25 44; Hüttenwart Simone Banchini, via Miralago 16, 6963 Pregassona, Tel. 076 400 0301. In Carì: Capanna Prodör UTOE (1757 m), 50 Plätze, zeitweise bewirtschaftet, nicht offen, Tel. 091 866 18 33 (Schlüssel in der Pensione Carì in Carì); Pensione Carì, Tel. 091 866 20 97. In Campello unterhalb Molare: Albergo Tre Cervi,

▼ **Sehenswert: Die Kirche San Carlo in Negrentino, rund 1000 Jahre alt. Um den Innenraum zu besichtigen, brauchts einen Schlüssel. Den gibts in den Ristoranti.**

Tel. 091 866 26 61. In Leontica südlich von Negrentino: Trattoria Gianora, Tel. 091 871 16 98. In Prugiasco keine Unterkunft, dafür zwei Alberghi in Acquarossa: Rubino, Tel. 091 871 19 95; Stazione, Tel. 091 871 11 23.

Verpflegung: Ristoranti in Carì, Prugiasco und Acquarossa.

Karten: 266 Valle Leventina; 1252 Ambrì-Piotta, 1253 Olivone.

Besonderes: Um den mittelalterlichen Freskenschmuck von San Carlo in Negrentino zu bewundern: Kirchenschlüssel in den Ristoranti von Leontica und Prugiasco erhältlich.

Anschlusstour: 9.

11 Föisc (2208 m)

Durch den Gotthardtunnel und hinein in die Wanderschuhe

Tourencharakter: Eine leichte Wanderung von demjenigen Ort aus, der für viele aus dem Norden Anreisende die erste Begegnung mit dem Tessin ist: Airolo. Wer will, kann zuoberst übernachten.

Beste Jahreszeit: Juni bis Oktober; dann fährt auch das Funicolare Piotta-Ritom.

Gehzeit: 5½ Std.; mit Benützung der Ritombahn für Auf- und Abstieg nur 2 Std.

»Eine breite Graskuppe mit hübscher Aussicht«, meint der erste SAC-Führer durch die Tessiner Alpen von 1908 zum Föisc, den die topografischen Karten damals noch Fongio nannten. Er ist der erste Gipfel des Tessins, wenn man zum Gotthardtunnel rauskommt und auf die linke Talseite der Valle Leventina blickt. Seine Besteigung ist leicht und braucht nicht allzu viel Zeit. Umso länger kann man auf der breiten Graskuppe sitzen, in die Valle Leventina hinunterschauen und die Seenlandschaft der Val Piora betrachten. Das Weidegebiet des Hochtals von Piora ist das größte des Tessins, und der hier produzierte Käse mundet dank der Kräutervielfalt ausgezeichnet. Wenn er auf der Polenta in einer der drei Verpflegungsstätten von Piora schmilzt, so schmeckt das Maisgericht noch besser. Allerdings sollte man sich nicht überessen: Die Rückkehr in die Valle Leventina mit der Standseilbahn, die ein maximales Gefälle von 87,7 Prozent aufweist und in 12 Minuten knapp 800 Höhenmeter überwindet, bewirkt bei den meisten ein Kribbeln im Bauch.

Der Aufstieg

Vom Bahnhof Airolo (1141 m) folgt man den Wegweisern der viel begangenen Strada alta talauswärts ins Dörfchen Madrano. Links abbiegen und nordostwärts durch die waldige Valle di Büi zur Alpsiedlung Ce di fuori (1723 m) ansteigen. Über Piano dei Sciüch zum Sattel Pian Töi (etwa 1900 m) vorstoßen. Auf dem Weg zur Bocchetta di Föisc (2123 m) bis auf den Westrücken des Föisc hinaufgehen. Nun über diesen Rücken, der im unteren Teil mit Lärchen bestückt und mit Alpenrosen bedeckt ist, auf den Gipfel des Föisc (2208 m); südlich vom höchsten Punkt befindet sich das gleichnamige Rifugio.

Der Abstieg

Über den Nordrücken zur Bocchetta di Föisc (2122 m) absteigen. Auf dem Wanderweg hinab zum Lago Ritom (1850 m). Auf der Uferstraße zur Staumauer und weiter zur Stazione Piora (1794 m) der Ritombahn spazieren.

◄ Aussteigen bitte: Durch den Tunnel und hinein in die Sonne – Wanderer auf dem Bahnsteig Airolo.

Nützliche Informationen

Ausgangsort: Airolo (1141 m), oberster Tessiner Bahnhof der Gotthardbahn [600].

Zielort: Stazione Piora (1794 m), Bergstation der Ritom-Standseilbahn [2603]. Von der Talstation Centrale Piotta mit dem Postauto [600.53] zum Bahnhof Airolo; nur wenige Kurse. Oder quer über die Ebene gehen (10 Min.) zur Haltestelle Piotta Posta der Postautolinie [625.09] Airolo–Bellinzona.

Schwierigkeit: T2.

Höhenunterschiede: Aufstieg 1060 m, Abstieg 360 m.

Gehzeiten: Airolo–Föisc 4½ Std., Föisc–Stazione Piora 1 Std.

Distanz: 8 km.

Unterkunft: Rifugio Föisc (2200 m), Patriziato di Altanca, auf dem Gipfel des Föisc, immer offene Selbstversorgerhütte mit 6 Plätzen. Hotels in Airolo und Ambrì-Piotta. Ristorante Lago Ritom (bei der Staumauer), Tel. 091 868 14 24. Capanna Cadagno SAT (1987 m), 60 Plätze, immer offen, bewirtschaftet von Juni bis Oktober, Tel. 091 868 13 23.

Karten: 266 Valle Leventina; 1252 Ambrì-Piotta.

Besonderes: Bester Zustieg zur Capanna Cadagno; 1½ Std. vom Föisc zur Hütte.

Anschlusstouren: 4, 5, 12.

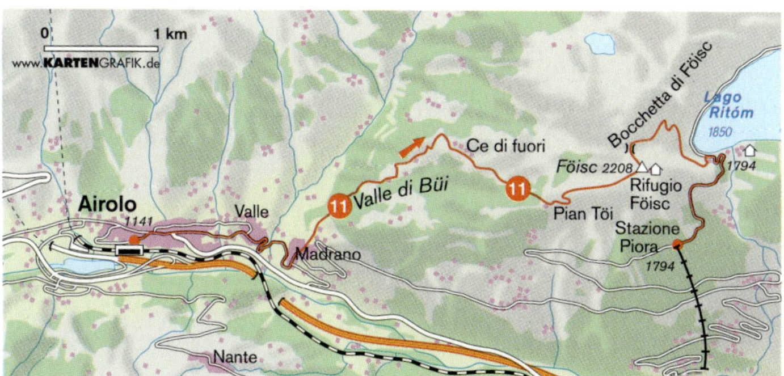

12 Piz Corandoni (2659 m)

Bergseen und Blumen zwischen der Leventina und dem Lukmanierpass

Tourencharakter: Ein wenig besuchter Berg an einer wenig gewählten Route vom Ritomstausee durch die Val Piora und die Val Cadlimo zum Lukmanierstausee. Leicht und lohnend. Einzig die kurze Strecke von den Bergwerk-Seen zum Gipfel ist nicht markiert.
Beste Jahreszeit: Juni bis Oktober; für die Blumen am besten Anfang Juli.
Gehzeit: 6½ Std.

»Für den Sommerfrischler kommen die eisgekrönten Gipfel des Piz Blas und Piz Rondadura nicht in Frage«, erklärte Johannes Vincent Venner in seinem 1925 in dritter Auflage erschienenen Buch *Der Tessin – die Perle der Schweiz.* »Um so reichlicher erwarten ihn Bequemlichkeit, Ruhe und reine Luft in der idyllisch und weich zwischen Bergen eingebetteten Val Piora, die mit ihrem spiegelklaren Ritomsee, den ausgedehnten Alpenrosenfeldern, den starkatmenden Wäldchen und hellgrünen Alpen ein Paradies von entzückendem Reize und heimeliger Intimität darstellt.« Im eigentlichen Hochtal von Piora merkt man vom Paradies nicht mehr allzu viel. Dem Lago Ritom entlang lärmen Autos, auf den Hauptwanderwegen stauen sich Wanderer: Entzückende Einsamkeit offenbart sich erst denjenigen, welche schmalere Wege einschlagen und zum Beispiel auf dem bequem zu erreichenden Piz Corandoni Ruhe und Aussicht suchen.

Von hoher Warte blicken sie auf den Lago Ritom herunter – die Betonung liegt auf dem i, nicht auf dem o, wie die Landeskarte der Schweiz mit der Schreibweise Ritóm falscherweise suggeriert. Der Ritom-See war ursprünglich ein natürlicher See in einem durch Glazialerosion entstandenen länglichen Becken; er wurde durch die 27 Meter hohe Mauer des Kraftwerks Ritom vergrößert. Das Werk wurde 1920 für die Elektrifizierung der Gotthardbahn in Betrieb genommen, und der steigende Strombedarf führte zu verschiedenen Ausbauten des Lago Ritom. Heute fasst der See 53,9 Millionen Kubikmeter. Damit er gefüllt werden kann, bohrte man Wasserzulaufstollen von der Val Cadlimo, Val Canaria und gar vom urnerischen Unteralptal. Damit verschob der Mensch die Wasserscheide zwischen Rhein und Po für einzelne Bäche sozusagen nach Norden, während die Scheide vor der Eiszeit weiter südlich, etwa beim Lago Ritom, lag. Heute fließt das von Norden nach Süden umgeleitete Wasser als Elektrizität teilweise auf die Alpennordseite zurück und bringt unter anderem die Wanderer von dort wieder nach Süden.

In Ruhe betrachten die Wanderer vom Gipfel aber auch die geologische Besonderheit von Piora. Gegen Norden erhebt sich mächtig das 225 Millionen Jahre alte Urgestein des Gotthardmassivs. Da-

◂ **Auf dem Weg: Bergradler oberhalb des Lago Ritom. Am Uferweg hinten steht grün und breit der Föisc (Tour 11).**

runter ist jedoch bereits ein Band von weißem Dolomitgestein zu erkennen, das sich gegen Osten zu einem vielzackigen Gipfel auftürmt. Gegen Süden bildet die penninische Decke der Tessiner Alpen den Abschluss. Eine geologisch vielschichtige Gegend also, was auch die Ingenieure und Arbeiter am Gotthard-Basistunnel zu spüren bekommen; die Piora-Mulde ist wegen des unzuverlässigen Gesteins berüchtigt. Die besonderen geologischen Verhältnisse zeigen sich nicht zuletzt daran, dass um das Jahr 1900 zwischen dem Passo dei Corandoni und der Val Cadlimo Silber und Blei geschürft wurde. Bei den Laghetti della Miniera lassen sich noch die verfallenen Hütten der Bergarbeiter ausmachen. In den Schuttfeldern von Miniera wird man allerdings kaum auf Silber stoßen. Das Einzige, was dort glänzt, sind die vielen Wegmarkierungen. Und ab und zu eine Bergblume. Für die Flora ist die Val Piora ja ebenfalls bekannt. Mit einer ganz besonderen Pflanze, dem Iva-Kraut (Moschusschafsgarbe), wird hier der Grappa veredelt. Man kriegt ihn in der Capanna Cadagno. Wer allerdings zu viel davon probiert, wird als leidender Sommerfrischler am Fuß des Piz Rondadura entlang dem Lukmanier entgegenstolpern.

Der Aufstieg

Von der Stazione Piora (1794 m) auf dem Sträßchen zur Staumauer des Lago Ritom (1850 m) spazieren. Auf der Uferstraße seeinwärts, dann leicht ansteigend zur Kapelle San Carlo und flach zum Ristorante in der Siedlung Cadagno di Fuori am gleichnamigen See. Ostwärts auf der Güterstraße, an zwei großen Gebäuden vorbei, zur Capanna Cadagno (1987 m). Von der Hütte steigt man taleinwärts schräg die nördliche Talseite der Val Piora zum Lago di Dentro hoch, den man an seiner Südostecke beim Stabbio delle Pecore di Dentro erreicht. Dem Südufer des Sees entlang und in steilem Gelände hinauf zum Passo dei Corandoni (etwa 2530 m, ohne Namen auf der Karte). Etwas südlich unterhalb des Passes verstecken sich die geheimnisvollen Laghetti della Miniera. Vom Passeinschnitt weglos westwärts über wenig geneigte, mit Felsriffs ziselierte Grashänge aufsteigen und zuletzt über den Gipfelgrat zum Steinmann des Piz Corandoni (2659 m).

Der Abstieg

Vom Piz Corandoni zurück zum gleichnamigen Pass. Nordwärts auf einem markierten Pfad über eine gerölllige Hochfläche, in der kleine Seen eingelagert sind. Wo die Fläche in einen mit Gras durchsetzten Hang übergeht, steigt man leicht linkshaltend hinunter in die Val Cadlimo. Man erreicht ihren Grund beim Seelein westlich von P. 2299 m. Nun alles auf dem Wanderweg durch die Val Cadlimo auf dem linken Ufer des Reno di Medel bis zum gestauten Lai da Sontga Maria und auf einem Sträßchen zum Hospezi Santa Maria (1914 m) auf dem Passo del Lucomagno marschieren.

Nützliche Informationen

Ausgangsort: Stazione Piora (1794 m), Bergstation der Ritom-Standseilbahn [2603]. Zur Talstation Centrale Piotta mit dem Postauto [600.53] vom Bahnhof Airolo; nur wenige Kurse. Oder von der Haltstelle Piotta Posta der Postautolinie [625.09] Airolo-Bellinzona quer über die Ebene gehen (10 Min.).

Zielort: Passo del Lucomagno (1915 m). Mit dem Bus [600.73] über Olivone nach Biasca an der

Gotthardlinie [600]. Oder mit dem Postauto [920.80] nach Disentis mit Anschluss an die Rhätische Bahn [920]. Postauto/Bus von Juni bis Oktober.

Schwierigkeit: T3; ohne Piz T2/T3.

Höhenunterschiede: Aufstieg 200 m bis zur Hütte und 670 m auf den Gipfel, Abstieg 750 m.

Gehzeiten: Stazione Piora–Capanna Cadagno 1½ Std., Hütte–Piz Corandoni 2½ Std., Gipfel–Passo del Lucomagno 2½ Std.

Distanz: 17 km.

Unterkunft: Capanna Cadagno SAT (1987 m), 60 Plätze, immer offen, bewirtschaftet von Juni bis Oktober, Tel. 091 868 13 23. Ristorante Lago Ritom (bei der Staumauer), Tel. 091 868 14 24. Passo del Lucomagno: Hospezi Santa Maria, geöffnet von Juni bis Oktober, Tel. 081 947 51 34; Centro ecologico Uomo Natura in Acquacalda 4 km südlich der Passhöhe, Tel. 091 872 26 10.

Verpflegung: Ristorante Canvetto del Carletto in Cadagno di Fuori.

Karten: 256 Disentis, 266 Valle Leventina; 1232 Oberalppass, 1252 Ambrì-Piotta.

Variante für Seewanderer: In den Tessiner Alpen sowie im Misox und im Calancatal liegen weit über 200 andere Bergseen. Die wahrscheinlich seenreichste Gegend sind die Val Cadlimo und die Val Piora mit 26 Bergseen. Mehr zu diesen Seen – und zum höchstgelegenen Tessiner See, dem Laghetto di Cassimoi (2982 m) in der Nähe des Pizzo Cassinello (vgl. Tour 18) – im 286 Seiten starken Bildband von Ely Riva, *Die Augen unserer Berge* (Salvioni Edizioni, Bellinzona 2000).

Anschlusstouren: 2, 11, 13.

▼ Am Weg: Kapelle San Carlo. Der Lago Cadagno liegt gleich um die Ecke, zur gleichnamigen Capanna ist es auch nicht mehr weit.

VALLE DI BLENIO

Der Alpinist berührt das Kreuz der Adula (3402 m), des höchsten Tessiner Gipfels, auf der Alpennordseite als Rheinwaldhorn bekannt. Unter dem Nebelmeer liegt das Bleniotal und das restliche Tessin. Wir bleiben auf der Sonnenspitze.

13–19

13 Pizzo di Cadrèigh (2516 m)

Hüttenleben jenseits des Passo del Lucomagno

Tourencharakter: Eine geruhsame Überquerung von der weiträumigen Valle Santa Maria in die abgeschiedene, grasgrüne Val di Campo, die mit ihren verwitterten Felsblöcken aus schwarzem Bündnerschiefer so gar nicht typisch tessinerischer Landschaft entspricht. Der mühelos ersteigbare Pizzo di Cadrèigh liegt im Schnittpunkt der beiden Täler, die Capanna Bovarina dient als lieblicher Stützpunkt für ein Gipfeltrekking.
Beste Jahreszeit: Juni bis Oktober.
Gehzeit: 5 Std.

Die Tessiner Alpen sind anders als die übrigen Schweizer Alpen. Das ist nur schon daraus ersichtlich, wem die Hütten im Gebirge gehören. Während auf der Alpennordseite der Schweizer Alpen-Club fast alle Hütten gebaut hat, gehören von den 53 Hütten, welche der SAC-Führer *Hütten der Schweizer Alpen* von Remo Kundert und Marco Volken (Ausgabe 2001) auflistet, nur gerade 11 dem Club Alpino Svizzero (CAS). 25 Capanne und Rifugi gehören der Federazione Alpinistica Ticinese, 17 andern Vereinen und Gesellschaften (häufig den Patriziaten).

Dieser Unterschied hängt einerseits damit zusammen, dass die alpinistische (und touristische) Erschließung an den herausragenden Gebirgsgruppen der Alpennordseite (Berner Oberland, Zermatt, Engadin) begann, während die unzugänglichen, scheinbar gleichförmigen und von eher wenigen markanten Gipfeln geprägten Tessiner Berge trotz vereinzelter Besuche bekannter Alpinismuspioniere (wie Placidus a Spescha, Gottlieb Studer, Douglas William Freshfield) alpinistisches Entwicklungsland blieben und erst nach Eröffnung des Gotthard-Eisenbahntunnels im Jahre 1882 etwas mehr Besucher erhielten. Die andersartige Erschließung der Berge südlich des Gotthards ist andererseits auch darauf zurückzuführen, dass die alpinen Vereine anfänglich nur zögernd Fuß fassten und, insbesondere wegen politischer Kämpfe, erst noch zerstritten waren. 1898 riefen deutschsprachige Gotthardbahnbeamte die Bergsteigergesellschaft »Alpina« ins Leben, aus der dann die Sektion Leventina des CAS entstand und die erst in den 30er-Jahren italianisiert wurde. 1919 gründeten Arbeiter-Bergfreunde die UTOE, die Unione Ticinese Operai Escursionisti, als Gegenstück zum bürgerlichen Alpen-Club; ihre Überlegenheit zeigten sie mit dem Bau der Capanna Adula am höchsten Berg des Tessins, die 1923 eingeweiht wurde, ein Jahr vor der Adulahütte des CAS, die erst noch 400 Höhenmeter weiter unten liegt; diese Umstände gaben viel böses Blut und sogar Gerichtshändel. Aber Meinungsverschiedenheiten gab es auch innerhalb der UTOE: 1938 spaltete sich die Società Alpinistica Ticinese (SAT) ab. 27 Jahre später jedoch schlossen sich die UTOE und die SAT zur Federazione Alpinistica Ticinese (FAT) zusammen, der sich 1984 noch die Società Alpinistica Valmaggese und Ende des 20. Jahrhunderts noch andere Vereine wie die Associazione Nido d'Aquila und die Società Alpinistica Bassa Blenio anschlossen (alle Vereine der FAT auf Seite 288).

Diese Vielfalt von alpinen Vereinen im Tessin ist auf den ersten Blick vielleicht verwirrlich, aber für das Verständis des Bergsportes im Tessin wichtig (um solche Unterschiede kümmerten sich freilich die Kartografen der Schweizer Landeskarte bis

Anfang der 1960er-Jahre nicht und markierten kurzerhand nur die Hütten des CAS als solche). Die speziellen Hüttenverhältnisse im Tessin zeigen sich auch daran, dass Mitglieder nicht tessinerischer Sektionen des Schweizer Alpen-Clubs sowie der meisten ausländischen Alpenvereine kein Gegenrecht in den Hütten der FAT haben, weil diese Vereine die FAT nicht als gleichberechtigten Verband anerkennen. Die FAT stellte dem SAC Ende der 1990er-Jahre letztmals ein Gesuch, das dieser jedoch erneut ablehnte.

Eine der FAT-Hütten ist die Capanna Bovarina, die der Sezione Bellinzona der UTOE gehört. Sie liegt in einer Alpsiedlung knapp oberhalb der Waldgrenze. Wenn man vor der im Jahre 1997 erweiterten Hütte sitzt, die Kühe glockenläutend von den Weiden heimtrotten und drinnen der Risotto leise köchelt, dann ist man zufrieden, obwohl der Pizzo di Cadrèigh nur ein kleiner Gipfel war. Größere kann man in den folgenden Tagen besteigen, wenn man die Haute Route durch die Nordostecke des Tessins bis zum Rheinwaldhorn ausdehnt, wo die beiden Adulahütten und die neuen Hütten in der Val Malvaglia zu Rast und Ruhe einladen.

Der Aufstieg

Vom Passo del Lucomagno (1915 m), genau gegenüber dem Hospiz, steigt man auf dem Pfad über Alpwiesen ostwärts an. Der Weg zieht sich schräg hinauf gegen den nördlichen Passo di Gana Negra (etwa 2430 m), in dessen Nähe ein Seelein liegt. Kurz vor dem Übergang zweigt ein Pfad ab, der an verwitterten Gesteinsblöcken vorbeileitet und einen Hang in südöstlicher Richtung in den südlichen, auf dem Kartenblatt »Ambrì-Piotta« angeschriebenen Passo di Gana Negra (2401 m) quert. Von hier führt ein Pfad dem Grat entlang zum Steinmann auf dem flachen Schuttgipfel des Pizzo di Cadrèigh (2516 m); südlich unterhalb des Vorgipfels P. 2505 m zweigt eine Route Richtung Dötra ab.

Der Abstieg

Vom Pizzo di Cadrèigh zurück in den Passo di Gana Negra (2401 m). Auf einem Pfad ost- und abwärts in einen andern Sattel westlich von P. 2372 m. Nordwärts durch eine grasige, von schwarzen Felstrümmern übersäte Mulde zum offiziellen Wanderweg der Val di Campo. Auf ihm talauswärts, beim L-förmigen Stall der Alpe di Boverina vorbei, zur Capanna Bovarina (1870 m). Auf dem Weg ostwärts über Ronco di Gualdo hinab zur Brücke (1463 m) über den Fiume d'Orsàira. Auf dem Wanderweg rechts, also südlich des Flusses, nach Campo Blenio (1216 m).

Nützliche Informationen

Ausgangsort: Passo del Lucomagno (1915 m). Von Chur mit der Rhätischen Bahn [920] nach Disentis und mit dem Postauto [920.80] auf den Pass. Oder von Biasca an der Gotthardlinie [600] mit dem Bus [600.73] über Olivone auf den Lukmanierpass. Postauto/Bus von Juni bis Oktober.

Zielort: Campo Blenio (1216 m). Busse [600.78, 600.72] über Olivone (umsteigen) nach Biasca an der Gotthardlinie [600].

Schwierigkeit: T2/T3.

Höhenunterschiede: Aufstieg 600 m, Abstieg bis zur Hütte und von dort nach Campo Blenio je 650 m.

Gehzeiten: Passo del Lucomagno–Pizzo di Cadrèigh 2 Std., Gipfel–Capanna Bovarina 1½ Std., Hütte–Campo Blenio 1½ Std.

Distanz: 13 km.

Unterkunft/Verpflegung: Capanna Bovarina UTOE (1870 m), 50 Plätze, immer offen, von Juni bis Oktober bewirtschaftet, Tel. 091 872 15 29. Passo del Lucomagno: Hospezi Santa Maria, geöffnet von Juni bis Oktober, Tel. 081 947 51 34; Centro ecologico Uomo Natura in Acquacalda 4 km südlich der Passhöhe, Tel. 091 872 26 10. In Campo Blenio: Ristorante Genziana, Tel. 091 872 11 93; Ristorante Broggi, Tel. 091 872 12 30. Zwei Ostelli mit Massenlager (eher für Gruppen): Casa Cristallina, Tel. 091 872 15 10 und Casa Greina, Tel. 091 872 11 13.

Karten: 266 Valle Leventina; 1252 Ambrì-Piotta, 1253 Olivone.

Besonderes: Auf dem Lukmanierpass sowie in der Val di Campo übt zeitweise die Armee, allerdings kaum auf der vorgestellten Route. Trotzdem die lokalen Schießanzeigen beachten.

Anschlusstouren: 2, 12, 14, 15, 16, 17.

14 Cima di Garina (2780 m)

Idyllen und Geröllwüsten von der Capanna Bovarina in die Capanna Scaletta

Tourencharakter: Die Cima di Garina – das tönt wie »carina«, das italienische Wort für »hübsch«. Tatsächlich: Der Aufstieg aus der Val di Campo ist lieblich, bis zum Lago Retico gar markiert. Doch der Weiterweg vom Gipfel über den Pass d'Uffiern in die Val Camadra ist nicht mehr hübsch: Die sehr steinigen und abschüssigen Hänge verlangen Trittsicherheit, Orientierungsvermögen und gute Sicht. Für die Strapazen entschädigt die Capanna Scaletta.

Beste Jahreszeit: Juli bis September. Im Frühsommer erleichtern Schneefelder die Geröllfelderquerung zum Pass d'Uffiern.

Gehzeit: Gut 6 Std. von Hütte zu Hütte, knapp 10 Std. als Rundtour von Campo Blenio.

»Der Retico-See erweckt beim ersten Anblick den Eindruck einer Mondlandschaft«: So schildert Plinio Grossi den Lago Retico im siebten seiner 32 Faltblätter zum Thema *Tessiner Bergseen* (1984–2001 publiziert): »Nur an einem Ufer spiegelt sich das Gras im See. Es steht für sich allein und abgesondert da, als wolle es mit dem Geröll nichts zu tun haben.« Gras und Geröll, Sanftheit und Herbheit: Ganz stark erlebt man diese Gegensätze auf der Überquerung aus der Val di Campo in die Val Camadra. Der reizvolle Aufstieg auf die Cima di Garina, der Tiefblick zum runden See, die Fernsicht bis weit in südliche Gefilde – aber in der Nähe die grässlichen Schutthalden des mit Militär- und Flugsicherungsanlagen überbauten Scopi, im Norden die Geröllwüsten der Cima di Camadra. Solche muss der Bergwanderer zum Pass d'Uffiern überwinden: eine heikle Sache, und der Abstieg in die Val Camadra geht furchtbar in die Knie. Doch dann ist rasch

◄ Auswählen: So viele Hütten wie im Tessin gibt es sonst nirgends in den Schweizer Alpen – rund 100 stehen den Bergsportlern zur Verfügung. Am besten www.capanneti.ch eingeben und später zurücklehnen.

▼ Aufsteigen: Die letzten Schritte zum Gipfel der Cima di Garina. Unten das ruhige Blau des Lago Retico, gegenüber die Schutt- und Firnfelder des Scopi (Tour 2).

die Capanna Scaletta erreicht, eine Oase inmitten spröder Natur.

Genau genommen sind es zwei Hütten. Die alte Capanna Scaletta ist eine ehemalige Militärbaracke mit einem Raum, Holzküche und 16 Schlafplätzen; sie dient nun als Winterhütte. Die neue, 1994 erbaute Hütte hat die dreieckige Form der alten Hütte bewahrt – sie hat deshalb den Übernamen »Triangolo della Greina« erhalten –, ist aber um einiges größer und komfortabler. Früher musste man zuerst noch Holz verkleinern, um Feuer für heißes Wasser zu machen, heute kriegt man vom Hüttenwart eine kühle birra oder gazosa. Und dann tritt man hinaus auf die mit Steinplatten bedeckte Sonnenterrasse und bewundert den wilden Talabschluss der Val Camadra, den man vor gut einer Stunde hautnah kennen gelernt hat.

Der Aufstieg

Von Campo Blenio (1216 m) auf der Abstiegsroute vom Pizzo di Cadrèigh (Tour 13) durch die Val di Campo zur Capanna Bovarina (1870 m). Auf dem Wanderweg nordwärts einen steilen Hang in ein Tälchen queren. Darin aufsteigen, bei einer Verflachung den Bach überqueren und über grasige Südhänge zum schönen Lago Retico (2372 m) hinaufgehen, der in einer tristen Karmulde liegt. Von seinem Ostufer weglos über einen zuerst grasigen, dann felsigen Rücken ostwärts auf eine Schulter (P. 2595 m) steigen. Über den breiten, mit Schutt, Felsblöcken und zuoberst wieder mit Gras bedeckten S-Grat erreicht man leicht die Cima di Garina (2780 m).

Der Abstieg

In der Nordflanke kurz absteigen. Auf der Schattseite des Sasso Lanzone die unstabilen Geröllfelder queren, bis ganz hinüber zum Nordgrat des P. 2761 m des Sasso Lanzone. Bei dieser Querung befindet man sich ganz knapp im Schießraum der Val Cristallina-Uffiern; dieser Gefahr weicht man aus, wenn man über den ganzen gezackten Grat des Sasso Lanzone klettert

◄ **Ausruhen: Morgenstund am Lago Retico – so friedlich wird es auf der ganzen Tour nicht mehr sein.**

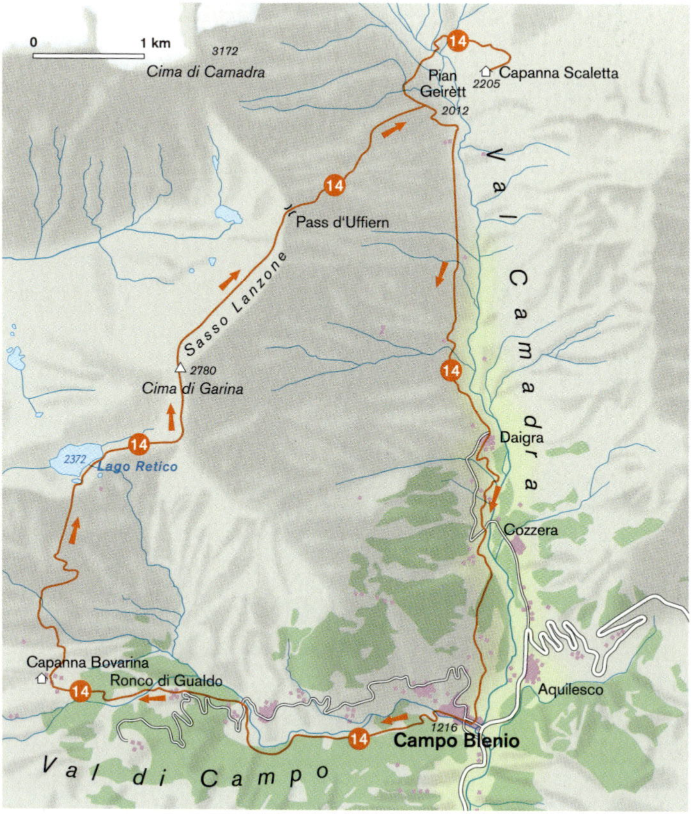

(was aber schon mehr als eine Bergwanderung ist!). In felsdurchsetztem Gelände steigt man zum Pass d'Uffiern (2628 m) ab. Nordwestlich oberhalb der tiefsten Lücke befindet sich eine 1989 erstellte, geschlossene Hütte. Östlich davon liegt der eigentliche Passübergang (ca. 2640 m), wo die spärlich markierte, auf dem Kartenblatt »Greina« eingezeichnete Route (kaum Wegspuren) in die Val Camadra beginnt. Ostwärts auf ein Geröllband hinabsteigen und auf ihm links auf einen Absatz hinausqueren. Von dort folgt man den Markierungen in nordöstlicher Richtung über grasige Rücken und durch steinige Rinnen, zu Beginn ziemlich steil (und steinschlägig), später im Gras. Man erreicht den markanten Geländerücken unterhalb P. 2468 m (»Cento Valli« auf der Karte). Die Route führt in eine nördlich davon liegende, breite Rinne; bequemer ist es, wenn man zuerst auf dem Rücken absteigt, um erst dann nach links in die Rinne hinüberzuhalten. Auf Wegspuren, zuunterst gar auf verfallenden Wegbauten, zu den Geröllterrassen von Pian Geirètt zuhinterst in der Val Camadra hinab. Man kommt auf eine Straße westlich von P. 2012 m (Kapelle), in der Nähe eines Wegweisers.

Der Weiterweg

Drei Möglichkeiten zur Weiterreise von Pian Geirètt: 1) Mit dem sehr seltenen Bus nach Campo Blenio und Olivone. 2) Zu Fuß auf der stillgelegten Werkstraße und auf Wanderwegabkürzungen durch die Val Camadra nach Daigra (1408 m); weiter auf einem Wanderweg, später auf einer Güterstraße nach Campo Blenio (1216 m). 3) Am schönsten ist der Weiterweg zur Capanna Scaletta: Auf der Werkstraße, die schon bald in einen Wanderweg übergeht, in den Talschluss wandern. Auf seiner Westflanke im Zickzack Richtung Passo della Greina hochsteigen. Wenn man das Hochtal der Greina erreicht hat, zweigt man rechts zur Capanna Scaletta (2205 m) ab, die hart am Abgrund liegt.

Nützliche Informationen

Ausgangsort: Campo Blenio (1216 m); von Biasca an der Gotthardlinie [600] mit Bussen [600.72, 600.78] über Olivone (umsteigen).

Zielort: Campo Blenio (1216 m), Pian Geirètt (2012 m) bzw. Rifugio Scaletta (2205 m). Von Campo Blenio fährt von Ende Juni bis Mitte September an den Wochenenden noch dreimal ein Bus nach Pian Geirètt bzw. noch zweimal von dort ein Bus nach Campo Blenio (und Olivone).

Schwierigkeit: T4.

Höhenunterschiede: Von Campo Blenio zur Hütte 650 m, von der Hütte auf die Cima di Garina 910 m, Abstieg in die Val Camadra nach Pian Geirètt 710 m; Weiterabstieg nach Campo Blenio 800 m, Wiederaufstieg zur Capanna Scaletta 200 m.

Gehzeiten: Campo Blenio–Capanna Bovarina 2 Std., Hütte–Cima di Garina 3 Std., Gipfel–Val Camadra/Pian Geirètt (P. 2021 m) 2½ Std.; Weiterabstieg nach Campo Blenio 1½ Std., Wiederaufstieg zur Capanna Scaletta 45 Min.

Distanz: 11 km von Hütte zu Hütte; 20 km als Rundtour von Campo Blenio.

Unterkunft: Capanna Bovarina UTOE (1870 m), 50 Plätze, immer offen, von Juni bis Oktober bewirtschaftet, Tel. 091 872 15 29. Capanna Scaletta SAT (2205 m), 52 Plätze, immer offen, Juni bis Oktober durchgehend bewartet, Tel. 091 872 26 28. In Campo Blenio: Ristorante Genziana, Tel. 091 872 11 93; Ristorante Broggi, Tel. 091 872 12 30. Zwei Ostelli mit Massenlager (eher für Gruppen): Casa Cristallina, Tel. 091 872 15 10 und Casa Greina, Tel. 091 872 11 13.

Karten: 256 Disentis, 266 Valle Leventina; 1233 Greina, 1253 Olivone.

Besonderes: Unter der Woche kann das Militär auf der Nordseite der Cima di Garina scharf schießen; die regionale Auskunftsstelle Mels sollte die genauen Schießzeiten wissen, Tel. 081 725 11 95.

Anschlusstouren: 13, 15, 16, 17.

15 Piz Valdraus (3096 m)

Der nördlichste Tessiner Gipfel hoch über der Greina-Hochebene

Tourencharakter: Der Piz Valdraus am Nordrand des vor der Zerstörung geretteten Plaun la Greina ist ein Dreitausender für erfahrene Bergwanderer. Einsamkeit auf der Wasserscheide zwischen Rhein und Po wird garantiert, und nach dem weglosen Geröllhatscher hat man sicher erst recht Hunger auf die Spaghetti in der Capanna Motterascio.

Beste Jahreszeit: Juli bis September. Im Juni kann die Greina-Hochebene noch schneebedeckt sein.

Gehzeit: 1. Tag 3½ Std.; 2. Tag 9½ Std. Am besten als Dreitagestour mit Cima di Garina und Piz Terri einplanen.

»Der Übergang von den einen in die andern ist beschwerlich, fast nur den kühnen Jägern und Naturforschern in der besten Jahreszeit thunlich«: Diese Meinung über die Greina, die den Übergang von »sehr entlegenen tessinischen Alpenthäler« in bündnerische Täler ermöglicht, vertrat Stefano Franscini, Staatsmann und erster Tessiner Vertreter im Schweizer Bundesrat, in seiner 1835 erschienenen Landeskunde *Der Kanton Tessin.* Heute muss man weder Jäger noch Naturforscher sein, um über die Hochebene der Greina vom Tessin nach Graubünden – oder umgekehrt – zu gelangen. Ganze Kolonnen von rotbesockten, jeansbewehrten oder faserpelzbekleideten Wanderern schaffen diesen Übergang zwischen dem Bündner Oberland und der Valle di Blenio im Sommer und Herbst. Selbstverständlich ist es nicht, dass der Passo della Greina zu einer der beliebtesten Transitachsen für Trekker über den Alpenhauptkamm geworden ist.

»Für Naturschützer und Wandernde wur-

▼ Arktisch: Scheuchzers Wollgras auf der Greina, über die der Wind wischt. Der Piz Valdraus ist weniger sanft.

de die Greina zum Symbol einer Wasserkraftnutzung, die vor nichts zurückschreckt; immer mehr Leute lernten diese Landschaft bei einer Überquerung persönlich kennen«, heißt es in Jürg Frischknechts alternativem Wanderbuch *Wandert in der Schweiz, solang es sie noch gibt* (Limmat Verlag, Zürich 1987). Die Greina-Hochebene wurde gerettet, nicht zuletzt dank dem persönlichen Augenschein der Wanderer. Mit der Freude ob der intakten Natur war es jedoch nicht getan: Die beiden Bündner Gemeinden Sumvitg und Vrin, die durch ein Greina-Kraftwerk Wasserzinsen erhalten hätten, mussten nun anderweitig Geld beschaffen.

1990 veröffentlichte die Schweizerische Greina-Stiftung zur Erhaltung der alpinen Fließgewässer den klugen Führer *Wasserwege. 10 Wanderungen an bedrohte Wasseroasen der Schweiz*. Darin wird auch die Greina vorgestellt: »In der Schweiz sind die glänzenden Bachmäander des Plaun la Greina zum Inbegriff landschaftlicher Unberührtheit geworden. Diese Abgeschiedenheit und Unversehrtheit scheint kaum mehr zur heutigen Schweiz zu passen. So müssen wohl auch die Ingenieure gedacht haben, welche die Urkraft der wilden Berglands zu Strom machen wollten. 1986 waren die Stauseepläne der Nordostschweizerischen Kraftwerke plötzlich vom Tisch.«

Vom Tisch sind auch Pläne für eine touristische Erschließung und für einen Schießplatz. Auf der Greina gibt es also keine Panzerpiste wie in der benachbarten Val Cristallina, keinen Staudamm wie beim Lago di Luzzone, beim Lukmaniersee, beim Zervreilasee (sie alle befinden sich im gleichen Gebirge), keine Ferienhäuschen, Skiliftmasten und Straßen wie sonst fast überall in den Alpen. So führen heute nur Wanderwege über die kilometerlange und etwa zwei Kilometer breite, zwischen 2200 und 2400 Meter liegende Hochebene.

Wer aber die markierten Wege verlassen will, um einen der umliegenden Gipfel zu besteigen, sollte sich an Franscinis Rat halten: »Sehr leicht trifft auch die Kundigsten das Verlieren des rechten Pfades wenn die Luft auch nur etwas neblicht ist.« Das gilt ebenfalls für die Route auf den Piz Valdraus; übrigens nicht der höchste (das ist der Piz Vial) und nicht der herausragendste Gipfel (das ist der Piz Gaglianera), der die Greina im Norden abschirmt, dafür aber der nördlichste Punkt des Kantons Tessin.

◀ **Firnig: Altschnee beim Zugang zur Capanna Scaletta, eine der drei Hütten am Rand der Greina-Hochebene.**

Der Aufstieg

Von Campo Blenio (1216 m) durch die Val Camadra (im Abschnitt Weiterweg bei der Cima di Garina, Tour 14 beschrieben) nach Pian Geirètt (2012 m) und hinauf gegen die Capanna Scaletta (2205 m) aufsteigen; wenn man dort nicht übernachten will, überschreitet man den Brenno della Greina nicht, sondern folgt der weiß-blau-weiß markierten Route zur Camona da Medel. Diese Route bleibt zuerst auf der Nordseite des Bachs, quert ihn auf ca. 2290 m und geht dann nördlich von P. 2366 m zurück auf das Nordufer. Nordwestwärts hinauf zu einem ersten See (2496 m) und nordwärts zu einem zweiten See (2588 m), über Grashänge mit wenigen einfachen Felsstufen; gute Markierungen. Nun statt zur Fuorcla Sura da Lavaz weglos gegen Nordosten zu P. 2802 m. Den folgenden, aus glatt geschliffenen Granitbuckeln und Schutt bestehenden Hang mühelos auf eine letzte Verflachung ersteigen. Diese auf dem eisfreien Mittelstreifen des zweigeteilten Vadrecc di Valdraus durchschreiten und den aus sehr brüchigem Geröll bestehenden, steilen

▼ **Gerölllig: Der Piz Valdraus weist im oberen Teil schuttbedeckte Überreste des gleichnamigen Gletschers auf – Terrain für erfahrene Bergwanderinnen mit richtiger Ausrüstung.**

Gipfelhang hinter sich bringen; Wegspuren können die Fortbewegung erleichtern. Dann steht man auf dem Piz Valdraus (3096 m).

Der Abstieg

Vom Piz Valdraus auf dem Aufstiegsweg zurück zum Brenno della Greina und fast zur Capanna Scaletta. Auf dem Greina-Wanderweg über P. 2379 m und den Passo della Greina (2357 m) zum Crap la Crusch (2268 m; Steinblock mit Kreuz). Südwärts über die Alpe di Motterascio zur Capanna Motterascio (2172 m), auch Capanna Michela genannt. Von der Hütte auf der beim Piz Terri (Tour 16) beschriebenen Route nach Aquilesco und Campo Blenio hinuntergehen.

Nützliche Informationen

Ausgangsort: Campo Blenio (1216 m), Pian Geirètt (2012 m) bzw. Rifugio Scaletta (2205 m). Von Biasca an der Gotthardlinie [600] mit Bussen [600.72, 600.78] über Olivone (umsteigen) nach Campo Blenio. Von dort fährt von Ende Juni bis Mitte September an den Wochenenden noch dreimal ein Bus nach Pian Geirètt bzw. noch zweimal von dort ein Bus nach Campo Blenio (und Olivone).

Zielort: Aquilesco (1217 m) bzw. Capanna Motterascio-Michela (2172 m). Aquilesco wird von der gleichen Buslinie wie Campo Blenio bedient. Von Ende Juni bis Mitte September fährt an den Wochenenden bzw. nur an Sonn- und Feiertagen noch je dreimal ein Bus von Aquilesco zum Diga di Luzzone (1609 m) und zurück.

Schwierigkeit: T4.

Höhenunterschiede: Aufstieg zur Capanna Scaletta 990 m, Capanna Scaletta–Piz Valdraus 890 m, Capanna Scaletta–Capanna Motterascio Aufstieg 220 m, Abstieg 250 m, Abstieg nach Campo Blenio 960 m.

Gehzeiten: Aufstieg Capanna Scaletta 3½ Std., Capanna Scaletta–Piz Valdraus Aufstieg 3 Std., Abstieg 2 Std., Capanna Scaletta–Capanna Motterascio 2 Std., Abstieg nach Aquilesco 2½ Std.

Distanz: 15 km von Hütte zu Hütte; je 9 km zwischen Campo und den beiden Hütten.

Unterkunft: Capanna Scaletta SAT (2205 m), 52 Plätze, immer offen, Juni bis Oktober durchgehend bewartet, Tel. 091 872 26 28. Capanna Motterascio-Michela CAS (2172 m), 60 Plätze, immer offen, Mitte Juni bis Mitte Oktober durchgehend bewirtschaftet, Tel. 091 872 16 22. In Campo Blenio: Ristorante Genziana, Tel. 091 872 11 93; Ristorante Broggi, Tel. 091 872 12 30. Zwei Ostelli mit Massenlager (eher für Gruppen): Casa Cristallina, Tel. 091 872 15 10 und Casa Greina, Tel. 091 872 11 13.

Karten: 256 Disentis, 266 Leventina; 1233 Greina, 1253 Olivone.

Variante für Schneetouristen: Wenn noch viel Schnee im Bett des Brenno della Greina liegt, folgt man dem Greina-Wanderweg bis zur eigentlichen Passhöhe (2379 m) und geht dann einem Bächlein entlang um den P. 2366 m zum Greina-Bach.

Besonderes: Die Berge der Scopi-, Medelser- und Piz-Terri-Gruppe, die zu den westlichen Adula-Alpen gehören und in deren Mitte die Greina sich versteckt, liegen am Alpenhauptkamm und damit an einer Wetterscheide. Manchmal drückt das gute Wetter auf der einen Seite die Nebelbänke der andern zurück, doch ebenso oft schwappen diese noch über die Gipfel herüber.

Anschlusstouren: 13, 14, 16, 17.

16 Piz Terri (3149 m)

Panoramapyramide oberhalb der Capanna Motterascio

Tourencharakter: Der Grenzberg zwischen dem Tessin und Graubünden ist eine Herausforderung für erprobte Bergwanderer. Gletschererfahrung braucht es nicht, dafür Trittsicher- und Schwindelfreiheit. Und Steigeisen, falls noch Firnflecken am 400 Meter hohen, jähen Gipfelaufschwung haften. Eine kurze Kletterstelle und weitreichende Tiefblicke.

Beste Jahreszeit: Mitte Juni bis September.

Gehzeit: 1. Tag 3½ Std.; 2. Tag 8½ Std.

»Der Greinapass ist ohnedem für den Naturkundigen von äußerster Wichtigkeit; denn da trifft man alle Gegenstände, die zur Bewunderung der Alpen dienen.

Durch die Mitte des Greinageländes und darüber streicht Urkalkstein und Gyps; nördlich dieser Ader besteht dieses Gebirg aus Gneuss, Granit und Glimmerschiefer; südlich aus einem eisenschüssigen, grauschwärzlichen Thonschiefer. Auch an Kräutern, Schnee- und Eislagen, an bunten Weiden, Alpseen und Wasserfällen ist es sehr reich. Kurz; hier geht nichts ab, als eine fahrbare Bergstraße.« Der Benediktinermönch Placidus a Spescha, von dem diese Zeilen stammen, machte zu Beginn des 19. Jahrhunderts drei Forschungsreisen auf die Greina. Aber nicht deswegen gilt er als einer der Urgroßväter des Alpi-

nismus. Im Vorderrheintal und seinen angrenzenden Gegenden bestieg er als Erster hohe Gipfel, zu einer Zeit, als das Besteigen der Gipfel kaum eingesetzt hatte. So erreichte der Alpinistenpater 1782 als Erster den Scopi, 1789 das Rheinwaldhorn und 1801 oder 1802 den Piz Terri, den mächtigsten Gipfel im Gebiet der Greina. Die Tour auf den Piz Terri, einen erstaunlich zugespitzten Schutthaufen aus Bündner Schiefer, ist von der Capanna Motterascio aus nicht lang und nicht vergletschert. Man hat also Zeit, auf dem Gipfel die Aussicht in vollen Zügen zu genießen: zum Beispiel in die Rheinwaldhorn-Gruppe oder auf den Lago di Luzzone, der sich wie ein norwegischer Fjord in die unzugänglichen Hänge krümmt.

Der Auf- und Abstieg

Von Aquilesco (1217 m) – erreichbar von Campo Blenio auf der Straße oder vom Ristorante Genziana beim Ponte Semina (1193 m) auf dem alten Talweg – folgt man dem alten Alpweg, der die Kurven der Kraftwerkstraße meistens abkürzt, zur 208 Meter hohen Staumauer (1609 m) des Lago di Luzzone. Die 530 Meter lange Mauerkrone überschreiten und auf der Uferstraße – zu Beginn durch einen 600 Meter langen Tunnel – ans Stauseeende bei Garzott marschieren. Sanft ansteigend in die furchterregende Schlucht der Valle di Garzora vordringen – fast unglaublich, wie die Bergbewohner in diese Steilwände einen Weg haben bauen können; an einem Stein liest man die Inschrift »Piatto aperta 1892«. Wo die Schlucht sich etwas öffnet, auf einem Steg den Bach überschreiten und auf dem gut markierten Hüttenweg die steilen Sonnenhänge zur Capanna Motterascio (2172 m) emporschwitzen.

Von der Hütte ostwärts über den Bach und über Grashänge auf eine Schulter nördlich von P. 2276 m hochsteigen, Höhenhaltend auf Wegspuren in die Valle di Güida einqueren. Im Talgrund aufsteigen (einzelne Steinmänner), dann rechtsausholend den großen Hang anpacken, der sich zu einem Übergang (östlich P. 2748 m) am Fuß des Westgrates des Piz Terri emporzieht. Links der Gratkante steigt man in einem Zickzackweg zu einem kurzen, gutgriffigen Kamin hinauf. Er leitet auf den eigentlichen Westgrat (P. 2898 m; Steinmann). Auf Pfadspuren erreicht man über den zuerst breiten, dann steiler werdenden Schutt- und Felsgrat das Gipfelkreuz des Piz Terri (3149 m).

Nützliche Informationen

Ausgangs- und Zielort: Aquilesco (1217 m), zur Gemeinde von Ghirone gehörender Weiler 1 km nordöstlich von Campo Blenio (1216 m). Von Biasca an der Gotthardlinie [600] mit Bussen [600.72, 600.78] über Olivone (umsteigen) nach Aquilesco. Von Ende Juni bis Mitte September fährt an den Wochenenden bzw. nur an Sonn- und Feiertagen noch je dreimal ein Bus von Aquilesco zur Diga di Luzzone (1609 m) und zurück. Und: Der Abstieg von der Capanna Motterascio lässt sich gut mit einer Besteigung des Sosto (Tour 17) verbinden.

Schwierigkeit: T4.

Höhenunterschiede: 960 m von Aquilesco und 560 m von der Bushaltestelle Diga di Luzzone zur Hütte, 980 m von der Hütte auf den Piz Terri.

Gehzeiten: Aquilesco–Capanna Motterascio 3½

◀ **Natürlich: Blick über den flachen und unverbauten Plaun la Greina zum hoch aufragenden Piz Terri (links). Wie sähe die Landschaft wohl mit einem Stausee aus?**

▼ **Künstlich: Ganz oben am Piz Terri. In der Tiefe der gestaute Lago die Luzzone; links darüber der steile Kegel des Sosto (Tour 17).**

Std., Diga di Luzzone–Hütte 2¼ Std., Aufstieg zum Piz Terri 3½ Std., Abstieg zur Hütte 2½ Std., Weiterabstieg zum Luzzone-Staudamm 1¾ Std., nach Aquilesco 45 Min.

Distanz: 8 km zwischen Aquilesco und der Capanna Motterascio; 2,5 km zwischen Hütte und Gipfel.

Unterkunft: Capanna Motterascio-Michela CAS (2172 m), 60 Plätze, immer offen, Mitte Juni bis Mitte Oktober durchgehend bewirtschaftet, Tel. 091 872 16 22. In Campo Blenio: Ristorante Genziana, Tel. 091 872 11 93; Ristorante Broggi, Tel. 091 872 12 30. Zwei Ostelli mit Massenlager (eher für Gruppen): Casa Cristallina, Tel. 091 872 15 10 und Casa Greina, Tel. 091 872 11 13.

Verpflegung: Ristorante nördlich oberhalb der Luzzone-Staumauer.

Material: Steigeisen und Pickel Anfang Saison.

Karten: 256 Disentis, 266 Leventina; 1233 Greina, 1253 Olivone.

Variante für Gletschergeher: Wer über die nötige Erfahrung und Ausrüstung für eine einfache Gletscherbegehung verfügt, kehrt am Vortag nach dem Piz Valdraus nicht in der Capanna Motterascio ein, sondern wandert über den Übergang (2264 m) beim Muot la Greina zur Camona da Terri CAS (2170 m); 99 Plätze, immer offen, Juli bis Oktober bewirtschaftet, Tel. 081 943 12 05. Am nächsten Morgen folgt man dem Wanderweg entlang dem Rein da Sumvitg bis dort, wo ein Pfad Richtung Val Canal abzweigt. Durch dieses Tal die schattigen Geröllhänge des Piz Ner gewinnen, oberhalb des überraschend großen Terri-Sees zum Gletscher dil Terri hinüberhalten und auf ihm den Westgratfuß des Piz Terri anpeilen. 4½ Std. von der Terrihütte auf den Gipfel.

Besonderes: Mehr über Placidus a Spescha in folgenden Büchern: Friedrich Pieth und Karl Hager: *Placidus a Spescha. Sein Leben und seine Schriften,* Bern-Bümpliz 1913; Josef Auf der Mauer: *Pater Placidus a Spescha – »il curios pader«,* Beiheft Nr. 4 zum Bündner Monatsblatt, Chur 1995; *Placidus Spescha: Beschreibung der Alpen, vorzüglich der höchsten.* Edition und Einleitung von Ursula Scholian Izeti, Zürich 2002.

Literatur: Alles über die leichten und die verwegenen Routen am Piz Terri in Manfred Hunzikers Clubführer *Bündner Alpen 2 – Vom Lukmanier zum Domleschg* (Verlag des SAC, Bern 1996) sowie in Giuseppe Brennas *Guida delle Alpi Ticinesi 3 – Dal Passo del San Gottardo al Pizzo di Claro* (Edizioni del CAS, 1994).

Anschlusstouren: 13, 14, 15, 17.

17 Sosto (2220 m)

Zwischen Campo Blenio und Olivone thront das Matterhorn des Tessins

Tourencharakter: Mindestens zwei Matterhörner stehen im Tessin. Eines ist rund zwei Meter hoch und unbesteigbar, ein anderes erhebt sich im sonnigen Bleniotal und verlangt von den Besteigern absolute Trittsicherheit und viel Mut, aber kein Seil.

Beste Jahreszeit: Mai bis Oktober.

Gehzeit: 6 Std.

»Den Monte Sosto, den wundervollen pyramidenförmigen Sosto, hat der Wanderer, der von Dongio aufwärts steigt, immer vor Augen. Er gleicht einem sanften, jeder Tücke baren Matterhorn«, meinte Laura Gianella im zweiten Tessiner Band der *Schweiz in Lebensbildern* von 1947. So ganz untückisch ist der »Monte Cervino della Valle di Blenio« freilich nicht: Die Grasflanke ist abschüssig, der Fels brüchig, die Ausgesetztheit beeindruckend. Das müssen wir nur zu bald erfahren, als wir vom Passo Muazz über die 500 Meter hohe Ostflanke aufsteigen – die einzige empfehlenswerte Route.

Wir sind nicht an Dongio vorbei durch die Valle di Blenio – zu Recht als Valle del Sole bekannt – heraufgekommen, sondern von Norden her über die Hochebene der Greina. Der Tessiner Buchautor Angelo Valsecchi betitelt sie in seiner Publikation von 1997 als »la nostra tundra«. In der Capanna Motterascio-Michela haben wir die Tundra des Ticino hinter uns gelassen. Von dieser wunderschön gelegenen Hütte des Schweizer Alpen-Clubs blicken wir hinunter in südliche Gefilde mit tief eingeschnittenen Tälern, in die sich der Luzzone-Stausee wie ein Fjord hineinwindet. Und über dem See steht klotzig der Sosto:

nach der horizontalen Greina die vertikale Welt vieler Tessiner Gipfel.

»Einer der meist bewunderten und bekannten Berge des Tessins, der mit seinem kegelförmigen, wuchtigen Aufbau untrennbar zum Ortsbild von Olivone gehört«, schreibt Giuseppe Brenna im dritten Band der SAC-Führer für die Tessiner Alpen, der das Gebirge vom NEAT-Spielverderber Piora über die Adula (mit 3402 m höchster Berg des Kantons) bis zum Pizzo di Claro bei Bellinzona beschreibt. »Seiner harmonischen, mächtigen Gestalt, der isolierten Lage sowie der Talnähe verdankt der Berg seinen poetischen Zunamen ›Matterhorn des Bleniotals‹«. Vier Wege auf den Sosto sind darin beschrieben. Die sehr steilen bis überhängenden Süd- und Westwandrouten gehören mit Angaben wie »heikle Querung«, »unzuverlässiges Gestein« sowie »steiler Kamin mit grasbewachsenen Platten« nicht unbedingt zu den heutigen Plaisir-Touren.

Zuerst bereitet uns der Aufstieg vom Passo Muazz auf den Sosto zwar durchaus Vergnügen. Nach dem Sträßchen, das uns von der Staumauer des Lago di Luzzone mehrheitlich in einem feuchten Tunnel an den Kegelfuß gebracht hat, tut es gut, auf einem steilen Pfad über den grasigen Ostrücken Höhe zu gewinnen. Der Mast einer Kraftwerkseilbahn dient als Wegweiser. Unter dem Vorgipfel queren wir in einen Grassattel hinüber: Der Tiefblick auf die andere Seite lässt uns leer schlucken. Auf dem Grat kommen wir zur Schlüsselstelle. Die brüchige Felsstufe überwinden wir linkshaltend, wobei uns rote Markierungen helfen, da hochzuklettern, wo das Gestein eine Spur fester scheint. Ein Seil nützte nichts, weil keine Sicherungen an-

▼ **Spannend: Gipfelbuchlektüre auf dem Sosto. Fast senkrecht 1300 Meter weiter unten liegt Olivone, das hinterste Dorf in der Valle di Blenio. Viel Spaß beim Absteigen!**

gebracht werden können. Nur nicht an den Abgrund denken, der unter den Sohlen lauert. Und auch nicht an den Abstieg. Zuletzt gehen wir wieder über Gras auf den schmalen Gipfelfirst und über ihn nach vorne auf den höchsten Punkt des Sosto. Um zum Gipfelkreuz zu gelangen, müssen wir über einen schmalen Felsgrat – fast wie auf dem Matterhorn bei Zermatt – abwärtsbalancieren; auch dasjenige ob Olivone macht es einem bis zuletzt nicht leicht.

»Er war beeindruckt vom Sosto, der das Tal vor ihm abschloss und ihm, sichtbar schon vom Weg aus, eine Grenze setzte. Ein bedrohlicher Berg, von Guntens Standort aus mit stumpfer Spitze; die Sonne leuchtete jede Felsnase und Rinne aus, jeden möglichen Aufstieg – und, wie zur Warnung, jeden Abbruch.« So schildert Werner Schmidli in seinem in und um Olivone spielenden Kriminalroman *Guntens stolzer Fall* von 1989 den Sosto. Und nun stehen wir auf dieser Spitze und setzen unsere Namen mit etwas Stolz ins Gipfelbuch. Ein Eintrag von 1989 lautet »Che bela camela! E ul bröt?« Ja, den Brodo, die Suppe, gibt es erst 1300 Meter weiter unten, in Olivone.

Wer sich eine Besteigung des Sosto nicht zutraut, hat drei Möglichkeiten, das Tessin und und ein paar seiner Matterhörner zu erleben. Man kann erstens versuchen, Laura Gianellas Rat zu befolgen: »Der schönste Punkt, von dem man mit einem einzigen Blick das Wesen des Tales zu erfassen, gleichsam seiner Vergangenheit nachzulauschen vermag, ist die Brücke von Acquarossa. Bei einer raschen halben Drehung, welche Schönheit erschließt sich da dem Auge des hingebenden Beobachters! Das ›Matterhorn‹ von Blenio im Norden, im Süden aber der Pizzo Magno und die Cima di Biasca, die wie gemalte Bühnenkulissen das Tal abschließen, über dem in klaren Januarnächten ein unbeschreiblich leuchtender Mond aufgeht.«

Zweitens steht im Swissminiatur-Park von Melide südlich von Lugano natürlich der berühmteste Schweizer Berg – in 250-facher Verkleinerung.

Und schließlich fährt von Capolago am Lago di Lugano eine Zahnradbahn auf den Monte Generoso (1701m), von dem die Spitze des echten Monte Cervino sichtbar ist.

Der Aufstieg

Von Aquilesco (1217 m) auf der beim Piz Terri (Tour 16) beschriebenen Route zur Staumauer (1609 m) des Lago di Luzzone. Die 530 Meter lange Mauerkrone überqueren, eine Treppe hinabgehen, ein paar steile Straßenserpentinen und einen Tunnel hinter sich bringen und zum flachen Passo Muazz (1697 m) weiterschreiten. Hier beginnt der Aufstieg auf den Sosto. Vom Brunnen südlich der eigentlichen Passhöhe linkshaltend über eine Grasweide zum grasigen Ostrücken, der auf den Vorgipfel des Sosto führt. Man stößt im lichten Wald auf einen steilen Pfad, der links einer auffälligen, hellen Felsplatte an den eigentlichen Rücken hinaufzieht. Über ihn hochsteigen, wobei man an einem Mast der Kraftwerkseilbahn vorbeikommt. Unter dem Vorgipfel P. 2101 m quert man in einen Grassattel hinüber. Der Pfad führt über den grasigen Nordostgrat bis an eine brüchige Felsstufe. Sie wird linkshaltend aufsteigend überwunden (rote Markierungen, sehr ausgesetzt, heikel, 2 kurze Kletterstellen im knapp II. Schwierigkeitsgrad). Zuletzt wieder über steiles Gras auf den schmalen Gipfelfirst. Über ihn nach vorne und über seine felsige Fortsetzung zum Gipfelkreuz und des Sosto (2220 m) balancieren.

Der Abstieg

Bitte vom Sosto nicht direkt hinunterfliegen (es sei denn mit einem Gleitschirm), sondern auf dem Aufstiegsweg zurück zum Passo Muazz. Von hier auf dem Sträßchen zur Alpsiedlung Compietto (1570 m), wobei man die Schlaufen auf einem Pfad abkürzen kann. Auf einem Steg den Bach überqueren und auf einem Hang in leichtem Auf und Ab nach Garnàira (1536 m), dann steil im Zickzack hinab nach Olivone (889 m). Zuerst zur Kirche und rechts an ihr vorbei zur Osteria Centrale.

Nützliche Informationen

Ausgangsort: Aquilesco (1217 m) und Diga di Luzzone (1609 m); vgl. Tour 16.
Zielort: Olivone (889 m); Bus [600.72] nach Biasca.
Schwierigkeit: T5.
Höhenunterschiede: Aufstieg Aquilesco–Luzzone-Staumauer 380 m, von dort zum Gipfel 630 m; Abstieg nach Olivone 1330 m.
Gehzeiten: Aquilesco–Lago di Luzzone 1 Std., Staumauer–Sosto 2½ Std., Gipfel–Olivone 2½ Std.
Distanz: 9 km.
Unterkunft: In Campo Blenio: vgl. Tour 13. Capanna Motterascio: vgl. Tour 15. Verschiedene Möglichkeiten in Olivone, zum Beispiel die Osteria Centrale, Tel. 091 872 11 07.
Verpflegung: Ristorante nördlich oberhalb der Luzzone-Staumauer.
Karten: 266 Valle Leventina; 1253 Olivone.
Variante für Greina-Wanderer: In der Capanna Motterascio übernachten und am nächsten Morgen in 2 Std. zur Luzzone-Staumauer absteigen.
Anschlusstouren: 13, 14, 15, 16, 18, 19.

18 Pizzo Cassinello (3103 m)

Ein Dreitausender über einem historischen Pass zwischen Vals und Bleniotal

Tourencharakter: Von der deutschen in die italienische Schweiz, von Stausee zu Stausee, von Hütte zu Hütte: Auf einem teilweise tierisch steilen und gerölligen Weg, über den Tessiner Hirten jahrhundertelang Kühe und Schweine zur Übersömmerung nach Graubünden führten. Und wieder zurück. Uns reicht eine Überquerung. Dafür bummeln wir noch auf den Gipfel und schreiben uns auch dort ins Buch.

Beste Jahreszeit: Juli bis September.

Gehzeit: 1. Tag 2¾ Std.; 2. Tag 8½ Std.

Ich war einen Tag zu früh dran, am Freitag, dem 15. Juni 2002. Das Postauto blieb in Vals und fuhr noch nicht weiter bis zum Staudamm Zervreila. Es gäbe zwar einen Rufbus, doch der war mir zu umständlich. Und auch zu teuer für eine Person. Zum Gehen war ich aber zu faul, weshalb ich Autostopp machte. Die Ersten, die mich mitnahmen, waren junge Dorfbewohner, die ein Stromaggregat in den alten Tunnel der Zufahrtsstraße von Vals nach Zervreila transportierten – für ein Sommernachtsfest. Unterwegs gab es ein heikles Ausweichmanöver mit einem Lastwagen und seinem Anhänger; er hatte Kühe aus dem Thurgau auf die Alp gebracht. Dann luden mich die Festveranstalter ab, und ich streckte wieder den Daumen hoch. Die Zweiten, die mich mitnahmen, waren Brigitte und Thomas Schmid mit ihren Kindern. Zuerst dachte ich, sie seien Touristen, weil sie nicht Bündner Dialekt sprachen. Doch schon bald erfuhr ich, dass sie seit sechs Jahren in Vals wohnen, dass er Innenarchitekt ist und einen Schmuckladen führt, während sie für den Wellnessbereich und die Kosmetik der florierenden Therme Vals zuständig ist. Der Onkel von Thomas Schmid heißt Richard Schmid, hat ein Baugeschäft, und genau in seiner Baracke zuhinterst im Dorf Vals, dort wo die Straße nach Zervreila beginnt, war ich mit Freunden vor Jahren während einer Skitourenwoche in Vals einquartiert gewesen. Und weil wir so schön am Reden und Ausfragen waren, brachten mich die Schmids noch bis zum Parkplatz bei der Kapelle oberhalb des Zervreilasees, spürbar weiter, als wenn das Postauto zum Staudamm gefahren wäre. Manchmal ist es gut, wenn man faul ist.

Doch dann musste ich den Rucksack schultern. Nun tat ich es gerne. Der Himmel war blau, die Landschaft grün, der Rand des Zervreilasee grau. Vielerorts sprudelte Wasser aus den Bergflanken, fast so, als wenn das Tal Reklame für sein berühmtes Wasser machen wollte. Und plötzlich, auf dem Weg zur Lampertsch Alp, rückte der Pizzo Cassinello ins Blickfeld: wuchtig, weiß, weit oben. Dort hinauf wollte ich am andern Tag. Ich versuchte den Weg in der steilen, schattigen Talflanke zum Passo Soreda auszumachen, konnte ihn aber nicht erkennen. Irgendwo da müssen die Hirten aus dem Bleniotal mit ihren Tieren auf- und abgegangen sein, seit dem 13. Jahrhundert bis zum Ende des 19. Jahrhunderts. Irgendwo da wollte ich nach der Übernachtung in der Läntahütte der Thurgauer Sektion Bodan des Schweizer Alpen-Clubs aufsteigen; ihre Mitglieder hatten in den Sommern 1998 und 1999 den Saumweg restauriert. Ich würde ihn schon finden, dachte ich mir. Und freute mich auf das Abendessen in der Hütte, die sich unter einen mächtigen Felsblock duckt.

Ich bestellte beim Hüttenwartpaar Marietta und Thomas Meier Fettuccine »Soreda« mit einer Sauce von Oliven, Kapern und Tomaten. Und einen Merlot »Malvaglia«, der am Südfuß des Rheinwaldhorns gereift war. Einen besseren Einstieg zum Pizzo Cassinello hätte ich mir nicht wünschen können.

Der Aufstieg

Vom Staudamm Zervreila (1864 m) auf der Straße zu einer Kapelle (1985 m) und weiter taleinwärts auf dem Sträßchen zur Canalbrücke (1865 m). Weiter dem Zervreilasee entlang, über den Valser Rhein und auf einem Weg zur Lampertsch Alp (1991 m). Kurz danach zweigt rechts der Weg zum Passo Soreda ab; der Talweg führt weiter in rund 30 Minuten zur Läntahütte. Der Passweg hingegen zieht durch die Grasflanke schräg in eine Rinne hoch. Darin aufsteigen; Überreste der Trockenmauern des alten Saumweges sind sichtbar. Schließlich links hinauf zu einem großen Steinmann (P. 2374 m); Ende der ersten Schwierigkeiten. Südwestwärts

auf dem markierten Pfad durch ein Hochtal über Gras, Geröll und verschiedene Stufen oberhalb von Seen in den Passo Soreda (2759 m); Passbuch. Um zum Gipfelbuch des Pizzo Cassinello (3103 m) zu gelangen, weglos über seinen breiten, mal plattigen, mal blockigen, da und dort vielleicht noch firnigen Nordrücken.

Der Abstieg

Zurück in den Pass. Nun folgt die Schlüsselstelle der ganzen Tour: Steil auf der markierten Route durch Geröll über die Westseite des Passo Soreda hinab, links an einem auffälligen Block vorbei, dann rechts hinüber zur felsigen Begrenzung der steinschlägigen Rinne. Weiter hinab, bis man sich nach rechts aus der Rinne retten kann – uff! Über steinig-grasige Hänge abwärts auf eine große Schwemmebene (ca. 2200 m); eine Wegspur zweigt rechts zum nahe gelegenen Rifugio Scaradra (2173 m) auf der Alpe Scaradra di Sopra ab; manchmal gibt es dort was zum Trinken. Der Passweg geht nach vorne auf die Talkante und sinkt in Zickzacks über eine Steilstufe weiter in die Val Scaradra hinunter und erreicht die Alpe Scaradra di sotto (1797 m). Dahinter über einen tief eingeschnittenen Bachlauf (manchmal etwas heikel), der abschüssigen Talseite entlang und schließlich ohne Schwierigkeiten durch Lärchenwald auf die Seestraße des Lago di Luzzone hinab. Auf ihr – zuletzt durch einen 600 Meter langen Tunnel – zur Staumauer. An ihrem Nordende befindet sich die Busstation. Nochmals durch einen Tunnel; kurz darauf zweigt links der Wanderweg nach Aquilesco (1217 m) ab; auf ihm und auch auf der Autostraße hinab ins Dörfchen.

Nützliche Informationen

Ausgangsort: Staudamm Zervreila (1864 m) südwestlich von Vals (1254 m). Von Chur mit der RhB [920] nach Ilanz und mit dem Postauto [920.45] nach Vals und Zervreila; nach Zervreila fährt das Postauto von Mitte Juni bis Mitte Oktober. Mit einem Ruftaxi (www.zervreila.ch; Tel. 081 935 11 66) kann man noch zur Canalbrücke (1886 m) fahren; 45 Min. Zeitgewinn.

Zielort: Diga di Luzzone (1609 m) und Aquilesco (1217 m); von Aquilesco mit Bussen [600.72, 600.78] über Olivone (umsteigen) nach Biasca an der Gotthardlinie [600]. Von Ende Juni bis Mitte September fährt an den Wochenenden bzw. nur an Sonn- und Feiertagen noch je dreimal ein Bus von Aquilesco zum Diga di Luzzone (1609 m) und zurück. Wer Glück hat, findet auf der langweiligen Uferstraße des Lago di Luzzone eine Mitfahrgelegenheit, am besten gleich bis Olivone!

Schwierigkeit: T4.

Höhenunterschiede: Zervreila – Läntahütte 350 m Aufstieg und 120 m Abstieg, Läntahütte – Pizzo Cassinello 80 m Abstieg und 1100 m Aufstieg, Abstieg zum Rifugio Scaradra 930 m, Abstieg zum Diga di Luzzone 560 m, Abstieg nach Aquilesco 390 m. Insgesamt: Aufstieg 1450 m, Abstieg 2080 m; ohne Besuch der Läntahütte je 80 m weniger.

Gehzeiten: Zervreila–Läntahütte 2¾ Std., Läntahütte–Pizzo Cassinello 4 Std., Pizzo Cassinello–Rifugio Scaradra 2 Std., Rifugio Scaradra–Diga di Luzzone 2 Std., Diga di Luzzone–Aquilesco 45 Min. Ohne Besuch der Läntahütte gut 1 Std. kürzer, ohne denjenigen des Rifugio Scaradra knapp 15 Min.

Distanz: Zervreila–Läntahütte 10 km, Läntahütte–Diga di Luzzone 14 km, Diga di Luzzone–Aquilesco 1,5 km. Ohne Besuch der beiden Hütten rund 4,5 km kürzer.

Unterkunft: In Vals: zum Beispiel Hotel Therme, Tel. 081 926 80 80; Garni Schnyder Tel. 081 935 15 32; Restaurant Edelweiss, Tel. 081 935 11 33. Berghotel Zervreila, Tel. 081 935 11 66. Läntahütte SAC (2090 m), 33 Plätze, immer offen, Mitte Juni bis Mitte Oktober durchgehend bewirtschaftet, Tel. 081 935 17 13, ww.adventure.ch/mhi/laenta. Rifugio Scaradra (2173 m), Patriziato generale Aquila-Torre-Lottigna, 12 Plätze, immer offene Selbstversorgerhütte. In Campo Blenio: Ristorante Genziana, Tel. 091 872 11 93; Ristorante Broggi, Tel. 091 872 12 30. Zwei Ostelli mit Massenlager (eher für Gruppen): Casa Cristallina, Tel. 091 872 15 10 und Casa Greina, Tel. 091 872 11 13.

Verpflegung: Lampertsch Alp, Ristorante nördlich oberhalb der Luzzone-Staumauer.

Karten: 256 Disentis/Mustér, 257 Safiental, 266 Valle Leventina; 1233 Greina, 1234 Vals, 1253 Olivone.

Variante für Gipfelsammler: Nach der Besteigung der Dreitausender oberhalb der Greina (Piz Valdraus, Piz Terri) von der Capanna Motterascio zum Lago di Luzzone ab- und zum Rifugio Scaradra aufsteigen. Anderntags den Pizzo Cassinello in die Läntahütte überqueren. Dort den neuen Aufstieg auf das Rheinwaldhorn studieren und dann gleich ausführen. Fünf Tage, vier Dreitausender, zwei Kantone – eine runde Sache.

Besonderes: Im Rahmen der Valser Gipfeltreffen wird der Pizzo Cassinello als geführte Zweitagestour mit Übernachtung in der Läntahütte angeboten. Sich in der Hütte anmelden.

Literatur: Der Pizzo Cassinello ist einer der 42 Dreitausender des Kantons Tessin; höchster ist die Adula (3402 m; vgl. Tour 19), höchster ganz im Kanton gelegener ist der Pizzo Campo Tencia (3071 m; vgl. Tour 6). Mehr zu diesen hohen Gipfeln im Bildband von Ely Riva, *Fünfzig 3000er des Tessins* (Salvioni Edizioni, Bellinzona 1999); fünfzig deshalb, weil der Autor noch den Pizzo Centrale (2999 m; vgl. Tour 1) sowie sieben Dreitausender dazu zählt, die auf Bündner Boden stehen, jedoch normalerweise vom Tessin aus bestiegen werden. Damit das Tessin doch noch auf echte 50 Dreitausender käme, müsste man halt noch ein paar finden. Zum Beispiel könnte man den doppelgipfligen Nachbarn des Pizzo Cassinello neu benennen: Der Südgipfel (3129 m) wäre wie bisher der Pizzo di Cassimoi, für den Nordgipfel (3128 m) müsste man noch einen Namen suchen. In der Siegfried-Karte von 1872 hieß er noch Pizzo Sorda, doch diese Bezeichnung hat mittlerweile ein anderer Gipfel in der Nähe erhalten. Und wie hoch genau ist die Cima della Negra vier Kilometer weiter südlich? Genau 3000 Meter wie in den aktuellen Führerwerken oder bloß noch 2999 Meter wie auf der jüngsten Ausgabe des Blattes »Olivone«?
Und: Wer sich für 3000er im Tessin (und anderswo) interessiert, wird auch im höchsten Wanderbuch der Schweiz fündig. In *Freie Sicht aufs Gipfelmeer* präsentieren Marco Volken und Remo Kundert mit tollen Fotos, schlauen Texten und umfassenden Infos 50 Wanderdreitausender zwischen Genfersee und Unterengadin (Salvioni Edizioni & per pedes, Bellinzona/Zürich 2003). Der Pizzo Cassinello ist auch dabei.

Anschlusstouren: 13, 14, 15, 16, 17, 19.

▼ Passbestätigung: Wer zu Wegweiser und Steinmann (mit Passbuch) kommt, ist auf der richtigen Route. Zum Pizzo Cassinello allerdings gibts keinen Pfad mehr, und der Abstieg nach links ins Tessin ist schwieriger, als dies rot-weiß-rot markierte Routen sonst sind.

19 Adula/Rheinwaldhorn (3402 m)

Der höchste Gipfel des Tessins

Tourencharakter: Der Kulminationspunkt der Adula-Alpen liegt außer Reichweite der Bergwanderer. Nur eiserfahrene und entsprechend ausgerüstete Bergsteiger sollten den etwas mühsamen, aber nicht sonderlich schwierigen Aufstieg auf einen der hervorragendsten Panoramaplätze im zentralen Alpeninnenbogen machen. Der (markierte) Abstieg von der oberen Capanna Adula in die Val Malvaglia und zur wunderschön gelegenen Capanna Quarnei sei aber auch trittsicheren Bergwanderern wärmstens empfohlen. Denn dieses Tal ist einmalig: Auf nur 13 km sinkt es über 3000 Meter – von den Gletschern zu den Palmen.

Beste Jahreszeit: Juli bis September.

Gehzeit: 1. Tag 4 Std.; 2. Tag 9½ Std.

Über die Adula, zu Deutsch Rheinwaldhorn, ließe sich ein Buch über das Tessin schreiben. Die Themen könnten heißen:

- Die (seit 1966 geschlossene) Schokoladefabrik »Cima Norma« in Dangio, dem Ausgangspunkt der Rheinwaldhorn-Besteigung: Die Valle di Blenio als Wiege der weltberühmten Schweizer Schokolade?
- Der Alpweg von Soi in die Val di Carassino, der sich über eine 700 Meter hohe Sonnenflanke emporschraubt (die obersten 300 m sind 42 Grad steil!): Alpwege im Tessin – Kunstwerke über dem Abgrund.
- Der unglaublich abrupte Florawechsel beim Ausstieg aus der Val Soi in die Val di Carassino: Das Durchwandern aller Vegetationsstufen – das Vorkommen von mediterranen und arktischen Pflanzen auf kleinstem Raum.

- Warum gibt es zwei Adula-Hütten? Und seit Ende des 20. Jahrhunderts zwei neue Hütten in der Val Malvaglia, und zwei neue Vereine? Die andere Geschichte der Alpenvereine und des Alpinismus im Tessin.
- Der Sonnenuntergang über den Bergketten, gesehen von den Capanne Adula: Der noch ziemlich intakte Naturraum der Tessiner Alpen als touristische Wiederaufbereitungsanlage zivilisationsgeschädigter Städter.
- Der Vadrecc di Bresciana geht zurück: Die Klimaveränderung macht den Gletschern und den Alpinisten zu schaffen.
- Die Aussicht vom Gipfel: Vom Monviso zur Wildspitze.
- Der markierte Weg zum Passo del Laghetto: Sentieri del Ticino – frische Farbe für wiederentdeckte Pfade.
- Laghetto dei Cadabi: Tessiner Bergseen – blaue (Bade-)Oasen in grau-grüner Wildnis.
- Schutthänge und Granitplatten: Die Geologie der Adula-Alpen.
- Der Talkessel und die Hochebene der Alpe di Quarnei: Käsefabrikation am Ende der Welt.
- Die Stein- und Holzhäuser in der Val Malvaglia, die zum Teil mehrere Jahrhunderte alt sind (man entdeckte ein Gebälk von 1320): Die bäuerliche Architektur – funktionale Ästhetik der Sparsamheit.
- Für die 1998 eingeweihte Capanna Quarnei brauchte man die Steine eines Gebäudes der Alpe di Pozzo; eine Lawine hatte das Bauwerk aus den 1930er-Jahren zerstört: Hütten der Bergbauern als Hütten für Bergtouristen. Das Holz lieferte übrigens der Lärchenwald der Alpe della Bolla.

◄ Kalter Firn: Zwischen Sonne und Schatten steigt der Alpinist aufs Rheinwaldhorn, aufs Dach des Tessins. Da heißt es übrigens Adula.

▼ Kaltes Wasser: Großer Durst beim Aufstieg durch die Val Soi zu den Capanne Adula. Bei der oberen ist er noch ein bisschen größer.

- Alperschließungsstraßen: Ökonomische Notwendigkeit kontra Landschaftsverschandelung. Und wo sind die Kornleitern geblieben, die Piero Bianconi in seinem auch ins Deutsche übersetzen Buch *Croci e rascane* (Mazzuconi, Lugano 1943, dritte Auflage 1980) so verherrlichend beschrieb?
- Die Osteria Ritrovo Alpino in Dandrio war einst das Schulhaus: Die unaufhaltsame Entvölkerung der Tessiner Bergtäler.
- Die Umwandlung von alten Landwirtschaftsgebäuden in Ferienrustici: Mehr Ausverkauf der Heimat als Pflege der Tradition?
- Der Stausee: Arbeitsplatzbeschaffung oder Ausbeutung von Ressourcen?
- Die Reste der Wasserleitung oberhalb des Weges zwischen Cunicc und Monda: Heilige Wasser auch im Tessin.
- Val Malvaglia oder der Abstieg von den Gletschern zu den Palmen: Die ungeheure Reliefenergie der Alpensüdseite und ihr Einfluss auf die Kniegelenke. Allerdings bringt eine Seilbahn seit 1996 Erleichterung.
- Die Reben von Malvaglia: Ob bicchiere oder boccalino, Merlot sollte drin sein. Oder auch Americano oder Bòndola.

Das sind Themen, die direkt am Wegrand von Dangio über das Rheinwaldhorn nach Malvaglia liegen. Doch folgende müssten ebenfalls berücksichtigt werden:

- Adula: Der italienische Name für den Berg, und der Name für das ganze Gebirge.
- Rheinwaldhorn: Der Ursprung des (Hinter-)Rheins.
- Die Erstbesteigung durch Placidus a Spescha Mitte Juli 1789: Ein Pater als revolutionärer Alpinist.
- Moore, Walker, Freshfield, Devouassaud, Almer: Große Namen in der Ersteigungsgeschichte.
- Das Darmstädter-Couloir in der Südwestwand des Rheinwaldhorns: Ein Exploit von 1892, benannt nach einem Erstbesteiger vieler Gipfel in der Region.
- Ski(touren)paradies Rheinwaldhorn.
- Die Val Malvaglia gehört seit 1980 zum Bundesinventar der Landschaften und Naturdenkmäler von nationaler Bedeutung: Weil der Staat die kosten- und zeitintensive Renovation der typischen Granitdächer subventioniert.
- Entsteht rund um die Adula (endlich) der zweite Nationalpark der Schweiz? Braucht das die Natur? Oder brauchen wir ihn?
- Grenzgipfel zwischen Tessin und Graubünden: Von Römerstraßen, Saumwegen, Eisenbahn(träumen) und Transitachsen zwischen Lukmanier und San Bernardino.
- Warum in Paris zeitweise mehr Leute von Malvaglia lebten als im Dorf selbst.
- »Adula« hieß eine Tessiner Zeitschrift 1912–1935, die zunehmend irredentistische Töne anschlug: Das Tessin als Grenzland zwischen Zürich und Milano – italienische Schweiz und schweizerisches Italien.
- Das Interniertenlager von Malvaglia während des Zweiten Weltkrieges: Die oft heikle Aufarbeitung der Geschichte.
- Der »Rütlischwur« von Torre« von 1182: Liegt die Wiege der Eidgenossenschaft eigentlich im Tessin?

Und dann könnte man noch ganz persönliche Erinnerungen mit dem Rheinwaldhorn verflechten:

- 1975 war ich sechs Wochen in der Schokoladefabrik »Cima Norma« einquartiert: Armee im Tessin – zwischen Kolonialisierung und Folklore.

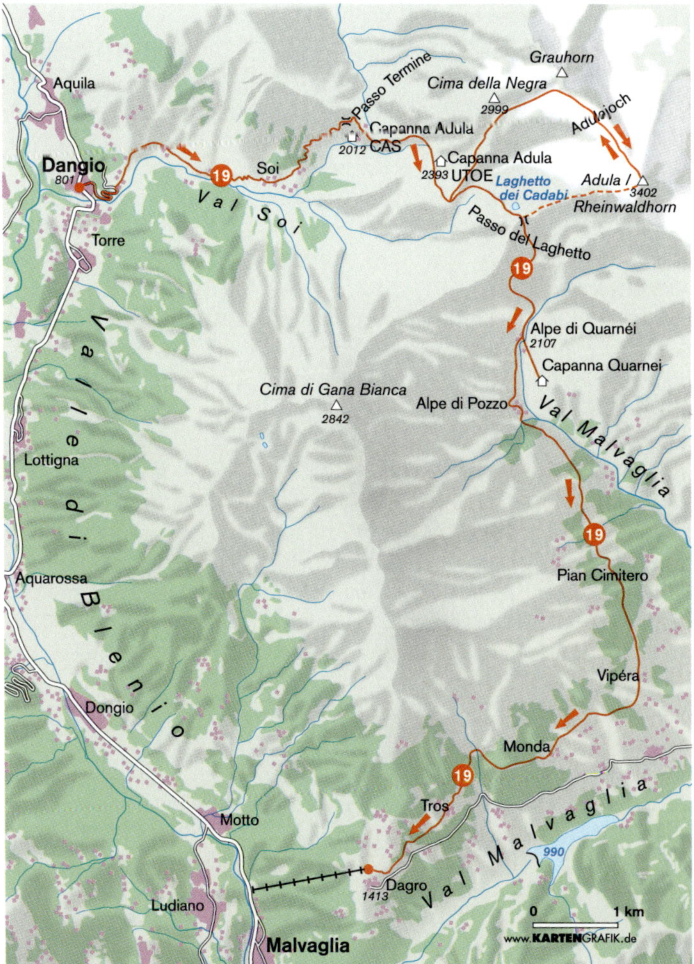

Der Aufstieg

Von der Bushaltestelle in Dangio (801 m) auf der Straße Richtung Schokoladefabrik »Cima Norma« gehen, bis links der markierte Wanderweg zu den Capanne Adula abzweigt. Man folgt ihm, bis er endgültig ins Sträßchen in die Val Soi einmündet. Auf diesem Sträßchen, bei der Siedlung Gügfèra vielleicht noch eine Schlaufe abkürzend, zur Siedlung Soi (1295 m). Von hier schraubt sich der ausgezeichnete Weg zum Übergang in die Val di Carassino hinauf, Passo di Piotta oder Passo Termine (etwa 2030 m, ohne Namen auf der Karte). Wer zur Capanna Adula CAS (2012 m) will, kann unterhalb der Passhöhe abzweigen. Sonst steigt man von der Cappella di Termine auf dem markierten Weg zur 2002/03 vollständig renovierten Capanna Adula UTOE (2393 m) weiter. Von der Hütte zieht der Weg südwärts hinaus an die Talkante und folgt einer Moräne zu einer Steilstufe. Über diese hoch und hinauf ins Trümmertal unter der Cima della Negra. Im mühsam zu begehenden Gletschervorfeld verliert sich der mit Steinmännern und teilweise mit Farbe markierte Pfad. Der Gletscher beginnt auf etwa 3000 Metern, und damit die Spaltengefahr! Hinauf zu den Grauhornfelsen und ihnen entlang zum Adulajoch (3166 m). Weiter im Schräganstieg über den Vadrecc di Bresciana, entlang von Felsen und unterhalb der Lücke 3253 Meter hindurch, zur südlichsten Lücke im NW-Grat, die über einen kurzen, steilen Hang gewonnen wird. Über Firn, bei starker Ausaperung manchmal auch über Geröll, zu Gipfelkreuz und -buch des Rheinwaldhorns (3402 m).

Der Abstieg

Auf dem Aufstiegsweg zurück bis fast ans untere Ende der großen Moräne, wo auf etwa 2540 Metern der markierte Weg zum Passo del Laghetto und zur Capanna Quarnei abzweigt. Über die kleine Schwemmebene (P. 2521 m) zieht er zum Laghetto dei Cadabi und zum Passo del Laghetto (2646 m). Knapp vom Südrand des Sees entfernt beginnt der eindrückliche Abstieg durch ein steiles, etwas steinschlägiges Couloir. Wo es breiter wird, steigt die markierte Route rechtshaltend auf einen Absatz hinunter, quert auf einem Grasband oberhalb von Felsstufen (mit Wasserfall) nach rechts und sinkt beim ersten Grashang in die Tiefe auf die Hochebene der Alpe di Quarnéi und nach vorne an deren Rand zur Capanna Quarnei (2107 m; bei P. 2108 m auf Karten, worin die Hütte noch nicht eingezeichnet ist). Über die Ebene zurück zur Alpe di Quarnéi (2048 m) und hinab zur Alpe di Pozzo (1869 m). Nun folgt die lange Höhenwanderung auf der rechten Talseite der Val Malvaglia, meistens in leichtem Abstieg mit ein paar kleineren Gegensteigungen, über Cunicc, Pian Cimitero, Vipéra, Monda und Tros nach Dagro; Bergstation der Seilbahn nach Malvaglia.

Nützliche Informationen

Ausgangsort: Dangio (801 m) in der oberen Valle di Blenio. Bus [600.72] von Biasca.

Zielort: Dagro (1413 m), Sonnenterrasse an der Begrenzung der Val Malvaglia, hoch oberhalb der Valle di Blenio; Bergstation der Seilbahn an den nördlichsten Dorfrand von Malvaglia (411 m). Die kleine Seilbahn (2 Kabinen mit je 4 Plätzen) ist täglich in Betrieb; Auskünfte zum Fahrplan unter Tel. 091 870 24 30. Bei der Talstation liegt die Haltestelle Filo Dagro des Bleniotalbusses.

Schwierigkeit: Leichte Hochtour, für die Seil, Pickel, Steigeisen, Anseilgürtel etc. und die dazu gehörenden Kenntnisse nötig sind. Auch für die Via Val Malvaglia sind Steigeisen nötig; zudem ist dort das Gelände wesentlich schroffer.

Höhenunterschiede: Aufstieg zur Capanna Adula UTOE 1590 m, Aufstieg zum Rheinwaldhorn 1010 m, Abstieg zur Capanna Quarnei 1430 m (mit 130 m Gegenaufstieg zum Passo del Laghetto), Weiterabstieg nach Dagro 750 m (mit 50 m Gegenaufstiegen).

Gehzeiten: Aufstieg Capanna Adula UTOE 4 Std., Aufstieg zum Rheinwaldhorn 3½ Std., Abstieg (und Wiederaufstieg) zum Passo del Laghetto 2½ Std., Abstieg zur Capanna Quarnei 1¼ Std., Weiterabstieg nach Dagro 2¼ Std.

Distanz: Aufstieg 10 km, Abstieg 16 km.

Unterkunft: Capanna Adula CAS (2012 m), 34 Plätze, immer offen, Juli bis September bewirtschaftet, Tel. 091 872 15 32. Capanna Adula UTOE (2393 m), 58 Plätze, immer offen, Ende Juni bis Ende September bewirtschaftet, Tel. 091 872 16 75. Cap. Quarnei SABB (2107 m), 58 Plätze, immer offen, Juni bis September bewirtschaftet, Tel. 091 870 25 05. Capanna Prou (2015 m) oberhalb von Dagro (kann auf direktem Weg von der Capanna Quarnei erreicht werden), Associazione Amici della Valle Malvaglia, 15 Plätze, immer offen, Juni bis Oktober teilweise bewirtschaft. In Dangio: Ostello Adula al Riale, Tel. 091 724 13 30. In Malvaglia: Ristorante della Posta, Tel. 091 870 12 67, Notari, Tel. 091 870 11 30.

Verpflegung: Ristoranti in Dangio und Malvaglia.

Karten: 266 Valle Leventina; 1253 Olivone, 1273 Biasca.

Variante für Gratkletterer: Die schnellste Route zum Passo del Laghetto führt über den W-Grat, auf der so genannten Via Val Malvaglia; allerdings ist von oben kommend die Route nicht ganz leicht zu finden, und es sind Kletterstellen zu überwinden; die schwierigste ist mit einer Kette entschärft worden. Bei besten Schneeverhältnissen im Frühsommer kann man auch nördlich des W-Grates direkt über den Bresciana-Gletscher zum Passo del Laghetto absteigen. Routenbeschreibung und Topo unter www.quarnei.ch.

Besonderes: Die Valle di Blenio ist die niederschlagsärmste Region des Tessins, was wie ihre weite, voll nach Süden gerichtete Talform zum Übernamen »Valle del Sole« geführt hat. Leider gelten solche Aussichten nicht unbedingt für das Rheinwaldhorn, das am wetterwendigen Alpenhauptkamm liegt und an dessen felsiger Südflanke die Luft bei Sonneneinstrahlung tagsüber aufsteigt und sich wolkenbildend abkühlt.

Literatur: Angelo Valsecchi, *Adula: il tetto del Ticino* (Sezione Ticino CAS, Lugano 2000).

Anschlusstouren: 17, 18.

▼ Kalter Stein: Vorsichtig steigt die Wanderin vom Passo del Laghetto durch die Geröllrinne in die Val Malvaglia ab, eines der gewaltigsten Täler des Tessins.

RIVIERA, VAL CALANCA UND VALLE MESOLCINA

Das Berggängerpaar steigt vom Gipfel der Cima di Biasca (2574 m) ab. Ob es wohl nach links in die tessinerische Riviera oder nach rechts in die bündnerische Val Calanca weitergeht? Beides ist top. Auch wir müssen uns entscheiden.

20–26

20 Cima di Negrös (2182 m)

Und plötzlich säuselt nur noch der Wind über der Riviera

Tourencharakter: Wer die Cima di Negrös besuchen will, sollte Trittsicherheit (auch mit Stöcken), Kondition (1900 Höhenmeter) und ein Auge für die beste Route (weglose Abschnitte und undeutliche Pfade im Gipfelbereich) mitbringen. Lohn dieser Mühen: Waldeseinsamkeit, unbekannte Aussicht, bestechender Tiefblick, Gipfelfreude – und Muskelkater.

Beste Jahreszeit: Mai bis Oktober, ja vielleicht gar bis November, wenn der Südhang zuoberst noch schneefrei ist.

Gehzeit: 9 Std.

In Airolo steigen die Wandertouristen aus dem Zug, weil am Südportal des Gotthardtunnels die Wandertouristen aussteigen. Die strade alte auf der linken und rechten Talseite locken, auch wenn kein blauer Himmel lockt. Wenn Regenbogen und -wolken über dem Bedrettotal hängen und es in der Leventina nicht viel besser aussieht. In Airolo betritt man die Sonnenstube, und damit basta. Noch bevor die hintersten Wanderer die Perronunterführung erreichen, fährt der Schnellzug Basel-Chiasso weiter gen Süden. 40 Minuten später hält er in Biasca. Ein paar Leute steigen aus, niemand in Wanderschuhen. Der Himmel ist blau. Riviera halt.

Welch ein Name: Riviera! Diejenige des Tessins ist der zweitunterste Abschnitt des vom Ticino durchflossenen Alpentals vom Nufenenpass zum Lago Maggiore. 16 Kilometer lang ist sie, schön gradlinig von Norden nach Süden, und 1 Kilometer breit, schön flach. Rechts und links stehen Berge, hohe Berge. Iragna (287 m) zum Beispiel wird im Westen überragt vom Pizzo Ricuca (2279 m) und vom Masnàn (2505 m) im Osten. Dieser Gipfel steigt auf nur 2,75 Kilometer Horizontaldistanz 2200 Meter in die Höhe, was für seine zerfurchte Westwand eine Durchschnittsneigung von 42 Grad ergibt. Die Eigernordwand ist steiler, aber dort verlaufen ja auch keine Wanderwege. Hier bauten Bergbauern Pfade und Steinhütten in die ausgesetzte Wand, um kümmerliche Plätze für Haustiere und Wildheu zu haben. Wenn wir in Lodrino aus dem Postauto steigen und in die Flühe hinaufsehen, können wir uns kaum vorstellen, dass an solchen Orten Leute ein Auskommen suchen mussten. Und plötzlich sehen wir rechts der Masnàn-Abstürze noch höhere Berge durch die Valle d'Osogna herableuchten: Der Torent Alto verpasst die Dreitausender-Grenze um bloß 43 Meter. Auf der gegenüberliegenden Seite der Riviera türmen sich die Gipfel etwas weniger hoch, doch rund zwei Kilometer Höhendifferenz liegen immer zwischen dem Talgrund und den Höhen. Vielleicht hätten wir besser in Airolo eine Strada alta unter die Füsse genommen.

Fünf Minuten fast flach durch das Dorf, dann beginnt es. Der erste Steilhang auf dem langen Weg zur Cima di Negrös. Geschickt zickzackt der Weg durch das stotzige Gelände hoch. Treppen aus Gneis im Kastanienwald, jeder Schritt verkleinert die 1900 Höhenmeter, jeder Schritt erweitert die Lungen. Und bei jedem Schritt wird besser hörbar, was die Riviera vor allem ist: ein Transitkorridor. Eine Autobahn, eine Bahnlinie, zwei Hauptstraßen. Und dann, plötzlich, eine Detonation. In einem der zahlreichen Steinbrüche wurde gesprengt. Denn das ist die Riviera auch: Arbeitsplatz. Das Bellinzonese mit der Riviera zählt rund die Hälfte der Betriebe und Beschäftigten der Tessiner Steinbrüche, nämlich 33 und 291. Auch in Lodrino wird der Fuß der hohen Berge angeknabbert.

Auf einmal ist der Lärm weg, wir haben eine erste Terrasse erreicht. Ein paar Steinhäuser stehen auf dem Flachstück, die meisten renoviert, einige mit Steindächern, andere mit fremdem Material. Arbeitsorte einst auf dem ständigen Marsch mit Ziegen und Kühen, Käse und Kastanien vom Dorf auf die oberste Alp und wieder hinab und wieder hinauf. Ferienhäuser heute, bewohnt im Sommer, meistens von Einheimischen, die nun sehen, wie ihre Vorgänger gelebt haben. Und wo und wie sie die Wege angelegt haben. Wege, dank denen Wandertouristen überhaupt vorwärtskommen. Und wie: Sauber geputzt sind ein paar Routen, vom Unterholz befreit, neu markiert, mit Wegweisern versehen. Von Lodrino nach Iragna, entweder über Pai oder über die Capanna Alva: neue Bergwanderungen abseits der Hauptverkehrsachsen.

Alleine steigen wir von Terrasse zu Terrasse, hören die Lastwagen und die Güterzüge, dann kurz nicht mehr, dann immer weniger. Der Alltag bleibt zurück, die Kastanien bleiben auch zurück, die Birken ebenfalls. Nun keuchen wir durch den Buchenwald empor, der schon bald von Fichten abgelöst wird und zuletzt von Lärchen. Frische Luft für Alpennordseitebewohner. Vor der Alva-Hütte atmen wir ganz tief durch: Das erste Ziel ist erreicht. Capanna Alva – klingt gut! Ein ehemaliges Maiensäß, umgebaut zur Unterkunft für Wandertouristen. Bergsportler statt Bergbauern. Polenta, pane und salame müssen hochgetragen werden, doch Merlot und

▼ Oben: Sonnenstrahlen sinken von den Zinnen auf die Maisfelder der Riviera herunter. Irgendwo dort oben muss die Cima di Negrös sein.

birra sind schon oben. Gemütlichkeit pur. Und draußen ein zentnerschwerer Gneistisch mit langen Bänken.
Sitzen bleiben könnten wir vor der Capanna Alva, übernachten natürlich auch. Den Sonnenuntergang am Torrone Alto bewundern, drüben am Ende der tief eingeschnittenen Valle d'Osogna. Doch die Cima di Negrös ruft. Einer der vier Gipfel, welche die Riviera auf der rechten Talseite beherrscht. Die andern heißen Pizzo Ricuca, Cima di Visghéd und Cima d'Aspra. Damit lässt sich zu Hause natürlich nicht angeben. Basòdino, Campo Tencia, Tamaro oder Generoso, das sind Namen, die nördlich des Gotthards ein Echo hervorrufen. Aber Cima di Visghéd – da weiß man ja nicht mal wie aussprechen. Und dabei steht sie drüben, auf der andern Seite der Val di Lodrino, in das wir nun einbiegen, froh um den Pfad, ohne den wir verloren wären in diesen haltlosen Flanken, an deren Fuß ein ungestümer Bach sich vielfach windet. Die Abzweigung zur Alpe Negrös verpassen wir. Genaue Blicke auf Gelände und Karte helfen, den überwachsenen Pfad aufzuspüren. Die oberste Alp. Aus einer Hütte plärrt ein Transistorradio. Der letzte Alpöhi wohl. Heidi arbeitet schon seit langem auf der Banca del Gottardo in Lugano.
Noch eine Stunde Arbeit für Beine und Arme im steilgrasigen, weglosen Südhang, dann stehen wir oben, 1900 Meter oberhalb der Riviera. Schweißnass, atemlos, glücklich. Ein weißes Tuch an einem Ast, der in einem Steinmann steckt, flattert träge vor sich hin. Tief, tief unten der grüne, flache Talboden, mit der stark gekrümmten blauen Linie des Ticino. Mit den wenig gekrümmten Linien von Auto- und Eisenbahn, die Fahrzeuge wie Tinky Toys, die Züge wie Märklin. Weit vorne der Stadtrand von Bellinzona, hinten Biasca, wo wir vor vielen Stunden aus dem Waggon gestiegen sind. Direkt unter uns die Kräne im Steinbruch von Lodrino. Und Berge, ein Meer von Gipfeln, grün, grau, braun, Zinnen und Rinnen, kaum bekannt. Doch, dort hinten und doch nicht weit weg die Adula, ennet dem Lukmanier besser als Rheinwaldhorn bekannt: das Dach des Tessins. Und dann die wilden Gipfel im Westen, gegen das Verzascatal hin: Wer neue bergsportliche Herausforderungen sucht, kann sich hier tagelang beweisen. Die Älpler mussten dies auch tun: Wenn wir genau hinschauen, entdecken wir immer wieder einen Stall. Leichter ist es, eine Lagerhalle in den flachen Talboden zu stellen. Da wird uns bewusst, dass wir wieder hinuntermüssen. Unsere strada alta erstreckt sich nicht in der Horizontalen, sondern in der Vertikalen.
Wir folgen dem Schafweglein auf dem Nordgrat in die Tiefe, klammern uns an den Fels, wo der Schuh den Halt zu verlieren droht. Wie das wohl die Tiere machen? Auf der wunderbar auf einer grasigen Hochfläche gelegenen Alpe Matro Càuri scheinen die Schwierigkeiten vorbei zu sein. Wir lehnen an eine Trockensteinmauer und nehmen den letzten Schluck. Ein Holzkreuz steht vorne auf der Graskuppe. Warum jetzt nicht danken für den schönen Tag? Doch das Beten vergeht uns schon bald: Wir finden den Weiterweg nicht, irren über die Grasweide, suchen nach irgendeinem Wegzeichen. Konsultieren vergeblich die nicht mehr ganz aktuelle Karte, die einen Weg verzeichnet.

Klettern zwischen Alpenrosen und Felsblöcken umher. Herzklopfen und Wadenkratzer. Was jetzt, wenn wir ausrutschen, den Fuß verstauchen oder noch schlimmer? Da, das könnte doch, sieht doch aus wie ein ehemaliger Pfad? Ist es auch, das Gras steht etwas weniger dicht, Steinplatten bilden Stufen. Voll konzentriert verfolgen wir die Spur, die sich durch den jähen Wald hinunterschraubt. Auf der Alpe Motarina stoßen wir auf bequeme Wege. Jetzt sind wir wieder auf der gleichen Höhe wie die Capanna Alva. Bleiben also noch wie viele Höhenmeter ins Grotto? Nicht rechnen, gehen! Wir tauchen hinunter in die Riviera. Die Knie merken es. Die Ohren hören es.
Wir sitzen im Zug nach Basel. Blicken aus dem Fenster. Schauen noch einmal zur

Cima di Negrös hoch, bevor sie aus dem Blickfeld verschwindet, kurz nach Biasca. Ungefähr dort, wo dereinst die Züge in den Gotthard-Basistunnel rollen werden.

Der Aufstieg

Von der Postautohaltestelle Lodrino Posta (269 m) durch das Dorf zur Kirche. Daran vorbei zum Beginn des Wanderwegs im Kastanienwald. Über Absätze mit ein paar leicht ausgesetzten Stellen (Geländer) hinauf nach Lègri, wohin auch eine schmale Erschließungsstraße führt. Weiter, immer im Wald, über die Terrassen von Ciduglio (824 m), Lagua, Grei, Piàncora auf die Alpe d'Alva (1570 m) mit der gleichnamigen Hütte. Oberhalb davon ansteigen, dann Traverse im Südhang hinein in die Val di Lodrino. Auf einer Rippe zweigt der undeutliche Pfad zur Alpe Negrös ab. Man kann auch auf dem Hauptweg bleiben, bis er einen Bachlauf quert und dann absinkt; ein paar Meter vor dem Bachlauf zweigt rechts spitzwinkling ein überwachsener Pfad ab, der schräg hinauf zur Alpe Negrös (1799 m) zieht. Zwischen den Hütten durch und auf einem Pfad schräg in die grasige Südflanke hinein. Nun drei Möglichkeiten: 1) Weglos im steilen, felsdurchsetzten Gras und lichten Wald auf den Beginn des Südostgrats und über diesen auf den Gipfel; 2) direkt durch die Südflanke hoch; 3) auf dem teilweise schlecht erkennbaren Pfad, am Schluss durch hohe Erlen, auf eine Schulter (P. 1925 m); kurz über den Südgrat, dann schräg durch die

Südflanke und zuletzt über den Südostgrat auf die Cima di Negrös (2182 m).

Der Abstieg

Vom Gipfel kurz in die Ostflanke hinab und hinüber auf den Nordgrat. Der Pfad folgt der Schneide, überwindet links unterhalb davon eine kurze, ausgesetzte Stelle und wechselt in die Ostseite (felsige Steilstufe). Anschließend leichter entlang dem Grat auf die sehr schön gelegene Alpe Matro Càuri (1891 m). Zwei Möglichkeiten, um auf die Alpe Motarina zu gelangen: 1) Westwärts steil im Wald (der Beginn des Pfades ist undeutlich) auf die im Sommer bewohnte Alpe Legrina und auf dem Weg in der Steilflanke mit 60 Metern Gegenaufstieg hinab; 2) Ostwärts sehr steil im Wald direkt hinab, auf einem nur noch schlecht erkennbaren Pfad, dessen Beginn kaum mehr auszumachen ist – ungefähr zwischen dem ausgetrockneten Seelein und dem Holzkreuz ostwärts über die Wiese in eine schwach ausgeprägte Geländemulde am Waldrand und durch Gras und Alpenrosen hinab; wenn man allerdings keinen Pfad findet, sollte man vom Weiterabstieg absehen. Von der Alpe Motarina auf gutem Waldweg auf die Alpe Cauri; die Fortsetzung des Weges findet man beim nördlichsten Stall. Schon bald kommt man in den markierten Wanderweg, der von der Capanna Alva herabkommt. Auf dem sauber wiederhergestellten Weg, zuletzt die Erschließungsstraße kreuzend, hinab in die hübschen Sommerdörfer Ponte (881 m) und Citto (726 m). Weiter auf dem markierten Wanderweg im Wald hinunter nach Iragna (287 m) und in wenigen Schritten zur Postautohaltestelle Ponte dei Ladri.

◄ Oben: Schönwetterwolken über der Cima di Negrös und der Gruppe des Torrone Alto hinten. Irgendwo dazwischen liegt, fast 2 Kilometer weiter unten, die Riviera.

▼ Mittendrin: Irgendwo zwischen Tal und Gipfel wartet das Zeichen am Wegrand.

Nützliche Informationen

Ausgangs- und Zielort: Lodrino (269 m) und Iragna (287 m) liegen an der Postautolinie [625.10] Biasca–Bellinzona. Und Biasca selbst an der Gotthardbahn [600].

Schwierigkeit: T4.

Höhenunterschied: Auf- und Abstieg je 1900 m.

Gehzeiten: Aufstieg 5 Std., Abstieg 4 Std.

Distanz: 11 km.

Unterkunft: Capanna Alva (1570 m), Selbstversorgerhütte des Patriziato di Lodrino, 20 Plätze, offen vom 1. Mai bis 30. Oktober, sonst Schlüssel im Ristorante Torelli in Lodrino, Tel. 091 863 12 10. Hüttenwarte: Mario Bognuda, Tel. 091 863 28 71, Renato Bognuda, Tel. 091 863 12 64. Alpe Negrös (1799 m), immer offene Hütte mit vier Plätzen und Gaskocher; Mitnahme eines Schlafsacks empfehlenswert. In der Val di Lodrino sind neun weitere ehemalige Hirtenhütten in einfache Unterkünfte für Wandertouristen verwandelt worden; die Übersicht findet sich in der Faltbroschüre *Lodrino – la sua montagna, uno scalino dopo l'altro*, gegen frankiertes Rückantwortcouvert gratis erhältlich beim Patriziato di Lodrino, 6527 Lodrino.

Verpflegung: In Iragna: Grotto Angela (Dienstag geschlossen im Winterhalbjahr); in Lodrino: Grotto Sacchi (November bis April geschlossen).

Karten: 276 Val Verzasca; 1293 Osogna.

Varianten für Grottokenner: Kürzer und vor allem leichter als die Besteigung der Cima di Negrös sind die markierten Bergwanderungen von Lodrino nach Iragna, entweder über die Capanna Alva (6 Std.) oder über Pai (2½ Std.). So hat man mehr Zeit für die Grotti. Und für die Besichtigung der Dörfer; das 1996 eingeweihte Gemeindehaus von Iragna erhielt einen Architekturpreis.

Anschlusstour: 22.

21 Mottone di Cava (2371 m)

Erst die Arbeit, dann das Vergnügen: Capanna Cava in der Val Pontirone

Tourencharakter: Von Biasca fast senkrecht hoch und dann fast flach in die Hütte. Und am nächsten Tag fast gemütlich weiter in die südbündnerische Val Calanca oder fast beschwerdefrei 2300 Höhenmeter zurück in die Riviera. Die Capanna Cava (2066 m) der Unione Ticinese Operai Escursionisti, ein Logenplatz gegenüber der gezackten Gruppe des Torent Alto (2957 m) mit dem südlichsten Eis des Tessins, bietet echt wilde Traumtouren. Und eine Polenta con Formaggio zum Verlieben.

Beste Jahreszeit: Juni bis Oktober.

Gehzeit: 6 Std.

»Der jähe Abfall gegen die Tessinebene scheint auf den ersten Anblick völlig unwegsam, und man ist überrascht, wenn man bei genauerem Hinsehen auf schwindelnder Höhe an verschiedenen Stellen Hütten gewahrt, bei deren Anblick man sich unwillkürlich sofort fragt, wie kommt man nur dort hinauf. Die wilde Westflanke des Monte di Biasca gibt mancher Maiensäße und etlichen Alpen Raum, und die Wege, die dieselben mit der Talebene und unter sich verbinden, sind trotz der Rauheit des Gebirges teilweise recht gut.« Gotthard End, von dem diese Zeilen stammen, war um die vorletzte Jahrhundertwende ein unermüdlicher Erforscher und Erstbegeher zahlreicher Routen der Tessiner Berge. Im Jahrbuch des Schweizer Alpen-Clubs von 1922 und 1923 veröffentlichte er die Monografie *Biasca und die Val Pontirone*. Vieles, was er darin beschreibt, ist nur noch Geschichte, doch der Steilabfall oberhalb von Biasca ist geblieben. Und mit ihm viele Alpwege.

Drei Routen steigen in die Valle Santa Petronilla hinein, deren Fluss oberhalb des Bahnhofs von Biasca den letzten der zahlreichen Wasserfälle bildet. Das Tal beginnt auf der Forcarella di Lago und senkt sich auf nur 4 Kilometern knapp 2000 Höhenmeter in die Talsohle ab. Wir wählen die mittlere Route, die bei der romanischen Stiftskirche beginnt und sich direkt nach Nadro emporzieht, einer überraschend abgerundeten Kuppe im Steilabfall des Biasca-Berges; in der Nähe des untersten Steinhauses von Nadro, bei zwei Masten von Transportseilbahnen, genießt man einen senkrechten Tiefblick auf den Bahnhof von Biasca. »Wem es nicht gegeben ist, auf rauhem Pfade in ununterbrochener Steigung bergan zu klimmen, und wem es unbehaglich wird, wenn sein Blick zu Füssen plötzlich auf einige hundert Meter tieferliegende Wiesen oder Wälder trifft, der gehört nicht auf den Monte di Biasca.« Ganz so rau, wie End schreibt, ist der unten vorgeschlagene Weg von Biasca auf den Mottone di Cava nicht. Dieser Gipfel liegt 15 Minuten oberhalb der Forcarella di Lago und eine gute halbe Stunde oberhalb des Sees, der sich zuoberst in der Valle Santa Petronilla versteckt.

Auf dem Mottone di Cava, dem am bequemsten erreichbaren Berg im Gipfelkranz der Alpe di Cava, tut sich eine neue Welt auf. Über der saftig grünen Alpe di Cava am südlichen Talschluss der Val Pontirone türmen sich die grauen Zinnen der Torrone-Gruppe auf, deren höchster Punkt der Torrone Alto (2957 m) ist. An seinem Fuß entdeckt man bei genauem Hinsehen ein Gletscherchen, dessen Eis um die vorletzte Jahrhundertwende, als es noch keine Kühlschränke gab, kommerziell abgebaut

wurde. Es wurde durch die Val Pontirone hinabgetragen. Um 1800 lebten in diesem Seitental der Valle di Blenio über 500 Leute (fast gleich viele wie in Biasca); heute ist es nur noch zur Sommerszeit bewohnt.

Die Cava-Hütte zuoberst im grünen Halbrund der Alpe di Cava baute 1935 die Unione Ticinese Operai Escursionisti, eine linke Bergsportvereinigung, deren Mitglieder dort oben einen Ausgleich zum Arbeiteralltag in Biasca fanden. Ihre Gesichter blickten uns aus den alten Fotos in der Hüttenstube entgegen, wo wir uns zum Abendessen an langen Holztischen einfanden. Es gab Polenta mit Gorgonzola. Draußen blitzte und donnerte und goss es wie aus Kübeln, und drinnen floss der Merlot. Die Hüttenwirte hatten alle Hände voll zu tun, allen voran die Chefin, Franca Marcionetti. Ihr zur Seite Vater Nello, der hüttenwirtsmäßig der Franca unterstellt ist, Tochter Jenny, die kräftig zupackt in der Stube am Torent Basso und ansonsten Psychologie studiert, Ehemann Fabio, der vor allem am Wochenende richtig mithilft und -singt.

Ich blätterte im Hüttenbuch und suchte meinen Eintrag vom 21. Juli 1996, als ich mit meinem Schwager die Hütte besucht hatte. Mit dem Bergrad waren wir aus der Valle di Blenio durch die Val Pontirone hochgeradelt, 40 Haarnadelkurven hoch bis ans Ende der Welt. Stolz schrieben wir unsere Namen ins Hüttenbuch und setzten noch hin: »con la bicicletta«.

Bevor wir mit den rampichini von den Alpweiden wieder zu den Palmen hinunterfuhren, hatten wir in der Hütte noch zwei Caffè bestellt. Wie, fragte die Hüttenwirtin, mit Zucker, Milch oder Grappa? Wir wählten Erstes und Letzteres: sicher nicht das absolute Sportlergetränk. Doch authentisch. Genauso wie die Capanna Cava.

Der Aufstieg

Vom Bahnhof Biasca (293 m) auf der Straße nordwärts auf die Piazza im Zentrum. Rechts an der neuromanischen Pfarrkirche vorbei und auf gepflästertem Weg hinauf zur romanischen Stiftskirche Santi Pietro e Paolo. Dahinter beginnt, nördlich eines Bachs, der Aufstieg nach Nadro. Ein markierter Pfad folgt links, rechts und links des Bachlaufs. In einer Schlucht wechselt er endgültig auf das südliche Ufer, steigt auf vielen Treppen steil über Bèdra del Vent nach Nadro, geht in die Valle Santa Petronilla hinein und erreicht über Piansgèra das Sträßchen, das flach zur Alpe di Compiett (1516 m) führt. Von hier gibt es zwei Wege zur Alpe di Lago: 1) Der Wanderweg zieht sich mehr oder weniger in der Talachse über die Alpi di Pontima und di Sprügh zum Rifugio Alpe di Lago (etwa 2125 m). 2) Ein schlecht markierter und teilweise knapp sichtbarer Pfad steigt südwärts auf die einsame Alpe di Chierisgèv, biegt auf 1830 Metern ostwärts ab, klettert auf eine Kante hoch (kurz unterhalb davon im Geröll Quelle mit bereitliegendem Bierglas für die Menschen und Pfanne für die Hunde) und quert die grasig-gerölligen N-Hänge von Masnàn und Cima di Biasca zum namenlosen Lago (2089 m). Vom Rifugio steigt ein guter Pfad in die Forcarella di Lago (2256 m). Weglos, einige Felsen leicht übersteigend, über den S-Grat auf den Mottone di Cava (2371 m); auf der 1:25000-Karte heißt er nur Mottone, während der Mottone di Cava (2374 m) weiter nordwestlich liegt. Für einen besseren Tiefblick empfiehlt sich, vom Mottone noch etwas dem Kammverlauf zu folgen.

Der Abstieg

Vom Mottone weglos über den breiten NO-Rücken in die Forcarella di Cava absteigen und auf dem Wanderweg flach hinüber zur Capanna Cava (2066 m).

Nützliche Informationen

Ausgangsort: Biasca (293 m) an der Gotthardlinie [600].

Zielort: Capanna Cava (2066 m) zuoberst in der Val Pontirone.

Schwierigkeit: T3.

Höhenunterschiede: Aufstieg 2080 m, Abstieg 310 m.

Gehzeiten: Biasca–Mottone di Cava 5½ Std., Gipfel–Capanna Cava 30 Min.

Distanz: 8 km.

Unterkunft: Rifugio Alpe di Lago (2125 m), gehört dem Patriziato von Biasca, 6 Plätze, immer offene Selbstversorgerhütte zuoberst in der Valle Santa Petronilla. Capanna Cava UTOE (2066), 50 Plätze, immer offen, von Mitte Juni bis Mitte September bewirtschaftet, Tel. 091 870 14 44. In Biasca: verschiedene Hotels, zum Beispiel das Stazione, Tel. 091 862 27 25.

Verpflegung: In Biasca empfiehlt sich ein Besuch der Grotti: Vom Bahnhof ins Zentrum, durch die Via Lucomagno sanft ansteigen und rechts den Wegweisern folgend zu den vier Grotti.

Karten: 266 Valle Leventina; 1273 Biasca.

Varianten … für Bergwanderer: Vom Bahnhof Biasca statt über Nadro über Negressima und Alpe di Chierisgév zum Rifugio Alpe di Lago und dann zur Cava-Hütte; 6½ Std. – absolut atemberaubend und nur wirklich schwindelfreien Gehern zu empfehlen. Oder (weniger schön und spannend) von Biasca über Svall und die Forcarella di Cava (2090 m) zur Hütte; 5¾ Std., 1800 m Aufstieg. … **für Autofahrer:** Mit dem Taxi (oder dem eigenen Wagen) zur Ponte Sceng (1216 m) in der Val Pontirone und zu Fuß auf dem Wanderweg weiter zur Hütte; 2½ Std., 850 m Aufstieg. … **für Radfahrer:** Mit dem Bike von Biasca über Malvaglia in der Valle di Blenio und durch die Val Pontirone über Fontana (1347 m) und Ponte Sceng (1216 m); Hinfahrt 4 Std., Rückfahrt 2 Std.; 60 km hin und zurück, davon

▼ Ausgleich zum Alltag: Ciclista vor der Capanna Cava, die Arbeiter-Bergfreunde von Biasca in den 1930er-Jahren erbaut haben. Datum der Aufnahme: 21. Juli 1996.

10 km auf Schottersträßchen und 1 km auf Pfad; insgesamt 2040 m Aufstieg, davon 1400 m auf Asphalt, 580 m auf Schotter und 60 m auf Gras und Stein. **... für Schluchtbegeher:** Das Tessin gilt als Canyoning-Paradies. Der Abstieg durch die Wasserfälle der Valle Santa Petrouilla ist beschrieben in *Canyoning-Touren Schweiz* von Andreas Brunner und Frédéric Bétrisey (SAC Verlag 2001).

Besonderes: Das Ente turistico Biasca e Riviera organisiert jeden Freitag von Juli bis September eine Tour mit Kleinbus zur Alpe und zur Capanna Cava, mit Besichtigung der Alpkäserei und Mittagessen in der Hütte; pro Person um Fr. 45.– Anmeldung beim Verkehrsbüro.

Anschlusstouren: 22, 26.

22 Cima di Biasca (2574 m)

Nur absteigen ist schöner – oder weitergehen in die Val Calanca

Tourencharakter: Von einem Aussichtsbalkon in der Nähe des südlichsten Gletscherchens des Tessins bis zu den Palmen hinab, Schritt für Schritt und ohne Gegenanstieg durch alle Vegetationszonen hindurch: So kann der lange Abstieg von der Cima di Biasca durch die Valle d'Osogna nach Osogna kurz beschrieben werden. Aber auch der Weiterweg unterhalb der hoch aufragenden Torrone-Türme hinüber in die Val Calanca und hinab ins autofreie Hangdorf Landarenca ist voller Reize. Nur stolpern darf man zuoberst nicht – sonst fliegt man wirklich.

Beste Jahreszeit: Juli bis Oktober.

Gehzeit: Rund 6 Std.

»Volete qualcosa da bere?«, fragte uns der Mann, als wir an seiner Hütte vorbeiwanderten. Wir waren nicht abgeneigt, und er vielleicht auch nicht, war er doch gerade am Holz sägen und spalten. Er stellte sich als Carlo Malaguerra vor und führte uns in seine Küche. »Caffè?« »Si, volontieri!« Aber niemals ohne Grappa, klärte uns der Gastgeber auf und tischte drei verschiedene Grappe auf: normalen und selbst veredelten mit Lärche sowie mit Iva-Kraut. Probieren mussten wir alle drei. Schön kühl war es in der Küche, und draußen brannte die Julisonne in die Valle d'Osogna. 1300 Meter waren wir schon durch dieses tief eingeschnittene Tal abgestiegen, weitere 1000 Meter warteten noch. Wir freuten uns. Denn der Weg ist nirgends anhaltend steil, häufig schön schattig, immer abwechslungsreich und erst noch mit Badeplätzen versehen. Ein perfekt angelegter, unmarkierter und trotzdem gut zu findender, weil gut gepflegter Weg (Zustand Juli 2001) – das ist selten.

Um acht Uhr waren wir in der Capanna Cava gestartet. Eine Viertelstunde später nahm Alois Eglseder aus Kolbermoor bei Rosenheim sein erstes Nacktbad – im Laghetto di Cava, dessen Südufer noch schneebedeckt war. Seine beiden Begleiter beschränkten sich auf das Klatschen. Eine Stunde später reichten wir uns auf der Cima di Biasca di Hände. Vom Gipfel sahen wir auf den Talboden der Riviera hinab – aus der Vogelperspektive. Fliegen sollte man können. Und doch ist uns ein so langer Abstieg noch nie so kurzweilig vorgekommen, nicht nur wegen dem Kaffee-Grappa-Zwischenhalt.

Der Aufstieg

Von der Capanna Cava (2066 m) auf dem rot-weiß markierten Bergweg zum Passo del Mauro, am oberen Cava-See vorbei, bis zu einem großen Stein (P. 2219 m), wo sich der Weg kurz teilt. Nun weglos meist über Gras in einer steilen, breiten Rinne – zuerst im Grund selbst, dann auf dem östlichen Rand, hinauf auf den Ostgrat der Cima di Biasca, den man westlich P. 2524 m erreicht. Auf Wegspuren leicht zum Gipfelsteinmann der Cima di Biasca (2574 m).

Die Abstiege

Durch die Valle d'Osogna: Zurück zu P. 2524 m, ihn nordseitig umgehen und südseitig hinab auf den sehr ausgesetzten Schafspfad in der haltlosen Südflanke der Cima di Müsciói. Noch vor den Gebäuden der Alpe della Motta (2239 m) durch eine Senke auf den Pfad, der zu den Ställen und Wohngebäuden der Alpe di Casnéd (1983 m) sinkt. Auf gepflegtem Weg steil hinab in die Valle d'Osogna. Talauswärts auf dem Wanderweg mal rechts, mal links des Baches (und vielleicht auch mal darin) nach Pönt (753 m). Auf dem guten, gleichmässig geneigten Saumweg in vielen Kehren und zuletzt auf einem Teersträßchen hinab nach Osogna (274 m), zur Osogna Beach mit dem Grotto al Pozzon und viel später zur Haltestelle Osogna Paese.

In die Val Calanca: Von der Cima di Biasca wie oben auf die Alpe della Motta absteigen. Weiter auf einem weiß-rot-weiß markierten Höhenweg (Abschnitt des Weitwanderweges »Trekking del 700°«); er zieht nur noch leicht ausgesetzt zur Alpe d'Örz (2087 m) hinab. Ein Pfad leitet in ein Gerölltälchen, durch das man die Bocchetta di Pianca Geneura (2366 m) ge-

winnt. Der Pfad führt unterhalb von Felsen über steile Grashänge auf der linken Seite der Val del Galbines abwärts, quert dann auf den rechten Begrenzungsrücken und steigt bequem zur Alpsiedlung Piöv di Fuori (1853 m) ab. Der Wanderweg geht durch den Bosco di Castaneda und den Bosco del Ross zum Ferienhaus von Monterisc. Hinüber nach Boliv und rasch hinab zur Seilbahnstation von Landarenca (1280 m). Wer nach dem Besuch der Osteria wieder fit ist, nimmt noch den sehr schönen Saumweg nach Selma (914 m) unter die Füsse.

Nützliche Informationen

Ausgangsort: Capanna Cava (2066 m) zuoberst in der Val Pontirone; verschiedene Aufstiegsmöglichkeiten von Biasca (293 m); vgl. Tour 21.

Zielorte: Osogna (274 m) in der Riviera; Postauto [625.09] Biasca–Bellinzona.
Landarenca (1280 m), Hangsiedlung auf der rechten Talseite der Val Calanca. Luftseilbahn (letzte Fahrt um 20 Uhr) nach Selma (914 m), Postauto [625.25] über Grono (meist umsteigen) nach Bellinzona.

Schwierigkeit: T4; ohne Cima di Biasca, aber mit Passo del Mauro T3.

Höhenunterschiede: Aufstieg Cima di Biasca 510 m, Abstieg Osogna 2300, nach Landarenca 1570 m Abstieg und 280 m Aufstieg.

Gehzeiten: Aufstieg Cima di Biasca 1¼ Std., Abstieg Osogna 5 Std., Cima di Biasca–Bocchetta di Pianca Geneura 2 Std., Lücke–Landarenca 2½ Std.

Distanz: Beide Routen je rund 12 km.

Unterkunft: Capanna Cava UTOE (2066), 50 Plätze, immer offen, von Mitte Juni bis Mitte September bewirtschaftet, Tel. 091 870 14 44. In Cresciano: Da Sandra, Tel. 091 863 11 21. In Selma: Casa della gioventù (für Selbstversorger), Tel. 091 828 13 19. In Landarenca: Casa della gioventù (für Selbstversorger), Tel. 091 828 15 44; das Ristorante ist von Mai bis September von Freitagabend bis Sonntagabend geöffnet.

Verpflegung: In Osogna, Landarenca und Selma.

Karten: 266 Valle Leventina, 276 Val Verzasca, 277 Roveredo; 1273 Biasca, 1293 Osogna, 1294 Grono.

Varianten ... für Bergsteiger: Torent Basso oder Torrone della Motta (2820 m). Vom Passo del Mauro durch die SW-Flanke; ausgesetzte Route, seit 1992 weiß-blau-weiß markiert, schwierigste Kletterstelle war früher eine IV, ist jetzt aber durch Ketten entschärft. Schwierigkeit T5. Eine wilde Sache an einem stolzen Gipfel. 2¾ Std. von der Hütte. **... für Passgänger:** Von der Capanna Cava über den Passo del Mauro (2428 m) auf die Alpe della Motta und dann entweder in die Riviera hinab oder hinüber in die Val Calanca.

Besonderes: Die Ansammlung von Felsblöcken im bewaldeten Talhang zwischen Cresciano und Osogna ist ein Boulder-Mekka von Weltrang. Bouldern ist seilfreies Klettern an Felsblöcken; wer die Route »Dreamtime« meistert, darf sich zur Spitze zählen. Wo sie liegt und wer sie erstmals begangen hat, erfährt man im schön gemachten Führer *Cresciano Boulder.*

Literatur: Mehr über die Valle d'Osogna und andere mythische Orte des Tessins wie Pizzo Bombögn und Gannaccia in Ely Rivas Bildband *Montagna bella ... 15 itinerari per scoprire il Ticino,* Edizioni Gaggini-Bizzozero, Lugano-Muzzano 1995. Das Nachbartal Valle di Cresciano und 14 weitere Täler porträtiert er in *Valli dimenticate. Die vergessenen Tessiner Täler,* Salvioni Edizioni, Bellinzona 1997.

Anschlusstouren: 20, 21, 23, 24, 25, 26.

23 Pizzo di Claro (2727 m)

Beim Abstieg in die Riviera werden die Oberschenkelmuskeln steinhart

Tourencharakter: Im Pizzo di Claro bricht der vom Rheinwaldhorn südlich ausstrahlende Hauptkamm unvermittelt und steil zum Zusammenfluss von Ticino und Moesa ab. Diese Lage und die Höhe stempeln den Pizzo di Claro zu einem der vorherrschenden Panoramagipfel des Tessins. Die auch Visagno genannte Pyramide zwischen der Riviera und der Val Calanca verlangt Trittsicherheit sowie für den 2500-Meter-Abstieg nach Claro gute Oberschenkelmuskeln und ziemlich gutes Vermögen, die Karte zu lesen: Die Wege sind nicht immer markiert, dafür meistens schön schattig.

Beste Jahreszeit: Juli bis Oktober.

Gehzeit: 9 Std.; gut 6 Std. von Landarenca ins Rifugio Peurett oder in die Capanna Brogoldone.

Steinreich ist das Tessin – aber, wenigstens in seinen gebirgigen Teilen, nur im wörtlichen Sinne. Steinig sind die meisten Gipfel, aus Bruchstein viele Häuser und Kirchen, Wege und Brücken, Tische und Zäune erbaut. Das vorherrschende Gestein ist Granit, genauer gesagt Gneis, der vor Jahrmillionen unter Druck aus Granit entstand und im Gegensatz zu diesem nicht kompakt, sondern geschichtet ist. Diesen Umstand wiederum nützen diejenigen, die den Gneis – oder den Granit, wie man trotzdem allgemein sagt – aus dem Berg brechen. Seit Ende des letzten Jahrhunderts wird er kommerziell abgebaut, früher mit Schwarzpulver, heute vor allem mit Diamantdrähten. Doch trotz immer aufwändigerer Technik bleibt viel Arbeit mit Hammer und Meißel, um die riesigen Blöcke in die gewünschten Formen zu bringen. Mehr als die Hälfte des Tessiner Granits kommt im Straßenbau zur Verwendung, mehr und mehr schätzt man jedoch den grauen Stein als gediege-

◄ Abstieg: Dank der kühnen Wegarbeit der Tessiner Bergler in ihren unzugänglichen Bergen erleben Wanderer einen faszinierenden Natur- und Kulturraum. Zum Beispiel in der Valle d'Osogna, während Stunden.

▼ Aufstieg: Deutlich schwieriger als der Pizzo di Claro ist der Torent Basso, der sich hier in einem See bei der Capanna Cava spiegelt. Baden wäre einfacher.

nes Material für Banken und Küchen. Der Tessiner Granit wird in der Vallemaggia, in der Valle di Vergeletto und vor allem in der Riviera zwischen Biasca und Bellinzona abgebaut. Im Paralleltal östlich der Riviera, in der schon zu Graubünden gehörenden Val Calanca, stellen die Steinbrüche den einzigen Reichtum dar, abgesehen von der Landschaft, dem wichtigsten touristischen Rohstoff der Alpensüdseite.

Zwischen diesen steinreichen Tälern schwingt sich der Pizzo di Claro in einsame Höhe. Aus der Val Calanca führt ein guter, weiß-rot-weiß markierter und bis zuoberst erstaunlich grasiger Weg auf den Gipfel. Der Abstieg erfolgt in der steinigen NW-Mulde, bis ein grüner Rücken zum Lago di Canee hinableitet. Dort wird man mindestens die Füsse baden und sich auf dem Weiterabstieg noch mehr solche Gelegenheiten wünschen. Denn das Tessin ist nicht nur stein-, sondern auch seenreich. Leider sind die Gewässer auf der Westseite des Pizzo di Claro rar. In Claro selbst gibt es ein Schwimmbad auf einem Zeltplatz. Ein Kopfsprung da hinein gegenüber einem in den Lago di Canee ist ungefähr so ernüchternd wie ein Tisch aus Beton gegenüber einem aus Gneis.

Der Aufstieg

Von der Bergstation (1280 m) der Luftseilbahn in Landarenca direkt einem schmalen Pfad über Pian hinauf in die Sommersiedlung Boliv (1475 m) folgen. Von hier führt der weiß-rot-weiß markierte Weg kurz west-, dann lange südwestwärts über die Alp di Rossiglion (1959 m) und über die oberen Alpweiden der Alp di Stabveder in den namenlosen Sattel (2270 m). Der Weg zieht flach in die Val Granda hinüber, steigt darin hoch und zickzackt in der abschüssigen SO-Flanke hinauf auf den Gipfelgrat des Pizzo di Claro (2727 m): Nach rechts geht es zum höchsten Punkt, nach links zum Südgipfel (2720 m) mit Gipfelsteinmann und -buch sowie besserem Tiefblick nach Bellinzona.

Der Abstieg

Vom Südgipfel des Pizzo di Claro zickzackt ein weiß-rot-weiß markierter Geröllpfad durch die steile NW-Mulde hinunter und steigt auf einem Band südwestwärts schräg zu einer Verflachung (P. 2287 m) hinab; Abzweigung zur Capanna Brogoldone. Auf Pfadspuren über einen grasigen Rücken zum Lago di Canee (2198 m) hinab. Von seinem Ausfluss folgt man einem undeutlichen Pfad etwa 150 Höhenmeter links, dann rechts des Baches zur aufgelassenen Alpe di Canee (1995 m). Von hier geht ein schmaler, aber besserer Pfad zur Alpe di Pèu hinab; bei einer Verzweigung nimmt man den linken Pfad, der südwärts direkt die Alpe und das Rifugio Peurett (1745 m) erreicht. Südwärts auf dem Weg bis zu einer Verzweigung; nach rechts und durch dichten Wald über Corte zur Sommerstreusiedlung Bens. Bei ihrer Südecke (P. 1181 m) findet man den Weg, der sich wieder im Wald über Donadino nach Moncrino (805 m) absenkt. Man quert die idyllische Terrassensiedlung zur Mittelstation der Materialseilbahnen. Dort trifft man auf einen Weg, der nordwärts ausholend eine weitere Rustici-Siedlung (724 m) berührt. Er sinkt im Wald über Ruera und den Riale di Censo (schöne Steinbrücke und Badegelegenheit) nach Scubiago, den nördlichsten Ortsteil von Claro, den er südlich der Kirche erreicht. Südwärts auf kleinen Straßen zur Postautohaltestelle an der Hauptstraße von Claro (268 m).

Nützliche Informationen

Ausgangsort: Selma (914 m) in der Val Calanca; Postauto [625.25] von Bellinzona über Grono (meist umsteigen). Von Selma mit der Luftseilbahn [2616] nach Landarenca (1280 m); fährt täglich, erste Bahn 5 Uhr 45, letzte 20 Uhr.

Zielort: Claro (268 m) in der Riviera; Postauto [625.09] nach Bellinzona oder Biasca.

Schwierigkeit: T3.

Höhenunterschiede: Aufstieg 1450 m, Abstieg 2460 m (980 m zum Rifugio Peurett).

Gehzeiten: Aufstieg 4½ Std., Abstieg 4½ Std. (knapp 2 Std. zum Rifugio Peurett).

Distanz: 15 km.

Unterkunft: Rifugio Peurett (1745 m), ohne Bezeichnung auf der Karte, liegt westlich unterhalb

des Pizzo Claro, vom Patriziato von Claro im großen Stallgebäude eingerichtete Selbstversorgerhütte, immer offen (Schlüssel oberhalb der Türe), 6 Plätze, Matratzen und Decken im Schrank (wegen der Mäuse!). Capanna Brogoldone (1904 m), gehört der Associazione Amici Capanna Brogoldone, 60 Plätze, immer offen, Juni bis Oktober bewirtschaftet, Tel. 091 829 43 50. In Selma: Casa della gioventù (für Selbstversorger), Tel. 091 828 13 19. In Landarenca: Casa della gioventù (für Selbstversorger), Tel. 091 828 15 44; das Ristorante ist von Mai bis September von Freitagabend bis Sonntagabend geöffnet. In Rossa: Albergo Valbella, Tel. 091 828 11 16, Ristorante Alpino, Tel. 091 828 11 67. In Augio: Albergo La Cascata, Tel. 091 828 13 12.

Verpflegung: Ristoranti in Selma, Landarenca und Claro.

Karten: 276 Val Verzasca, 277 Roveredo; 1293 Osogna, 1294 Grono.

Variante für Kammwanderer: Von P. 2287 m oberhalb des Lago di Canee auf markierten Pfadspuren teilweise sehr abschüssige Hänge auf den unteren S-Grat des Pizzo di Claro queren und über den Kamm, dann in der W-Seite des Piz de Molinera die Capanna Brogoldone (1904 m) erreichen. Von der Hütte südwärts über den nun waldigen Kamm auf die Monti Savorù (1328 m). Mit der Seilbahn (Tel. 091 829 20 19) nach Lumino (320 m) und mit dem Postauto [940.30] nach Bellinzona oder Grono und Mesocco. Vom Pizzo di Claro zur Bergstation der Funivia di Claro 3 Std. und 1450 Meter Abstieg mit einem kleinen Aufstieg nach der Verzweigung oberhalb des Lago di Canee. Diese Route dient natürlich auch für den Aufstieg. Man kann zudem von dort, wo der Weg in die Westseite des Pizzo di Claro quert, auf einem andern Weg durch die Ostflanke ansteigen und erreicht dann die Aufstiegsroute aus der Val Calanca auf etwa 2500 Metern. So ergibt sich eine elegante Rundtour von der Capanna Brogoldone aus. Man kann übrigens auch mehr oder weniger dem S-Grat ab P. 2362 m folgen: weiß markiert, »Via Lumino«, Schwierigkeit T5.

Anschlusstouren: 22, 24, 25, 26, 49.

24 Cima de Nomnom (2633 m)

Bergwandergipfel über zwei italienischsprachigen Bündner Tälern

Tourencharakter: Eine konditionsmässig ziemlich, aber technisch wenig anspruchsvolle Überquerung der Gebirgskette, die sich zwischen der verkehrsdurchströmten Valle Mesolcina und der abgeschiedenen Val Calanca erhebt. Trittsicherheit und etwas Orientierungsvermögen (für den markierungslosen Anstieg zur Cima de Nomnom) sind von Nutzen. Unterhalb des Aussichtsgipfels (zum Beispiel das Matterhorn) liegt die Capanna Buffalora, das Herz des Höhenwegs von San Bernardino nach Santa Maria in Calanca.
Beste Jahreszeit: Juli bis Oktober.
Gehzeit: 8½ Std. nach Rossa, 9½ Std. nach Selma.

Die italienische Schweiz deckt sich nicht mit dem Kanton Tessin, sie umfasst auch die vier italienischsprachigen Bündner Täler Poschiavo, Bregaglia, Mesolcina und Calanca. Sie gehören geschichtlich und politisch zum Kanton Graubünden, doch die beiden letztgenannten zählen geografisch, wirtschaftlich, meteorologisch und touristisch zum Tessin. Das zeigt sich nicht zuletzt darin, dass das *Trekking del Settecentesimo* – ein Wander-Beitrag des Kantons Tessin zum 700. Geburtstag der Schweiz von 1991 – sich nicht auf die Ost-West-Durchquerung der Tessiner Alpen beschränkt, sondern seinen Anfang in der Valle Mesolcina nimmt. Die erste Etappe dieses Weitwanderwegs geht von Mesocco über die Bocchetta de Trescolmen in die Val Calanca.

Für die Überquerung der Gebirgskette zwischen den beiden Tälern wählen wir allerdings einen weiter südlich und etwas höher gelegenen Übergang. Dafür sprechen zwei Gründe: Erstens kommt man beim leichtesten der hohen Gipfelziele dieser Kette vorbei, und zweitens lernt man die

◄ Tiefblick: Vom Gipfel des Pizzo di Claro (2727 m) taucht der Blick am Lago di Canee vorbei in den Talgrund der Riviera. Der Muskelkater ist vorprogrammiert.

▼ Weitblick: Vom Pass de Buffalora zeigen sich hinter der östlichen Gipfelkette der tief eingeschnittenen Valle Mesolcina die Bergeller Berge. Calanca, Mesolcina und Bregaglia sind italienischsprachige Bündner Täler.

Capanna Buffalora kennen. Sie ist die größte und wichtigste Unterkunft am 45 Kilometer langen Höhenweg von San Bernardino, dem obersten Dorf in der Valle Mesolcina, nach Santa Maria in Calanca. Diesen Sentiero Alpino erstellten die Mitglieder der Associazione Sentieri Alpini Calanca und über 200 jugendliche Freiwillige aus über acht Ländern von 1978 bis 1983. Die Idee für den abenteuerlichen Wegbau stammt vom Basler Chemiker Wilfried Graf: »Vorher bestanden in dieser Gegend nur kurze, unzusammenhängende und ungepflegte Wegstücke, da die Alpen längst nicht mehr intensiv genutzt wurden. Fünf Sommerarbeitslager im Zelt auf 2000 Metern Höhe, später in den noch höher gelegenen primitiven Biwakhütten, weit über 2000 unbezahlte Arbeitstage mit dem Pickel kennzeichnen dieses große Werk des Idealismus.« Neben Wegen mussten auch Unterkünfte erbaut werden. Eine Lawine fegte 1985 die erste Capanna Buffalora in die Tiefe, die neue wurde an sicherer Stelle 1987 eingeweiht. An langen Holztischen vor der Hütte treffen sich die Wanderer zum Abendessen in der Abendsonne: Die einen haben elf Stunden auf dem Höhenweg von San Bernardino zurückgelegt und freuen sich auf die restlichen sieben nach Santa Maria in Calanca, die andern blicken nach Westen zur Torrone-Claro-Gruppe, die sie auf dem Weg ins Tessin durchqueren werden.

Der Aufstieg

Von der Postautohaltestelle in Soazza (620 m) nicht den Wegweisern folgen, sondern durch das sehenswerte Dorf zum Albergo Al Cacciatore spazieren. Entlang einem Bach zur obersten Dorfstraße aufsteigen, wo man links eines Brunnens auf den markierten Wanderweg stößt. Er führt im Schatten schräg aufwärts zur Ferienhaussiedlung Trona (etwa 900 m). Der markierte Weiterweg durch den Bosch de Grifea ist sehr steil, sehr überwachsen und sehr direkt. Wer gleichmäßig und weniger steil ansteigen will, quert in Trona links zur Alperschließungsstraße hinüber. Nach neun Haarnadelkurven begegnet man wieder dem Wanderweg, der nun angenehm die letzte Serpentine der Straße abkürzt. Zuletzt auf ihr zur Alp de Bec (1514 m). Der gut markierte sichtbare Wanderpfad zieht in offenem (Weide-) Gelände zum Pass de Buffalora (2261 m) hinauf. Vom Pass steigt man auf unmarkierten Schafspfaden über Gras und Geröll zuerst auf dem N-Grat, dann westlich davon und oben wieder auf dem Grat zum Gipfel der Cima de Nomnom (2633 m).

Die Abstiege

Nach Rossa und Augio: Zurück in den Pass de Buffalora und auf dem gut markierten Wanderweg in 15 Minuten zur Capanna Buffalora (2078 m). Der schmale, aber immer gut markierte Wanderweg sinkt an den Alphütten von Alp de Calvaresc Sot

(1837 m), Ör (1400 m) und Carnalta vorbei nach Rossa (1069 m), der hintersten Dauersiedlung der Val Calanca. Wer nach Augio ins Albergo La Cascata weitergeht, folgt der Straße bis in den Weiler Al Tarch und nimmt dann den Wiesenweg dem Fluss entlang; man gelangt so auch zu einer Personenbrücke, die den Zugang zum Wasserfallbecken ermöglicht.

Nach Selma: Kommt vor allem für diejenigen in Frage, die am nächsten Tag von Selma über die Berge zwischen der Val Calanca und Riviera nach Claro oder Biasca weiterwandern wollen und die zwischen Rossa und Selma nicht das Postauto oder den Talweg benützen möchten. Vom Gipfel der Cima de Nomnom auf einem ausgesetzten Schafspfad in der Flanke des SO-Grats in die Bocchetta di Groven (2397 m) und westwärts weglos in einer Mulde zum Höhenweg »Sentiero Alpino« hinabsteigen; Schwierigkeit T4. Man kann

◄ **Anblick: Den Sentiero Alpino von San Bernardino nach Santa Maria in Calanca bauten Jugendliche während vielen Sommerlagern seit 1978. Und hinterließen nicht nur einen neuen Höhenweg hoch über zwei Tälern.**

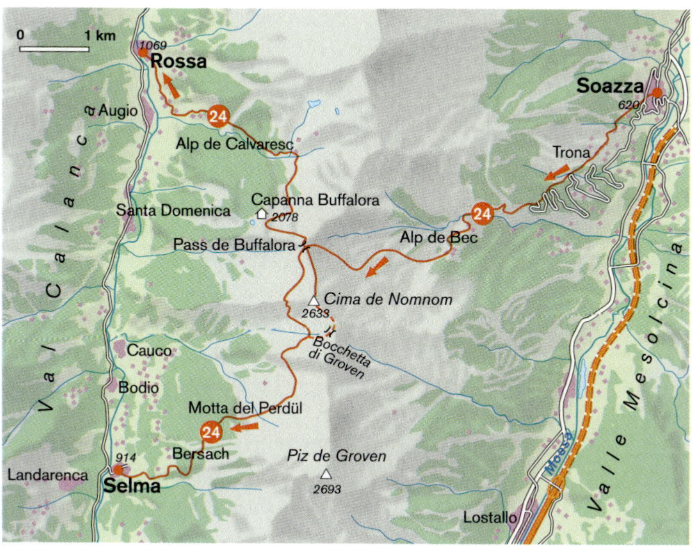

natürlich auch vom Gipfel zurück in den Pass de Buffalora gehen und dort den Höhenweg einschlagen (länger, aber deutlich leichter). Auf dem Höhenweg durch den Talkessel von Aion auf die Schulter Motta del Perdül (2003 m). 50 Meter unterhalb davon verlässt man den »Sentiero Alpino« und steigt über Bersach (1332 m) nach Selma (914 m) ab.

Nützliche Informationen

Ausgangsort: Soazza (620 m) in der Valle Mesolcina. Postauto [900.80, 940.30] von Bellinzona oder von Chur; wer von Norden anreist, muss in Mesocco Stazione umsteigen.

Zielort: Rossa (1069 m), Augio (1034 m) oder Selma (914 m) in der Val Calanca; Postauto [625.25] über Grono (meistens umsteigen) nach Bellinzona.

Schwierigkeit: T3; ohne Pizzo T2.

Höhenunterschiede: Aufstieg 2010 m, Abstieg nach Rossa 1560 m (560 m in die Capanna Buffalora), Abstieg nach Selma 1720 m.

Gehzeiten: Aufstieg 6 Std., Abstieg nach Rossa 2½ Std. (45 Min. zur Hütte), Abstieg nach Selma 3½ Std.

Distanz: 14 km.

Unterkunft/Verpflegung: Capanna Buffalora (2078 m), gehört der Associazione Sentieri Alpini Calanca, 24 Plätze, immer offen, von Ende Juni bis Mitte Oktober bewirtschaftet, Tel. 091 828 14 67. In Soazza: Albergo Al Cacciatore, Tel. 091 831 18 20. In Rossa: Albergo Valbella, Tel. 091 828 11 16, Ristorante Alpino, Tel. 091 828 11 67. In Augio: Albergo La Cascata, Tel. 091 828 13 12. In Selma: Casa della gioventù (für Selbstversorger), Tel. 091 828 13 19.

Karten: 267 San Bernardino, 277 Roveredo; 1274 Mesocco, 1294 Grono.

Variante für Taxifahrer: Mit dem Lele Taxi von Grono (Tel. 0800 87 67 67 oder 079 215 70 91) auf die Alp de Bec (1514 m).

Besonderes: Die Wegbeschreibung des Höhenwegs von San Bernardino nach Santa Maria in Calanca ist erhältlich bei der Associazione Sentieri Alpini Calanca ASAC in 6548 Rossa. Man kann sie auch von www.sentiero-calanca.ch herunterladen.

Anschlusstouren: 22, 23, 25, 26.

25 Piz d'Arbeola (2600 m) – Cima de la Bedoleta (2626 m)

Von der Transitachse in die scheinbare Sackgasse

Tourencharakter: Zwei Gipfelziele am beliebten Höhenweg von San Bernardino nach Santa Maria in Calanca. Der Piz d'Arbeola ist schwieriger, die Cima de la Bedoleta höher, und dazwischen liegt das Rifugio Pian Grand. In den Seelein dort sowie in den Seen des Pass di Passit und im Lagh de Trescolmen kann man sich von den Strapazen erfrischen. Noch besser gelingt dies in und hinter dem Albergo La Cascata.

Beste Jahreszeit: Juli bis September.

Gehzeit: Zweimal 5 Std.

Zur Nachspeise hätte es auch Kirschen gegeben, vom eigenen Baum hinter dem Hotel. Aber wir wollten noch etwas Käse, weil der Wein noch nicht ausgetrunken war, Merlot della Casa, Merlot von San Antonio drunten im Misox, ein süffiger Roter. Und der Käse war gut, mein Gott, war der gut. Vor allem die Büscion, die Frischkäseröllchen in der Mitte der Käseplatte, die uns Dorothea Rigonalli-Buchs, die damalige Hoteliere des Albergo La Cascata in Augio in der Val Calanca, zusammengestellt hatte. Wir hätten die Platte auch noch draußen gegessen, an den Granittischen unter dem Lindenbaum. Aber ein kurzer Regenguss hatte uns in den Speisesaal mit seinen Spiegeln vertrieben. Auch ein schöner Platz, wie überhaupt das ganze Hotel. Die erste Adresse im Tal. Erbaut 1910 von Carlo Spadino, einem Baumaler, der in Paris sein Geld gemacht hatte. Und, der Name deutet es an: Das Hotel liegt gegenüber eines Wasserfalls, der in ein großes natürliches Schwimmbecken fällt. Es gibt schlechtere Badeplätze. Schlechtere Alberghi auch. Schlechteren Käse ebenfalls.

Dabei wollten wir gar nicht hier übernachten. Nicht an diesem Abend jedenfalls. Unser Ziel war es gewesen, in zwei Tagen von San Bernardino über zwei Gipfel in die Val Calanca zu wandern. Und im Rifugio Pian Grand zu übernachten, in einer der beiden spitzen Biwakschachteln mit insgesamt 14 Plätzen. Der erste Übernachtungsort am häufig gemachten Sentiero Alpino, dem Weitwanderweg auf dem Kamm zwischen der autobahnge-

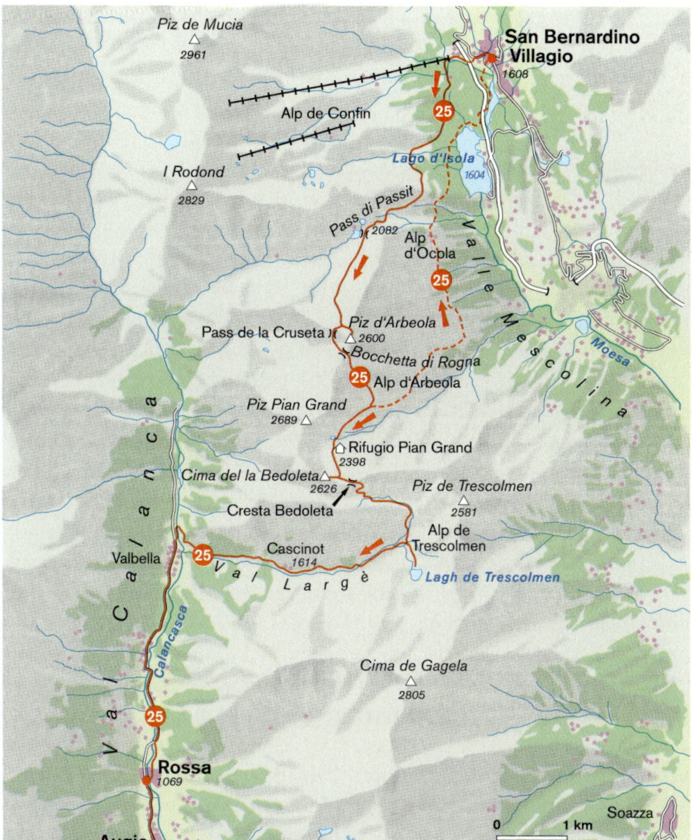

plagten Valle Mesolcina und der sackgassähnlichen Val Calanca. Zwei Tage vor der Tour telefonierte ich in die Capanna Buffalora für eine Platzreservation im Rifugio Pian Grand. Die Antwort versprach enge Verhältnisse: Zwölf Plätze seien schon reserviert, und dazu kämen erfahrungsgemäß immer noch unangemeldete Wanderer. Aber es befänden sich drei Zelte dort, um die Überbelegung abzufedern. Aber dann sei ein Schlafsack von Vorteil, Matratze auch, Kocher ebenfalls. Viel Material, das wir auf dem Weiterweg von Augio über die Capanna Cava nach Osogna nicht brauchten. Schon gar nicht beim geplanten 2300-Meter-Abstieg in die Riviera. Was tun?

Übervolle Biwakschachteln? Andere Tour? In einem Tag machen? Oder schon dort übernachten, wo wir nach der zweiten Etappe ohnehin übernachten wollten? Im Albergo La Cascata nämlich. Berg oder Tal? Alp oder Dorf? Mehr Natur oder mehr Kultur? Suppe und Teigwaren auf dem Gaskocher, dazu Wasser, oder Salat, Rösti, frische Bohnen, Pilzragout, Käseplatte sowie Merlot della Casa? Fußbad im kalten Tümpel oder Eintauchen ins Becken unter dem Wasserfall? Trekking oder Tagestouren? Abenteuer- oder Komfortourismus? Wenig oder mehr Geld ausgeben? Und für wen?

Wir machten am ersten Tag den ersten Gipfel, fuhren von San Bernardino durch das Misox hinab und dann durch das Calancatal hinauf, um anderntags den zweiten Gipfel zu besteigen. Zuerst tranken wir im Albergo Cascata am Granittisch eine Gazosa. Dann erfrischten wir uns drüben unter dem Wasserfall. Später ruhten wir uns kurz in den urgemütlichen Zimmern aus; die Wanderkleider hatten wir über das Balkongeländer gehängt. Und schon bald meldete sich der Hunger. Vielleicht hätten wir die Kirschen auch noch probieren sollen.

Der Aufstieg

Westwärts durch das Dorf San Bernardino (1608 m) und unter der Autobahn hindurch zur Talstation der Confin-Gondelbahn. Auf einem Sträßchen südwärts; dieses aber nach rund 400 Metern wieder verlassen und rechterhand den Weg einschlagen, der durch Wald und Wiesen, dabei ein kleines Seitental durchmessend, den Pass di Passit (2082 m) erreicht. Von der weiten Passhöhe mit den drei Seen in südlicher Richtung auf dem schlecht erkennbaren, aber markierten Pfad über Rasenterrassen aufsteigen, wobei noch ein ziemlich tief eingeschnittener Bach überquert wird. Wo der Sentiero Alpino auf ungefähr 2380 Metern rechts gegen den Pass de la Cruseta hinaufzieht, steigt man leicht linkshaltend gegen eine Geröll- oder Firnrinne in der NW-Flanke des Piz d'Arbeola. Darin oder auf dem westlichen Rand aufsteigen, dann unter dem Gipfelaufschwung über grasbesetzte Felsstufen linkshaltend auf den Nordgrat aussteigen und über diesen ohne weitere Schwierigkeiten zum großen Gipfelsteinmann des Piz d'Arbeola (2600 m).

Von Gipfel zu Gipfel

Abstieg vom Piz d'Arbeola zuerst wie Aufstieg, doch aus der Geröll- oder Firnrinne quert man unter dem Gipfelaufschwung westwärts über grobes Geröll an den Westgrat, über den man ausgesetzt über ein paar Felsstufen in leichter Kletterei den

Pass de la Cruseta erreicht (2455 m). Leichter ist es, durch die NW-Flanke bis etwa 2400 Meter hinunter- und auf dem Wanderweg wieder in den Pass hochzusteigen. Auf dem Sentiero Alpino zuerst steil hinab, dann hinüber in die Bocca de Rogna (2400 m). Südwärts um den Piz Pian Grand herum (mit Zwischenabstieg auf 2240 m) ins Rifugio Pian Grand (2398 m). Südwärts auf dem Sentiero Alpino über Geröll- und Firnfelder gegen den nächsten Übergang, die Cresta Bedoleta (2514 m; ohne Namen auf der Karte). Auf etwa 2450 Metern zweigt man rechts ab und steigt durch die geröllige NO-Flanke hoch, und zwar rechts, westlich von Plattenschüssen; Pfadspuren. Zuletzt über den unschwierigen O-Grat zum Gipfelsteinmann der Cima de la Bedoleta (2626 m).

Der Abstieg

Abstieg von der Cima de la Bedoleta wie Aufstieg, wobei man unterhalb der Plattenschüsse im Geröll rechts hält, um den Sentiero Alpino weiter oben zu treffen. Er erreicht den Übergang Cresta Bedoleta. Auf der Südseite steiler und ziemlich ausgesetzter Abstieg auf einem Pfad, zuerst im Fels, dann im Gras, zu einer Quelle in einem grasigen Tälchen. Darin und in Grashängen locker zur Alp de Trescolmen. Wer gleich weiter absteigen will, muss nicht zur Alphütte (2015 m), sondern erreicht den Weiterweg direkt über eine Hochweide. Aber der Abstecher zur Hütte und insbesondere zum Lagh de Trescolmen (2025 m) lohnt sich unbedingt. Zurück zur Alp, wo der Abstieg durch die Val Largè beginnt. Nach dem Überschreiten des Bachs vom See wird der Pfad schwieriger, da überwachsener. Auf etwa 1820 Me-

▼ Duschen obligatorisch: Ob als Tagestour oder mit Hüttenübernachtung, ob mit einem, zwei oder gar keinem Gipfel – nach der Arbeola-Bedoleta-Tortour ladet das Wasserfallbecken von Augio zum Bade. Und das Albergo nebenan zum Bleiben.

tern wechselt er vom linken auf das rechte Ufer, steigt kurz zwischen Felsbändern an und sinkt dann in der grasigen Flanke wieder gegen den Bach hinab. Ihm entlang zur Hütte von Cascinot (1614 m); hier sind die Schwierigkeiten vorbei, zumal der Weg auch breiter wird. Talauswärts zur Brücke (1297 m) über die Calancasca und hinauf in den Weiler Valbella (1334 m). Auf dem Talsträßchen in 45 Minuten nach Rossa (1069 m). Wer nach Augio ins Albergo La Cascata weitergeht, folgt der Straße bis in den Weiler Al Tarch und nimmt dann den Wiesenweg dem Fluss entlang; man gelangt so auch zu einer Personenbrücke, die den Zugang zum Wasserfallbecken ermöglicht.

Nützliche Informationen

Ausgangsort: San Bernardino (1608 m) beim Südportal des San-Bernardino-Tunnels; Postauto [940.30, 900.80] von Bellinzona oder von Chur.

Zielort: Rossa (1069 m) oder Augio (1034 m) in der Val Calanca; Postauto [625.25] über Grono (meistens umsteigen) nach Bellinzona.

Schwierigkeit: T4; ohne Gipfel T3.

Höhenunterschiede: Aufstieg Piz d'Arbeola 1000 m, Piz d'Arbeola–Rifugio Pian Grand Abstieg 350 m und Aufstieg 150 m, Aufstieg Cima de la Bedoleta 230 m, Abstieg nach Augio 1630 m (mit 40 m Gegenaufstieg).

Gehzeiten: Aufstieg Piz d'Arbeola 3¾ Std., Piz d'Arbeola–Rifugio Pian Grand 1¼ Std., Aufstieg Cima de la Bedoleta 45 Min., Abstieg nach Augio 4¼ Std.

Distanz: 1. Tag 8,5 km, 2. Tag 11,5 km.

Unterkunft: Rifugio Pian Grand (2398 m), gehört der Associazione Sentieri Alpini Calanca, zwei immer offene Biwakschachteln mit 14 Plätzen für Selbstversorger; Reservation in der Capanna Buffalora, Tel. 091 828 14 67. In San Bernardino: zum Beispiel das Albergo Suisse, Tel. 091 832 16 62; oder im Genziana, Tel. 091 832 12 04. Informationen über weitere Unterkünfte beim Ente turistico San Bernardino, Tel. 091 832 12 14, www.sanbernardino.ch. In Rossa: Albergo Valbella, Tel. 091 828 11 16, Ristorante Alpino, Tel. 091 828 11 67. In Augio: Albergo La Cascata, Tel. 091 828 13 12. www.lacascata.ch

Verpflegung: In San Bernardino und in der Val Calanca.

Karten: 267 San Bernardino; 1254 Hinterrhein, 1274 Mesocco.

Variante für Rundwander: Von der Bocca de Rogna dem Sentiero Alpino bis dort folgen, wo der Direktaufstieg über die Alp d'Arbeola zum Rifugio Pian Grand einmündet (P. 2246 m). Nun auf diesem Weg, mit zwei kleinen Gegenanstiegen, über die Alp d'Ocola zum gestauten, fjordähnlichen Lago d'Isola hinab. Ihm entlang auf einem Sträßchen zurück ins Dorf San Bernardino.

Literatur: Ein Buch, in dem die Wanderungen in der Val Calanca genau beschrieben sind, der dreitägige Sentiero Alpino von San Bernardino nach Santa Maria so gut wie der geheimnisvolle Camin de Biancalan. Ein Buch, das die Bademöglichkeiten kennt. Das zeigt, wo der Bergkäse gemacht wird und was es mit der Cascata auf sich hat. Das aber auch von den Schatten im Tal spricht, von der Abwanderung, den Waldbränden. Das Buch gibt es: Silvia Fantacci und Ueli Hintermeister, *Val Calanca. 21 Wanderungen in einem ursprünglichen Südalpental,* Rotpunktverlag, Zürich 2002.

Anschlusstouren: 22, 23, 24, 26.

26 Piz Giümela (2445 m)–Senda del Bò (2295 m)

Gute Fußgelenke und Nerven sind nötig

Tourencharakter: Über den Pass Giümela zogen einst die Verliebten und Verlobten von der Val Calanca in die Val Pontirone und umgekehrt. Bergwanderer heute suchen auf dem Weg von Graubünden ins Tessin andere Abenteuer. Und finden sie garantiert bei der Traversierung der Senda del Bò und beim Abstieg auf die Alpe di Sceng di sopra. Ein gutes Auge müssen mann und frau aber immer noch haben. Der Piz Giümela darf übrigens ruhig links liegen gelassen werden, denn auf der Senda del Bò stellen sich, obwohl nur ein Übergang und kein Gipfel, trotzdem so etwas wie Gipfelgefühle ein. So richtig glücklich sind wir aber erst im trauten Heim der Capanna Cava.

Beste Jahreszeit: Juli bis September.

Gehzeit: 10 Std.

Unsere Verlobungsreise war es nicht. Einfach eine Frühlingsskitourenwoche von Eva Feller und mir. Wenn auch eine ganz besondere: vom Sottoceneri (mit einer Skibesteigung des Monte Generoso) in die Bündner Südtäler Calanca und Poschiavo. Höhepunkt der Skireise: der Piz Giümela. Ich blättere im Tourenbuch und finde ihn am 10. März 1988:

»Nach den vielen kurzen, leichteren Touren eine lange und engagierte. Aus dem wilden Calancatal, in seiner Enge eines der eindrücklichsten Täler, das ich bis jetzt gesehen habe. Der Piz Giümela ist eine der wenigen möglichen Skitouren in der Val Calanca. Von Sabbion bei Rossa (1069 m) der Talstraße entlang bis vor eine Brücke und auf dem Weg hinauf zur Kapelle: Wunderschön im sonnigen Morgen, auf hartem Schnee, zwischen Felsbändern und Bäumen, Absätzen und Mulden aufzusteigen. Von der Hütte 1558 m im Wald leicht linkshaltend hinauf, bis es flacher wird, nach links traversieren in offenem Wald und hoch auf das flache Gelände südlich der Hütte 1747 m. In SW-Richtung um den und durch den Bosch

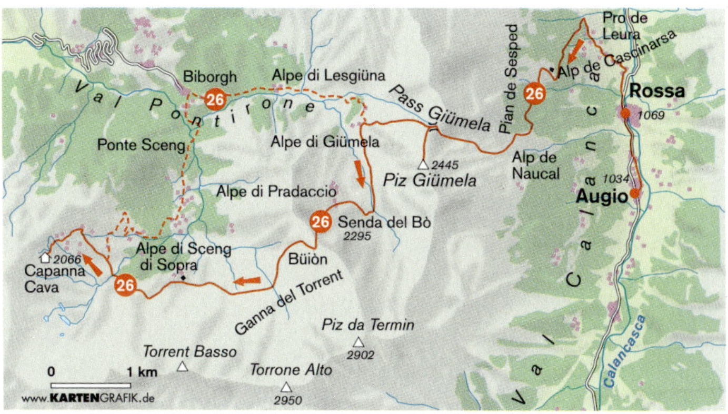

20–26
Riviera, Val Calanca und Valle Mesolcina

de Cascinarsa zu einem Felsband, das von P. 2321 ostwärts hinabzieht. Es wird auf etwa 1920 Metern durch einen kurzen steilen Hang überwunden. In das Tälchen hinübertraversieren, das gegen den Pass Giümela hinaufleitet: Eva macht im unverspurten Gelände eine sehr schöne und sichere Spur. Welch ein Blick vom Pass in eine wilde und unbekannte Berglandschaft. Nur ganz weit hinten tauchen Schreck- und Lauteraarhorn auf. Wir zwei ganz alleine, und der steile Schlusshang mit dem harten, windgepressten Schnee. Die Harscheisen wollen nicht recht greifen, Dani wählt auch eine etwas falsche Route, so dass wir kurz die Steigeisen anlegen müssen. Hinauf in die Lücke (ca. 2380 m) westlich des Gipfels und über die kurze, steile Westflanke zum höchsten Punkt. 4 Stunden 50 Minuten, viele Stollen und Steigeisenbastlerei inbegriffen. Ein starkes Gefühl, am Nachmittag dort oben zu stehen und 1370 Meter weiter unten das Tal. Dazwischen leider fast nur schlechter Schnee (Bruchharsch und so weiter). Eva muss kämpfen, Dani hilft so gut es geht. Das große Glück, wie wir unten sind, in der Kälte. Und 160 Kilometer nach Pontresina, an die Wärme in der Pension Valtellina (camera 2).«

Im Herbst 2002 übernachteten wir wieder in diesem Zimmer, mit unseren Töchtern Anna und Andrea. Die erste Ausgabe der *Gipfelziele im Tessin* hatte ich der Erstgeborenen 1993 gewidmet – im gleichen Jahr feierte Anna ihren ersten Geburtstag. In der Val Calanca.

Vielleicht ist der Pass Giümela halt doch mehr als nur eine Verbindung zwischen zwei Tälern.

Vom Dorf zum Gipfel

Von Rossa (1069 m) auf dem nicht unterhaltenen und nicht gemähten Alpweg (außer ganz zuunterst) über die Kapelle von Calvario (der Weg zieht etwas unterhalb davon linkshaltend aufwärts), über La Fontana (mit Häuschenbesitzern, die zu faul zum Mähen sind – Zitat eines Berners, die Zeitung lesend, Mitte fünfzig: »Früher habe ich das gemacht, aber nun soll sich der Verkehrsverein darum kümmern. Mache sonst nur die Sense kaputt.«) und über La Fraggia nach Pro de Leura (1417 m) mit Kapelle und neuerdings Straßenanschluss. Nördlich der Siedlung, von der Straße weg, findet man die Fortsetzung des Wanderweges. Bei einer Verzweigung im Wald, wo es rechts nach Stabiorel geht, nach links. Kurz darauf über einen Bach und zur Hütte von Mont de Corona. Hinauf auf die neue Alpstraße. Auf ihr kurz ansteigen, dann bei einer Verbreiterung über die Böschung auf einen Pfad und südwärts eher flach im Wald, dann durch eine Lichtung. Schließlich wieder ansteigen durch Wald auf die Wiesen der Alp de Cascinarsa. Hinauf zum Wegweiser (und wohl Straße – bei der Begehung im Sommer 2001 führte sie noch nicht so weit) südlich der Alpgebäude (1747 m). Südwärts flach durch lichten, dann dichteren Wald auf eine Lichtung, wo sich der Weg teilt. Den rechten nehmen; vereinzelte weiß-rot-weiße Markierungen. Hinauf nach Pian de Sespet. Nun nicht dem Weg südwärts zur Alp de Naucal folgen (hier dürfte die Alpstraße enden), sondern auf der Wiesenterrasse westwärts zu einem fast trockenen Bachbett südlich eines markanten Sporns; durch dieses hinauf (vereinzelte Markierungen) auf eine Schwemmebene, wo der Saum-

◄ Überleben: Geniale Architektur am Lawinenhang – der Stall von Büiòn.

▼ Überwinden: An der Senda del Bò müssen die Arme mithelfen. Über den Pass Giümela kann man hingegen Hand in Hand gehen. Links oben der Piz Giümela.

weg von Naucal herkommt. Nun auf dem Pfad durch ein grasig-gerölliges Tälchen in den Pass Giümela (2117 m) hinauf. Von der Passhöhe weglos über das Geröllfeld, das vom Gipfel herabkommt. Rechts um den Gipfelkopf herum in eine Lücke (etwa 2380 m) im NW-Grat und über die W-Flanke auf den Piz Giümela (2445 m); er wird auch Piz Red genannt.

Vom Gipfel zum Übergang

Vom Gipfel zurück in den Pass Giümela. Auf dem Passweg hinab auf die obere Alpe di Giümela (1862 m). Auf dem unteren Weg (der obere steigt zuerst gerade tüchtig an) süd- und taleinwärts. Die Lesgiüna überschreiten und auf den Weg zur Alpe di Pradaccio hochsteigen. Diesem Weg eine Zeit lang folgen, dann direkt hinauf zur obersten Hütte (2086 m) der Alpe di Pradaccio. Weglos in Richtung eines auffälligen Felsblocks ansteigen, rechts daran vorbeigehen und weiter zur dreieckigen Felsplatte halten. Auf ihrer linken Seite aufsteigen und ein paar Meter (Kletterschwierigkeit I) auf den Grat klettern. Über den teilweise ausgesetzten Grat (mit einer IIer Kletterstelle von 2 m) in den Übergang Senda del Bò (2295 m; in Wirklichkeit etwas weiter südöstlich, unterhalb des »d« von del; Höhe ca. 2300 m).

Vom Übergang zur Hütte

Von dem mit einer Stange markierten Übergang der Senda del Bò auf einem sehr ausgesetzten Pfad in der schier senkrechten SW-Flanke zur Schrägrinne, welche diese Flanke (zum Glück) durchreißt. Darin hinabklettern (I, kurze Stelle II); die Rinne mündet in abschüssige Hänge (ca. 2240 m): von der Capanna Cava gesehen dort, wo das plattige, helle Gestein zu gestuftem, brüchigem wechselt. Nächstes Ziel ist der Steinstall mit Schrägdach von Büiòn (2007 m). Zuerst schräg rechtshaltend über steile Grashalden absteigen (Pfadspuren), dann linkshaltend einen Geröllzug queren und im Gras zum Stall. Ein paar Meter absteigen auf einen Pfad. Er quert südwärts ansteigend Grasterrassen zum Wildbach, der vom Ghiacciaio di Basso herunterkommt und dessen glatt poliertes Granitbett nur gerade an einer Stelle – und erst noch ziemlich heikel – überwunden werden kann. Weiter auf dem schlecht erkennbaren Pfad über Gras- und Geröllterrassen von Ganna del Torent auf einer Höhe von etwa 2050 Metern bis in eine Art Trichter, wo mehrere Bäche herunterkommen (auf der LK nicht eingezeichnet). Nun hinab, links an einem auffälligen großen, glatten Stein vorbei Richtung einer grasigen, baumbestückten Schulter (P. 1874 m). Der Pfad geht links, westlich daran vorbei und erreicht ein Band, auf dem man westwärts absteigend die flacheren Hänge am Fuß der Nordflanke des Torent Basso erreicht; teilweise ausgesetzt, leichte Kletterei, mehr oder weniger vertrauenswürdige Fixseile (es geht auch ohne!). Man erreicht sicheren Grund auf etwa 1840 Metern. Nun weiter schräg absteigen auf einer Pfadspur zur Quellfassung (ca. 1800 m) für die Gebäude der Alpe di Sceng di Sopra – der Durst wird groß sein, die Erleichterung auch. Schräg über Gras und Geröllrippen zum Pfad. Aufsteigen bis zu einem Bach, dann flach auf einem breiten Weg hinüber auf das Alpsträßchen zur Alpe di Cava (2005 m). Auf dem Hüttenweg ohne Schwierigkeiten in die Capanna Cava (2066 m).

Nützliche Informationen

Ausgangsort: Rossa (1069 m) oder Augio (1034 m) in der Val Calanca; Postauto [625.25] von Bellinzona über Grono (meistens umsteigen).

Zielort: Capanna Cava (2066 m) zuoberst in der Val Pontirone; verschiedene Abstiegsmöglichkeiten nach Biasca (293 m) und Osogna (274 m) in der Riviera oder nach Landarenca (1280 m) in der Val Calanca; vgl. Touren 21 und 22.

Schwierigkeit: T5; ohne Piz und ohne Senda, dafür mit dem kleinen Umweg vom Pian de Sespet über die Alp de Naucal T2.

Höhenunterschiede: Aufstieg Pass Giümela 1050 m, Abstecher zum Piz Giümela je 300 m, Pass Giümela–Senda del Bò Abstieg 260 m und Aufstieg 440 m, Weiterweg zur Capanna Cava Abstieg 560 m und Aufstieg 330 m, insgesamt Aufstieg 2150 m, Abstieg 1150 m.

Gehzeiten: Aufstieg Pass Giümela 3½ Std., Abstecher zum Piz Giümela 1½ Std., Pass Giümela–Senda del Bò 2 Std., Weiterweg zur Capanna Cava 3 Std.

Distanz: 14 km (mit Abstecher zum Piz Giümela).

Unterkunft/Verpflegung: Capanna Cava UTOE (2066 m), 50 Plätze, immer offen, von Mitte Juni bis Mitte September bewirtschaftet, Tel. 091 870 14 44. In Rossa: Albergo Valbella, Tel. 091 828 11 16, Ristorante Alpino, Tel. 091 828 11 67. In Augio: Albergo La Cascata, Tel. 091 828 13 12.

Karten: 266 Valle Leventina, 267 San Bernardino; 1273 Biasca, 1274 Mesocco.

Variante für Passwanderer: Bei unsicheren Verhältnissen (Nebel, Neu- und Altschnee): Abstieg von der Alpe di Giümela auf gutem Bergweg über Alpe di Lesgiüna und Prato Dentro bei Biborgh zum Ponte Sceng (1216 m) und Wiederaufstieg auf dem Fußweg über die Alpe di Sceng zur Alpe di Sceng di Sopra, wo man auf die Hauptroute stößt.

Besonderes: Es gibt einen direkten Aufstieg von Pighè zwischen Rossa und Augio auf die Alp de Naucal. Er ist genau beschrieben in Silvia Fantacci und Ueli Hintermeister *Val Calanca. 21 Wanderungen in einem ursprünglichen Südalpental*, Rotpunktverlag, Zürich 2002.

Literatur: Von der Eisgewinnung am Ghiacciaio di Basso schreibt Plinio Grossi im Bildband *Va Sentiero* (Bellinzona 1987), worin er 24 Hütten vorstellt. Eine Fundgrube.

Anschlusstouren: 21, 22, 23, 24, 25.

▼ Überschreiten: Der Ghiacciaio di Basso, einst der südlichste Gletscher des Tessins, schmolz zum bloßen Firnfeld ab. Doch seine Bäche können mächtig daherkommen.

VALLEMAGGIA UND SEITENTÄLER

Die Wanderin und der Wanderer balancieren über die Steinmauer auf den Pizzo Bombögn (2330 m), einen Gipfel zwischen Bosco/Gurin und Cimalmotto. Zwei Dörfer zuhinterst in zwei Seitentälern der Vallemaggia. Da wollen wir ebenfalls hin.

27–37

27 Cristallina (2911 m)

Beton oder Marmor: Aus der Val Bedretto in zwei Seitentäler der Vallemaggia

Tourencharakter: Für erfahrene Bergwanderer, die sich in teilweise weglosem Gestein zurechtfinden. Die O-Route, also der Abstieg nach Peccia, ist wegen der kurzen Kletterstellen anspruchsvoller, aber weniger brüchig und einsamer als die W-Route, über die der Aufstieg erfolgt. Eine Tour durch das stein- und wasserreiche Tessin, welche die neuste, Ende 2002 eingeweihte Capanna Cristallina auf ihre Art bereichert.

Beste Jahreszeit: Juli bis September.

Gehzeit: 9 Std. nach Piano di Peccia, 7 Std. nach Robièi.

Die Cristallina liegt im Schnittpunkt der vier Täler Torta, Lavizzara, Peccia und Bavona. Ersteres ist ein Seitental der Val Bedretto, des obersten Abschnitts des größten und längsten Tales im Tessin, das vom gleichnamigen Fluss durchflossen wird; die andern drei sind nördliche Verästelungen der Vallemaggia, des zweitgrößten Tals, dessen Fluss oberhalb des Narèt-Stausees an der Cristallina entspringt. Trotz der hässlichen Betonmauern, Kraftwerkstraßen und Stromleitungen ist die Gegend Narèt-Cristallina-Robièi recht anziehend geblieben, wozu der Gletschermantel des Basòdino viel beiträgt. Und sicher auch der Name: Cristallina. Kristallklare Luft, Pulverschnee, italienische Töne und nicht zuletzt Joghurt-Genüsse – alles vermischt sich da zu einem unverwechselbaren Tourenziel. Die Cristallina muss man gemacht haben, als Wanderer über den Pass, als Bergsteiger über den Gipfel.

Vor allem Deutschschweizer Wanderer strömen dank der leichten Erreichbarkeit, der guten Unterkunftsverhältnisse und der gut markierten Wanderwege dorthin, während die dank der vielen Stauseen produzierte Energie in die Nordschweiz zurückfließt. Wer dem vielfältigen Strom etwas ausweichen und nicht ins betonreiche Robièi gelangen möchte, steigt von der Cristallina in die Valle di Peccia ab, die seit 1946 durch den Marmorabbau bekannt ist. Fast am Schluss des langen Abstiegs, der mit den granitenen Gletscherschliffbuckeln und der grasigen Schwemmebene unterhalb des Passo del Sasso Nero seinen landschaftlichen Höhepunkt erreicht, kommt man an den ungeheuer großen Marmorschutthalden vorbei, bevor man dann in Piano di Peccia wieder auf ein Ausgleichsbecken der Maggia-Kraftwerke stößt.

Wasser, Stein und Landschaft: Rohstoffe des Tessins.

Der Aufstieg

Von der Postautohaltestelle in Ossasco (1313 m) taleinwärts durch das Dorf bis über den Ri di Cristallina, wo der gelbe Wegweiser den Wanderweg zur Hütte weist. Er führt westlich des Bachs durch die Val Torta auf den Passo di Cristallina (2568 m), wo sich die dritte Capanna Cristallina (2575 m) befindet; die früheren Hütten 200 Meter unterhalb des Passes hatten Lawinen weggedrückt. Vom Pass südostwärts auf einem Weg flach in den Gletscherkessel unter der Cristallina. Der Gletscher geht mehr und mehr zurück und ist fast vollständig mit Schutt bedeckt. Der Weg, anfangs noch mit Steinmännern markiert, verliert sich darin. Ostwärts ansteigen, wobei man sich eher etwas links hält. Im oberen Teil der steiler werdenden NW-Flanke findet man einen undeutlichen Geröllpfad, der sich in eine Lücke zwischen Nord- und Hauptgipfel hinaufschlängelt.

Rechts der Gratkante gewinnt man den höchsten Punkt der Cristallina (2911 m).

Die Abstiege

Nach Piano di Peccia: Vom Gipfel über den felsigen O-Grat bis auf eine Schulter; man hält sich am besten an die Gratkante, wobei einige kurze Stufen überklettert werden müssen (knapp II, etwas ausgesetzt; können auch im losen Geröll umgangen

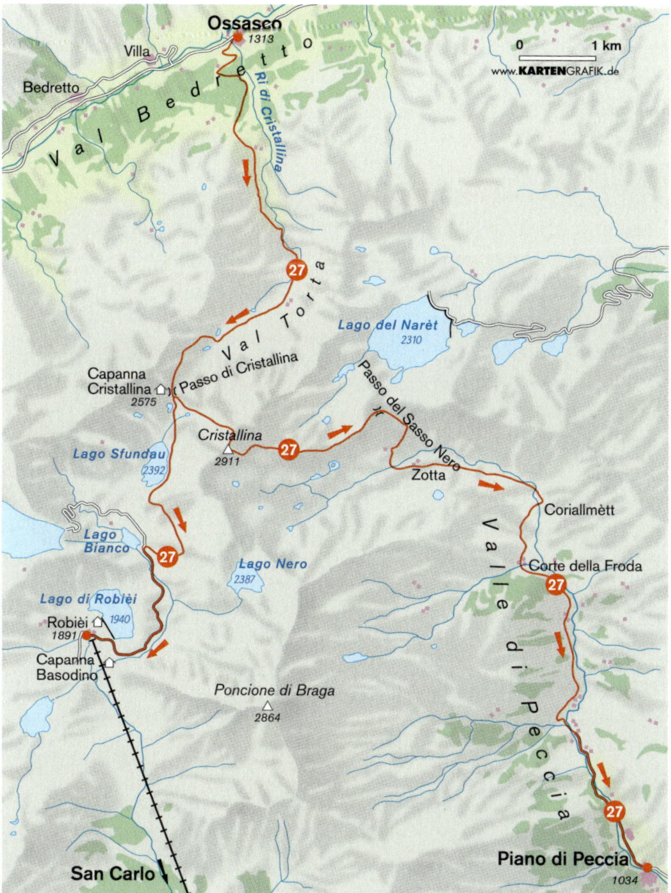

werden). Von dieser Schulter an ist die Route mit Steinmännern markiert. Nordostwärts über einen Rücken auf eine Verflachung hinab. Die Route biegt über einen Moränenwall nach rechts ab, umgeht Felshöcker auf der Ostseite und kommt bei P. 2679 m in die Vegetationszone. Weiter ostwärts über den Kamm absteigend stößt man auf den weiß-rot-weiß markierten Weg vom Lago Nero zum Passo del Sasso Nero. Man folgt ihm, bis er links in eine Senke gegen den Lago del Narèt hinabzieht. Man bleibt auf dem Kamm und gelangt so in den Wanderweg vom Passo del Sasso Nero (2420 m) in die Valle di Peccia. Auf dem Weg über die Alpen von Sasso Nero, Zotta, Corialmètt nach Corte della Froda (1744 m). Auf der modernen Alperschließungsstraße und auf den jeweils links abzweigenden übrig gebliebenen Strecken des alten Alpwegs (markiert) zu den Marmorsteinbrüchen (etwa 1200 m). Auf der Straße nach Piano di Peccia (1034 m).

Nach Robièi: Zurück gegen den Passo di Cristallina und auf dem guten Wanderweg, südlich oberhalb des Lago Sfundau den linken Weg einschlagend, zur Kraftwerkstraße hinab, die nach Robièi führt: zur Bergstation der Luftseilbahn (1891 m), zum runden Albergo (etwa 1900 m) oder zur Capanna Basòdino CAS (1856 m).

Nützliche Informationen

Ausgangsort: Ossasco (1313 m) in der unteren Val Bedretto. Postauto [600.51] von Airolo am Gotthard-Südportal.

Zielort: Piano di Peccia (1034 m) in der Valle di Peccia; Postautos [630.74, 600.72] über Peccia (umsteigen) nach Bignasco; Bus [630.60] über Ponte Brolla nach Locarno. Oder Robièi (1891 m), Bergstation der Luftseilbahn [2627] nach San Carlo (938 m) in Val Bavona; die Bahn ist von Anfang Juni bis Mitte Oktober in Betrieb; letzte Kabine um 17 Uhr. Das Postauto [630.70] fährt von der Talstation (etwa 1040 m) nach Bignasco; hier umsteigen in den Bus [630.60] nach Locarno.

Schwierigkeit: T4.

Höhenunterschiede: Aufstieg 1600 m, Abstieg nach Piano di Peccia 1880 m, nach Robièi 1050 m.

Gehzeiten: Ossasco–Capanna Cristallina 3 Std., Hütte–Gipfel 2 Std., Cristallina–Piano di Peccia 4 Std., Cristallina–Robièi 2 Std.

Distanz: Aufstieg 9 km, Abstieg nach Piano di Peccia 12 km, nach Robièi 6 km.

Unterkunft: Capanna Cristallina CAS (2575 m), 120 Plätze (Winterräume 60 Plätze), immer offen, bewartet über Weihnachten und Neujahr, an Feiertagen wie Ostern, an Wochenenden, ab Ende Juni bis Anfang Oktober sowie auf Reservation für größere Gruppen, Tel. 091 869 23 30, www.capannacristallina.ch. Unterkünfte in der Val Bedretto: Pizzo Rotondo in Bedretto, Tel. 091 869 21 61; Stella Alpina in Ronco, Tel. 091 869 17 14. In San Carlo di Peccia: Ristorante Monaci, Tel. 091 755 11 45. In Peccia: Ristorante Medici, Tel: 091 755 15 02. In Robièi: Capanna Basòdino CAS (1856 m), 70 Plätze, immer offen, bewirtschaftet von Mitte Juni bis etwa Anfang Oktober, Tel. 091 753 27 97; Albergo Robièi (etwa 1900 m) in Robièi, 54 Plätze, offen von Juni bis Oktober, Tel. 091 756 50 20. In San Carlo (Val Bavona): Ristorante Basòdino, offen von Mai bis Oktober, Tel. 091 755 11 92.

Verpflegung: Ristoranti in Piano di Peccia, Robièi und San Carlo.

Karten: 265 Nufenenpass; 1251 Val Bedretto, 1271 Basòdino.

Literatur: Angelo Valsecchi, *Cristallina. Ein Traum im Winter und Sommer,* Sezione Ticino CAS, Lugano 2002.

Anschlusstouren: 4, 28.

28 Basòdino (3272 m)

Große Augenblicke von der Capanna Basòdino ins Rifugio Piano delle Creste

Tourencharakter: Der nach der Adula (3402 m) zweithöchste und am zweitstärksten vergletscherte Gipfel des Tessins verlangt Seil, Steigeisen und blauen Himmel. Der Adula-Erstbesteiger Pater Placidus a Spescha kannte den Basòdino nicht mit Namen, beschrieb ihn aber als »ein sehr hohes und breites Gebirg mit einem sehr großen Glätscher an seiner nordostlichen Seite«.

Beste Jahreszeit: Ende Juni bis September; wegen der Spaltengefahr und dem unter Umständen heiklen Steilabstieg nach Süden in die Val d'Antabia ist der Frühsommer besser.

Gehzeit: 1. Tag 3 Std. (oder 3 Min., bei Benützung der Seilbahn nach Robièi); 2. Tag 9½ Std.

»Wenn wir zum Gipfel des Basòdino hinaufschauten, dann gewiss nicht, um zu sagen ›Wie schön!‹, sondern um zu erfahren, wie das Wetter am nächsten Tag sein würde. Dass unser Land schön ist, haben uns die andern gesagt, die in die Ferien hierher kamen und denen wir meistens antworteten: ›Dal bel u na s'mangia vèe nuta‹ (vom Schönen hat man nicht gegessen).« Der Schriftsteller Plinio Martini öffnet uns die Augen, damit wir die Tessiner Berge richtig wahrnehmen. Er lebte von 1923 bis 1979 in Sichtweite des Basòdino, in Cavergno am Eingang in die Val Bavona. In seinem Todesjahr erschien das Buch *Fest in Rima. Geschichte und Geschichtliches aus dem Tessin*, woraus der oben zitierte Text stammt.

Wir sollten dieses Buch oder einen seiner beiden Romane in den Rucksack packen, eine passendere Lektüre für Bergwanderungen im Tessin und vor allem für die Val Bavona findet sich kaum. An der Nachmittagssonne auf den Granitbänken

◄ **Nachmittagswolken: Die Cristallina vom Lago del Narèt. Bis hierher kommt man auch mit dem Auto oder per Rad. Doch warum nicht von Anfang an zu Fuß gehen?**

▼ **Morgensonne: Das Rifugio Piano delle Creste ist ein gemütlicher Stützpunkt in der herben Val d'Antabia. Die Società Alpinistica Valmaggese hat die Unterkunft in zwei ehemaligen Alphütten eingerichtet.**

der Capanna Basòdino sitzen, in der Tiefe links die düstere Val Bavona, vor und über sich die Kraftwerkseilbahnen, in den Händen die Geschichte von Maddalena und Gori in Martinis Roman *Il fondo del sacco* (deutsch: *Nicht Anfang und nicht Ende*) – und gegenüber majestätisch der schimmernde Basòdino: ein schöner Augenblick.

Umfassende Blicke bietet dieser Gipfel zwischen der Schweiz und Italien. »Wenn ich nun aber das Panorama schildern soll, das der erhabene Standpunkt des Piz Basòdino gewährt, so vergeht mir fast der Mut dazu – ist doch der Gesichtskreis, den es umfasst, ein so unermesslicher und mit Bildern so reich ausgestatteter, dass ein Studium von ein paar Stunden nicht hinreicht, um sich überall orientieren zu können«, schrieb 1865 Gottlieb Studer, einer der bedeutendsten Alpenpioniere der Schweiz, Erstbesteiger des Pizzo Campo Tencia und Zeichner von 2000 Panoramen und Rundsichten. Leider ist hier zu wenig Platz, seine Schilderung ganz abzudrucken. Deshalb nur ein Ausschnitt: »… Kehrt er [= der Schauende] sich südwärts, so schaut sein Auge, den hängenden Hochfirn des Antabbiagletschers überfliegend, fast 4000 Fuß tief dicht zu seinen Füßen das baumlose Alpental Antabbia mit seinem Alpensee.« Genau dorthin wollen wir absteigen, anstatt über die Nordostflanke zum verbetonierten Talkessel von Robièi zurückzukehren. Diese Südroute ist mühsamer, schwieriger, gefährlicher – Gesichtspunkte, unter denen die Bergbewohner damals ihre Berge betrachten mussten.

Der Aufstieg

Vom Ristorante Basòdino in San Carlo (938 m) auf dem Sträßchen taleinwärts, bis links der Wanderweg abzweigt. Er überschreitet die fast trockengelegte Bavona und steigt auf der rechten Talseite (also links im Sinne des Aufstiegs) nach Campo (1388 m), wo er den Fluss wieder quert. Nun führt er auf der andern Talseite direkt zur Capanna Basòdino (1856 m); wer zum

◄ **Klassisch: Vom Wanderweg vom Passo di Cristallina nach Robièi sieht man jenseits des Lago Sfundau die vergletscherte Nordostseite des Basòdino. Kein Gelände für Bergwanderer.**

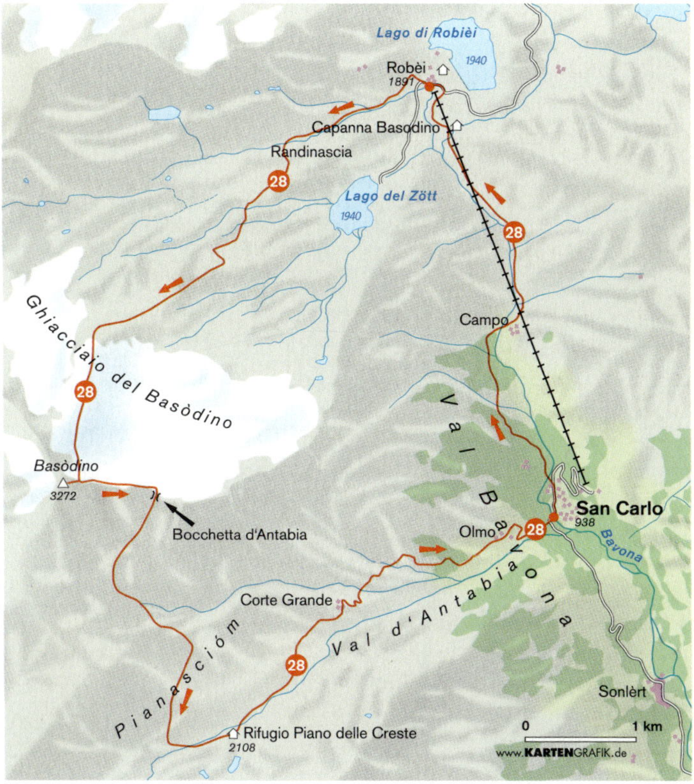

Albergo-Hochhaus Robièi (etwa 1900 m) will, folgt dem Zubringersträßchen. Von der Hütte oder vom Hotel zur Seilbahn-Bergstation (1891 m) auf Robièi. Westwärts kurz auf der Straße, dann auf dem Wanderweg durch ein Tal nach Randinascia (2156 m) hinaufgehen. Bei den Alphütten links abbiegen und in hügeligem Gelände zu einem Wegweiser südlich von P. 2228 m, wo der Weg vom Lago del Zött heraufkommt. Über eine Felsstufe hinauf zu P. 2402 m, wo man richtig Fuß auf der großen, eisig-felsigen NO-Flanke des Basòdino fasst. Auf Pfadspuren (mit Steinmännern markiert) über breite Geröllhänge südwestwärts zu P. 2763 m und zum Gletscherrand (etwa 2820 m) ansteigen. Südwärts über den hier spaltenarmen Ghiacciaio del Basòdino in eine Scharte (etwa 3170 m) im O-Grat des Basòdino. In Firn und leichten Felsen zu Gipfelmadonna und -buch (3272 m).

Der Abstieg

Über den O-Grat und die flachen Firnfelder in den deutlichen Sattel auf 3013 Metern (auch Bocchetta d'Antabia genannt). Sehr steil durch eine ziemlich breite Rinne (etwa 45 Grad auf 100 Höhenmeter) in die Tiefe, entweder auf Firn, der die brüchigen Felsplatten bedeckt, oder auf diesen; eine Wächte kann den Einstieg erschweren. Sobald als möglich nach rechts in die flache Mulde (etwa 2800 m) hinab. Südwestwärts über Schnee und Geröll in die Mulde zwischen den markanten Felsspitzen P. 2836 m und 2817 m. Auf dem rechten Moränerücken hinab und rechtshaltend über P. 2466 m auf die bequemen Hänge von Pianasciòm. Deutlich rechtsausholend auf Pfadspuren (Felsstufen bei zu direktem Abstieg) zum Rifugio Piano delle Creste (2108 m), das von Westen erreicht wird. Von der Hütte steigt man auf dem beim Pizzo Fiorèra (Tour 29) beschriebenen Wanderweg nach San Carlo (938 m) ab.

Nützliche Informationen

Ausgangsort: San Carlo (938 m) zuhinterst in der Val Bavona. Bus [630.60] von Locarno nach Bignasco und Postauto [630.70] nach San Carlo. Es fährt bis zur Talstation (etwa 1040 m) der Robièi-Luftseilbahn [2627]; diese ist von Anfang Juni bis Mitte Oktober in Betrieb; letzte Kabine um 17 Uhr.

Zielort: San Carlo bzw. Rifugio Piano delle Creste (2108 m).

Schwierigkeit: Leichte Hochtour, für die Seil, Pickel, Steigeisen, Anseilgürtel etc. und die dazu gehörenden Kenntnisse nötig sind. Der Abstieg allerdings muss mit wenig bis ziemlich schwierig eingestuft werden (je nach Schneeauflage und Ausaperung).

Höhenunterschiede: Aufstieg zur Capanna Basòdino 920 m, Aufstieg zum Basòdino 1420 m, Abstieg zum Rifugio Piano delle Creste 1160 m, Abstieg nach San Carlo 1170 m.

Gehzeiten: San Carlo–Capanna Basòdino 3 Std., Hütte–Basòdino 5 Std., Gipfel–Rifugio Piano delle Creste 2½ Std. (bei guten Verhältnissen in der Rinne), Abstieg nach San Carlo 2 Std.

Distanz: San Carlo–Capanna Basòdino und Rifugio Piano delle Creste–San Carlo je 4 km, von Hütte zu Hütte 11 km.

Unterkunft/Verpflegung: Capanna Basòdino CAS (1856 m), 70 Plätze, immer offen, bewirtschaftet von Mitte Juni bis etwa Anfang Oktober, Tel. 091 753 27 97. Albergo Robièi (etwa 1900 m) in Robièi, 54 Plätze, offen von Juni bis Oktober Tel. 091 756 50 20. Rifugio Piano delle Creste SAV (2108 m), zwei Hütten mit insgesamt 36 Plätzen, die obere Hütte ist immer offen, Juni bis Oktober am Wochenende bewirtschaftet, Tel. 091 755 14 14. In San Carlo (Val Bavona): Ristorante Basòdino, offen von Mai bis Oktober, Tel. 091 755 11 92.

Karten: 265 Nufenenpass; 1271 Basòdino.

Anschlusstouren: 27, 29, 34.

29 Pizzo Fiorèra (2921 m)

Ein sehr weiter Weg von San Carlo nach Foroglio oder Bosco/Gurin

Tourencharakter: Pizzo Fiorèra nur für Bergwanderer, die sich auch in weglosem Geröll und auf Felsblöcken locker zurechtfinden. Der Weiterweg nach Bosco/Gurin für Bergwanderer, die während Stunden durch lose Steine gehen können. Nur Bocchetta dei Laghi della Cròsa für Bergwanderer, die auf teilweise sehr steilen und steinigen Wanderwegen keinen Knieschlotter haben. Aber in jedem Fall lohnende Anstrengungen in den beiden größten und zugänglichsten Seitentälern der Val Bavona: Die Val d'Antabia ist sanft und hochalpin zugleich; in der Val Calnègia, deren höchster Gipfel der Pizzo Fiorèra ist, verstecken sich die schönsten »splüia« (Höhlenhäuser).

Beste Jahreszeit: Juli bis September.

Gehzeit: 1. Tag 3½ Std.; 2. Tag 5 Std. ohne, 8 Std. mit Pizzo Fiorèra und jeweils Abstieg nach Foroglio. 7 bis 9 Std. für den gipfellosen Weg vom Rifugio Piano delle Creste nach Bosco/Gurin, je nach Route.

»We can contemplate calmly a rich lake-scene or an Umbrian Madonna; we fell disposed to cry out with delight before a figure of Michael Angelo or this view in Val Maggia.«

Douglas W. Freshfield in Italian Alps (1875) über die Landschaft von Bignasco am Eingang zur Val Bavona

»Bis auf die Leute, die unten blieben, um zu heuen, führten alle anderen das gleiche Leben wie wir; im Frühling und Herbst auf den Weiden in der Val Bavona, im Sommer oben auf den Alphütten, die stundenweit voneinander entfernt lagen. Die ganze schöne Jahreszeit lang gab es in der Val Bavona eine ständige Plackerei, den Saumweg entlang und die steilen Fußwege hinauf, vom Dorf auf die Wiesen, von den Wiesen auf die Alpweiden, von einer Alp auf die andere, von einer unbeque-

▼ Steinig: Der Aufstieg vom oberen Laghetto d'Antabia zur Bocchetta dei Laghi della Cròsa gibt einen guten Vorgeschmack auf den mühsamen Gipfelhang des Pizzo Fiorèra oder den stundenreichen Weiterweg nach Bosco/Gurin.

men Hütte zur nächsten, die noch schlimmer war, einen Steig um den andern, bis zu den höchsten Matten hinauf, wo die Kühe mehr Flechten als Gras wiederkäuten und der Mensch sich zum Heulen einsam fühlen kann.«
Plinio Martini: Il fondo del sacco [Nicht Anfang und nicht Ende], 1970

»Von den 124 km² Fläche [der Val Bavona] entfallen nur gerade 13,9 oder etwas mehr als 1⁄10 auf den Talgrund. (...) Von der gesamten Fläche sind nur gerade 1,5 % bebaubar, 15,4 % sind Alpweiden und nicht weniger als 70 % sind unproduktiv. (...) Heute ist das Nomadenleben vorbei und alle Alpen liegen verlassen da.«
Vallemaggia 1988; ein vom Verkehrsverein herausgegebener Führer »für alle, die das Tal ohne Eile kennenlernen wollen«.

»Manche Leute des Dorfes [Cavergno] weilen so gerne im Thal [Val Bavona] drinnen, dass ein besonderes Gemeindedekret den Aufenthalt daselbst der Lawinenschläge wegen während einiger Monate des Jahres förmlich hat verbieten müssen. Sowie aber im Frühjahr das junge Grün erscheint, wandert jung und alt wieder dem Thale zu und freut sich dort eines einfachen, aber freien und daher glücklichen Lebens.«
Jacob Hardmeyer: Locarno und seine Thäler, ein 1890 erschienener und 1979 wiederaufgelegter Führer

»GIESU MARIA + 1594 QUI FU BELA CAMPAGNIA«
Inschrift auf einem zu einem Felssturz gehörenden Block bei Fontana im Talboden der Val Bavona

Der Aufstieg

Von der Bavona-Brücke (938 m) in San Carlo auf dem gut gekennzeichneten und erkennbaren Bergwanderweg in die Val d'Antabia hinauf. Über Olmo, Corte Grande und die Schwemmebene zum Rifugio Piano delle Creste (2108 m). Von der Hütte auf dem weiß-rot-weiß markierten Weg am unteren Laghetto d'Antabia vorbei zum oberen See. Die Route steuert südwestwärts zum schmalen Band, das sich steil und etwas ausgesetzt (Seilversicherungen) in die U-förmige Bocchetta dei Laghi della Cròsa (etwa 2480 m, ohne Namen auf der Karte, östlich P. 2507 m) hinaufzieht. Auf der andern Seite kurz hinab, dann markierungs- und weglos westwärts die Geröllhänge bis zum Beginn einer Art großen Geröllrampe queren, die den oberen Teil der O-Seite des Pizzo Fiorèra bildet. Über sie hinauf und unter dem N-Grat bis fast an ihr Ende vorstoßen. Nun rechts durch eine Rinne zu einem steinmannversehenen Absatz im E-Grat klettern (I, brüchig). Über leichtere Felsen zum Gipfel (2921 m), der durch einen Gratzacken gebildet wird. Südlich davon, durch eine Scharte getrennt, steht ein großer Block, der etwas höher erscheint.

Der Abstieg

Auf dem Aufstiegsweg zurück, aber nach dem Ende der Rampe ostwärts gegen den kleinen See (2386 m) absteigen, wobei man auf den markierten Wanderweg nach Foroglio stößt. Er führt zwischen den beiden Laghi della Cròsa hindurch zu einem Einschnitt am Ausfluss des unteren Sees (2116 m). Der Weg schraubt sich über eine 1000 Meter hohe Talstufe der Val Calnègia mit verschiedenen aufgelassenen Almen hinunter nach Calnègia (1108 m), das höchste Maiensäß des Tals, wo einst im Sommer zwölf Familien lebten. Talauswärts auf dem rechten Ufer des Fiume Calnègia, bis man ihn an einer geeigneten Stelle überschreiten kann, um die sich zwischen und unter riesigen Felsblöcken versteckende Siedlung Gerra zu besichtigen. Unterhalb von ihr führt ein Steg wieder auf das rechte Ufer. In Puntid, am Talausgang, wechselt der Weg erneut auf das linke Ufer und geht

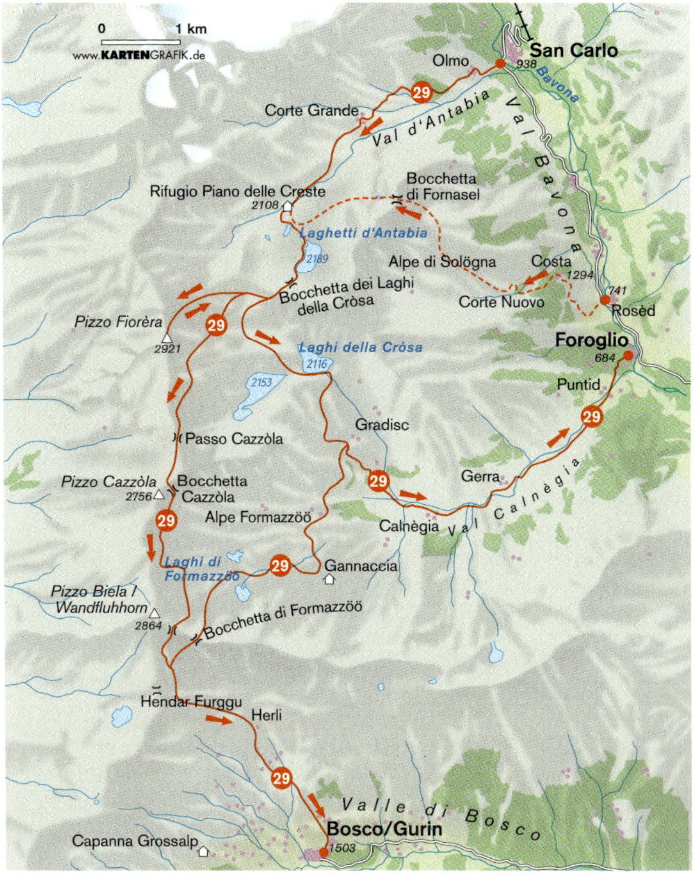

steil nach Foroglio (684 m) hinab, wo man sich müde ins Grotto begibt, während der mächtige Wasserfall das Rauschen des Ausflugsverkehrs übertönt.

Die Weiterwege

Über den Passo Cazzòla: Diese Route wurde 1991/92 von Mitgliedern der Società Alpinistica Valmaggese erstmals markiert. Vom kleinen See (2386 m) am Südfuß der Bocchetta dei Laghi della Cròsa westwärts zu P. 2453 m, wo die lange Traversierung in südlicher Richtung unterhalb des Pizzo Fiorèra beginnt. Wir halten auf einer Terrasse von etwa 2450 bis 2500 Metern ungefähr Höhe; zuletzt steigen wir in den Passo Cazzòla (2411 m) ab. In Italien geht es nun entlang einem Felsgrat, dann rechtshaltend über Geröll- und Schneefelder gegen den Pizzo Cazzòla zu. Zuletzt kraxeln wir steil über unstabile Blöcke in eine mit einem Steinmann markierte Lücke in seinem NE-Grat hinauf, Bocchetta Cazzòla genannt (ca. 2710 m), 150 Meter nordöstlich vom Hauptgipfel. Auf der anderen Seite bis etwa 2600 Meter vorsichtig absteigen, dann in südlicher Richtung traversieren. Unterhalb des Übergangs Forcolaccia erreichen wir ein von Felsbändern gesäumtes Tälchen, durch das wir bis 2450 Meter absteigen, um rechterhand durch eine Rinne das Felsband zu überwinden. Südwestwärts über Rinnen und Blöcke in eine couloirähnliche Mulde hinübersteigen. Durch diese hinauf in eine Lücke (ca. 2740, westlich von P. 2750 m) im E-Grat des Pizzo Biela oder Wandfluhhorns. Von der Lücke steil über Blöcke hinab, rechtshaltend kurz durch eine Mulde, dann über einen Rücken südwärts hinunter. Bald gelangen wir in den markierten Pfad, der von der Bocchetta Formazzöö (2654 m) herunterkommt, und unterhalb der Hendar Furggu stoßen wir auf einen richtigen Wanderweg. Er führt uns an der Herli-Hütte (2104 m) vorbei nach Bosco/Gurin (1503 m).

Über die Alpe Formazzöö: Auf dem Abstiegsweg nach Foroglio bis Gradisc (1703 m). Nun zur Alpe Formazzöö hinüberhalten und nach Gannaccia (ca. 1940 m) südöstlich von P. 1946 m aufsteigen; dort muss, darf man die Gebäude der Älpler in der Steinblockwüste suchen. Die Route zieht, teilweise am Bach entlang, westwärts zu den Laghi di Formazzöö hoch, geht in der Nähe des oberen durch und erreicht über steinige Hänge die Bocchetta Formazzöö (2660 m). Auf der andern Seite rechtshaltend hinab in den Weg von der Hendar Furggu und runter nach Bosco/Gurin (1503 m).

Nützliche Informationen

Ausgangsort: San Carlo (938 m) hinten in der Val Bavona. Bus [630.60] von Locarno nach Bignasco und Postauto [630.70] nach San Carlo.

Zielort: Foroglio (684 m) in der Val Bavona. Oder Bosco/Gurin (1503) hinten im gleichnamigen Seitental der Vallemaggia. Postauto [630.65] nach Cevio, Bus [630.60] nach Locarno.

Schwierigkeit: T5 (Gipfel und Route über Passo Cazzòla). T4 (Route über Alpe Formazzöö). T3 (Weg nach Foroglio).

Höhenunterschiede: Aufstieg Rifugio Piano delle Creste 1170 m, Aufstieg zur Bocchetta dei Laghi della Cròsa 370 m, Abstieg nach Foroglio 1800 m, dazu noch je 500 m Auf- und Abstieg bei Besteigung des Pizzo Fiorèra. Piano delle Creste–Bosco/Gurin: Aufstieg 1100 m, Abstieg 1700 m (über Passo Cazzòla), Aufstieg 1350 m, Abstieg 1960 m (über Alpe Formazzöö).

Gehzeiten: San Carlo–Rifugio Piano delle Creste 3½ Std., Hütte–Bocchetta dei Laghi della Cròsa 1 Std., Abstecher Pizzo Fiorèra 3 Std., Bocchetta dei Laghi della Cròsa–Foroglio 4 Std., Bocchetta–Gannaccia 3¼ Std., Gannaccia–Bosco/Gurin 3¾ Std.

Distanz: San Carlo–Rifugio Piano delle Creste 4 km, Hütte–Foroglio 9 km, Hütte–Bosco/Gurin 12 km (über Passo Cazzòla), 13 km (über Alpe Formazzöö).

Unterkunft: Rifugio Piano delle Creste SAV (2108 m), zwei Hütten mit insgesamt 36 Plätzen, die obere Hütte ist immer offen, Juni bis Oktober am Wochenende bewirtschaftet, Tel. 091 755 14 14. Capanna Grossalp UTOE (1907 m), 36 Plätze, keine Selbstversorgung, bewirtschaftet von Juli bis Mitte Oktober, sonst geschlossen, Tel. 091 754 16 80. Bivacco Gannaccia (1940 m) südöstlich der Alpe Formazzöö: Hütte in der Alpsiedlung zwischen den Felsblöcken; am besten alles selbst mitnehmen: Matratze, Schlafsack, Kocher. In San Carlo (Val Bavona): Ristorante Basòdino, offen von Mai bis Oktober, Tel. 091 755 11 92. In Bosco/Gurin: Pension Edelweiss, Tel. 091 754 19 00; auch möglich: Hotel Walser sowie Residenza Ostello Giovanni Bosco, je Tel. 091 759 02 02.

Verpflegung: Grotto in Foroglio.

Karten: 265 Nufenenpass; 1271 Basòdino.

Variante für Martini-Wanderer: Von Rosèd (741 m) nördlich von Foroglio auf dem meistens markierten, aber nicht immer gut erkennbaren Weg über Costa, Corte Nuovo, Alpe di Solögna (mit Corte Grande und Sedone) und Bocchetta di Fornasel (etwa 2300 m, ohne Namen auf der Karte, nördlich P. 2345 m) in 6 Stunden – und auf den Spuren von Martinis Romanfiguren aus *Il fondo del sacco* – zum Rifugio Piano delle Creste, Schwierigkeit T3. Ebenfalls in den Rucksack packen: Beat Hächler, *Das Klappern der Zoccoli,* Rotpunktverlag 2000.

Literatur: Ein ehrliches, wunderschönes und zugleich sanft trauriges Buch*: Grotti, Splüi, Cantine. Anonyme Felsarchitektur im Maggiatal* von Thomas Burla, Ralph Hut (Fotos) und Conradin Wolf (Text) aus der Edition Howeg, Zürich 1995. Die beiden Fotografen hielten mit ihren Mittelformatkameras die Höhlen und Felsunterstände fest, welche die Tessiner einst mit Trockensteinmauern brauchbar machten und erweiterten, einfach und gekonnt: die Harmonie von Natur und Kultur. Die schwarzweißen Fotografien, so Wolf in der klugen Vorrede, »sind nicht bloß Zeugnisse der visuellen und formalen Wirkung armer Architektur, sie sind auch Zeugnisse tatsächlicher Armut.« Einige der eindrücklichsten Splüi entdecken wir in der Val Calnègia, in Gerra und im kaum bekannten Gannaccia; noch in den 1950er-Jahren wirtschafteten drei Älplerfamilien dort oben.

Anschlusstouren: 27, 28, 30, 31, 34.

▼ **Steinig: Die Bauten der Alpsiedlung Gerra in der Val Calnègia wurden zwischen und teilweise auch unter riesige Granitblöcke gebaut, um geschützt zu sein und um das ohnehin karge Kulturland zu schonen. Früher lebten hier im Sommer mehrere Familien.**

30 Heij Barg (2472 m)

Auf den Spuren von Gustav Renker von Fondovalle nach Bosco/Gurin

Tourencharakter: Von Italien über einen uralten Walserpass nach Bosco/Gurin, auf markierten Bergwegen. Nur der kurze Gipfelabstecher ist weglos auf den nicht allzu hohen Berg direkt über dem einzigen einst deutschsprachigen Dorf des Tessins. Bei Nebel allerdings ist der Weg über den Herli-Sattel schwierig zu finden. Mit auf Tour ist Gustav Renker und sein Roman *Schicksal am Piz Orsalia*.

Beste Jahreszeit: Ende Juni bis Anfang Oktober.

Gehzeit: 7 Std.

Bereits in der ersten Szene des Romans *Schicksal am Piz Orsalia* von Gustav Renker erfahren wir, wo es langgeht. »Ich gehe jetzt«, sagt die eine männliche Hauptfigur zur andern, Grenzwacht-Korporal Oswald Jenzer zu seinem neuen Untergebenen Peider Capun auf der Hendar Furggu oben, »unter dem Wandfluhhorn – Pizzo Biela heißt's italienisch – den Grat entlang bis zum Pizzo Orsalia und steige über die Alp Wolfstaffel ab. Du gehst unter der Marchenspitze zur Gurinerfurka und zum Krameggpaß – deine Karte hast du doch mit? Gut! Dann steigst du über die Grossalp ab. Spätestens Schlag Zwölf sind wir beide im Kantonnement. Verstanden?« Jawohl, Korporal Renker! Wir schultern die Rucksäcke und machen uns auf den Weiterweg. Hochrot der Kopf, ausgepumpt die Lunge, schweißnass der Rücken, bleischwer die Beine: So sind wir nach dem Aufstieg von Fondovalle, einem Dorf nördlich von Domodossola in der

Valle Formazza, beim Grenzstein auf der Hendar Furggu angekommen. »Ecco il confine! – Die Grenze!« Der erste Satz im Buch: Wir murmelten ihn erschöpft und glücklich zugleich. Doch jetzt dürfen wir nicht einmal direkt nach Bosco/Gurin hinuntersteigen, dem einzigen von alters her deutschsprachigen Tessiner Dorf zuhinterst in einem Seitenast der Vallemaggia. Wir müssen gegen den Pizzo d'Orsalìa weiterkeuchen und über Wolfstaffel ins Dorf hinabsteigen. Gustav Renkers Roman will es so.

In Kärnten aufgewachsen, verfasste der Schweizer Schriftsteller Gustav Renker (1889–1967) rund 70 Romane und zahlreiche Erzählungen, insbesondere aus der Welt der Berge und der Musik. Sein Werk über Bosco/Gurin erschien 1946 und ist leider schon lange vergriffen. Als Lektüre für eine Wochenendwanderung in den westlichen Tessiner Bergen passte es wunderbar: ein Berg-, Partisanen-, Schmuggler-, Kriminal-, Liebes- und Skiroman in einem.

Und schon kommt der nächste Schauplatz in Sicht: die Hütte von Herli auf der Alp Bann. Hirli-Hütte nennt sie Renker. »Jenzer stieß die Türe auf – im Halbdunkel erhob sich von der Bank neben dem offenen Herd Frau Medeia von Gunten. Sie ging dem Eintretenden entgegen mit ruhigen, feierlichen Schritten wie eine Priesterin zum Opfergang.« Und jetzt? Wir machen einen Schritt und einen Schnitt. »Er riß sie an sich und küßte sie wild auf die Lippen, Wangen, Stirne – seine Küsse prasselten wie Steinschlag auf ihr Gesicht.«

»Wer ist die geheimnsivolle Frau, die jedes Jahr einmal mit Oswald Jenzer in einer

◄ **Gerundet: Inner See mit dem wenig hohen Heij Barg hinten. Sich jetzt auf einen Stein setzen und ein spannendes Buch lesen, das wär's.**

▼ **Gerahmt: Doppelfenster mit Blumenschmuck an einem alten Walserhaus in Bosco/Gurin. Wallis im Tessin.**

einsamen Berghütte eine Nacht verbringt?« So fragte der Klappentext des *Schicksal am Piz Orsalia*. Die Leser erfahren die Antwort bei der Herli-Hütte: Medeia Alphaios, von Geburt Griechin, verheiratet mit dem bürgerlichen, frommen und sehr langweiligen Berner Kaufmann Bendicht von Gunten, hatte Oswald Jenzer, damals noch Student der Architektur, zufällig auf einer Griechenlandreise kennen gelernt. Aus gemeinsamem Interesse für die Antike wurde mehr. Oswald gab das Studium auf, brauchte aber auf seine Griechin nicht ganz zu verzichten. Wo er als Grenzwächter auch Dienst tat, einmal im Jahr trafen sich die beiden in einer Hütte in den Bergen. Wir lassen sie dort liegen und wandern weiter, auf unseren Gipfel. Aber nicht auf den Pizzo d'Orsalìa. Wir begnügen uns mit dem Heij Barg, der sich vom Herli-Sattel rasch erklimmen lässt, weil er so hoch nun auch nicht ist. Vom Gipfelgras lassen sich der ganze Talkessel von Bosco/Gurin und die Schauplätze von Renkers Roman überblicken.

Links hinter uns, fast greibar nah, der Pizzo d'Orsalìa, ein gneisplattiger Gipfel über zerfurchten Gras- und Geröllhängen, in die tiefbaue Seen einlagert sind. Drüben im Süden das Nachbartal Valle di Campo mit dem Dorf Cimalmotto – Miralmotto nennt es Renker. Und rechts die Grenze mit dem mächtigen Sunnabarg (auf der Landeskarte ist er mit Batnall und Madone angeschrieben, aber so nennt ihn niemand in Bosco/Gurin), mit dem Krameggpass, der Guriner Furka (die Dorfbewohner bezeichnen sie schlicht als Furggu), dem Martschenspitz, der Hendar Furggu.

Und unter uns die untere Alphütte von Wolfstaffel, zu der wir nun absteigen. »Die kleine Alphütte lag gerade unter seinem Beobachtungsplatz: kaum eine Steinwurfweite. Und nun knarrte die Türe – jemand war heraufgekommen und eingetreten.« Der Mann auf dem Beobachtungsplatz war der junge, sportliche Engadiner Peider Capun, der Jemand war die junge Gurinerin Enrica. Die beiden waren sich schon im Dorf, wo sie im immer noch so angeschriebenen Haus Näschtschi wohnte, symphatisch gewesen, doch der plötzliche Aufenthalt in der Hütte und das fürchterliche Unwetter draußen beschleunigten die Annäherungsversuche rasant. Lassen wir auch dieses Paar in der Hütte zurück und steigen nach Bosco/Gurin ab, »wo sich die kleinen braunen Häuser um die Kirche scharten – Walliserhäuser aus dunklem Arvenholz, Walliserstadel auf Pfosten und großen runden Steinplatten stehend. Und Wallisermenschen mit ihrem singenden, rollenden Deutsch – das alles inmitten italienischer Landschaft.«

Wir sind da. Wir gehen aber nicht ins Kantonnement, sondern in die Pension Edelweiss, wo Enrica als Aushilfskellnerin arbeitete, und lesen den Roman zu Ende.

Der Aufstieg

Von Fondovalle/Stafelwald (1220 m) auf dem rot-weiß markierten Wanderweg (bei der Bushaltestelle an der Toce-Brücke steht gar ein sauberer gelber Schweizer Wanderwegweiser) durch Wald auf die Alpe Stavello (1594 m). Ostwärts über vergandete Alpwiesen und über einen bewaldeten Rücken auf die nächste Alp. Unterhalb der Gebäude zweigt der Wanderweg rechts zur Guriner Furka ab. Geradeaus weiter talaufwärts entlang einem Berg-

bach. Durch einen Engpass auf eine Schulter oberhalb des Lago Superiore und zuletzt durch eine steinige Mulde hinauf in die Hendar Furggu (2419 m), den hinteren Übergang zwischen dem Formazza-Tal und Bosco/Gurin; Grenze Italien–Schweiz. Auf dem Wanderweg hinab auf die Bann-Alp bis etwa 2130 Meter, westlich oberhalb der Herli-Hütte (2104 m). Nun links, nordwärts auf einem markierten Pfad durch eine grasige Mulde auf eine Terrasse hinauf und ostwärts über einen Rücken, dann durch eine geröllige Mulde in den Herli-Sattel (etwa 2420 m; ohne Namen auf der Karte). Von hier lohnt sich der kurze, weglose Aufstieg: Vom Sattel ein Blockfeld links des Nordgrats aufwärts in eine Grasrinne queren, darin hoch auf den Nordgrat und leicht zum Steinmann auf dem Heij Barg (2472 m).

Der Abstieg

Zurück in den Herli-Sattel und auf dem markierten Pfad über Gras und Gneis, am kleinen Inner See (ohne Namen auf der Karte) vorbei, bis zu einer Wegverzwei-

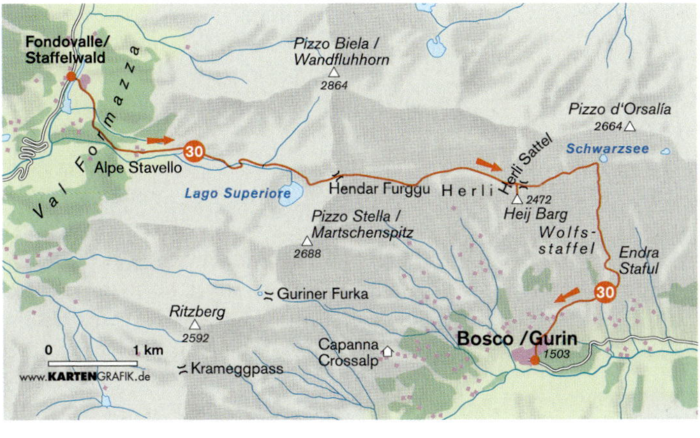

gung oberhalb des Schwarzsees (auch Lago Poma genannt); wem heiß ist, steigt zum See am Fuß des Pizzo d'Orsalìa ab und kühlt die Füße oder mehr. Von der Weggabelung oberhalb des Sees auf dem nicht immer gut erkennbaren Wanderpfad über die gestuften Hänge von Wolfstaffel südwärts hinab zur Steinhütte von Endra Staful (1931 m). Auf gutem Weg durch stotzigen Bergwald und zuletzt über gemähte Matten hinunter in Bosco/Gurins Dorfteil Ferder, wo die Ställe einer nach dem andern in Ferienhäuser umgebaut werden. Beim Wegkreuz links zur Pension Edelweiss, dann rechts zur Kirche (1503 m) und hinab zum Walserhaus mit dem Heimatmuseum.

Nützliche Informationen

Ausgangsort: Fondovalle/Stafelwald (1220 m) in der Val Formazza; Bus von Domodossola. Der Bus um 9 Uhr 20 ab Bahnhofplatz fährt täglich; Auskunft bei der Lötschbergbahn in Bern, Tel. 031 327 27 27, oder bei den Autoservizi Comazzi in Domodossola, Tel. 0039 0324 240 333.

Zielort: Bosco/Gurin (1503 m) zuhinterst im gleichnamigen Seitental der Vallemaggia; Postauto [630.65] nach Cevio und Bus [630.60] nach Locarno.

Schwierigkeit: T3, Gipfel kurz T4.

Höhenunterschiede: Aufstieg 1490 m, Abstieg 1210 m.

Gehzeiten: Auf- und Abstieg je 3½ Std.

Distanz: 11 km.

Unterkunft/Verpflegung: Capanna Grossalp UTOE (1907 m), 36 Plätze, keine Selbstversorgung, bewirtschaftet von Juli bis Mitte Oktober, sonst geschlossen, Tel. 091 754 16 80. In Bosco/Gurin: Pension Edelweiss, Tel. 091 754 19 00; auch möglich: Hotel Walser sowie Residenza Ostello Giovanni Bosco, je Tel. 091 759 02 02.

Karten 275 Valle Antigorio; 1291 Bosco/Gurin.

Variante ... für Rundwanderer: Tour von Bosco/Gurin über Herli-Hütte und Heij Barg mit Abstieg über Wolfstaffel: Höhenunterschied 970 m, 4½ Std. ... **für Kletterer:** Am Heij Barg kann auch geklettert werden; die Topos bei Jürg von Känel/Pesche Wüthrich: *Schweiz extrem Band 2* sowie in *Schweiz plaisir sud* (je Edition Filidor, Reichenbach 2002 bzw. 2003).

Besonderes: Personalausweis nicht vergessen, obwohl die Grenze weniger scharf bewacht wird als zur Zeit, in der Renkers Roman spielt. Walserhaus Bosco/Gurin: vgl. Tour 31.

Literatur: Beat Hächler, *Das Klappern der Zoccoli* (mit einem Kapitel über Renker), Rotpunktverlag, Zürich 2000. Gustav Renker, *Schicksal am Piz Orsalia,* Falken-Verlag, Zürich 1946 (ausleihbar bei der Zentralbibliothek in Zürich).

Anschlusstouren: 29, 31.

31 Pizzo Bombögn (2331 m)

Die Lawinenschutzställe, die Ziegenmauer, der Erdrutsch

Tourencharakter: Von Bosco/Gurin, dem höchstgelegenen ständig bewohnten und von alters her deutschsprachigen Dorf des Tessins, nach Cimalmotto, das Jahr für Jahr weiter gegen den Abgrund rutscht. Auf dem Gipfel ein sehenswertes Denkmal ruraler Architektur: eine Mauer gegen die gefräßigen Ziegen. Um jene zu sehen, muss man es diesen gleichtun in Sachen Fortbewegung im unwegsamen, steilen Gelände.

Beste Jahreszeit: Mai bis Oktober.

Gehzeit: 5 Std.

Das Leben im Gebirge gleicht oft einem Überleben. Meister darin waren die Walser, die, ursprünglich aus dem Oberwallis stammend, über Pässe hinweg neue Bergtäler bis hinüber in die Ostalpen besiedelten. Im Tessin gründeten sie Bosco/Gurin zuhinterst in einem Seitental der Vallemaggia. Es hat die Eigenheiten eines typischen Walserdorfes gut bewahren können; allerdings weist es überraschend viele Steinhäuser auf, die nach einer Lawinenkatastrophe im 18. Jahrhundert gebaut wurden. Das auffälligste Gebäude liegt am westlichen Dorfrand: Es ist eine etwa 110 Meter lange, siebzehngliedrige Heustallreihe. Sie wurde 1925 als Schutz gegen La-

winen errichtet, den die locker verstreuten Ställe nicht gewährt hatten.
Ein noch eindrücklicheres Zeugnis bäuerlicher Architektur steht auf dem Pizzo Bombögn, in dessen Winterschatten Bosco/Gurin liegt. Es ist eine 1 bis 2 Meter hohe und knapp 1 Meter breite sowie 300 Meter lange Trockensteinmauer, die sich vom Gipfel entlang der ungeheuren Plattenflucht knapp 150 Höhenmeter über die jähe Südflanke hinunterzieht. Sie wurde zwischen April und Dezember 1948 errichtet, damit die gefräßigen Ziegen nicht im Hang neben der Plattenflucht weideten und so die empfindliche Grasnarbe zerstörten. Dies würde zu Erosion führen und vermehrten Murgängen und vor allem Lawinen Vorschub leisten, welche das direkt unterhalb des Pizzo Bombögn liegende Campo bedrohen. Heute hat die Mauer Löcher, doch die paar übrig gebliebenen Ziegen übernutzen den Grashang kaum. Und: Die Mauer, Sinnbild des Überlebenskampfs im Gebirge, der sich gerade in diesem heiklen Gleichgewicht zwischen Über- und Unternutzung der Kulturflächen zeigt, war Sisyphusarbeit, weil dem Dorf von ganz anderer Seite Gefahr droht.
Cimalmotto und Campo, die beiden letzten Dörfer der Valle di Campo, des Paralleltals der Valle di Bosco, rutschen seit Mitte des vorletzten Jahrhunderts scheinbar unaufhaltsam dem Abgrund des Flusses Rovana zu. Die etwa fünf Quadratkilometer große Erdmasse der Sonnenterrassen mit den zwei Dörfern liegt auf lockerem Moräneschutt, der, verstärkt durch Wasserüberdruck, wie ein Schmiermittel gegenüber der tieferen, kompakten, aber schrägen Felsschicht wirkt. Verstärkt wird

das Gleiten, weil die abrutschenden Erdmassen ständig von der gerade bei Hochwasser reißenden Rovana weggespült werden. So richtig verletzt wurde der Hangfuß der Sonnenterrassen aber erstmals 1857, als die italienischen Holzarbeiter alle drei Sperren im Talgrund auf einmal sprengten, um die Stämme mit einer Sturzflut in die Vallemaggia hinunterzuflößen. Deshalb wurde zwei Jahre später die 1851 aufgenommene Flößerei verboten; die Bewohner von Campo und Cimalmotto hatten das Holzgeld – und doppelten Schaden: Der Wald, der in diesem sehr niederschlagreichen Gebiet Hochwasser bändigte, war weg, und der Erdrutsch war voll da. In 100 Jahren hat sich die Kirche von Campo 30 Meter horizontal und sechs Meter vertikal verschoben. Vielleicht bringt der millionenteure Entwässerungsstollen Hilfe: Südlich von Cimalmotto verschwindet der Fluss in einem anderthalb Kilometer langen Tunnel und fließt gegenüber von Piano di Campo zurück ins alte Bett. So büßt die Rovana ihre Erosionskraft ein und donnerte zudem nicht plötzlich als Sturzflut hinunter, falls sie durch einen Teil des Erdrutsches von Campo vorübergehend gestaut würde.

Der Aufstieg

Vom Postgebäude (etwa 1500 m) in Bosco/Gurin durch das Dorf hinunter zur Heustallreihe und zur Rovana-Brücke (1470 m), wo der markierte Wanderweg in die Valle di Campo beginnt. Er begleitet kurz den Fluss und steigt über die Alp Bobna in den Sattel westlich P. 1966 m hinauf und zum weiten Übergang Pian Cròsc (1926 m) hinab. Vom Pass auf einem Ziegenpfad durch Gras, Alpenrosen und Geröll an den Fuß einer glatten Felsplatte flach ansteigen und südwestwärts weiter in eine schwach ausgeprägte Rinne. Darin hochsteigen, bis man nach links auf eine Terrasse auf etwa 2080 Metern hinausqueren kann. Auf ihr bis ans andere Ende, wo der Ziegenpfad aufhört und der Gipfel mit der großen Plattenflucht sichtbar wird. Über Geröllhänge erreicht man die steile Grasrinne rechts von ihr. Durch die Rinne auf den O-Grat und zum Gipfel des Pizzo Bombögn (2331 m).

Der Abstieg

Vom Gipfel rechts der Mauer (oder vorsichtig auch auf der Mauer selbst) über den sehr steilen Grashang absteigen. Nach dem Ende der Mauer weiter im steilen Gras absteigen, Felsstufen ausweichend zum Höhenweg, der die Südseite des Pizzo Bombögn auf etwa 2000 Metern durchzieht. Auf diesem teilweise ausgesetzten Pfad nach Westen (eine gesicherte Steilstufe). Beim Piano di Pii trifft man auf eine Abzweigung. Der linke Weg führt durch den teilweise sehr dichten Wald von Piano delle Rose und Boschetto in die große Lichtung von Corte Nuovo (1540 m). Hier trennen sich die Wege: Der Weg nach Campo (1281 m) zweigt links ab. Der Weg nach Cimalmotto (1405 m) folgt zuerst einem Erschließungssträßchen und sinkt dann direkt durch Wald und Feld ins Dorf. Der Bauernhof der Familie Senn befindet sich in Fèbri westlich außerhalb von Cimalmotto.

◄ Zusammenbauen: Zwei Glieder der 17-teiligen Heustallreihe in Bosco/Gurin, die als Lawinenschutz erbaut wurde. Im Hintergrund der winterlich überzuckerte Batnall.

▼ Zusammenwachsen: Goldene Lärchen beim Übergang Pian Crösc – scheinbar heile Welt auf dem Weg von Bosco/Gurin nach Cimalmotto.

32 Pizzo di Bronzo (2502 m)

Ein ziemlich ungewöhnlicher Einstieg ins Tessin

Tourencharakter: Ein selten gewählter Zugang in die Schweiz, durch einen der abgelegensten Winkel Italiens. Weil die Weiden in der italienischen Valle Cravariola so fett sind, bauten die Bergbauern von Crodo nicht nur einen breiten Saumweg, sondern bohrten gar einen Tunnel durch den Berg. Wer da hindurchgehen will, darf nicht zu ängstlich sein. Und wer nach Cimalmotto, das erste Schweizer Dorf nach der Grenze, gelangen will, sollte wie die Schmuggler einst ein gutes Auge für den richtigen Weg haben.
Beste Jahreszeit: Juli bis Oktober.
Gehzeit: 9½ Std.

Nützliche Informationen

Ausgangsort: Bosco/Gurin (1503 m) zuhinterst im gleichnamigen Seitental der Vallemaggia. Bus [630.60] von Locarno nach Cevio, Postauto [630.65] nach Bosco/Gurin.
Zielort: Cimalmotto (1405 m) zuhinterst in der Valle di Campo. Postautos [630.67, 630.65] über Cerentino (umsteigen) nach Cevio. Bus [630.60] nach Locarno.
Schwierigkeit: T4/T5; ohne Pizzo T3.
Höhenunterschiede: Aufstieg 860 m, Abstieg 930 m.
Gehzeiten: Aufstieg 3 Std., Abstieg 2 Std.
Distanz: 8 km.
Unterkunft/Verpflegung: In Bosco/Gurin: Pension Edelweiss, Tel. 091 754 19 00; auch möglich: Hotel Walser sowie Residenza Ostello Giovanni Bosco, je Tel. 091 759 02 02. In Cimalmotto: Bauernhof der Familie Senn, Tel. 091 754 19 36. Das Albergo Alpino ist leider seit dem Winter 2001/02 geschlossen. In Campo: Ristorante Porta, Tel. 091 754 12. In Cerentino, wo sich die Straßen nach Bosco/Gurin und Cimalmotto verzweigen: das sehr empfehlenswerte Ristorante Centrale, Telefon 091 754 12 62 (wer das letzte Postauto in Cimalmotto verpasst, kann nach dem »Hoteltaxi« fragen); Osteria Rovana, Tel. 091 754 12 65.
Karten: 275 Valle Antigorio; 1291 Bosco/Gurin.
Besonderes: Das Walsermuseum von Bosco/Gurin lohnt einen Besuch; April bis Oktober, Dienstag bis Samstag 10.15 bis 11.30 und 13.30 bis 17 Uhr, Sonntag 13.30 bis 17 Uhr.
Literatur: Mehr zum Bau der Bombögn-Mauer, zu den vielen Käsespeichern auf der Alpe di Quadrella und zu vielen anderen Aspekten des Tessins im sehr informativen und schön gemachten, zweibändigen und großformatigen Buch *Tra confine e cielo*, Salvioni Edizioni, Bellinzona 2002.
Anschlusstouren: 29, 30, 32, 33.

Der Professore war der Erste. Nicht der Erste auf den Pässen oben oder gar auf den Gipfeln. Sondern der Erste, der einen brauchbaren Führer vorlegte. Edmondo Brusoni publizierte 1892 den ersten Band der *Guida alle Alpi centrali italiane e regioni adiacenti della Svizzera*; weitere Werke zum Gebiet zwischen Monte Rosa und Lago di Como folgten, so auch ein ins Deutsche übersetzter Führer zu Locarno und seiner Umgebung. Seinen vom Club Alpino Italiano (CAI) herausgegebenen Führer von 1892, der verschiedene Wege von Domodossola und seinen Tälern in die Schweiz beschreibt, widmete Brusoni dem großen amerikanischen Bergsteiger, Führerautor und Alpinhistoriker W.A.B. Coolidge. Und dieser wiederum veröffentlichte zufällig im gleichen Jahr zusammen mit William Martin Conway den Band *The Lepontine Alps* in ihrer renommierten Reihe *Climber's Guide*. Die beiden Autoren erfassen die Gipfel und Pässe zwischen Simplon und Gotthard, kommen aber südwärts nur zum Martschenspitz oberhalb Bosco/Gurin. Sie lassen also die Gipfelwelt im

Nachbartal Valle di Campo, die wir auf dem weiten Weg von Crodo nach Cimalmotto ein bisschen kennen lernen, beiseite.

Diesen Weg, der über zwei Pässe führt, nahmen die Leute von Crodo häufig unter die Füße. Der Passo della Forcoletta »serve a quelli di Crodo per transito alla Fria ed all'Alpe di Cravairola«, schrieb der Professore Brusoni. Und es waren viele Leute, die mit ihrem Vieh aus der Valle Antigorio über die zwei Pässe in die Valle Cravariola (so die heutige Schreibweise) zogen. Dieses Tal ist eigentlich nichts anderes als der Talschluss der Valle di Campo, eines Seitentals der Vallemaggia. Die Grenze Tessin–Ossola folgt nicht dem Gebirgskamm und der Wasserscheide, sondern schneidet sozusagen ein Stück Schweiz zugunsten Italien ab. Ein gutes Stück, wovon die zahlreichen Alphütten zeugen. Und die Streitereien um die Kuhweiden, die ins 16. Jahrhundert zurückgehen. Erst 1874 sprach ein Staatsvertrag die

◄ **Zusammenhalten: Die Steinmauer auf dem Pizzo Bombögn steht sicher da. Aber die Dörfer unten, Campo und Cimalmotto, rutschen dem Abgrund zu.**

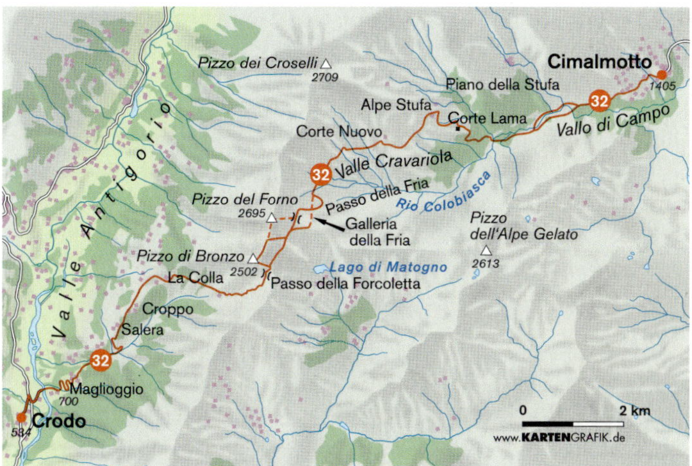

Valle Cravariola endgültig der Gemeinde Crodo zu. Die Wanderer sind darob froh, weil sonst der Weg auf der italienischen Seite kaum so gut ausgebaut wäre. Und immer noch gebraucht wird, auch von Sennen und Kühen. Der Käse allerdings wird nicht mehr mit der Hurde nach Crodo hinuntergeschleppt, sondern auf Eselsrücken nach Cimalmotto transportiert, von wo er versiegelt per Auto zurück nach Italien gebracht wird.

Transitverkehr: Heute haben es Menschen und Tiere etwas leichter beim zweiten Pass, dem Passo della Fria. Auf seiner Nordseite bleibt der Schnee jeweils lange liegen, weshalb »die Älpler früher einen langen Laufgraben schaufeln mussten, um die Herden hinüberzubringen«. In Teresio Valsesias ausgezeichnetem Führer *La storia camminata. 25 escursioni in Ticino* (Edizioni Giornale del Popolo, Lugano 1998) zeigen zwei Fotos Kühe, die durch den weißen Graben den grünen Wiesen von Cravariola entgegentrotten. Seit 1980 gehen sie nicht mehr über, sondern durch den Berg. »Unter dem Pass gibt es einen Tunnel, der 250 Meter lang, erdig, eng, gewunden und wenig empfehlenswert ist (Taschenlampe unerlässlich)«, urteilt Renato Armelloni im CAI-Führer *Alpi Lepontine. Sempione–Formazza–Vigezzo* aus dem Jahre 1986. Ein unentbehrliches Werk, um auf die Pässe und Gipfel am westlichen Rand des Tessins zu steigen.

Der Aufstieg

In Maglioggio (700 m) auf dem markierten Weg durch die Siedlung zu einer riesigen Kastanie. Auf dem prächtig gemauerten Saumweg durch Wald hoch, die Straße nach Aleccio kreuzend, streifend und schließlich benützend. Über den Rio Antolina und gleich rechts wieder auf den Saumweg. Er führt im Wald hinauf auf eine Lichtung und über einen Geländerücken zu den Häusern (mit Fresko) von Salera und weiter nach Croppo (1292 m); kurz vorher kommt man auf ein Sträßchen, das meistens geteert ist, da und dort aber noch den alten Belag aus Steinplatten zeigt. Man folgt diesem Sträßchen aufwärts, an mehr oder weniger geschmackvoll renovierten Häusern vorbei. Die Abzweigung nach Aleccio nicht nehmen, weiter oben aber diejenige nach Fria. Vom obersten Parkplatz auf einem Fußweg hinauf nach La Colla, die erste Abzweigung rechts, die zweite links liegenlassend. Und nun wieder dem alten, oft wunderschön gemauerten Saumweg folgen, der in den Talgrund hinüber- und dann zum Passo della Forcoletta (2359 m; Wegweiser und Kreuz) hinaufzieht; oberhalb einer Quelle wird der Weg schlechter, und zwischen einem Stall und der Passhöhe haben ihn Bachläufe und kleine Erdrutsche beeinträchtigt. Von der Forcoletta entlang dem SO-Grat über Gras und etwas Geröll leicht auf den Pizzo di Bronzo (2502 m).

Der Abstieg

Zwei Möglichkeiten für den Abstieg vom Gipfel: 1) leicht zurück zum Passo della Forcoletta; 2) schwieriger über den Verbindungsgrat Richtung Pizzo del Forno: auf oder entlang dem teilweise felsigen Grat zu P. 2501 m, wobei eine Stelle kurz ausgesetzt ist und etwas Kletterei erfordert; von P. 2501 m linkshaltend über Grashänge hinab auf den Verbindungsweg vom Passo della Forcoletta zum Passo della Fria. Auf diesem Weg, vorbei an der

ohnehin schlecht sichtbaren Abzweigung des Weges über den Pass (2499 m), gelangen wir zum südlichen Tunneleingang (ca. 2440 m); die Wege zur Galleria della Fria und der Tunnel selbst sind auf den Blättern der Landeskarte der Schweiz aus den 1990er-Jahren nicht eingezeichnet. Vom nördlichen Tunnelausgang (ca. 2420 m) schräg hinab auf den markierten Weg und über die weiten Grasterrassen und vielen Bäche der Alpe Cravariola nach Corte Nuovo (2084 m). Unterhalb der Hütte vorbei und auf dem nicht mehr gut sichtbaren, aber immer noch verblassend markierten Pfad weiter in mehrheitlich flachem Abstieg über Alpweiden zur Alpe Stufa (1879 m). Rechtshaltend über Weiden hinab zum Waldrand, wo man den Pfad zur Corte Lama (1696 m) findet. Von dieser Alp geradeaus in ein grasiges Tälchen, worin der Pfad verläuft, der sich durch Wald auf die große Schwemmebene des Rio Colobiasca hinunterschraubt. Die Route über diese Ebene mit Bachläufen und Auenwäldern ist nicht ganz leicht zu finden; am besten ist, wenn man den deutlichen Spuren folgt, die zum südlichen Rand der Ebene hinüber halten und dann talauswärts ziehen, die Staatsgrenze unbemerkt passierend. Auf der Höhe der Überreste des Dammes zum Holzflößen (mehr dazu beim Pizzo Bombögn) bleibt man rechts und gelangt zu einem Steg über den Rio Colobiasca und bald darauf auf das Sträßchen nach Cimalmotto. Oder man wechselt auf das linke Ufer, muss kurz eine heikle Querung über eine abgerutschte Stelle machen, erreicht dann aber einen breiten Weg, der bei Piano della Stufa (1361 m) ins Sträßchen nach Cimalmotto übergeht. Aufstieg

▼ Schattig: Dank der Galleria della Fria gelangen seit 1980 Kühe bequemer in die abgeschiedene Valle Cravariola. Wanderer ebenfalls – falls sie eine Lampe dabeihaben.

in den Ortsteil Pianelli (ca. 1420 m) und Abstieg zur Postautohaltestelle am Nordrand von Cimalmotto (1405 m).

Nützliche Informationen

Ausgangsort: Crodo (534 m); Bus von Domodossola (Fahrplanauskunft: Autoservizi Comazzi Domodossola, Tel. 0039 0324 24 03 33). Schneller und bequemer ist es allerdings, wenn man vom Bahnhof Domodossola ein Taxi zum eigentlichen Ausgangspunkt Maglioggio (700 m) nimmt. Zu Fuß von Crodo Paese talaufwärts durch das Dorf, nach einer Brücke rechts hinab auf die Umfahrungsstraße und zur Abzweigung nach Maglioggio. Die letzten Straßenkurven unterhalb des Weilers können auf dem alten Weg abgekürzt werden (1 Std., 270 m Aufstieg, 3 km von Crodo nach Maglioggio).

Zielort: Cimalmotto (1405 m) zuhinterst in der Valle di Campo. Postautos [630.67, 630.65] über Cerentino (umsteigen) nach Cevio. Bus [630.60] nach Locarno.

Schwierigkeit: T3.

Höhenunterschiede: Aufstieg 1940 m, Abstieg 1240 m.

Gehzeiten: Aufstieg 5 Std., Abstieg 4½ Std.

Distanz: 17,5 km.

Unterkunft: In Crodo Bagni: Valle dell'Oro, Tel. 0039 0324 61019. In Cimalmotto: Bauernhof der Familie Senn, Tel. 091 754 19 36. Das Albergo Alpino ist leider seit dem Winter 2001/02 geschlossen. In Campo: Ristorante Porta, Tel. 091 754 12. In Cerentino, wo sich die Straßen nach Bosco/Gurin und Cimalmotto verzweigen: das sehr empfehlenswerte Ristorante Centrale, Telefon 091 754 12 62 (wer das letzte Postauto in Cimalmotto verpasst, kann nach dem »Hoteltaxi« fragen); Osteria Rovana, Tel. 091 754 12 65. Auf der Alpe di Lago am Lago di Matogno unterhalb des Passo della Forcoletta gibt es eine geschlossene CAI-Hütte.

Verpflegung: Ristoranti in Crodo, Maglioggio, Campo.

Material: Taschenlampe für die Galleria della Fria.

Karten: 275 Valle Antigorio; 1291 Bosco/Gurin. Istituto Geografico Centrale, 1:50000, Domodossola e Val Formazza, carta dei sentieri e dei rifugi n° 11.

Variante für Pizzotouristen: Vom Pizzo di Bronzo über den zu Beginn nicht ganz einfachen Verbindungsgrat auf den Pizzo del Forno (2695 m). Leichter Abstieg über den Südgrat in den Passo della Fria (2499 m) und nordostwärts hinab in die Valle Cravariola. 1 Std. dazurechnen.

Besonderes: Wer sich für die Bagni di Crodo und das berühmteste Produkt mit Crodo-Wasser, den Aperitivo Crodino, interessiert, packt die *Bäderfahrten* von Ursula Bauer/Jürg Frischknecht (Rotpunktverlag, Zürich 2002) in den Baderucksack.

Literatur: Die Berge hinter Cimalmotto, aber auch diejenigen von Bosco/Gurin, eignen sich vorzüglich für Skitouren. Ein paar Geheimtipps in: Dominik Siegrist, *Winterspuren. Mit Tourenski, Snowboard und zu Fuß unterwegs in bedrohter Landschaft,* Rotpunktverlag, Zürich 1999. Darin erfahren wir auch mehr über die Pläne der Grossalp AG, Bosco/Gurin in eine Tourismusstätte mit leistungskräftigen Liften, weiträumigen Pisten, protzigem Hotel, flotter Jugendherberge, verbreiterter Zufahrtstraße und mehrstöckigem Autosilo zu verwandeln. Auch die Valle Cravariola soll mit Liften erschlossen werden, und auf die Grossalp ist von Italien her eine unterirdische Standseilbahn geplant – so etwas wie das moderne Gegenstück zum Viehtunnel von Fria.

Anschlusstouren: 31, 33.

33 Pizzo della Cavegna (2280 m)–Munzelüm (2061 m)

Wandern, Abwandern, Einwandern: Von Cimalmotto nach Spruga

Tourencharakter: Eine lange, aber nicht schwierige Wanderung aus der einsamen Valle di Campo, einem Seitental der Vallemaggia, über die abgelegene Valle di Vergeletto in die etwas belebtere Valle Onsernone. Zwei Pässe überschreitet die markierte Route, zwei pfadlose Gipfel erheben sich am Weg (der stolze Pizzo della Cavegna und der bescheidene Munzelüm), und die unbewirtschaftete Capanna Alpe Arena befindet sich auf zwei Drittel der Strecke.

Beste Jahreszeit: Juni bis Oktober.

Gehzeit: 8½ Std. mit beiden Gipfeln, 7 Std. ohne Pizzo della Cavegna.

Dramatisch, aber nicht außergewöhnlich für das Tessin ist der Bevölkerungsschwund in der oberen Valle di Campo, in der unsere Tour beginnt: Im 17. Jahrhundert wohnten in den vier Dörfern Niva, Piano di Campo, Campo und Cimalmotto mehr als 1500 Menschen, 1850 wurden noch 500 Bewohner gezählt; heute leben nur noch etwa 50 meist ältere Menschen in diesem Seitental der Vallemaggia, das bei Cevio abzweigt und sich westwärts zur italienischen Grenze erstreckt. Die Nachfahren der abgewanderten Familien fahren bloß noch am Wochenende und im Urlaub auf die Sonnenterrassen der Valle di Campo hinauf. Die Fensterläden der Palazzi von einst reich heimgekehrten Auswanderern sind häufig geschlossen, Ställe verfallen oder werden zu privaten Ferienwohnungen umgebaut, das Albergo Alpi-

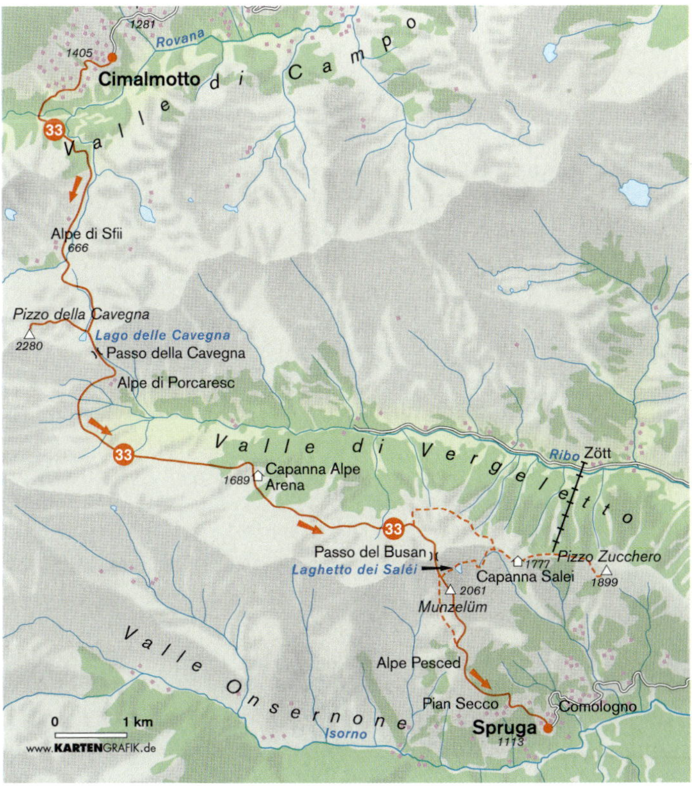

no in Cimalmotto schloss nach dem Sommer 2001. Nur ganz hinten hat sich eine Deutschschweizer Familie niedergelassen, und hier kann man zum Glück übernachten.

Ungewöhnlich ist die Bevölkerungsentwicklung in der Valle Onsernone, in der unsere Wanderung endet: Ende des 19. Jahrhunderts gab es dort 3500 Einwohner, 1970 noch 900, doch heute leben wieder über 1000 Menschen in diesem Tal im Sogbereich von Locarno. Der Grund für die Bevölkerungszunahme – die einzige in einem Tessiner Bergtal – sind die Deutschschweizer Einwanderer, die sich seit den 1960er-Jahren als so genannte Aussteiger vor allem in den Alpsiedlungen von Spruga, dem hintersten Dorf, ansiedelten und mit meist landwirtschaftlicher Arbeit ihr anderes Dasein fristen. Die Maiensäße erwachten zu neuem Leben, Arbeitsplätze wurden geschaffen. Die einheimische Bevölkerung sah die bis zu 150 Neuzuzüger nicht zu gerne, weil die »cappelloni«, die Langhaarigen, andere Wertvorstellungen offen zur Schau trugen. Die »neorurali«, die Neu- und Alternativbauern, erinnerten zudem die Tessiner, die von den neuesten Konsumsegnungen der Zivilisation träumen, an das karge Bergbauernleben von einst. Die Talbehörden legten den »tedeschi«, den Deutsch(schweizern), zuweilen auch Steine in den Weg. Heute sind die Spannungen zwischen den alten und den neuen Bewohnern in der Valle Onsernone weitgehend Geschichte.

Der Wanderweg von Cimalmotto nach Spruga ist lang und steinig. Wir haben genügend Zeit darüber nachzudenken, dass Wandern mehr ist als nur freiwillig einen Fuß vor den andern zu setzen.

Der Aufstieg

Von der Postautoendstation in Cimalmotto (1405 m) durch das Dorf bummeln und dahinter leicht abwärts auf das Sträßchen, das flach taleinwärts zu den Ferienhäuschen von Pianelli führt. Hier zweigt der markierte Wanderweg links zur Brücke über die Rovana (1285 m) ab und steigt westlich des Ri di Sfii in einem Seitental zur Alpe di Sfii an. Unterhalb der Alp links zur Brücke (1608 m) und in südlicher Richtung über eine Talstufe zum Lago della Cavegna (1958 m). Von der N-Ecke des Sees weglos nordwestwärts über einen Hang rechts eines Baches zu zwei kleineren Seen hochsteigen. An ihnen vorbeigehen und durch eine grasig-geröllige Rinne den Sattel südwestlich von P. 2157 m gewinnen. Über den N-Grat, einige Felsstufen leicht überkletternd oder rechts in abschüssigen Hängen umgehend, auf den Gipfel des Pizzo della Cavegna (2280 m).

Von Gipfel zu Gipfel

Auf dem Aufstiegsweg zurück zum Lago della Cavegna und hinauf zum gleichnamigen Pass (1978 m). Steil zur Alpe di Porcaresc (1796 m) hinunterbremsen. Ein häufig mit Steinplatten belegter Höhenweg führt auf der rechten Talseite der Valle di Vergeletto über P. 1844 m und P. 1687 m zur Capanna Alpe Arena (1689 m), die sich hinter einem Felsriegel verbirgt. Von der Hütte folgt man dem Höhenweg bis ins eingeschnittene Tälchen, das vom Passo del Bùsan (2006 m) herabkommt. Auf dem Pfad hinauf auf den Pass und hinab in einen Sattel (etwa 1980 m) zu einer Weggabelung: links geht es zum Laghetto dei Saléi, rechts direkt zur Alpe Pesced. Wir steigen über den sanft-schrof-

fen N-Grat leicht auf den Gipfel des Munzelüm (2061 m).

Der Abstieg

Auf dem grasigen Südgrat abwärts auf eine Kuppe (1946 m) und rechtshaltend hinunter auf den Weg zur Alpe Pesced (1778 m). Er zieht durch lichten Lärchenwald zur Alpsiedlung Pian Secco (1419 m), von wo sich der Wanderweg nach Spruga (1113 m) hinabwindet.

Nützliche Informationen

Ausgangsort: Cimalmotto (1405 m) zuhinterst in der Valle di Campo; Bus [630.60] von Locarno nach Cevio, Postautos [630.67, 630.65] über Cerentino (umsteigen) nach Cimalmotto.

Zielort: Spruga (1113 m) zuhinterst in der Valle Onsernone. Postauto [630.50] nach Locarno.

Schwierigkeit: T4; ohne Pizzi T2.

Höhenunterschiede: Aufstieg 1000 m + 370 m (= 1370 m); Abstieg 120 m + 590 m + 950 m (= 1660 m); je ohne kleinere Gegensteigungen gerechnet!

Gehzeiten: Cimalmotto–Lago della Cavegna 2½ Std., Abstecher Pizzo della Cavegna 1½ Std., Lago della Cavegna–Capanna Alpe Arena 1½ Std., Hütte–Munzelüm 1½ Std., Munzelüm–Spruga 1½ Std.

Distanz: Cimalmotto–Capanna Alpe Arena 12 km, Hütte–Spruga 6 km.

Unterkunft: Capanna Alpe Arena (1689 m), gehört dem Patriziato generale d'Onsernone, 30 Plätze, immer offene Selbstversorgerhütte, Tel. 091 797 18 31. Capanna Saléi (1777 m), gehört dem Patriziato di Comologno, 30 Plätze, von Mai bis Oktober offene Selbstversorgerhütte, Tel. 091 797 20 32. In Cimalmotto: Bauernhof der Familie Senn, Tel. 091 754 19 36. Das Albergo Alpino ist leider seit dem Winter 2001/02 geschlossen. In Campo: Ristorante Porta, Tel. 091 754 12. In Cerentino: das sehr empfehlenswerte Ristorante Centrale, Tel. 091 754 12 62; Osteria Rovano, Tel. 091 754 12 65. In Spruga: Zimmer mit Frühstück bei Giovanna Friedli, Tel. 091 797 11 68; Gruppenunterkunft Ostello del Capelan, mit Selbstversorgerküche, Tel. 091 797 12 29 (oder über Osteria Al Palazign). In Comologno: Osteria Al Palazign, Tel. 091 797 20 68; Palazzo Gamboni, Tel. 091 780 60 09 oder 078 847 65 99. In

▼ Sonnig: Wer zu lange am Lago della Cavegna oberhalb von Cimalmotto sitzen bleibt (was verständlich ist), lässt den Abstecher zum Pizzo della Cavegna sein.

Russo: Garni Leila, Tel. 091 797 14 80. Alle Unterkünfte in der Valle Onsernone unbedingt reservieren!

Verpflegung: Ristoranti in Spruga. Ristoro Mondada westlich Pian Secco (sonntags Polenta mit Coniglio, bei schönem Wetter, da Service nur draußen möglich).

Karten: 275 Valle Antigorio; 1291 Bosco/Gurin, 1311 Comologno.

Variante für Seilbahnwanderer: Vom Munzelüm zurück in den Weggabelungs-Sattel und auf dem Weg über den Laghetto di Saléi zur Capanna Saléi (1777 m); 30 Min. Hierher auch direkt von der Capanna Alpe Arena, indem man auf dem Höhenweg bleibt. In wenigen Minuten zur Bergstation (ca. 1770 m) der Teleferica, in Betrieb vom 1. April bis 31. Oktober werktags 7.30 bis 10 Uhr und 15 bis 18 Uhr, sonntags 7.30 bis 19 Uhr, Tel. 091 797 17 07. Die Seilbahn führt hinunter nach Alla Ca (945 m) in der Valle di Vergeletto; von dort zu Fuß auf der Straße ins gleichnamige Dorf (905 m). Es sei denn, die Postautolinie [630.52] werde bis zur Talstation verlängert. Von der Bergstation kann über den Kamm leicht der Pizzo Zucchero (1899 m) bestiegen werden.

Anschlusstouren: 31, 32, 36, 39, 40.

34 Pizzo Rosso (2498 m)

Von Fontana nach Prato-Sornico ist der unglaubliche Alpweg das Ziel

Tourencharakter: Auf einem hals- und beinbrecherischen Alpweg (und dem, was davon übrig geblieben ist) von der Val Bavona in die Val Lavizzara. Es ist nicht der schwierigste, gefährlichste und mühsamste dieser sentieri alpestri, die für die Val Bavona, das kargste Tessiner Bergtal, so typisch sind. Doch der Pfad (und seine Spuren) zur Alpe und Bocchetta di Fiorasca ist einzigartig. Der Pizzo Rosso ist bloß eine Zugabe dieser Bergtour auf den Spuren bäuerlicher Ingenieurkunst.

Beste Jahreszeit: Ende Juni bis Anfang Oktober.

Gehzeit: 9½ Std.

Die Val Bavona ist ein klassisches U-Profil-Tal, das der Gletscher ausgehobelt hat. Es wird auf beiden Seiten von mehreren hundert Meter hohen Felswänden be-

grenzt, in die sich tiefe Wasserfurchen gegraben haben. 98 Prozent des Bodens der Val Bavona sind nicht bebaubar, weshalb das Tal früher fast ganz von der Viehzucht lebte. Zu leben versuchte, wäre eigentlich richtig: Denn die Talflanken sind so steil und damit die Zugänge zu den obersten, da und dort etwas flacheren Alpen so schwierig, dass ein Großteil des Tales sich nur schlecht für die Berglandwirtschaft eignet. Und trotzdem entdeckt man bei genauem Hinschauen auf fast jeder etwas ebeneren Stelle, die nicht ganz von Geröll bedeckt ist, eine Steinhütte. Unwillkürlich fragt man sich, wie die Leute dort hinaufgekommen sind. Helikopter, die heute bei jedem Bergfest und am Wochenende die marschfaulen Besucher für wenig Geld in die Höhe und zu den umgebauten Rustici bringen, gab es damals noch nicht.

Es waren mutige Menschen, die sich nicht scheuten, an den ungangbarsten Stellen

Alpwege und Hütten zu errichten. Sie waren dazu gezwungen, da nach 1600 die traditionelle Emigration durch politische Wirren in Europa erschwert war, so dass die Bewohner ihr Auskommen in den hintersten und obersten, oft wasserlosen Winkeln ihres Tals finden mussten: »alpi delle fame«, Hungeralpen, nannte man diese. Kein Wunder, dass um die Mitte des 19. Jahrhunderts die Goldversprechen in Kalifornien und Australien gerade hier auf fruchtbaren Boden fielen. Den Todesstoß versetzte der Alpwirtschaft in der Val Bavona allerdings erst der wirtschaftliche Aufschwung nach dem Zweiten Weltkrieg, und heute ist auf den Talseiten der Val Bavona keine Alp mehr bestoßen.

Zur Einstimmung einer Wanderung auf einem dieser schwindelerregenden Alpwege empfiehlt sich die Lektüre von Plinio Martinis Roman *Nicht Anfang und nicht Ende*. Anschauen sollte man sich auch Ely Rivas Bildband *Valli al tramonto*, dessen Haupt-

◄ **Ausdrehen: Stundenlanges Gehen durch nasses Gras ist ein Test für alle Schuhe – diejenigen, welche der Bergwanderer beim Aufstieg zur Alpe Fiorasca trägt, haben ihn nicht bestanden.**

teil die Val Bavona, eines dieser »Täler vor dem Untergang«, dokumentiert. Aber dann sollte man selbst dorthin gehen, zum Beispiel von Fontana zur Bocchetta di Fiorasca aufsteigen, wenn man trittsicher und schwindelfrei ist. Den teilweise in fast senkrechte Platten gebauten Treppenweg zum Maiensäß Larèchia erstellte Olimpio Dalessi mit zwei Gehilfen zwischen 1945 und 1948, nachdem Lawinen und Hochwasser den alten Alpweg durch die Valle di Larèchia zerstört hatten. Der neue Weg kostete 13000 Franken. Wie viel ein Meter der Alpstraße kostet, die auf der andern Seite der Bocchetta di Fiorasca, in der Val Lavizzara, aus dem Wald gebulldozzert wurde, kann ich nicht sagen. Aber eines weiß ich: Die alten Alpwege, erstellt unter größten Mühen, um ein karges Leben etwas zu erleichtern, waren und sind – genau gleich wie die Steinhütten – bauliche Meisterwerke im Einklang mit der Natur. Was man von der Alpstraße – sie dient nicht nur der Bewirtschaftung der Alpe di Brünesc, die sonst hätte aufgegeben werden müssen, sondern auch der Wasserversorgung der Ferienrustici-Siedlung Monti di Rima (damit die Nachkommen der Bergler genug Wasser zum Duschen und zum Füllen der Plastikschwimmbäder haben) – nie wird sagen können.

Der Aufstieg

Vom Grotto in Fontana (614 m) durch das Dorf hindurch bis an den östlichen Dorfrand, wo ein gelber Wegweiser links bergauf weist. Der Alpweg schleicht sich steil durch die Südwand hoch, die aus Gletscherschliffplatten und dichter Vegetation besteht. Ersteren weicht er geschickt aus und übersteigt sie, wenn es nicht anders geht, mittels Steintreppen. Die eindrucksvollste Stelle ist dort, wo der Weg in drei Kehren eine fast senkrechte Stelle überwindet, wobei der Blick zwischen den Ästen von Eichen hindurch mehrere hundert Meter haltlos nach Fontana hinabgeht. Auf 1640 Metern verzweigt sich der Weg: Rechts geht es abfallend zur Alpsiedlung Larèchia. Wir folgen dem markierten Weg links, der sich geschickt auf Rücken und über Terrassen durch das Steilgelände empor- und dann auf die Alpe Fiorasca (2086 m) hinüberzieht. Ein in den Geröllfeldern recht gut erkennbarer Pfad führt nordwärts schräg hinauf. Man kommt in ein grasiges Tälchen, aus dem man steil die nördliche Bocchetta di Fiorasca (2298 m; Fioresca auf der Karte von 1998) gewinnt: Die schmale Lücke ist tief eingeschnitten, zuoberst sind gemauerte Serpentinen sichtbar. Auf der andern Seite steigt man auf einer Steintreppe etwa 40 Meter durch eine Rinne ab, bis man nach links halten kann. Über die Schutthalden des SO-Grates aufsteigen, unter dem Grat ein Geröllband verfolgen, das sich zuletzt ausgesetzt über einer Plattenflucht zum Gipfel zieht. Kurz hinauf, und dann steht man endlich auf dem Pizzo Rosso (2498 m).

Der Abstieg

Auf dem Aufstiegsweg bis unterhalb die Bocchetta di Fiorasca zurückgehen. Auf der Wanderroute über Gras und Geröll durch das Tälchen absteigen und links zu den Hütten von Piatto (1821 m) der Alpe di Brünesc hinüberhalten. Auf einem besseren Weg nach Corte Grande (1612 m) und ostwärts auf dem schmalen Pfad nach Cortino, wo man auf eine 1992 erstellte, geteerte Erschließungsstraße trifft. Auf ihr so weit, bis man unterhalb von einem Ferienhaus den alten Alpweg entdeckt. Er senkt sich im Wald nach den Monti di Rima (1009 m) hinab. Von der Kapelle dieser großen Rustici-Siedlung folgt man der Straße bis dort, wo der Wanderweg nach Prato-Sornico abzweigt. Auf ihm nach Prato (742 m) hinab.

Nützliche Informationen

Ausgangsort: Fontana (600 m) in der Val Bavona. Bus [630.60] von Locarno über Ponte Brolla nach Bignasco und Postauto [630.70] nach Fontana.

Zielort: Prato-Sornico (742 m) in der Val Lavizzara; Postauto [630.72] und Bus [630.60] über Bignasco nach Locarno.

Schwierigkeit: T4/T5; ohne Pizzo T3.

Höhenunterschiede: Aufstieg 1900 m, Abstieg 1760 m.

Gehzeiten: Aufstieg 6 Std., Abstieg 3½ Std.

Distanz: 13 km.

Unterkunft: In Fontana gibt es keine Unterkunft. In San Carlo zuhinterst in der Val Bavona: vgl. Tour 28. In Bignasco: Albergo Posta Tel. 091 754 11 23; Ristorante Turisti, Tel. 091 754 11 65. In Cavergno: Pensione Ostello, Tel. 091 754 10 16. In Sornico bei Prato: Ristorante Lavizzara, Betten und Lager, Tel. 091 755 14 98; Casa Antica, 60 Lager, Tel. 01 940 73 37.

Verpflegung: Ristoranti in Fontana, Prato-Sornico und Broglio.

Karten: 265 Nufenenpass, 266 Valle Leventina; 1271 Basòdino, 1272 Pizzo Campo Tencia.

Besonderes: Die offizielle Ost-West-Durchquerung des Tessins kommt auch über die Bocchetta di Fiorasca. Die Broschüre zum 10-tägigen Trekking del 700° ist bei Ticino Turismo erhältlich.

Literatur: Wer die Val Bavona umfassend kennen lernen will, sollte den Bildbandführer von Aldo e Nora Cattaneo, *Storie e sentieri di Val Bavona,* Fondazione Val Bavona/Armando Dadò Editore, Locarno 1998, genau anschauen, auch wenn er auf Italienisch ist. Denn wer wirklich atemberaubende Wege sucht: Hier sind sie. Ebenfalls von Aldo Cattaneo der Bildband *Valle Bavona: magisches Tal, zauberhafte Berge,* Salvioni Edizioni, Bellinzona 2000.

Anschlusstouren: 6, 28, 29, 35.

▼ Eindrehen: Der teilweise in fast senkrechte Platten gebaute Weg von Fontana nach Larècchia ist einer der kühnen Sentieri alpestri, die für das kargste Tessiner Bergtal, die Val Bavona, typisch sind.

35 Monte Zucchero (2735 m)

Zuckerstockähnlicher Berg zwischen der Val Lavizzara und der Val Verzasca

Tourencharakter: Auch wenn ein Großteil der Route markiert ist, Trittsicherheit und Schwindelfreiheit sind ein Muss auf dem steilen Weg von Broglio nach Sonogno. Das gilt erst recht für die weglose Teilstrecke aus der Val Tomè über die Nordostflanke, wo man die Hände zur Fortbewegung braucht. Nach einem Drittel der Strecke liegt das Rifugio Tomeo oberhalb des geheimnisvollen Lago di Tomè.
Beste Jahreszeit: Juli bis September.
Gehzeit: 9½ Std.

»Complimenti per il simpatico rifugio«, heißt es am 1. Oktober 1989 im Hüttenbuch des Rifugio Tomeo, das im August des gleichen Jahres in der ehemaligen, seit 1951 nicht mehr benützten Alphütte auf Corte Grande in der tief eingeschnittenen Val Tomè (Dialektform für Tomeo) eingerichtet worden war. »Unter einer glühenden Sonne klettern wir hinauf und fanden zu unserer Überraschung diese liebevoll eingerichtete Hütte vor. Das letzte Mal als ich oben war, noch eine Ruine«, schrieben zwei Zürcher am 26. August 1991 ins Buch. Ein paar Tage zuvor waren zwei andere Deutschschweizer mit dem offenen Herdfeuer nicht zufrieden gewesen: »Troppo fumo nella capanna – facciamo gli spaghetti fuori«. Draußen schlafen wollte eigentlich Gogo Klier aus Westberlin: »Aber die einladende comfortable Hütte hat uns dann doch festgehalten. Den nächsten Abend mit amicos ticinos in guter Stimmung verbracht.«
Noch stimmungsvoller als das Rifugio ist der nahe gelegene See, der birnenförmig ruhig und einsam im Talkessel liegt. Was ihn vor andern Tessiner Bergseen auszeichnet, ist seine Farbe: violett-tintenblau, nicht auf der Oberfläche, sondern erst in einem Meter Tiefe. Ob das vom sauren Regen stammt, unter dem diese Seen leiden? Der Lago di Tomè gilt nämlich als einer, der am meisten von der dreckigen Luft aus dem Industriedreieck Milano-Torino-Genova betroffen ist, die sich an den Alpen ausregnet. Den ausgesetzten Forellen jedenfalls behagt das saure Seewasser nicht. Wanderer stört es weniger. Erfrischender als ein Kopfsprung in den Lago di Tomè ist ein Sprudelbad im Ri di Tomè beim Wanderwegsteg, wo der Bach blank polierte Badewannen aus dem Granit geschliffen hat. Eine solche Abkühlung wird man auch nach dem Gewaltsabstieg vom Monte Zucchero zuhinterst in der Val Redòrta suchen, damit man sauber gewaschen auf dem Teersträßchen in die Touristenfluten von Sonogno stolzieren kann.

Der Aufstieg

Von der Postautohaltestelle in Broglio (703 m) taleinwärts zum Ristorante Zoppi und schnurstracks hinab zur Maggia-Brücke (673 m). Mit einer anfänglichen Rechtsschlaufe taleinwärts zum Ausgang der Val Tomè. Nach dem Steg über den Ri di Tomè den rechten Weg einschlagen. Der gut markierte, schmale, steinige Pfad zieht auf der rechten Talseite der Val Tomè zum Rifugio Tomeo (1739 m) auf Corte Grande. Nördlich der Hütte beginnt der markierte, schmale Pfad, der schräg zur Cascina Piatto (2058 m) hinaufführt (wo er nach Norden umbiegt und über den namenlosen Übergang P. 2156 m den Bergwanderweg aus der Val di Prato zur Forcarella di Redòrta erreicht). Von den

Piatto-Hütten in südöstlicher Richtung über mehr und mehr von Felsen durchzogene Grasstufen bis etwa 2380 Meter ansteigen, wo die Vegetation endgültig den Geröllhalden weicht. Unter der Westwand des Monte Zucchero hindurch in einer breiten Rinne nordostwärts in die Bocchetta del Monte Zucchero (2541 m, ohne Namen auf der Karte) hinauf. Ostwärts leicht abwärts haltend gelangt man über Geröll zu einer auffälligen, markanten Rinne in der NO-Flanke, wo man auf Markierungen stößt (sie stammen von der Route, die bei P. 1871 m vom Bergwanderweg von Sonogno zur Forcarella di Redòrta abzweigt). In der steinschlägigen Rinne aufsteigen. Bevor sie eng wird, verlässt man sie nach links auf die östliche, plattige Begrenzung (ausgesetzt). Die Route führt anschließend über Felsstufen zum Gipfelbuch des Monte Zucchero (2735 m).

Der Abstieg

Die Route über den Südgrat zur Bocchetta di Mügaia (2518 m) ist markiert und deutlich einfacher als der Aufstieg über die NO-Flanke; aufpassen muss man trotzdem. Von der Lücke senkt sich der Weg

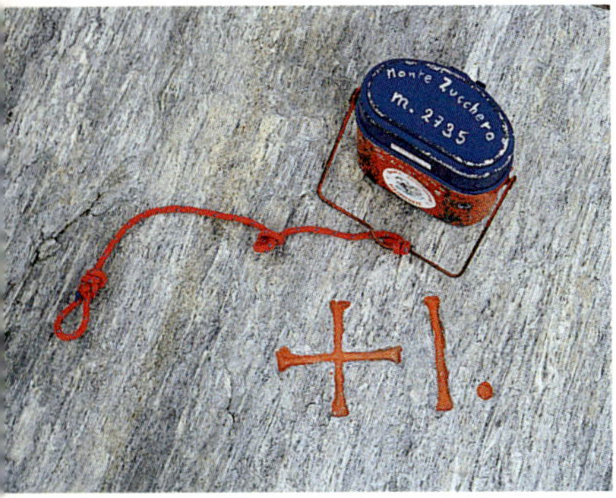

steil hinab zur Corte di Cima (1987 m). Von hier an wurde er Ende der 1980er-Jahre teilweise neu erstellt, insbesondere zwischen Brüsoo und Cortign, wo er weit nach Norden ausholt, da eine Mure oberhalb von Cortign den Weg verschüttete. Der Weg sinkt weiter steil, unterhalb der Siedlung Püscen Negro vorbei, in den Talboden der Val Redòrta. Auf dem Teersträßchen nach Sonogno (918 m).

Nützliche Informationen

Ausgangsort: Broglio (703 m) in der Val Lavizzara. Bus [630.60] und Postauto [630.72] von Locarno über Bignasco (umsteigen).

Zielort: Sonogno (918 m) zuhinterst in der Val Verzasca. Postauto [630.55] über Bahnhof Tenero (Zug Richtung Bellinzona) nach Locarno.

Schwierigkeit: T5.

Höhenunterschiede: Broglio–Rifugio Tomeo 1070 m, Hütte–Monte Zucchero 1000 m, Abstieg nach Sonogno 1820 m.

Gehzeiten: Aufstieg zweimal 3 Std., Abstieg 3½ Std.

Distanz: 14 km.

Unterkunft: Rifugio Tomeo (1739 m), immer offene, einfache Selbstversorgerhütte mit 8 Plätzen, leichter Schlafsack und Kocher von Vorteil (aber nicht unbedingt nötig). Cascina Piatto (2058 m, ohne Namen auf der Karte): liegt dort, wo der markierte Pfad nach Norden abbiegt; im Sommer und Herbst offene Hütte mit Feuerstelle, aber evtl. ohne Holz, keine Matratzen und Decken; evtl. auch kein Wasser – vom Rifugio Tomeo mitnehmen. Im Corte del Sambuco (1895 m) am Südfuß des Monte Zucchero ist ein Alpgebäude ebenfalls in eine kleine Hütte umgebaut worden. In Sornico bei Prato: Ristorante Lavizzara, Betten und Lager, Tel. 091 755 14 98; Casa Antica, 60 Lager, Tel. 01 940 73 37; von Prato in 30 Min. zum Ausgang der Val Tomè. In Sonogno: Ristorante Alpino, Tel. 091 746 11 63 (hier auch Vermittlung von weiteren Unterkunftsmöglichkeiten).

Verpflegung: Ristoranti in Broglio und Sonogno.

Material: Steigeisen im Spätherbst, wenn der Wasserfall unterhalb der Hütte gefroren ist.

Karten: 266 Valle Leventina; 1272 Pizzo Campo Tencia.

Besonderes: Von der Bocchetta di Mügaia führt ein markierter Weg durch die Val d'Osura (oder d'Osola) nach Brione Verzasca (756 m); 11 km, 3½ Std.; unterwegs die von April bis November offene Selbstversorgerhütte Capanna Osola (1418 m) mit 18 Plätzen.

Anschlusstouren: 6, 8, 34, 45, 47.

36 Cramalina (2167 m)–Pizzo Alzasca (2261 m)

Alpine Strände und eine Hütte laden zum Bleiben ein

Tourencharakter: Der Lago d'Alzasca und der Lago di Sascòla befinden sich am markierten Weg von Gresso in der Valle di Vergeletto nach Cevio in der Vallemaggia. Die beiden weglosen Bergspitzen kann, die Badekleider muss man mitnehmen. Dank der Capanna d'Alzasca ein wein-see-liges Erlebnis.

Beste Jahreszeit: Juli bis September.

Gehzeit: 1. und 2. Tag je 5 Std.

Badeferien im Tessin: ma certo, aber sicher, der Lago Maggiore lockt zu einem Bade, an der Küste vor der Zeltstadt Tenero wie am Maggiadelta bei Locarno und Ascona. Oder man erfrischt sich in den Tessiner Flüssen wie in der Melezza, Maggia oder Verzasca – und in den Seen hoch oben im Gebirge. Es sind nicht nur fremde Wanderer, die Tessiner Bergseen in (Nackt-) Strände verwandeln, sondern zusehends auch junge Tessiner und Tessinerinnen, mehrstündige An- und Abstiege in Kauf nehmend, um dort das hochsommerliche Dolce far niente zu genießen, wo ihre Vorfahren noch Vieh sömmern mussten.

Die Zeiten haben sich geändert. »Gegen das Baden haben Vornehme und Gemeine eine Abneigung, obgleich das wärmere Clima sie dazu auffordern sollte, so ists nicht einmal bey der Jugend Sitte, sich in den Seen oder Flüssen im Wasser zu erquicken«, bemerkte 1786 der Zürcher Pfarrer Hans Rudolf Schinz im vierten Heft der *Beyträge zur näheren Kenntniß des Schweizerlandes*: »Zu Luggaris ärgerte man sich, als angesehene Deutsche in den schwülsten Sommerabenden in dem See sich badeten«. Begreiflich ist solches Tun – in Locarno und in den Bergen. Wenn die Wanderer heute jeweils nach den sonnseitigen, schattenlosen Steilaufstiegen auf der Cramalina und auf dem Pizzo Alzasca stehen, zum Lago d'Alzasca und zum Lago di Sascòla hinunterblicken, diesen blauen Flächen in den grüngrauen Abgründen, so möchten sie gleich hineinspringen.

Der Aufstieg

Von der Kirche in Gresso (994 m) durch das Dorf hindurch und auf dem Wanderweg nordwärts über die steilen Sonnenhänge nach Monte (1426 m). Nordwärts in der bewaldeten Flanke in ein Tal vordringen und aus dem Talkessel zur Alpe di Remiasco (1783 m) aufsteigen. Der Wanderpfad zieht flach in ein grasiges Hochtal, dem er folgt. Bevor er links an den Begrenzungsgrat abbiegt, steigt man rechtshaltend durch die SO-Flanke auf den O-Grat, über den man den Gipfel der Cramalina (2168 m) erreicht; nicht verwechseln mit dem Pizzo Cramalina.

◄ **Halbzeit: Am 2. Juli 1989, der »Giornata delle Cime« (Gipfeltag), deponierte die Società Escursionistica Verzaschese auf den wichtigsten Gipfeln und Pässen rund um die Val Verzasca blau gefärbte Militärgamellen als Behälter für ein Buch. Da schreibt man den Namen hinein und beginnt die Rückkehr.**

▼ **Spielzeit: Bocciabahn in Gresso. Wer verliert, zahlt eine Runde in der Capanna d'Alzasca.**

Vom Gipfel zur Hütte

Ein ausgesetzter Schafspfad steigt über den W-Grat in die Bocchetta di Doia (2054 m) ab, wo man wieder zum weißrot-weiß markierten Wanderweg kommt. Dieser schraubt sich steil in die Karmulde Böcc di Rochett hinunter, quert linkshaltend in einen Sattel und steigt zum Lago d'Alzasca (1855 m) ab. Von seinem Ausfluss führt der Weg durch Lärchen und Alpenrosen zur Capanna d'Alzasca (1734 m).

Von der Hütte zum Gipfel

Von der Hütte folgt man westwärts über Corte di Cima dem Wanderweg zur Bocchetta di Cansgéi (2036 m) bis dort, wo der Weg in die Mulde vor dem Übergang sinkt. Weglos über steile Gras-Geröll-Hänge linkshaltend zur schwach ausgeprägten Grasrippe in der S-Flanke des S-Gipfels. Auf ihr in einem Schafspfad jäh zwischen Felsbänken hindurch auf den W-Grat. Auf ihm leicht auf den S-Gipfel des Pizzo Alzasca (2261 m). Der Grat zum leicht höheren N-Gipfel ist ausgesetzt und verlangt ein paar Meter leichte Kletterei.

Der Abstieg

Über den W-Grat bis auf eine deutliche Schulter, wo man rechts über einen steilen Hang in die Tiefe sticht. Sobald als möglich scharf nach links und einem Schafspfad unterhalb von Felswänden folgen. Er geht zum Wanderweg, der von der Bocchetta di Sascòla (2135 m, ohne Namen in der Karte) herabkommt. Der schmale Weg führt nordwärts über Geländestufen zum Lago di Sascòla (1740 m) hinunter, wobei er unterhalb von P. 1875 m etwas ausgesetzt in eine steile, steinige Rinne quert. Vom Ausfluss des Sees über einen Buckel zur Corte del Lago, wo man den rechten markierten Weg einschlägt. Über Cantine, Morella (1126 m) und Morella di Sotto wallfahrt man zur Kirche

◄ **Badezeit: Die schönsten Badestrände mit dem klarsten Wasser finden sich weder am Lago di Lugano noch am Lago Maggiore, sondern an den Tessiner Bergseen, wie hier am Lago di Sascòla unterhalb des Pizzo Alzasca.**

Madonna del Ponte in Rovana. Auf der Straße zur Piazza von Cevio (418 m) mit wappengeschmückter Casa dei Landvogti und Ristoranti.

Nützliche Informationen

Ausgangsort: Gresso (994 m) in der Valle di Vergeletto, einem Seitental der Valle Onsernone. Postautos [630.50, 630.52] von Locarno über Russo (umsteigen).

Zielort: Cevio (418 m). Bus [630.60] nach Locarno.

Schwierigkeit: T4/T5; ohne Gipfel T3.

Höhenunterschiede: 1. Tag 1170 m Aufstieg, 430 m Abstieg; 2. Tag 530 m Aufstieg, 1840 m Abstieg.

Gehzeiten: Gresso–Cramalina 4 Std., Cramalina–Capanna d'Alzasca 1 Std., Hütte–Pizzo Alzasca 1½ Std., Gipfel–Cevio 3½ Std.

Distanz: 1. Tag 8 km; 2. Tag 9 km.

Unterkunft: Capanna d'Alzasca CAS (1734 m), 30 Plätze, immer offene Selbstversorgerhütte, im Sommer teilweise bewartet (dann ist auch Vino rosso erhältlich), Tel. 091 753 25 15. In Vergeletto: Ostello Casa Stefano, Tel. 091 797 17 96; Locanda Zott, Tel. 091 797 10 98. In Cevio: Albergo Basòdino, Tel. 091 754 6 11 01; Osteria Castello, Tel. 091 754 16 34; Ristorante Posta Tel. 091 754 18 96.

Verpflegung: Im Ristorante della Piazza in Gresso gibt es guten Risotto und Formaggio, beim Abstieg vom Lago di Sascòla Heidelbeerwiesen.

Karten: 275 Valle Antigorio, 276 Val Verzasca; 1291 Bosco/Gurin, 1292 Maggia, 1312 Locarno.

Variante für Passgänger: Cramalina und Pizzo Alzasca jeweils rechts liegen lassen; besonders angezeigt bei nass-nebliger Witterung, Schwindelgefühl oder sonstigen Zwischenfällen.

Besonderes: Museo di Valmaggia im Palazzo Franzoni in Cevio mit eindrücklichen Zeugnissen ruraler Vergangenheit; offen April bis Oktober, Dienstag bis Samstag 10 bis 12 und 14 bis 18 Uhr, Sonntag 14 bis 18 Uhr.

Literatur: Eines der eindringlichsten Tessin-Bücher aus heutiger Zeit heißt schlicht *Gresso 999 m s/m* und stammt von Maren Heyne (Zytglogge, Bern 1991) – die bitternötige Ergänzung zur fast allzu süßen Seenwanderung.

Anschlusstouren: 33, 38, 40.

37 Pizzo Coca (2222 m)

Von Giumaglio nach Coglio: 10 Minuten – oder 10 Stunden

Tourencharakter: Lange und streckenweise schwierige Rundtour durch zwei einsame Seitentäler der Vallemaggia. Höhepunkt neben dem Gipfel ist der Weg durch die Giumaglio-Schlucht – stolpern verboten. Wunderbar abgelegen sind die beiden Seen am Fuß des Pizzo Coca – baden erlaubt.

Beste Jahreszeit: Juni bis Oktober; nur bei trockener Witterung.

Gehzeit: 10 Std.

Links von der Schlucht hineingehen und nach stundenlangem Wandern und sich Wundern auf der andern Seite wieder hinauskommen. Dazwischen erleben wir, was Wege im Tessin sein können. Gestuft und geschichtet, aus Tonnen von Granit, der Alpweg nach Arnau. Gepflegt und grasig derjenige zur obersten, schon lange aufgegebenen Alp, zur Alpe di sopra. Verkrautet, verbuscht und fast verloren der Pfad beim Abstieg in die Val di Coglio. Schattig der Hangweg nach Vasasca. Schwindel erregend der Weg durch die Schlucht und gefährlich.

Bei der weglosen Überschreitung des Pizzo Coca müssen die Hände zupacken, an Felsvorsprüngen, Grasbüscheln und Alpenrosenstauden. Aber nicht blindlings sollte man dies tun. Denn die Menschen sind nicht die einzigen Lebewesen dort hinten. Denn auf unserem Weg können Vipern liegen. Und eine lag da, mitten auf dem schmalen Pfad unterhalb des östlichen Coca-Sees. Unbeweglich und auch durch Stampfen nicht zu bewegen. Mit dem Stock versuchte ich etwas nachzuhelfen – keine Reaktion. Einfach darüber hinwegschreiten wagte ich dennoch nicht.

Eine Umgehung war nötig. Und dies ist nicht immer einfach. In der Schlucht wäre es gar unmöglich.
Manchmal nur schuhbreit ist dieser Weg, genial angelegt zwischen haltlosen Platten. Ein falscher Tritt wäre der letzte. Und das, nachdem wir schon einige Schritte gemacht haben. Volle Konzentration ist notwendig, und die Adrenalinschübe lassen die müden Beinen vergessen. Wir könnten am Morgen auch durch die Schlucht aufsteigen. Doch dann liegt sie im Schatten. Deshalb ist die Rundtour in der angegebenen Richtung empfehlenswerter: Steiler Aufstieg, weniger steiler Abstieg – mit Ausnahme beim Abstieg in die Val di Coglio. Doch der Pfad dort ist beim Absteigen vielleicht noch eine Spur besser erkennbar als beim Aufsteigen. Und wenn diese Strecke geschafft ist, beginnt der schattige Hangweg nach Vasasca. Kurz danach müssen wir uns entscheiden: Durch die Schlucht nach Coglio oder zurück auf den Weg, den wir am Morgen genommen haben.
Wie auch immer: Am Schluss der Tour auf den Pizzo Coca (im 19. Jahrhundert hieß er noch Pizzo Cocco) wartet im Grotto die Belohnung in Form einer Flasche – Gazosa.

Der Aufstieg

Von der Bushaltestelle Giumaglio (353 m) hinein ins Dorf und linkshaltend hindurch zum Beginn des Treppenweges nach Arnau. Steil hinauf, an einem Bildstock vorbei, auf den die Valle di Giumaglio begrenzenden Rücken. Auf ihm zur schön gelegenen Cappella di Cima (ca. 700 m) mit Abzweigung des Weges nach Camusegn und Cunfree (auf dem 1:25 000-Blatt »Maggia« von 1998 steht

der Name der Kapelle fälschlicherweise beim Bildstock). Weiter über den Rücken (mit eindrücklicher Treppenpassage im Fels) auf die ausgedehnte Alp Arnau mit vielen restaurierten Rustici. Beim Bildstock (1108 m) zweigt rechts der Flankenweg in die Valle di Giumaglio ab. Der Weg ist gut gepflegt, auch markiert; bei der Verzweigung nach Curtasello hält man links. An den verfallenen Hütten von Valle vorbei und über den Bach. Man kommt zu großem Haus im Wald. Noch kurz im Wald, dann auf einem Wiesenpfad hinauf nach Cortone (1593 m) – ein schöner Flecken. Ostwärts flach über den Bach und durch lichten Wald aufwärts, teilweise auf einem Grasweg. Nach der Traversierung von zwei Bächen ist der Weg weniger deutlich erkennbar; auf die verblichenen Markierungen achten. Schräg hinauf zur Alpe di Sopra (1923 m). Kurz vor der Alp zieht der Pfad den Hang hinauf auf einen Rücken, von wo er flach, dann absteigend zum Lago Coca occidentale (ohne Namen auf der Landeskarte) geht. Man steigt jedoch vom Rücken weglos über Gras und Stein zu einer Felswand. Auf einer Rampe links daran vorbei zur Steilstufe in der Nordflanke des Pizzo Coca. Auf Pfadspuren darüber hinweg und über Gras hoch in den grasigen Sattel zuoberst im Westgrat. Statt die Südwestflanke auf den Südgrat zu queren, kann man auch direkt über den felsigen Westgrat (mit einer kurzen Kletterstelle) den Gipfel des Pizzo Coca (2222 m) erreichen. Prost!

Der Abstieg

Vom Gipfel kurz über den Südgrat absteigen. Wo er schwierig wird, links hinein in die steile Ostflanke. Über Gras, Alpenrosenstauden und Steine in der Falllinie hinab zum Ausfluss (P. 2000 m) des Lago Coca orientale (ebenfalls namenlos auf der LK). Links eines auffälligen Felskopfs durch eine Mulde absteigen, auf ihrem rechten Ufer (Pfadspuren). Weiter südostwärts über eine Art Sporn hinab auf eine Verflachung mit großem Felsblock (P. 1831 m) und Steinzäunen. Nun linkshaltend in überwachsener Wegspur mit verblichenen Markierungen durch zunehmend buschigeres Gelände gegen den Bachlauf, der von der Cima di Cuaschia herabkommt. Steil zum Bach hinab- und links an einer Felswand (mit kleinen Wasserfällen) entlanggehen. Höhe haltend weiter, kurz sogar ein paar Meter aufsteigen, dann flach gegen eine Hütte (1670 m) absteigen. Auf der Wegspur die Höhe halten zu einer Verzweigung gleich hinter einem Blockfeld. Rechts abzweigen, steil und mühsam in lichtem Wald durch grasig-buschig-steiniges Gelände hinab. Einen Bach ziemlich schwierig nach links queren und schräg linkshaltend über Sporn hinab, dann aber nach rechts den Seitenbach wieder überschreiten. Rechts des Hauptbaches durch die Val di Coglio abwärts. Man kommt zu einer gut erhaltenen Hütte (auf der Landkarte nicht eingezeichnet). In ein paar Serpentinen hinab zum Bach unterhalb La Valle und gegenüber eines Wasserfalls. Den Bach überqueren zu einem Wegweiser und zu einem ziemlich guten Weg. Über Tecc di Pepa und Stil nach Vasasca (919 m), wobei mehrere, zum Teil tief eingeschnittene Seitenbäche überquert werden (nicht immer ganz einfach). In Vasasca folgt man dem Weg nach Cunfree und Giumaglio. Er sinkt linkshaltend hinab; wo er nach

rechts dreht, bleibt man auf dem linken Weg. Und schon bald warnt ein Schild vor dem gefährlichen Weg. Der nun schmale Pfad verläuft durch die Schluchtflanken des Haupt- und eines Seitenbaches. Eine Stelle ist drahtseilgesichert; andere, ebenso ausgesetzte Stellen im manchmal fast senkrechten Gelände, sind es nicht. Wo man einen Bildstock erreicht, ist die Gefahr Gott sei Dank vorüber, und bald schon kommt man wieder auf einen offiziellen Wanderweg. Auf ihm hinab nach Coglio (352 m); am Dorfrand wird eine Straßenschlaufe auf dem alten Fußweg abgekürzt. Ins Grotto Lafranchi, dann durch das Dorf zur Kirche und nach vorne zur Bushaltestelle an der Umfahrungsstraße.

Nützliche Informationen

Ausgangs- und Zielort: Giumaglio (353 m) und Coglio (352 m) in der Vallemaggia. Buslinie 10 [630.60] vom Bahnhof Locarno.
Schwierigkeit: T5; ohne Pizzo T4.
Höhenunterschiede: Auf- und Abstieg je 1870 m.
Gehzeiten: Auf- und Abstieg je 5 Std.
Distanz: 14 km.
Unterkunft: In Coglio: Cristallina Eco-Hotel, Tel. 091 753 11 41; Privatzimmer: Lucia Campana, Tel. 091 751 64 27; Silvia Del Notaro, Tel. 091 753 13 58. In Giumaglio: Privatzimmer Guido Piezzi, Tel. 091 753 13 17.
Verpflegung: Grotti in Giumaglio und Coglio.
Karten: 276 Val Verzasca; 1292 Maggia.
Varianten: Drei gipfellose Möglichkeiten: 1) Auf Wegspur vom westlichen zum östlichen Coca-See über den Passo dei due Laghi; eine Spur weniger anstrengend und schwierig, aber der Abstieg in die Val di Coglio bleibt, und der Weg durch die Schlucht auch. 2) Rundtour durch die Giumaglio-Schlucht; von der Cappella di Cima über Camusegn hinab zum Bach (ca. 600 m), über Cunfree zur Wegverzweigung und nach rechts in den Schluchtweg einbiegen. Der Weg über Cunfree und Camusegn dient auch der Vermeidung des Schluchtwegs; Gegenaufstieg von 100 Metern. 3) Vom Kirchturm von Giumaglio zu demjenigen von Coglio: erzeugt weder Schweiß noch Muskelkater.

▼ Tierisch, dritte Folge: Im Tessin leben zwei Arten von Giftschlangen – Kreuzottern und Vipern (Bild). Ihr Biss ist für Erwachsene nicht lebensgefährlich. Fest auftreten sollte man trotzdem, nicht nur am Pizzo Coca.

VALLE ONSERNONE UND CENTOVALLI

Schafe grasen auf der Gipfelweide des Salmone (1559 m). Aus der dunstigen Tiefe grüßen das Maggiadelta und Locarno. In diese Richtung steigen wir ab, ins Pedemonte nämlich, das sich zu Onsernonetal und Centovalli verzweigt.

38 Salmone (1559 m)

Auf den Spuren von Herrn Geiser und anderen Romanhelden

Tourencharakter: Aufstieg von Loco, dem ehemaligen Zentrum der Strohflechterei in der Valle Onsernone, auf den überraschend alpinen Aussichtsberg im Hinterland von Locarno; Abstieg entweder nach Aurigeno, einem autofreien, mit herausgeputzten Steinhäusern glänzenden Dorf in der Vallemaggia, oder nach Verscio im Pedemonte: neben dem Sinn für Literatur sollte auch etwas Gespür für den Weg mitgenommen werden.
Beste Jahreszeit: April bis November; die Route nach Verscio auch im Winter, wenn kein Schnee liegt.
Gehzeit: 5½ Std.

»Die Passhöhe liegt 1076 Meter über Meer und wenigstens bis zur Passhöhe kennt Herr Geiser den Weg aus früheren Jahren, außerdem gibt es die Karte; Herr Geiser weiß, dass man, wo der Weg sich gabelt, sich links halten muss und dass es unterwegs Ställe gibt, wo man im Fall eines schweren Gewitters unterstehen könnte, und auf der Passhöhe wieder Ställe.« Dieser Satz steht in der 1979 veröffentlichten Erzählung *Der Mensch erscheint im Holozän* des Schweizer Schriftstellers Max Frisch, der zeitweise in Berzona bei Loco wohnte. Die Hauptfigur der Erzählung, der Rentner Geiser, versucht nach einem Unwetter das von der Außenwelt abgeschnittene (Onsernone-)Tal über den Passo della Garina zu verlassen und gerät selbst in Bedrängnis. Frischs Buch ist nicht dick und passt gut in den Rucksack; warum also auf der vorgestellten Wanderung nicht eine Lesepause einlegen, zum Beispiel auf dem Salmone, diesem Wachtturm zwischen der Valle Onsernone und der Vallemaggia, nur Gras und Schafe, Stein(männer) und Himmel um sich?

Aber vielleicht sticht die Sonne zu kräftig, und der granitene Badestrand in der Schlucht von Ponte Brolla, am südöstlichsten Ausläufer des Salmone, ist verlockender als seine steinigen Pfade. Auf Lektüre muss trotzdem nicht verzichtet werden. Aline Valangins Romane *Dorf an der Grenze*, *Die Bargada* und die Novellensammlung *Stella* beziehen sich wie Frischs Erzählung von Herrn Geiser ebenfalls auf die Valle Onsernone. Die Valle di Blenio bildet den Hintergrund in Werner Schmidlis *Guntens stolzer Fall*. *Der Stammbaum* von Piero Bianconi ist in der Val Verzasca angesiedelt. Auch in diesem Tal sowie in der Kaminfegerszene Mailands spielt der herzzerreißende Jugendroman *Die schwarzen Brüder* von Lisa Tetzner. Fast nur die Sonnenseiten des Ticino schilderte der Wahltessiner Hermann Hesse, während der Tessiner Schriftsteller Giovanni Orelli in seinen Romanen *Der lange Winter*, *Ein Fest im Dorf* und *Monopoly* sezierende Blicke auf seine Heimat richtet. Walter Kauer setzt sich in *Spätholz* mit den Umwälzungen in der ehemaligen Agrargesellschaft der Südschweiz durch Kraftwerkbau und Tourismus auseinander, und Plinio Martinis Roman *Nicht Anfang und nicht Ende* gehört eigentlich ins Gepäck aller Tessinreisenden, ob sie nun Gipfel- oder Badeziele bevorzugen.

Ein Buch fehlt noch in dieser Aufzählung, das dickste von allen: *Das Klappern der*

◄ **Lesen: Literarische Sehenswürdigkeit Passo della Garina, über den Max Frisch seinen Helden wandern lässt. Die Leser folgen den in der Natur und im Buch vorgegebenen Wegen.**

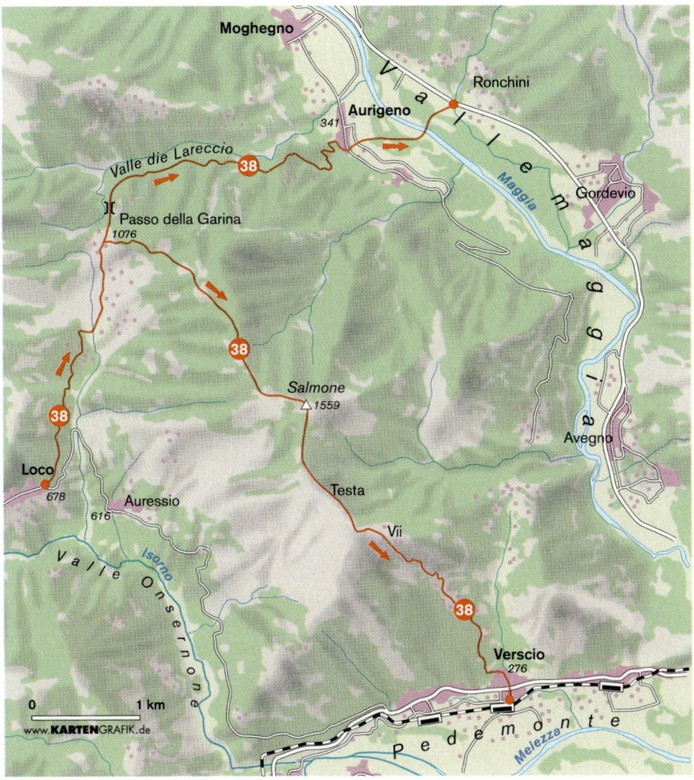

Zoccoli. Literarische Wanderungen im Tessin, herausgegeben von Beat Hächler. Darin begibt er sich mit Max Frisch auf den Salmone.

Der Aufstieg

Von der Kirche im (östlichen) Dorfteil von Loco (678 m) führt der gute Wanderweg nordwärts einer Flanke entlang in den weiten Passo della Garina (1076 m). Südlich der eigentlichen Passhöhe, bei der Verzweigung der steinmauereingefassten Wege, beginnt der markierte, nicht immer gut erkennbare Pfad auf den Salmone; er führt über die meistens bewaldete Südseite des Grates zwischen Pass und Gipfel. Vom Vorgipfel Pizen geht man über den Kamm zum Gipfel des Salmone (1559 m).

Die Abstiege

Nach Aurigeno: Zurück in den Passo della Garina. Auf dem zeitweise schmalen Wanderweg auf der bewaldeten, abschüssigen rechten Talseite der Valle di Lareccio zum großen Bildstock P. 654 m und steil hinunter nach Aurigeno (341 m).

Nach Verscio: Vom Salmone auf dem schmalen Pfad über den Südgrat in die Forcla (1382 m). Der Pfad quert die Schattseite des Testin, folgt dem Gratverlauf über die Testa zu einer felsigen Schulter und steigt linkshaltend in lichtem Wald zu den Steinhäusern von Vii ab. Über die steile Sonnenflanke, immer dem schmalen, markierten Weg folgend, an weiteren Steinhütten vorbei hinunter nach Verscio (276 m). Die Postautohaltestelle befindet sich auf dem Dorfplatz, die Bahnstation liegt ein paar Schritte weiter südlich.

Nützliche Informationen

Ausgangsort: Loco (678 m) in der Valle Onsernone. Postauto [630.50] von Locarno, Haltestelle Alla Chiesa.

Zielort: Aurigeno (341 m); in 15 Min. über die Talebene ostwärts zur Maggia-Brücke und hinüber zum Dorf Ronchini (305 m); Haltestelle des Vallemaggia-Busses [630.60]. Verscio (276 m) im Pedemonte. Onsernone-Postauto oder Centovalli-Bahn [620] nach Locarno.

Schwierigkeit: T2/T3.

Höhenunterschiede: Aufstieg 880 m, Abstieg nach Aurigeno 1250 m, nach Verscio 1280 m.

Gehzeiten: Aufstieg 3 Std., Abstieg je 2½ Std.

Distanz: Aufstieg 5 km, Abstieg nach Aurigeno 7 km, nach Verscio 4 km.

Unterkunft: In Loco: Casa Schira, Tel. 091 797 12 51. In Aurigeno: Baracca Backpacker, Tel. 079 207 15 54; Casa Parrocchiale, Tel. 041 410 91 39. In Ronchini: Garni Hotel Villa D'Epoca, Tel. 091 756 50 00; Centro Scolastico, Tel. 091 753 17 17.

Verpflegung: Ristoranti in Loco, Aurigeno, Verscio.

Karten: 276 Val Verzasca; 1312 Locarno.

Variante für Rückwanderer: Von Moghegno (317 m), dem Nachbarort von Aurigeno, über Audeglia nach Madruna (schöne Tiefblicke vom Rücken ins Maggiatal). Westwärts an malerischen Monti vorbei und durch knorrige Buchenwälder über den Puncio (1854 m) auf den Madone (2018 m). Abstecher auf den Pizzo Peloso (2064 m); ca. 30 Min. hin und zurück. Abstieg vom Madone über den S-Grat zur traumhaften Alp Pino und weiter über den Grat, bis der schmale Pfad Richtung Sassello (protzig renovierte Rustici) abdreht. Ab Sella auf gutem Saumweg nach Loco.

Besonderes: Museo onsernonese in der Casa Degiorgi in Loco; offen April bis Oktober, Di bis So 14 bis 17 Uhr.

Literatur: Am Südostfuß (Tegna, Ponte Brolla) und am Nordostfuß (Avegno) des Salmone warten Gletscherschliffplatten und Grottotische aus Granit: Für Erstere siehe Jürg von Känel/Pesche Wüthrich, *Schweiz extrem*, Band 2, Edition Filidor, Reichenbach 2002, sowie Jürg von Känel, *Schweiz plaisir sud,* Edition Filidor, Reichenbach 2003. Für Letztere siehe Marco Stöckli-Spano, *Delikat essen – Tessiner Grotti- und Weinführer,* G&T Verlag; *Tessiner Grotto-Führer/Guida ai Grotti del Ticino e Mesolcina,* Fornasier.

Anschlusstour: 44.

39 Cima del Sassone (2085 m)

Historische Wege zu den Bagni di Craveggia

Tourencharakter: Grenzerfahrungen zwischen Italien und der Schweiz, zwischen Santa Maria Maggiore in der Valle di Vigezzo und Spruga in der Valle Onsernone, zwischen Geschichte und Gegenwart, zwischen Wildnis und Idylle. Eine außergewöhnliche Einreise ins Tessin für trittsichere Wanderer.
Beste Jahreszeit: Juni bis Oktober.
Gehzeit: 7 Std.; 4 Std. mit Seilbahnbenützung nach Piana di Vigezzo.

Im Quertal, das Locarno mit Domodossola verbindet und das auf der Tessiner Seite Centovalli und in der piemontesischen Region Ossola Valle Vigezzo heißt, liegt der für seine Thermalbäder seit dem 14. Jahrhundert bekannte Ort Craveggia. Die Bagni di Craveggia befinden sich aber nicht im Ort selbst, sondern in einem Pa-

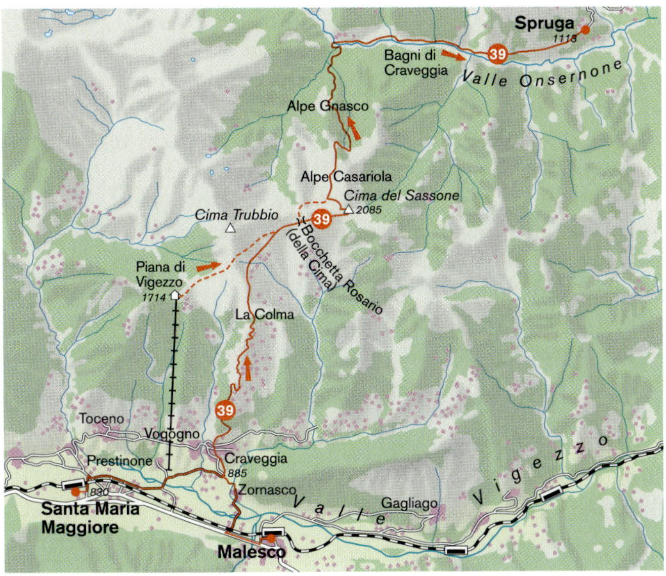

ralleltal zur Valle Vigezzo, dessen bewohnter Teil zur Schweiz gehört: Es ist die Valle Onsernone. Der Weg zu den Bagni ist von Italien her beschwerlich. Deshalb ließen sich die kränkelnden Schönen von Milano in Sänften über den Berg tragen, hinunter zum Bäderhotel, das Anfang des 19. Jahrhunderts errichtet worden war. Wir müssen selbst gehen.

Die Bagni di Craveggia sind heute nur noch Ruinen. Die beiden Weltkriege setzten den Badebetrieb jeweils außer Gefecht, und im Winter 1951 zerstörte eine Riesenlawine das Gebäude. Die Unwetter von 1978 spülten weitere Mauern fort. Nur das eigentliche Steinbecken mit lauwarmem Wasser, versteckt unter einem Gewölbe, zu dem man durch eine kleine Pforte gelangt, ist von der Zerstörung bisher verschont geblieben. Allerdings sind die Ruinen 2000 und 2001 gesichert worden. Und: Das heiligende Wasser soll wieder genutzt werden, im wunderschönen Palazzo Gamboni in Comologno; die Badewanne steht schon bereit.

Im Herbst 1944 spielten sich bei den Bagni di Craveggia tragische Szenen ab. Die 40 Tage der Republik Ossola gingen vor dem Ansturm der deutschen Naziheere und der italienischen Faschistentruppen zu Ende, drei Partisanenbrigaden flohen zum Grenzübergang bei den Bagni, mit ihnen Frauen und Kinder. »Eine Strafexpedition gegen die Partisanen und ihre Freunde«, schreibt Aline Valangin in ihrem Roman *Dorf an der Grenze*: »Bald standen Menschen im Grund und begehrten Einlass. Sie klagten, sie hätten Hunger, sie frören, sie fürchteten sich.« Den Zivilisten wurde zögernd Einlass gewährt. Die Lage spitzte sich zu, als am 18. Oktober die Verfolger das Feuer auf die Partisanen eröffneten, wobei es zu gehörigen Verletzungen des schweizerischen Hoheitsgebietes kam. 256 Partisanen konnten sich schließlich in die Schweiz retten, vier blieben zurück, tot oder gefangen.

Tempi passati, gewiss, und doch glaubt man noch einen Hauch der traurigen Ereignisse zu spüren. Im dichten Wald neben der Ruine der Bagni di Craveggia versteckt sich die rosarote Kaserne, wo die italienischen Zollwächter und später die deutschen Besatzer logierten. Keinen Pass, kein Visum müssen wir vorweisen: Wir kommen ungehindert in die Schweiz und nach einem knapp stündigen Marsch nach Spruga zuhinterst in der Valle Onsernone.

Der Aufstieg

Vom Bahnhof Santa Maria Maggiore (830 m) ostwärts auf einer Straße – kurz rechts, dann links der Geleise und zuletzt der Melezza entlang; die Straße biegt in eine große ein. Etwas nördlich der Melezza-Brücke P. 771 m liegt die Talstation der Funivia nach Piana di Vigezzo. Man folgt der Straße Richtung Craveggia und biegt bei der ersten Haarnadelkurve rechts auf einen Kreuzweg ein, der nach Craveggia (885 m) hinaufführt. Diesen Kreuzweg erreicht man auch, wenn man den Zug in Malesco (764 m) verlässt, auf der Straße zur Haltestelle Zornasco geht (ein paar Züge halten gar hier), dann der Straße nordwärts nach Zornasco folgt, westwärts einen Seitenbach quert und zur untersten Kapelle des Kreuzweges aufsteigt. In Craveggia linkshaltend durch die engen Dorfgassen hoch an den nördlichen Dorfrand. Nordwärts abwechslungsweise auf Saumwegen und

Zubringerstraßen ansteigen, bis man auf die Wegweiser (Colma, Bagni di Craveggia) stößt. Auf dem markierten Wanderweg mehrheitlich im Wald und zuletzt über Wiesen erreicht man La Colma (1670 m). Beim Wegweiser den oberen Hangweg einschlagen, der schräg zur Bocchetta Rosario (1955 m; Bocchetta della Cima auf der Karte) hinaufzieht. Von der letzten Kehre unterhalb der Lücke auf dem oberen, rot markierten Pfad durch den Hang bis an den Fuß der S-Flanke der Cima del Sassone hinüberqueren. Durch diese führt der Pfad rechtshaltend auf den Gipfel (2085 m).

Der Abstieg

Über den kurzen SW-Grat in eine Lücke (2014 m) hinunterkraxeln. Linkshaltend in etwas abschüssigem Gelände auf Schafspfaden zum rot-weiß-rot markierten Saumweg hinabstolpern, der von der Bocchetta Rosario herabkommt. Ihm folgt man über die Alpe Casariola und eine Schulter (P. 1814 m) bis zur Weggabelung in der Nordflanke der Cresta di Moriming: Eine Aufschrift auf einem Stein weist nach links zu den Bagni hinab; den auf der Karte von 2002 noch halbwegs eingezeichneten Pfad über die Alpe Motto gibt es fast nicht mehr! Der Wanderweg schraubt sich nordwärts im Wald über die Alpe Gnasco (1534 m) ins Tal des Rio Cortaccio hinab. Am Talausgang den Rio Cortaccio und talaufwärts den Hauptfluss, den Rio dei Bagni, überqueren (P. 1057 m). Auf dem linken Ufer talauswärts, auf einem im Jahre 2001 restaurierten Weg. Man kommt zu den Ruinen der Bagni di Craveggia (977 m), die man flussdurchwatend erreicht; 200 Meter unterhalb der Bagni

▼ **Baden: Gesunde Wanderinnen erfrischen sich im kühlen Rio dei Bagni, weil von den Bagni di Craveggia, wohin sich einst die kränkelnden Schönen von Milano zur Thermalkur hintragen ließen, nur noch Ruinen stehen.**

gibt es seit 2002 einen Fußgängersteg. Nach dem Bad zurück auf das linke Ufer, über die Staatsgrenze und auf einem guten Sträßchen nach Spruga (1113 m).

Nützliche Informationen

Ausgangsort: Santa Maria Maggiore (830 m), Hauptort der italienischen Valle Vigezzo; liegt an der Centovalli-Bahn [620] Locarno–Domodossola. Man kann auch in Malesco (764 m) aussteigen (etwa gleich weiter Weg nach Craveggia). Oder an den Haltestellen (auf Verlangen!) Zornasco und Prestinone zwischen Malesco und Santa Maria Maggiore (gilt nur für Regionalzüge). Vereinzelt Ortsbusse von Santa Maria Maggiore nach Craveggia.

Zielort: Spruga (1113 m) zuhinterst in der Valle Onsernone. Postauto [630.50] nach Locarno.

Schwierigkeit: T2/T3; Gipfel kurz T3/T4 bei Direktabstieg zur Lücke 2014 m und zum Wanderweg auf der Nordseite.

Höhenunterschiede: Aufstieg 1310 m + 140 m (= 1450 m), Abstieg 1110 m.

Gehzeiten: Santa Maria Maggiore–Craveggia 45 Min., Craveggia–Cima del Sassone 3½ Std., Cima del Sassone–Bagni di Craveggia 2 Std., Bagni di Craveggia–Spruga 45 Min.

Distanz: 16 km.

Unterkunft: In Santa Maria Maggiore: Miramonti gleich bei der Stazione, Tel. 0039 0324 95013. In Craveggia-Vocogno: Marconi, Tel. 0039 0324 98007; La Perla, Tel. 0039 0324 98071. In Piana di Vigezzo: Residence La Piana, Ende Juni bis Anfang Oktober, 0039 0324 909970. In Spruga: Zimmer mit Frühstück bei Giovanna Friedli, Tel. 091 797 11 68; Gruppenunterkunft Ostello del Capelan, mit Selbstversorgerküche, Tel. 091 797 12 29 (oder via Osteria Al Palazign). In Comologno: Osteria Al Palazign, Tel. 091 797 20 68; Palazzo Gamboni, Tel. 091 780 60 09 oder 078 847 65 99. In Russo: Garni Leila, Tel. 091 797 14 80. Alle Unterkünfte in der Valle Onsernone unbedingt reservieren!

Verpflegung: Ristoranti in Craveggia, Spruga und Comologno.

Material: Personalausweis, Badekleid.

Karten: 275 Valle Antigorio, 285 Domodossola; 1311 Comologno.

Variante für Spätanreisende: Von Prestinone unterhalb Craveggia fährt eine Seilbahn nach Piana di Vigezzo (1714 m); Juli und August stündlich, im Juni und September nur Samstag/Sonntag, Tel. 0039 0324 98039. Von Piana di Vigezzo auf gutem Weg nordostwärts in einer guten Stunde auf die Cima del Sassone.

Besonderes: Die hintere Valle Onsernone mit den Bagni di Craveggia, seit 2002 als riserva integrale ausgeschieden ist eines der Lieblingsgebiete des Zürcher Power(wander)couple Ursula Bauer und Jürg Frischknecht; nachzulesen und –zuwandern in den beiden folgenden Bestsellern aus dem Rotpunktverlag: *Grenzschlängeln* und *Bäderfahrten*. Sowie im Internet unter www.wanderweb.ch/Texte/onsernone.html.

Literatur: Aline Valangin, *Die Bargada*, Büchergilde Gutenberg, Zürich 1943; *Dorf an der Grenze,* Limmat Verlag, Zürich 1982; seit 2003 gemeinsam in einem Band beim Limmat Verlag. Eveline Hasler, *Aline und die Erfindung der Liebe*, Nagel & Kimche, Zürich 2000. Peter Kamber, *Geschichte zweier Leben. Wladimir Rosenbaum & Aline Valangin,* Limmat Verlag, Zürich 2000; Neuauflage. Man kann sich also gut ein paar Tage im Palazzo Gamboni einquartieren und lesen (statt immer nur wandern).

Anschlusstouren: 33, 40.

40 Pizzo Ruscada (2004 m)

Auf dem Monte di Comino vergisst man die steinigen Pfade

Tourencharakter: Strenge Bergwanderung auf spärlich markierten Pfaden von der Valle Onsernone in die Centovalli. Trittsicherheit und Orientierungssinn sind erforderlich. Auf dem Monte di Comino laden das Bergrestaurant Riposo Romantico und die Capanna Monte Comino zu Brotzeit und mehr ein.

Beste Jahreszeit: Juni bis Oktober.

Gehzeit: 7 Std.

»Wir reisten Nachmittags zu Fuß nach Russo«, schreibt der Berner Patrizier Karl Viktor von Bonstetten, Schriftsteller und Landvogt im Tessin von 1795 bis 1797, in seinen *Briefen über die italienischen Ämter:* »Wenn schon die Berge steil sind, sind doch die Fußsteige an den Bergwänden oft eben und reizend. Denn Dörfer und Wohnungen sind nicht entfernt voneinander, die Natur ist in ihrer Nachlässigkeit verführerisch. Die unbewohnte Schattenseite des Thals lockt das Auge in tausend, bald sanft blumigte, bald schreckliche Einöden, wo der Adler kreischt, und Gemsen ruhig weiden.« Genau durch diese Einöde wollen wir wandern.

Früher wurde in dem unzugänglichen Gebiet viel geschmuggelt. Eine fröhliche Schmuggler-Geschichte erzählt Giovanni Anastasi im ersten Tessin-Band der Buch-Reihe *Die Schweiz in Lebensbildern* (1927): Zum Silvesterball in Spruga hätten die Schmuggler nicht nur alle jungen Mädchen, sondern auch die Grenzwächter eingeladen. Der Wein sei in Strömen geflossen, und »die schmucken Grenzwächter tanzten mit den hübschen Mädchen, dass es eine Freude war, während man draußen fast erfror und ein Fähnlein von dreißig Schmugglern unbehelligt auf den verlorenen Saumpfaden von Craveggia die Grenze überschritt, womit die Kosten für das Abendessen in Spruga wohl zwanzigfach gedeckt worden sind!«

Wir stellen uns vor: Diese schmalen, abschüssigen Pfade bei Nacht und Kälte, mit schwerem Gepäck und ohne Licht zu begehen, dazu immer noch in der Angst, erwischt zu werden. Dagegen bedeutet freiwilliges Bergwandern geradezu Erholung. Auf der Alpe Lombardone machen wir die erste Rast. Die Alphütten sind vor langer Zeit aufgelassen worden. Sorgfältig Stein auf Stein waren sie erbaut worden, damals, als die Berglandwirtschaft im Tessin noch ein kärgliches Überleben sicherte. Dann verlockten die Städte in der Ebene unten mit besseren und leichteren Erwerbsmöglichkeiten, die Menschen wanderten aus, und die Hütten fallen in sich zusammen, zu unregelmäßigen,

▼ Essen: Im Juli und August muss man beim Wandern genügend Zeit für Esspausen einrechnen, denn die Heidel- und Himbeeren wollen gepflückt werden, am Pizzo Ruscada und anderswo.

trostlosen Steinhaufen. Auf einen Steinblock ist eine Sonnenuhr geritzt worden, die Striche und Zahlen hat jemand in neuerer Zeit mit roter Farbe nachgezogen; eine Jahreszahl steht da: 1919. Auf einem andern Block kann man entziffern: »Al II Agosto pasato il giovene Lorenzo pantini lano 1857.« Über der Inschrift ein eingemeißeltes Kreuz. Die Alpe Lombardone: ein kleines Lehrstück über das Tessin.

Wir verlassen das Grabmal des vergessenen Hirtenbuben und steigen gegen den Pizzo Ruscada auf. »Vom Ruscada-Gipfel aus bewundert das Auge auf drei Seiten den weiten firnigen Alpenbogen und zwischen den Lücken des Gridone erspähen wir Teile der lombardischen Ebene«, weiß Augusto Ugo Tarabori das Panorama des 2004 Meter hohen Berges im zweiten Tessiner Band der Schweizer Lebensbilder zu erklären.

Der Abstieg erfolgt auf der schmalen Krete zwischen der Valle Onsernone auf der linken und den Centovalli auf der rechten Seite. Genau in der Verlängerung des Ostgrates erblicken wir die Schwemmebene des Pedemonte und Locarno. Solche Blicke dürfen wir nur bei Stillstand riskieren. Vorsichtig trippeln wir in einen Sattel hinunter, überschreiten etwas fluchend den Doppelzahn Pianascio-Pizzin, der sich uns in den Weg stellt, und retten uns zur Wallfahrtskirche Madonna della Segna hinab. Nun sind es nur noch ein paar Schritte ins Paradies: ins Ristorante al Riposo Romantico auf dem Monte di Comino. Wie später die Minestrone auf dem Granittisch unter dem dichten Blätterdach serviert wird, fühlen wir uns besser als im siebten Himmel.

Der Aufstieg

Der Aufstieg beginnt mit einem Abstieg in die Isorno-Schlucht. Wir gehen von der Kirche in Comologno (1085 m) zur Isorno-Brücke (P. 856 m) hinab, überqueren danach linkerhand auf einer weiteren Brücke den Wildbach der Valle del Guald und steigen auf einem Pfad steil über den bewaldeten NW-Rücken zur Alpe Lombardone (1588 m) und zur ebenfalls aufgelassenen Alp P. 1705 m. Die Westflanke des Cappellone zur nächsten Ruine (1737 m) queren. Ostwärts über eine schwach ausgeprägte Rippe in Pfadspuren auf den Nordgrat des Pizzo Ruscada und zum Gipfel (2004 m).

Der Abstieg

Auf dem Ostgrat führt der Pfad in den Sattel Pescia Lunga (1511 m) hinab. Steil hinauf auf den Pianascio (1643 m), wobei man unter der eine Lücke überspannenden Wasserleitung durchkommt; eine etwas ausgesetzte Stelle beim Tobel vor dem Pianascio. Recht ausgesetzt zum Pizzin (1510 m) hinunter. Im Buchenwald genau ostwärts zur Kirche Madonna della Segna (1166 m) hinabsteigen und flach auf den Monte di Comino (1138 m) mit der gleichnamigen Capanna und dem Ristorante al Riposo Romantico schlendern; in der Nähe der Berggasthäuser die Bergstation der Gondelbahn nach Stazione Verdasio. Westwärts auf einem Pfad auf die andere Talseite hinüberwechseln. Ein guter Saumweg leitet ins sehenswerte Dorf Verdasio (711 m) hinab. Auf der Stich- zur Centovalli-Talstraße und talauswärts in wenigen Schritten zur Stazione Verdasio (530 m).

Nützliche Informationen

Ausgangsort: Comologno (1085 m) fast zuhinterst in der Valle Onsernone; Postauto [630.50] von Locarno.

Zielort: Stazione Verdasio (530 m) der Centovalli-Bahn [620] Locarno–Domodossola.

Schwierigkeit: T3.

Höhenunterschiede: Aufstieg 1210 m + 130 m (= 1340) m; Abstieg bis Monte di Comino (Ristorante Riposo Romantico) 210 m + 490 m + 500 m (= 1200 m), dazu nochmals 610 m bis Stazione Verdasio.

Gehzeiten: Comologno–Pizzo Ruscada 4 Std., Pizzo Ruscada–Monte di Comino 2 Std., Monte di Comino–Stazione Verdasio 1 Std.

Distanz: 9 km bis Monte di Comino, weitere 4 km bis Stazione Verdasio.

Unterkunft/Verpflegung: Monte di Comino: Ristorante al Riposo Romantico, 16 Plätze, offen April bis Oktober, Tel. 091 798 11 30; Capanna Monte Comino, Tel. 091 798 18 04. In Spruga: Zimmer mit Frühstück bei Giovanna Friedli, Tel. 091 797 11 68; Gruppenunterkunft Ostello del Capelan, mit Selbstversorgerküche, Tel. 091 797 12

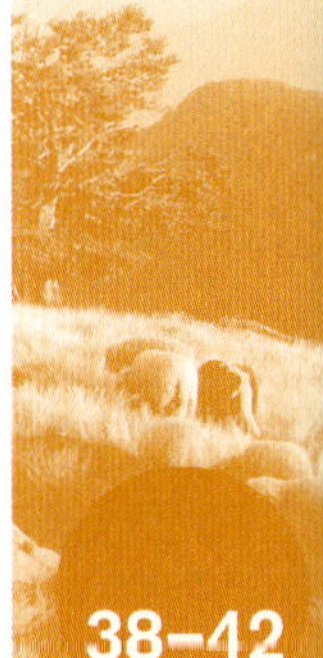

29 (oder via Osteria Al Palazign). In Comologno: Osteria Al Palazign, Tel. 091 797 20 68; Palazzo Gamboni, Tel. 091 780 60 09 oder 078 847 65 99.

Karten: 275 Valle Antigorio, 276 Val Verzasca; 1311 Comologno, 1312 Locarno.

Variante für Konditionsstarke: Aufstieg auf den Pizzo Ruscada von Spruga (1113 m) über Isorno-Brücke (905 m), Casone und Alpe Ruscada (länger und noch wilder).

Besonderes: Bergfest am zweiten Augustsonntag auf Monte di Comino.

Anschlusstouren: 33, 39, 41, 42.

41 Gridone (2188 m)

Panoramagipfel über dem tiefsten Punkt der Schweiz, dem Lago Maggiore

Tourencharakter: Kernige Tour auf den schönsten und höchsten Gipfel direkt über dem Lago Maggiore. Ruppiger Aufstieg von Rasa in den Centovalli und erstaunlich knieschonender Abstieg nach Brissago. Trittsicherheit nötig und eine zusätzliche Feldflasche vorteilhaft.

Beste Jahreszeit: Juni bis Oktober.

Gehzeit: 7½ Std.

Zweitausend Meter schießt der Gridone vom Ufer des Lago Maggiore in einem Zug in die Höhe, und auf der anderen Seite fällt er um fast gleich viele Meter in die Centovalli und in die Schlucht der Melezza ab. Ein gewaltiger Berg, dieser Ghiridone oder Monte Limidario, wie der Grenzgipfel zwischen der Schweiz und Italien auch heißt. Alle, die oben waren, rühmen das Panorama und die Lage. Als einer der Ersten tat dies der Tessiner Luigi Lavizzari, der unermüdliche Erwanderer und Erforscher seiner Heimat im vorletzten Jahrhundert. In seinen 1863 veröffentlichten *Escursioni nel Cantone Ticino* schreibt er zum 2188 Meter hohen Gridone-Gipfel: »Von dort oben blicken wir mit angstvoller Unruhe umher, sozusagen erschreckt über die Abgründe, welche die Gipfelfelsen auf allen Seiten umgeben.«

Vom autofreien Dorf Rasa auf der rechten Talseite der Centovalli erreichen wir über Terra Vecchia – bekannt als Ort, wo Therapiebedürftige ihr Leben und die verfallenen Häuser wiederaufbau(t)en – Bordei. Die Schonzeit ist zu Ende, der schweiß- und atemtreibende Aufstieg durch die Val di Bordei auf den Gridone beginnt. Gnadenlos zieht sich das Tal in die Höhe, überwachsen von einer Macchia-ähnlichen Vegetation, durch die es ohne Pfad kein Durchkommen gäbe. Dieser (markierte) Weg ist steil, nass, mühsam – nein, unser Ziel ist er nicht. Irgendwo meckern einmal scheu ein paar Ziegen; ob sie Mitleid mit uns oder mit sich selbst haben, ist nicht herauszuhören. Auf 1800 Meter beginnt die Vegetation alpiner zu werden, in der Bocchetta di Valle ändert sie auf einen Schlag: Wir haben die Südseite des Gridone erreicht.

Solch rasche Vegetationswechsel sind typisch für das Tessin bis knapp 2000 Meter: nordseitig die fast subtropische Feuchte, südseitig die fast steppenartige Trockenheit. Anders gesagt: im Schatten Grünerlen, in der Sonne Heidekraut. Durst kriegt man so oder so. Wir jedenfalls verspüren ihn. Doch zuerst bringen wir noch den luftigen und rutschigen Gipfelgang hinter uns. Bei klarer Sicht sieht man vom Gridone den ganzen Alpeninnenbogen, im hochsommerlichen Dunst begnügt man sich mit dem Tiefblick auf den Lago Maggiore (193 m), der träge den Fuß des Gridone kühlt.

Den Abstieg Schritt für Schritt beschreiben zu wollen, ist unmöglich. Es sind ihrer zu viele. Aber sie sind erträglich. Die

400 Höhenmeter vom Gipfel zum Rifugio Al Legn müssen die Oberschenkelmuskeln zwar schon spürbar abbremsen. Aber dort machen wir eine lange Pause, weil gegen die Aussicht von der Hütte gar diejenige von der prächtigsten Villa am Lago Maggiore verblasst. Ja, warum eigentlich nicht gerade hier bleiben und bei Sonnenuntergang die selbst mitgetragenen und gekochten Spaghetti essen: einfach bellissimo! Und am andern Morgen leichtfüßig abwärts wandern.

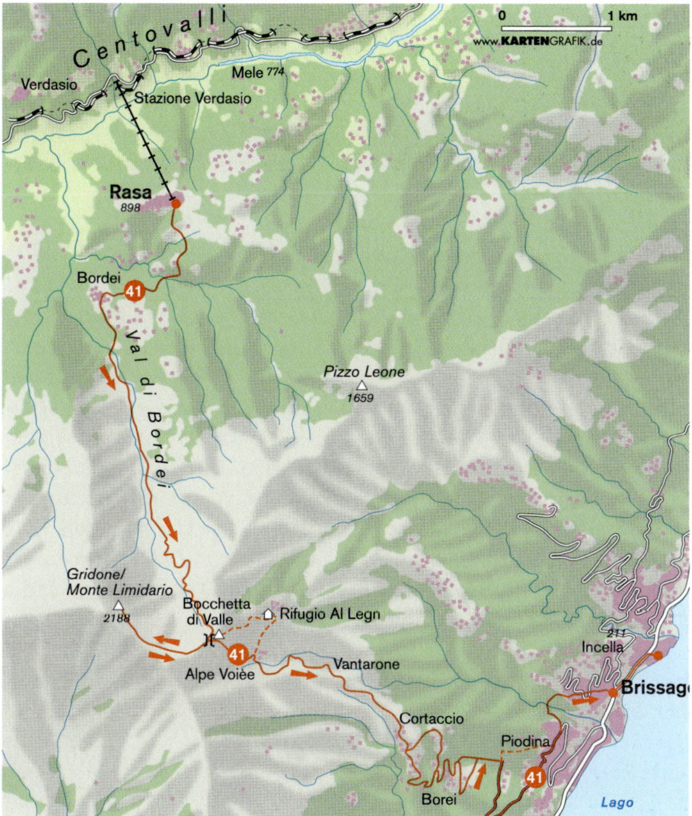

Von der aufgelassenen Alp Vantarone genießen wir den letzten hindernisfreien Blick zum See. Wenig später kommen wir an Ferienhäuschen vorbei und in Cortaccio auf die geteerte Straße. Auch sie ist nicht unser Ziel; zum Glück gibt es ein paar Wanderwegabkürzungen. Das Sträßchen verläuft (wie die Pfade) oft im Wald, kurvt einmal gar an einer Osteria vorbei. Von dort sind es immer noch 600 Höhenmeter bis nach Brissago. Ausgelaugt erreichen wir die Uferstraße und mit ihr wieder Lärm, Gestank, Hektik – eine andere Welt. So schnell wie möglich in ein Ristorante am Ufer des Lago Maggiore. Die Füße stecken nicht mehr in den staubigen Wanderschuhen, der Rucksack drückt nicht mehr die Schultern. Eine Bad täte jetzt gut. Oder eine Fahrt auf dem Schiff, wenn der Wind über die erhitzten Köpfe streicht.

Der Aufstieg

Von Rasa (898 m) auf dem Wanderweg südwärts im Wald hinab zur einer Bachbrücke (663 m) und hinauf nach Bordei (726 m). Durch die Siedlung hindurch und auf einem Gütersträßchen südwärts in die Val di Bordei hineingehen, bis rechterhand der markierte Wanderweg zum Gridone abzweigt. Der Pfad überquert den Bordei-Bach und zwängt sich taleinwärts zwischen großen Blöcken hindurch. Kurz nachdem er aus dem Wald getreten ist, wechselt er das Ufer. Nun steil durch die überwachsene Val di Bordei, an der Jägerhütte »al Balm di Russ« (oberhalb P. 1594 m) vorbei, in die Bocchetta di Valle (1948 m) hinauf. Westwärts kurz auf dem Grat ansteigen, dann die abschüssige Nordflanke von P. 2138 m zum Südostgrat des Gridone queren. Der etwas ausgesetzte und rutschige Pfad führt knapp in Italien zum großen Gipfelkreuz des Monte Limidario (2188 m), wie der Berg auch heißt.

Der Abstieg

Auf der Aufstiegsroute in die Bocchetta di Valle zurückkehren. Auf einem schmalen Pfad über Avaiscia auf die Alpe Voièe hinunter und auf einem schönen Zickzackweg über Vantarone zur ersten Ferienhäuschen-Siedlung Penzevrone und hinab zur zweiten, größeren: Cortaccio (1067 m). Kurz auf der Straße bis zur ersten Kurve, dann über eine Matte östlich von P. 1019 m zum Waldrand. Auf dem in der Landeskarte eingezeichneten Weg über Prati di Caccio zur Straße zurück. Auch zwei weitere Abkürzungen sind empfehlenswert; diejenige über die Chiesa di Taia vielleicht auch. Durch Piodina nordwärts (Wegweiser »Incella«) und auf witzigem Weg durch tropische Vegetation (Kirschlorbeer, Agaven) und über eine Brücke (333 m) nach Incella (369 m). Durch die engen Gassen des schönen Dorfkerns und auf teilweise markierten Abkürzungen, bei P. 290 m vorbei, zur Straße, die auf die Hauptstraße in Brissago (211 m) hinabführt; Bushaltestelle.

Nützliche Informationen

Ausgangsort: Stazione Verdasio (530 m) der Centovalli-Bahn [620] Locarno–Domodossola; Achtung: Halt auf Verlangen! Mit der Seilbahn [2625] weiter nach Rasa (898 m); fährt vom 1. März bis 15. November, aber nicht an jedem ersten Werktagsdienstag eines Monats.

Zielort: Brissago Centro (211 m). Mit Bus [630.30] oder Schiff [3630] nach Locarno.

Schwierigkeit: T3.

Höhenunterschiede: Aufstieg 1560 m, Abstieg 240 m + 2000 m (= 2240 m).

Gehzeiten: Rasa–Gridone 4½ Std., Gridone–Brissago 3 Std.

Distanz: 15 km.

Unterkunft: Rifugio Al Legn (1804 m) oberhalb der

◄ **Dampfen: Beim Aufstieg auf den Gridone durch den grünen Urwald der Val di Bordei kommt man ganz gehörig ins Schwitzen.**

▼ **Lüften: Nach 2000 Meter Abstieg tut es gut, die Füße im Lago Maggiore zu kühlen. Und vielleicht auch mehr.**

Alpe Arolgia, gehört der Associazione Amici della Montagna di Brissago, offene Selbstversorgerhütte mit 12 Plätzen, am Wochenende teilweise bewirtschaftet, Tel. 091 793 44 20. In Rasa: Kurs- und Ferienzentrum Campo Rasa der Vereinigten Bibelgruppe, Tel. 091 798 13 91. In Bordei: Osteria con alloggio, Tel. 091 798 80 08. In Brissago mehrere Hotels.

Verpflegung: In Rasa, Bordei, Brissago. Osteria Borei auf etwa 800 m; Donnerstag Ruhetag; November bis Dezember nur Freitag bis Sonntag offen; Januar/Februar ganz geschlossen.

Karten: 276 Val Verzasca, 286 Malcantone; 1312 Locarno, 1332 Brissago.

Besonderes: Der Wasserkanal von der Valle della Pioda nach Cortaccio, der restauriert wurde, auch wenn das Wasser heute nicht mehr zum Bewässern der Alpweiden gebraucht wird. Wegweiser »Il Canalitt« am Ende der Straße beachten. Mehr dazu bei Angelo Valsecchi: *L'antico acquedotto del Cortaccio.*

Anschlusstouren: 40, 42.

42 Pizzo Leone (1659 m)–Corona dei Pinci (1293 m)–Monte Verità (333 m)

Der lange Panoramaweg auf die kurze Promenade von Ascona

Tourencharakter: Abwechslungsreiche Wanderung vom autofreien Dorf Rasa in den Centovalli auf die motorfahrzeugfreie Uferpromenade von Ascona. Eine Strecke für Genießer, die sich am sichtoffenen Naturweg zwischen dem Pizzo Leone und der Corona dei Pinci so freuen wie am Kultberg von Künstlern und Weltverbesserern, dem Monte Verità. Doch der Abstieg zum Lido bringt mehr den Körper als den Geist ins Schwitzen.

Beste Jahreszeit: April bis November.

Gehzeit: 6¼ Std.

Monte Verità: eine Oase der Ruhe oberhalb des geschäftigen Ascona, wo sich vorne an der verkehrsberuhigten Seepromenade die sonnenhungrigen Touristen in den Straßencafés stauen und hinten am Rande der Altstadt die Autos, deren Fahrer oft traurig darüber sind, dass sie ihren vierrädrigen Besitz nicht mehr über den Lido spazieren führen dürfen. Monte Verità: der magische Hügel oberhalb des heute verbauten Ufers, auf dem nach der vorletzten Jahrhundertwende Aussteiger nach einem besseren Leben Ausschau hielten. Dichter und Denker, Vegetarier und Industrielle, Anarchisten und Naturisten probten auf dem Berg der Wahrheit andere Formen des Seins und Sinns. In der 1902 erbauten Casa Anatta, in der das Museo Monte Verità untergebracht ist, lustwandeln wir durch die moderne Geschichte der Anhöhe, an der Gräber aus der Bronzezeit gefunden wurden. Und dann pilgern wir noch zur Casa Selma, einer dieser typischen Licht- und Lufthütten aus Holz, in welcher die Weltverbesserer lebten. Wovon mögen wohl die Hirten, welche in den dunklen Steinhütten auf der Schattseite der Seeberge hausten, geträumt haben?

Pizzo Leone: Nur Steine und Gras und ein bisschen Wind auf dem kleinen Bruder des Gridone. Zu Füßen der Lago Maggiore. All die grünen Hügel rund um den See und die Isole di Brissago mittendrin. Die Schiffe wie Spielzeuge, das Tragflügelboot aber hören wir. Später auf der Corona dei Pinci, nach einer unvergesslichen Kammwanderung: Ascona und Locarno sind näher gerückt, von bloßem Auge erkennen wir die Leinwand auf der Piazza Grande, mit dem Fernglas die weiß gedeckten Tische auf dem Lido.

Kultur und Natur: Sportlich genießen wir die Verbindung, unterbrechen unsere Tour auf Aussichtswarten und auf der Wiese oben auf dem Monte Verità, wo noch die Turnstangen und Badewannen der Weltverbesserer zu bestaunen sind.

Und dann eilen wir vom Berg der Wahrheit, der heute das Ausbildungsseminar Centro Stefano Franscini beherbergt, hinunter in die Touristenschwärme des Ex-Fischerdorfes Ascona.

Der Aufstieg

Von Rasa (898 m) auf dem Wanderweg über Monti in den Sattel von Termine (997 m), wo viele Wege zusammenlaufen. Den großen Weg halbrechts einschlagen, der auf der bewaldeten Schattseite des Pizzo Leone über Piancaccia auf seinen SW-Grat hochzieht. Über diesen Grat auf den Gipfel (1659 m).

Von Gipfel zu Gipfel

Vom Pizzo Leone auf dem Pfad durch die SO-Flanke hinab und auf dem Aussichtskamm zu P. 1597 m. Hinunter, bei der Alpe di Naccio vorbei, in einen Sattel (1306 m), wo ein viel begangener Weg von Rasa einmündet. Auf dem Wanderweg nordostwärts weiter teilweise im Wald: über Casone (1284 m) in einen Sattel (1273 m) und kurzer Grataufstieg auf die Corona dei Pinci (1293 m).

Der Abstieg

Über den O-Grat absteigen, auf Schafs- und Ziegenwegen dem Waldrand entlang. Bevor man den Wanderweg erreicht, wird das Gelände etwas steiler. Kurz dem Wanderweg Richtung Monti di Losone folgen, dann rechts den Wanderweg zu den Monti di Ronco einschlagen. Im Zickzack und in meist offenem Gelände hinab zu einer Wegkreuzung wandern. Sich dem Weg anvertrauen, der auf einem Stein mit »Arcegno–Ascona« angeschrieben ist. Der Weg führt im Wald abwärts. Nach dem Sattel bei P. 738 m rechts dem Weg nach Ascona folgen. Weiter durch Wald gehen, nahe bei Straßenkurven und Häusern vorbei. Schließlich durch eine leicht felsige Mulde auf eine Waldebene gelangen. Nach rechts und hinab auf die Straße Arcegno–Ronco. Auf dem geteerten Waldweg zur Parzifalswiese (ca. 290 m) des Monte Verità spazieren. Diese durch- und auf einem Fußweg (Wegweiser Museo) hochschreiten. Um das Bauhaus und Seminargebäude herumschlendern und auf kleinen Wegen zum Wasserreservoir auf dem Gipfel (ca. 333 m) des Berges der Wahrheit vordringen. Nordostwärts über den Waldkamm, links an den Tennisplätzen vorbei, zur Turnecke sprinten. Beim Rückweg marschieren wir rechts am Schwimmbad vorbei und finden vor dem lachsfarbenen Haus mit den spitzen Fensterläden eine Granittreppe, die uns in Richtung der Bushaltestelle an der Straße zum Monte Verità mitnimmt. Wer allerdings zum Museum will, muss ganz zum Bauhaus zurück. Nur kurz die erwähnte Straße benützen, dann direkt auf Treppenwegen hinunter ins Zentrum von Ascona (196 m) steigen. Nach rechts zum Lido – salute!

Nützliche Informationen

Ausgangsort: Stazione Verdasio (530 m) der Centovalli-Bahn [620] Locarno–Domodossola; Achtung: Halt auf Verlangen! Mit der Seilbahn [2625] weiter nach Rasa (898 m); fährt vom 1. März bis 15. November, aber nicht an jedem ersten Werktagsdienstag eines Monats.

Zielort: Ascona (196 m); Bus und Schiff nach Locarno.

Schwierigkeit: T2/T3.

Höhenunterschiede: Aufstieg 820 m, Abstieg 1520 m.

Gehzeiten: Rasa–Pizzo Leone sowie Corona dei Pinci–Monte Verità je 2½ Std., von Gipfel zu Gipfel 1 Std., Restabstieg nach Ascona 15 Min.

Distanz: 12,5 km.

Unterkunft: In Rasa: Kurs- und Ferienzentrum Campo Rasa der Vereinigten Bibelgruppe, Tel. 091 798 13 91. In Bordei: Osteria con alloggio, Tel. 091 798 80 08. In Ascona: die Qual der Wahl.

Verpflegung: Ristoranti in Rasa, Monte Verità und Ascona.

Karten: 276 Val Verzasca; 1312 Locarno.

Variante für Nudisten: Vom Bahnhof Intragna (339 m) taleinwärts auf Wegen (zum Beispiel bei Piazzo) und auf der Straße bis zur Abzweigung des Weges hinunter zum 1578 erbauten Ponte Romano (309 m) über die Melezza; beliebter Platz für (Nackt-)Badende. Auf dem Wanderweg über die Maiensäße P. 595 m und P. 734 nach Survi und hinauf auf die Corona dei Pinci; 3 Std. von der Römerbrücke.

Besonderes: Museo Monte Verità in der Casa Anatta, offen von April bis Oktober, Dienstag bis Sonntag von 14.30 bis 18 Uhr, Juli und August 15 bis 19 Uhr.

Literatur: Zum Einstimmen: *Tessin. Ein Lesebuch,* herausgegeben von Esther Scheidegger, Arche Verlag, Zürich 1991; zum Mitfühlen: Hans Morgenthaler, *Woly. Sommer im Süden,* Orell Füssli, Zürich 1924; seither wieder aufgelegt; zum Miträtseln: Hannes Binder, *Wachtmeister Studer im Tessin. Eine Fiktion*, Comic, Zytglogge, Bern 1996; zum Wissen: *Monte Verità Ascona. Le mammelle della verità – Die Brüste der Wahrheit,* Katalog zur gleichnamigen Ausstellung, Armando Dadò Editore, Locarno 1980; Andreas Schwab/Claudia Lafranchi, *Sinnsuche und Sonnenbad. Experimente in Kunst und Leben auf dem Monte Verità,* Limmat Verlag, Zürich 2001.

Anschlusstouren: 40, 41.

◄ **Aussicht: Der Lago Maggiore, gesehen von der Corona dei Pinci. Sehnsuchtsblau auf der Alpensüdseite. Und diese Ruhe da oben.**

▼ **Einsicht: Auf dem Berg der Wahrheit hielten im letzten Jahrhundert Aussteiger Ausschau nach einem besseren Leben. Und hinterließen Spuren.**

VAL VERZASCA

Gräser wachsen auf dem Gipfeldach des Pizzo d'Eus (1728 m). Ein Aussichtsbalkon mitten in der Val Verzasca und hoch über dem schattigen Lavertezzo links unten. Wir winken lange dem hell leuchtenden Poncione d'Alnasca zu.

43 Cima della Trosa (1869 m)

Von Mergoscia durch ein »Rustico-Tal« auf den Hausberg von Locarno

Tourencharakter: Nicht kostenlose Genusstour vom geografischen ins touristische Zentrum des Tessins. Lehrreicher Aufstieg, überwältigende Aussicht und Abstieg ohne Muskelkater – mit der von Stararchitekt Mario Botta kreierten Cardada-Seilbahn zur Wallfahrtskirche Madonna del Sasso.

Beste Jahreszeit: Spätfrühling und Herbst; im Sommer heiß.

Gehzeit: 4 Std.

»Ein Stall! Ein Königreich für einen Stall!«, überschrieb die Schweizer »Weltwoche« im Frühling 1990 einen Artikel über den Ansturm auf die Rustici in den Tessiner Tälern. Vor allem Deutschschweizer reißen sich um die etwa 40000 Steinbauten in der italienischen Schweiz, um sich den Traum vom eigenen Ferienhäuschen im schweizerischen Italien zu erfüllen: »Früher waren die alten Steinhütten samt Land für ein Butterbrot zu haben, heute werden für einen verlotterten Ziegenstall irgendwo im Verzascatal gut und gerne 200000 Franken bezahlt.« Dabei liegt der Zweit- und Ferienwohnungsanteil im Tessin schon jetzt bei fast 25 Prozent. Ein Gesetz verbot zwar die Umwandlung von landwirtschaftlichen Ökonomiegebäuden außerhalb der Bauzone, doch im Tessin hielt man sich nicht immer daran, weil man der Meinung war, ein zum Ferienhaus umgebautes Rustico sei besser als ein verfallendes. Inwieweit allerdings Badezimmer, Dachstockfenster, Grillanlage und Parkplätze zu einem Kuhstall oder einem Kornspeicher gehören und das alpine Kulturgut weitererhalten, bleibe dahingestellt. Gerade solche Rustici aber sind gefragt, zu denen eine Straße führt. Schließlich möchte man nicht noch stundenlang zum Wochenendrustico wandern müssen; und der Umschwung wird landwirtschaftlich ohnehin nicht genutzt, denn man will in der Freizeit ja nicht arbeiten.

Im Januar 2002 hat der Bundesrat entschieden, dass im Tessin auch weiterhin alte Ställe und Heuschober zu Ferienhäuschen umgebaut werden dürfen – allerdings mit viel strengeren Auflagen, als dies der Kanton Tessin wollte. Dem Wildwuchs bei der Umnutzung von Rustici soll der Riegel geschoben werden. Zum Beispiel damit, dass der traditionelle Baustil zu respektieren ist. Und wer eine Bewilligung zum Umbau erhält, muss sich zugleich verpflichten, die Landschaft zu pflegen und bestimmte Weideflächen zu heuen.

Aber was ist überhaupt ein Rustico? Damit bezeichnet man grob alle Gebäude aus Trockensteinmauern (und teilweise mit Holzbalken), die ein Steindach haben (oder hatten) und die ländlich und alt aussehen. Allerdings müsste zwischen Wohn- und Ökonomiegebäuden einerseits und ihrer Lage andererseits unterschieden werden. In den Dauersiedlungen ist das Wohnhaus (la casa) das größte Gebäude, erkennbar zum Beispiel an den Kaminen. In oder bei den Dörfern stehen zudem wirtschaftliche Gebäude: der Ofen (il forno), der Kornspeicher (la torba), unverkennbar an den mit Steinplatten gekrönten Säulen, auf denen er steht, der Stall (la stalla) für das Vieh, der Heuschober (il fienile). Gerade Letztere beide und Wohnhäuser gibt es nicht nur im Taldorf, sondern auch in den Temporärsiedlungen,

vor allem in den Maiensäßen (i monti), die auf 600 bis 1500 Metern liegen und die teilweise eigentliche Sommerdörfer waren. Oberhalb der monti sind die Almen (gli alpi; in der Einzahl: l'alpe), die man normalerweise von Ende Juni bis Ende August bewirtschaftet oder bewirtschaftete und die sich auf 1200 bis 2500 Metern befinden. Dort wurde ebenfalls ein Stall für die Tiere gebaut, neben der eigentlichen Alphütte (la cascina), wo die Sennen wohnten und Käse machten.
Doch die Tessiner Bauern errichteten noch ganz andere Steinhütten: das Kastaniendörrhaus (la grà), den Kühlraum für die Milchprodukte (la frégèra; in der Valle di Muggio la nevèra), den Vogelfangturm (il roccolo). Etwas ganz anderes sind die

sprügh oder splüi: Höhlengemächer unter Steinblöcken für Mensch, Tier und Futtermittel. Wer sich für diese bäuerliche Architektur interessiert, sollte sich einmal den Bildband *Costruzioni contadine ticinesi* von Giovanni Bianconi anschauen. Was der große Tessiner Volkskundler da vor uns ausbreitet, wird uns die Augen öffnen für die Wanderungen durch die Tessiner Landschaft, die erst durch diese Steinbauten ihre ganze Eindringlichkeit erhält.

Was ein Rustico alles sein kann, von der Villa bis zur Ruine, ist gerade auf der Wanderung von Mergoscia auf die Cima della Trosa, den mit Seilbahnen fast bis oben erschlossenen Haus- und Aussichtsberg von Locarno, ersichtlich. Reiseführer rühmen an Mergoscia, das an einem sonnenreichen Hang in der vorderen Val Verzasca klebt, »das reizvolle geschlossene Gesamtbild mit typischen granitgedeckten Steinhäusern an engen, steilen Treppengassen« (Baedeker). Und in Ely Rivas eindrucksvollem Bildband *Valli al tramonto* (»Täler vor dem Untergang«, Edizioni Edelweiss, Lugano 1986) heißt es: »Was die Val Mergoscia so außergewöhnlich und malerisch macht, ist vor allem dieses Meer von Steinhäusern – quel mare di cascine di pietre.«

Der Aufstieg

Von der Busendstation in Mergoscia (731 m) – die Fahrt bis hierhin lohnt sich wegen der sehenswerten Kirchenanlage mit Friedhof (Grabsteine von Ausgewanderten) und der Aussicht auf den Pizzo di Vogorno – wandert man auf dem Sträßchen zurück bis zur Abzweigung (etwa 700 m) zum Ortsteil Busada (Bus-Haltestelle). Durch Busada hindurch bis ans Ende des Sträßchens, wo der Wanderweg beginnt. Er führt durch die Maiensäße und Almen Bresciadiga, Motta und Faedo auf der Sonnseite der Valle di Mergoscia zur Alpe di Bietri (1499 m) und zickzackt gleichmäßig steigend auf den Vorgipfel (1862 m) der Cima della Trosa. Über den Grat auf den Hauptgipfel (1869 m).

Der Abstieg

Auf Pfadspuren direkt auf den breiten Wanderweg hinunter, der vom Vorgipfel herabkommt. Er führt in die Bassa di Cardada (1610 m) hinab. Auf der Skipiste zur Bergstation Cimetta (etwa 1640 m). Mit dem Sessellift zur Talstation auf Cardada (1329 m), zu Fuß nach vorne zur Bergstation der Luftseilbahn nach Orselina/Madonna del Sasso (378 m). Schließlich mit der Drahtseilbahn nach Locarno. Von der Talstation rechtshaltend zur Piazza Grande (197 m) spazieren.

Nützliche Informationen

Ausgangsort: Mergoscia (731 m) auf der rechten Talseite der Val Verzasca. Bus [630.41] von Locarno.

Zielort: Locarno, Piazza Grande (197 m). Der Sessellift Cimetta verkehrt täglich bis 17.30, in der Nebensaison bis 17 Uhr, die Luftseilbahn Cardada Mai bis September bis 20 Uhr, in der Nebensaison bis 18 Uhr (beide Bahnen sind November bis Mitte Dezember wegen Revisionsarbeiten geschlossen). Das Funicolare Madonna del Sasso verkehrt täglich.

Schwierigkeit: T2.

Höhenunterschiede: Aufstieg 1170 m, Abstieg 260 m.

Gehzeiten: Aufstieg 3½ Std., Abstieg 30 Min.

Distanz: 8 km.

Unterkunft: Capanna Cimetta, Tel. 091 743 04 33. Cardada: Albergo Cardada, Tel. 091 751 35 95; Ristorante Colmanicchio, Tel. 091 751 18 25; Capanna Lo Stallone, Tel. 091 743 61 46.

Verpflegung: Ristoranti in Mergoscia, auf Cimetta und Cardada.

Material: Franchi svizzeri nicht vergessen!

Karten: 276 Val Verzasca; 1312 Locarno, 1313 Bellinzona.

Variante für Pilger: Das letzte Stück des Abstieges zu Fuß machen – allein die Wallfahrtskirche Madonna del Sasso lohnt natürlich den Besuch, und die Rundbogenlaube rechts vom Eingang der Kirche ist einer der schönsten Aussichtsplätze des Tessins. Der Abstieg nach Locarno kann auf zwei Wegen erfolgen: auf dem breiten, mit Kieselsteinen gepflästerten Weg, der nahe beim Funicolare durch eine Art Schlucht hinabgeht, oder auf dem eigentlichen Kreuzweg, der auf dem Vorplatz der Kirche beginnt.

Besonderes: Im Bereich von Cardada und Cimetta gibt es mehrere einladende Ristoranti und ein paar neu angelegte Wege, so einen originellen Aussichtssteg, einen musikalischen Wald, eine geologische Beobachtungsstation und einen Spielspaziergang. An moderner Architektur Interessierte werden Mario Bottas Tal- und Bergstation sowie die Kabinen der Luftseilbahn bewundern. Wenn es Schnee gibt, findet im Winter Pistenskilauf auf Cimetta statt. Und wenn es weit hinab geschneit hat, kann man von der Cima della Trosa nach Mergoscia hinabkurven.

Literatur: »Disegni della memoria« überschrieb Dalmazio Ambrosioni seine Einführung zu einem außergewöhnlichen Buch. Dario Müller hielt 51 ländliche Gebäude mit der Tuschfeder fest, Stein für Stein, Balken für Balken. Schwarzweiß und losgelöst vom Hintergrund stehen diese Zeugen ruraler Vergangenheit auf dem Papier. Kurze Texte erläutern Ort und Bedeutung. Titel des Buches: *Sentinelle di pietra. Cascine del Ticino rurale,* Fontana Edizioni, Lugano 2002. Ebenfalls sehr sehenswert: *Cascine* von Giuseppe Brenna, dem besten Kenner der Tessiner Berge. Untertitel des Bildbandes: *Un omaggio ai signori delle montagne ticinesi e mesolcinesi,* Salvioni Edizioni, Bellinzona 1996.

Anschlusstour: 45.

◄ Einritzen: Monogramme als Zeugnis berglandwirtschaftlicher Vergangenheit.

▼ Einstürzen: Alphütten aus Trockensteinmauern und mit Steinplattendächern. Wenn die Dachbalken einmal eingebrochen sind, fallen die Gebäude zu Geröllhaufen zusammen.

44 Madom da Sgióf (2264 m)

Neun himmlische Stunden auf dem Weg ins Paradies

Tourencharakter: Überquerung des Bergkammes zwischen der Val Verzasca und der Vallemaggia an der besten Stelle. Meistens markierte Pfade von Brione nach Maggia. Sicherer Tritt und gute Kondition sind wichtige Begleiter.

Beste Jahreszeit: Juli und August; nur Wandern Mai bis Oktober.

Gehzeit: 9 Std.

Die Verzasca soll ihren Namen von verde acqua haben; grün jedenfalls erscheint ihr Wasser, smaragden plätschert und gurgelt, fließt und schießt es zwischen den Serizit-Gneisen dahin. Dort bildet es einen Wasserfall zwischen riesigen Blöcken, da staut es sich hinter runden Steinen zu einem Becken. Kühles Wasser und warmer Fels, Bewegung und Ruhe, sich treiben lassen und sich räkeln. Mit einem Wort: Badeferien an der Verzasca sind himmlisch. Und höllisch zugleich: Jedes Jahr sterben Menschen im Fluss, unterschätzen das liebliche Bächlein, das hinter dem nächsten Stein schon zum reißenden Strudel wird, wo es kein Halten an den glatten Felsen, kein Entrinnen aus der Strömung mehr gibt.

Der berühmteste Verzasca-Strand ist derjenige von Lavertezzo, wo die doppelbögige Ponte dei Salti mittelalterliches Ambiente zum Sonnenanbetungskult am steinigen Ufer schafft. Doch auch weiter talaufwärts, zwischen Brione und Sonogno, finden sich freundliche Orte. Auf einem haushohen Block haben wir gestern geruht und Piero Bianconis Buch *Der Stammbaum*, eine Familienchronik aus dem Verzascatal, gelesen. Mit andern Augen schauten wir uns abends im Talhauptort Brione um und tranken in der Trattoria del Castello, an einem Granittisch draußen im Hof dieses architektonisch einzigartigen Schlosses sitzend, ein Glas Merlot del Ticino auf die Tour vom nächsten Tag, die uns über die atemberaubend hohe und schöne Wasserscheide zwischen Verzasca und Maggia bringen sollte: über den Passo Deva und den oberhalb davon liegenden Madom da Sgióf.

Ins Gipfelbuch auf dem Passo Deva hat am 9.9.1990 jemand geschrieben: »L'ideale sarebbe poter restare qui un bel po' o per sempre«. Genau so ist es: Dort – und an vielen anderen Orten der neunstündigen Wanderung von Brione Verzasca nach Maggia – wäre es ideal, eine Weile oder auch immer bleiben zu können. Zum Beispiel in der Siedlung Pianesc zu Beginn des Aufstieges auf den Passo Deva. Im granitenen Bachlauf, von wo man den steilsten Gipfel des Tessins, den Poncione d'Alnasca, erblickt. Am Lago del Starlaresc da Sgióf möchte man mehr als eine Wander- und Badepause einlegen. Auf dem Pass selbst, der früher Passo d'Eva hieß und dessen Name sich vom lateinischen »ad aquam« (»in der Nähe des Wassers«) ableiten soll, bleibt man selbstverständlich un bel po' oder noch länger, auf dem Gipfel des Madom da Sgióf sowieso.

Der Abstieg in die Vallemaggia ist aber lang. Allerdings: Noch selten sind wir 1900 Höhenmeter so leicht hinabgewandert. Und wie die Füße doch etwas müde werden, beginnt die Valle del Salto mit einer grün schimmernden Badewanne, der wir nicht widerstehen können. Später der Weg, wo Steinplatten fast jeden Meter belegen, wo in eine schattige Felswand eine Rinne und darunter ein kleines Becken ge-

meißelt wurden, um Sickerwasser für die durstigen Wanderer zu sammeln. Zuletzt eine Kapelle, von deren Chorbogenscheitel der dreiköpfige Gott herabschaut.

Von der Kapelle steigen wir nochmals über Steintreppen gegen das Dorf Maggia ab, schlagen uns aber nach einem Bildstock rechtshaltend auf Wegspuren abwärts durch den Wald. Dann sind wir endlich da, an der schönsten Badebucht des Tessins: ein kreisförmiges, tiefes Becken, fast ringsum von senkrechten, sonnenwarmen Felsen umgeben, über die das Restwasser aus der Valle del Salto (ein Teil wird in das Giumaglio-Auffangbecken umgeleitet) fällt.

Certo, einfacher wäre es gewesen, wenn wir gleich hierher gefahren und nicht gewandert wären. Der Unterschied freilich

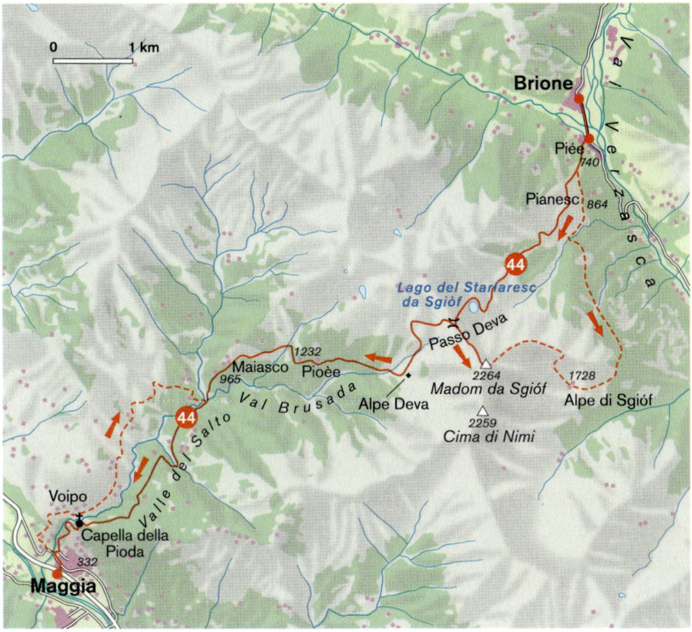

ist so groß wie zwischen dem Gotthard-Erlebnis der Reisenden vor 700 Jahren und einer Staufahrt durch den Autotunnel.

Der Aufstieg

Von der Postautohaltestelle (etwa 740 m) beim Ristorante Ai Piée auf der Talstraße noch etwa 100 Meter taleinwärts schreiten, bis links der Wanderweg zur Alpe di Sgióf und zum Passo Deva abzweigt. Er führt zur Siedlung Pianesc (und zieht über eine Grasebene weiter). Man steigt aber von Pianesc auf einem andern Weg südwestwärts steil im Wald nach Màtar (1304 m) hinauf. Dahinter senkt sich der etwas ausgesetzte Weg und teilt sich vor dem zweiten, granitenen Bachlauf. Der linke, rot markierte führt zur Alpe di Sgióf. Man schlägt jedoch den rechten Pfad ein, der Ende der 1980er-Jahre wieder aus dem Unterholz geschlagen wurde. Er spurt nördlich, ab etwa 1500 Metern, südlich des Baches, der vom Lago del Starlaresc da Sgióf herabsprudelt, zu diesem See (1875 m) hinauf. Von seiner Nordecke geht ein weiß-rot-weiß markierter Pfad in den Passo Deva (2036 m) hinauf; Gipfelbuch im Steinmann. Man folgt dem teilweise ausgesetzten, weiß-rot-weiß markierten Pfad über den NW-Grat (meistens etwas rechts der Gratkante) und zuletzt über den SW-Grat zum Gipfelbuch des Madom da Sgióf (2264 m).

Der Abstieg

Auf der Aufstiegsroute zurück in den Passo

Deva. Der weiß-rot-weiß markierte, im obersten Hang teilweise schlecht erkennbare Weg zieht durch die Val Brusada, an den aufgegebenen Alpsiedlungen Böc (1838 m), Alpe Deva (1556 m), Pioèe (1232 m) und Maiasco (965 m) vorbei zur Brücke am Beginn der Valle del Salto. Der wunderschöne Weg führt auf der linken Talseite, zuletzt über 90 Treppenstufen, zur Cappella della Pioda (476 m). Auf dem Treppenweg Richtung Maggia bis zum Bildstock auf einer Steinmauer, dann rechtshaltend auf Geheimpfaden zum Wasserfallbecken und zu riesigen, glatt polierten Steinblöcken, zwischen denen das Saltowasser weitere Badewannen bildet. Beim untersten Becken befindet sich am linken Ufer eine Hütte. Auf einem Waldpfad daran und an einer aufgegebenen Mühle vorbei, dann durch Rebberge ins Dorf Maggia und zur Bushaltestelle (332 m).

Nützliche Informationen

Ausgangsort: Brione in der Val Verzasca, genau genommen der 500 m südlich liegende Ortsteil Piée (etwa 740 m). Postauto [630.55] von Locarno über Bahnhof Tenero (Zug von Bellinzona); hält in Piee.

Zielort: Maggia (332 m) in der Vallemaggia. Bus [630.60] über Ponte Brolla nach Locarno.

Schwierigkeit: T3.

Höhenunterschiede: Aufstieg 1500 m, Abstieg 1930 m.

Gehzeiten: Aufstieg und Abstieg je 4½ Std.

Distanz: 12 km.

Unterkunft/Verpflegung: In Brione: Ristorante Ai Piée, Tel. 091 746 15 44; Privatzimmer bei Irene Bisi, Tel. 091 746 11 65. In Maggia: Pensione Poncini, Tel. 091 760 90 70; Privatzimmer Rosina Eglin, Tel. 091 753 24 41.

Karten: 276 Val Verzasca; 1292 Maggia.

Variante für Talwanderer: Die Rundtour von Maggia durch die Valle del Salto gehört zu den schönsten Wanderungen im Tessin – auch wenn sie auf keinen Gipfel führt. Am besten im Uhrzeigersinn machen: In Maggia nordwestwärts zur

◄ **Einschreiben: D. A. auf dem Passo Deva zwischen Brione Verzasca und Maggia. Auf einer alten Karte heißt der (kultur)landschaftlich überaus erfreuliche Übergang Passo d'Eva.**

▼ **Eintauchen: Wandern ist schön, baden schöner, beides zusammen ist am besten. Badevergnügen am Ende der Valle del Salto, oberhalb des Dorfes Maggia.**

Pfarrkirche San Maurizio, wohin 100 Stufen führen. Dann hinauf nach Voipo und hinein in die Valle del Salto. Die Daten zum Giro: 3½ Std., gut 600 m Auf- und Abstieg, 8 km.

Besonderes: Von der Cappella della Pioda noch rasch zur Steinbrücke über den tief eingeschnittenen Salto-Bach absteigen – ein Meisterwerk! Dann wieder zurück oder über Voipo nach Maggia absteigen.

Litaratur: Auch wer auf Italienisch nicht viel mehr als Pizza und birra versteht, wird die drei Bände *L'uomo e la natura* von Angelo Valsecchi mit größtem Genuss anschauen (Armando Dadò Editore, Locarno 1995–1997). Band 1 behandelt *L'acqua*, Band 2 *La pietra*, Band 3 *Il legno*. Der Autor zeigt zum Beispiel nicht nur die Steine an der Maggia, auf denen sich die Touristen sonnen, sondern auch die großen und vor allem kleinen Kunstwerke, welche die Tessiner mit dem im Überfluss vorhandenen Rohstoff gemacht haben. Schlicht genial!

Anschlusstouren: 38, 45, 46.

45 Cima di Nimi (2259 m) – Pizzo di Corbella (2066 m) – Madone (2039 m) – Cima della Trosa (1869 m)

Die etwas andere Anreise nach Locarno

Tourencharakter: Gehen, einen Fuß vor den andern setzen, einen oder zwei Tage lang von Brione Verzasca nach Locarno, so direkt und so hoch oben wie möglich, aber doch (fast immer) auf Pfaden in den sonst nur schwer zugänglichen Bergen zwischen der Vallemaggia und der Val Verzasca. Ein genaues Ziel haben: die Piazza Grande in Locarno. Titel dieser Vorstellung: Höhenfieber.

Beste Jahreszeit: Mai bis Oktober.

Gehzeit: 11½ Std.

Im Drehbuch steht: Frühmorgens auf dem sentiero delle capre zur Alpe di Sgióf. Man nennt ihn so, weil er nur für Geißen geeignet ist, nicht aber für Kühe, die auf den glatt geschliffenen Granitplatten des Valegg di Gann trotz der herausgehauenen Stufen keinen Halt fänden. Fast überall haben die Bauern früher in die fürchterlich steilen Talflanken einen Pfad hineingebaut, um auf einem Maiensäß, das irgendwo zwischen Himmel und Abgrund klebt, vorübergehend ein karges Auskommen für sich und die Tiere zu finden.

Das Durchwandern der Vegetationsstufen erleben: unten die Kastanienwälder, dann die Buchen, Sträuße aus dünnen kleinen Buchen, später Erlen und Fichten, und plötzlich keine Bäume mehr, nur noch Gestrüpp und Gestein. Die Düfte der Höhe riechen: die ersten Alpenrosenstauden am Weg, die violetten Finger, die immer wieder nach Heidelbeeren greifen, die Erikas hoch oben in den Sonnenhängen.

Im Drehbuch steht weiter: Eine Nase haben für die richtige Route im weglosen Gelände, beim Aufstieg von der Alpe di Sgióf auf die Cima di Nimi, mit den Wanderstöcken buchstäblich über Stock und Stein vorwärtsbalancieren, zerkratzte Waden, aber oben, auf unserem ersten Gipfel während der langen Wanderung nach Locarno, sind die Strapazen vorbei. Jetzt könnten wir einfach südwärts über die Bergkette zwischen der Val Verzasca und der Vallemaggia schreiten, bis an ihr Ende. Dann wären wir dort. Dafür reichte die Zeit. Aber wir wollen in der Capanna Nimi übernachten, einer auch für Wanderer offenen Alphütte, in der Gioachino Zanoli während vier Monaten im Sommer Geißkäse herstellt.

Die letzte Einstellung: Die Abendsonne über den grau hintereinandergestaffelten Bergrücken, die sich zwischen den Betrachtern und dem Monte Rosa, dem höchsten Berg der Schweiz, erstrecken.

Der Wechsel beim Wandern von der Totale zur Nahaufnahme und zurück. Die Wanderer, einsam auf der hoch aufragenden Bergkette zwischen den Tälern, kleine Figuren in einer großartigen Landschaft. Sie bahnen sich ihren Höhenweg entlang der überwachsenen Flanken. Bewegung im Raum.

Dann Standbild auf die Alp Cangello, deren Hütten wieder Geröllhalden werden, aus deren Steinen sie einst erbaut wurden.

Zurück zur Natur, Stück für Stück, nicht lautlos, nicht schmerzlos. Bewegung in der Zeit.

Mit den Augen wandern, hin- und herschwenken zwischen dem nächsten Tritt und dem Blick in die Weite. Hinter uns der Alpenbogen, aus dem wir herausgehen, vor uns sein Ausebben gegen die Po-Ebene hin. Zu Füßen vielleicht das blaue Band des Lago Maggiore. Im Lauf des Tages beginnt ozongeschwängerter Dunst die Landschaft weichzuzeichnen, so dass nur der Grat übrig bleibt, auf dem wir schreiten, durstig, schwitzend über flimmernder Hitze, bis zum Sessellift auf der Cimetta. Wir sind fast da.

Nachspann. Das Hinabschweben mit der Sesselbahn. Fast ohne Lärm, ohne alle Anstrengung, ein lauer Wind nur, der die müden und staubigen Beine streift. Später die Luftseilbahn von Cardada nach Orselina, gefolgt von der Drahtseilbahn, die mitten in die Stadt hineinrattert, uns ausspuckt in ihr Geschiebe auf Trottoir und Straße. So schnell wie möglich auf die Piazza Grande. Weiß die Leinwand für die abendlichen Vorführungen während des Festivals im August. Leer die Stühle. Wir setzen uns hin. Lassen unseren Film der letzten Tage vorbeilaufen. Dann erscheint vorne, kaum sichtbar, rote Schrift auf weißem Grund: Fine.

Der Aufstieg

Von der Postautohaltestelle (etwa 740 m) beim Ristorante Ai Piée auf der Talstraße noch etwa 100 Meter taleinwärts, bis links der Wanderweg zur Alpe di Sgióf und zum Passo Deva abzweigt. Südwärts über die Siedlung Pianesc und den Bachlauf Valegg di Gann (teilweise gesicherter Steig) zum Maiensäß Piano del Vald. Langer Schräganstieg auf Alpe di Sgióf (1728 m). Hierher auch auf dem Weg zum Passo Deva (vgl. Tour 44), wobei man dann bei der Wegverzweigung nach Màtar links hält. Von der Alpe di Sgióf westwärts ansteigen über Matten, dann durch Gebüsch auf spärlich rot gekennzeichnetem Pfad in den Kessel Böis südlich des Madom da Sgióf. Auf etwa 1950 Meter, unterhalb von Felswänden, wo die Pfadspur endgültig rechts gegen diesen Gipfel abbiegt. Nun linkshaltend hinaufqueren auf den SO-Grat der eigentlichen Cima di Nimi (P. 2259 auf der Karte); weglos über Gestrüpp und Geröll sowie durch eine Rinne. Auf Wegspuren über den SO-Grat auf den höchsten Punkt. Auf der Karte und in Führerwerken ist der weiter südlich liegende P. 2191 m als Cima di Nimi bezeichnet, obwohl man das Gefühl von einem Gipfel auf P. 2259 m hat, während P. 2191 nur ein Grathöcker ist; von der Capanna Nimi sieht dieser hingegen wie der Gipfel aus.

Von Gipfel zu Gipfel

Von der Cima di Nimi in Pfadspuren über den S-Grat (Pfadspuren) absteigen. Den P. 2191 m auf der O-Seite etwas ausgesetzt umgehen in eine Lücke, dann etwas rechts der Gratkante, zuerst im Fels, später im Gras weiter und hinab in den Passo di Nimi (2048 m). Will man direkt weitergehen Richtung Cardada, bleibt man auf dem Kamm, umgeht die Cima (2100 m) auf Wegspuren in der W-Flanke und steigt zur Alpe di Valaa (1887 m) ab. Will man hingegen in die Capanna Nimi (1718 m), so steigt man vom Passo auf einem Pfad dorthin ab. Übrigens: Von einem Direktaufstieg Alpe di Sgióf – Passo di Nimi ist abzuraten – der Weg über den Gipfel ist bequemer!

Am gleichen oder andern Tag folgt man von der Capanna Nimi dem spärlich weiß-rot-weiß markierten Höhenweg (Pfad nicht immer gut sichtbar) über Rücken P. 1811 m und Alpe di Valaa (hier den oberen Weg nehmen) nach Cangello und hinauf in die Bocchetta d'Orgnana (1950 m). Von der Lücke führt ein Pfad, der zuerst links ausholt, über den N-Grat auf den Pizzo di Corbella (2066 m). Eine Pfadspur leitet über den S-Grat, eine Erhebung rechts umgehend, in eine Lücke (1908 m). Über den langen N-Grat auf den Madone (2039 m); der Weg quert den Hang unterhalb des etwas höheren, aber nicht kotierten Nordgipfels (das Gipfelbuch ist aber dort – oder war es jedenfalls bei der Besteigung). Ein Pfad sinkt entlang des S-Grates in einen Sattel (1657 m) und ein Saumweg führt auf den S-Gipfel der Cima della Trosa. Über den Grat zum Gipfelkreuz (1869 m).

Der Abstieg

Auf der bei Tour 43 beschriebenen Route über Cimetta (etwa 1640 m), Cardada (1329 m) und Orselina/Madonna del Sasso (378 m) auf die Piazza Grande (197 m) von Locarno.

Nützliche Informationen

Ausgangsort: Brione in der Val Verzasca, genau genommen der 500 m südlich liegende Ortsteil Piée (etwa 740 m). Postauto [630.55] von Locarno über Bahnhof Tenero (Zug von Bellinzona); hält in Piée.

Zielort: Cimetta (1640 m), Cardada (1329 m) und Locarno, Piazza Grande (197 m). Der Sessellift Cimetta verkehrt täglich bis 17.30, in der Nebensaison bis 17 Uhr, die Luftseilbahn Cardada Mai bis September bis 20 Uhr, in der Nebensaison bis 18 Uhr (beide Bahnen sind November bis

▼ **Luftig: Wer im Tessin in die Höhe steigen will, braucht gute Schuhe und oft eine gute Portion Schwindelfreiheit. Und das nicht nur auf dem Verbindungsgrat Madom da Sgióf–Cima di Nimi.**

Mitte Dezember wegen Revisionsarbeiten geschlossen). Das Funicolare Madonna del Sasso verkehrt täglich.

Schwierigkeit: T4.

Höhenunterschiede: 1. Tag: Aufstieg 1520 m, Abstieg 540 m; 2. Tag: Aufstieg 750 m, Abstieg 820 m.

Gehzeiten: 1. Tag: 6½ Std.; 2. Tag 5 Std.

Distanz: 17,5 km.

Unterkunft/Verpflegung: Capanna Nimi (1718 m), Patriziato di Maggia, 15 Plätze, immer offen, Mitte Mai bis Mitte Oktober bewirtschaftet. In Brione: Ristorante Ai Piée, Tel. 091 746 15 44; Privatzimmer bei Irene Bisi, Tel. 091 746 11 65. Capanna Cimetta, Tel. 091 743 04 33. Cardada: Albergo Cardada, Tel. 091 751 35 95; Ristorante Colmanicchio, Tel. 091 751 18 25; Capanna Lo Stallone, Tel. 091 743 61 46.

Karten: 276 Val Verzasca; 1292 Maggia, 1312 Locarno.

Varianten ... für Gipfelsammler: Zuerst auf Route 44 über den NW-Grat – oder von der Alpe di Sgióf über den NO-Grat – auf den Madom da Sgióf. Der felsige Verbindungsgrat zur Cima di Nimi erfordert aber leichte Kletterei; Stellen bis II+. Auch der Pizzo d'Orgnana (Schwierigkeit T5) kann überschritten werden. Vom Passo di Nimi alles dem Grat entlang, wobei die Cima (2100 m) rechts und der Mött di Pègor (2169 m) links umgangen werden können, auf den Pizzo d'Orgnana (2218 m). In Pfadspuren über den SE-Grat gegen Felsen, südwärts auf der linken Begrenzung eines abschüssigen Grascouloirs hinunter, bis es links durch eine Rinne auf eine Verflachung in der großen Plattenflucht verlassen werden kann. Über diese Platten leicht abwärtshaltend traversieren, dann in einer Wegspur zur Bocchetta d'Orgnana (1950 m) gehen. **... für Brückengänger:** Die Bocchetta d'Orgnana erreicht man auch sehr gut von Lavertezzo (536 m), wobei der gut vierstündige Aufstieg mit dem Gang über die berühmte Ponte dei Salti beginnt. Von der Bocchetta über Pizzo di Corbella, Madone und Cima della Trosa weiter Richtung Locarno eilen.

Besonderes: Bei Orselina, Talstation der Cardada-Luftseilbahn, befindet sich das OTL, das Osservatorio Ticinese di Locarno-Monti, einer der drei Hauptsitze von Meteo Schweiz. Wenn www.meteosvizzera.ch oder www.meteoschweiz.ch vor starken Gewittern auf der Alpensüdseite warnen, dürfte es auf der Kammwanderung zur Cima della Trosa ganz schön knistern.

Anschlusstouren: 43, 44, 47, 48, 49.

46 Poncione d'Alnasca (2300 m)–Cima d'Efra (2577 m)

Genussvolle Schwerarbeit zwischen der Val Verzasca und der Valle Leventina

Tourencharakter: Anstrengende, einzigartige Zweitagestour von Brione über den hohen, scheinbar unzugänglichen Gebirgskamm nach Bodio. Obwohl die Route durchgehend mehr oder weniger markiert ist, verlangen die kurzen, ausgesetzten Gipfelanstiege klettererfahrene Bergwanderer. Beide Berge sind steile Felskegel, die schwindelerregende Tiefblicke zu den Taldörfern erlauben.

Beste Jahreszeit: Juli bis September

Gehzeit: 1. und 2. Tag je 7½ Std.

Der Bergsteiger konnte seine Kamera nicht rechtzeitig schussbereit machen, »um einige Verzaskerinnen, die, mit Kränzen beladen, in Festtagstracht zur Fronleichnamprozession nach Vogorno zogen, als stimmungsvolle Staffage auf das Bild zu bringen«, bedauern Leodogar Lisibach und Gotthard End in ihrem Bericht über *Bergfahrten im Tessin und Calancatal* im Jahrbuch des Schweizer Alpen-Clubs von 1903: »Mit unserer Bitte, einen Moment stille zu stehen, hatten wir den negativen Erfolg, dass sie kreischend, die Hände vor das Gesicht schlagend, auseinander- und an dem gefürchteten Apparat vorbeistoben.« Lisibach und End, Deutschschweizer mit Wohnsitz im Tessin, große Erschließer der Tessiner Alpen und Mitverfasser des ersten SAC-Führers für dieses Gebirge, wollten damals in vier Tagen von Brione über den Poncione d'Alnasca und seine nordöstlichen Nachbarsgipfel durch die Val d'Ambra nach Bodio gehen, als sie diese an Dritt-Welt-Tourismus erinnernde Begegnung mit (weiblichen) Einheimischen hatten. Dabei hätten die Frauen aus den Tessiner Bergtälern ein besseres Bild als bloße Staffage verdient.

Das bekannteste Zeugnis über die (frühere) Stellung der Frau im Tessin stammt aus den *Briefen über die italienischen Ämter* des Berners Karl Viktor von Bonstetten aus dem Jahre 1795: »Ich fragte einen Mann in Onsernone, warum sie auf diesen beschwerlichen Straßen nicht Esel gebrauchten? Er antwortete mir in allem Ernst, dass die Weiber noch wohlfeiler wären, zu mancher Arbeit gebraucht werden könnten, und wenig verzehrten.« Schon der Zürcher Pfarrer Hans Rudolf Schinz hatte 1786 im vierten Heft der *Beyträge zur näheren Kenntniß des Schweizerlandes* notiert: »Kaum wird man in einem Land die armen Weiber so geplagt, so gar nie müßig

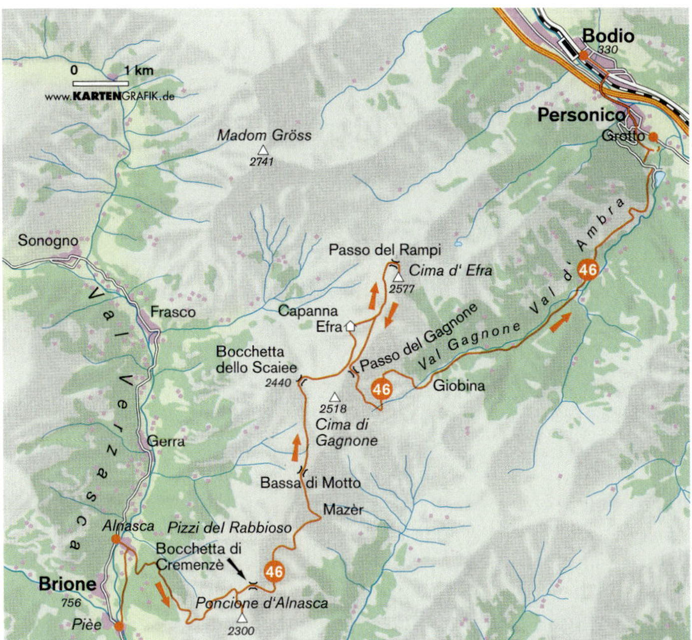

sehen, wie in diesem.« Die Frauen mussten neben der Haus- auch die Feldarbeit selber machen und »die größesten Lasten tragen, sich mit den mancherley vorfallenden Beschäftigungen vast zu Tod schleppen«. Grund dafür sei die acht- bis neunmonatige Abwesenheit der Männer. Dramatisch wurde die Abwesenheit, als um die Mitte des vorletzten Jahrhunderts die männliche Bevölkerung vor allem aus der Vallemaggia und der Val Verzasca nach Kalifornien und Australien (Gold und Viehzucht) auswanderte. »Die schon immer gefährlichen Gesundheits- und Arbeitsbedingungen, die zu einer unbarmherzigen natürlichen Selektion geführt hatten, verschlimmerten sich mit der Massenauswanderung der Männer aus den Dörfern rapid. Die Frauen mussten nun auch die schwersten Arbeiten übernehmen, die in weniger unheilvollen Zeiten von den Männern ausgeführt wurden.« So weit ein Ausschnitt aus dem im Tessin-Reader *Südwind* abgedruckten Aufsatz »Die Lage der Frau in den Tessiner Tälern« von Giorgio Cheda, der als bester Kenner der Emigration nach Übersee gilt. Er schrieb zwei dicke Quellenwerke darüber. Sein Fazit: »Es ist offensichtlich, dass in den ärmsten Tälern um Locarno die Emigration eine unaufhaltsame und fatale wirtschaftliche und demografische Rezession zur Folge hatte.«

An diese traurige Geschichte der notleidenden weiblichen Bergbevölkerung sollten wir denken, wenn wir uns auf den be-

schwerlichen Weg von der Val Verzasca in die Valle Leventina machen.
Den Auftakt macht dabei der Poncione d'Alnasca, ein riesenhafter Felszahn, der gegen Süden mit einer lotrechten, 460 Meter hohen Wand abbricht: sicher einer der markantesten Gipfel der Tessiner Alpen. Natürlich könnten wir danach gleich zum Ausgangspunkt zurückkehren. Aber stimmungsvoller ist es, wenn wir die Wanderung fortsetzen, in der Capanna Efra übernachten, am folgenden Tag die Cima d'Efra besteigen, um dann über den Passo und durch die Val Gagnone die Val d'Ambra zu erreichen, eines dieser hinter einer Stufe verborgenen Seitentäler des Tessintals. Auch Lisibach und Gefährten wollten durch dieses unheimlich eingeschnittene Hangtal, dessen Steilflanken die Einheimischen ausgesetzte Pfade abgerungen haben, nach Bodio absteigen. Allein schlechtes Wetter verhinderte ihr Vorhaben. Was zu bedauern ist: Denn dann wären sie an den Monti delle Femmine vorbeigekommen, wo ihnen vielleicht ein paar fotogene Älplerinnen begegnet wären, welche die Touristen zur Flucht veranlasst hätten.

Der Aufstieg

Von der Haltestelle Alnasca nördlich von Brione Verzasca (756 m) über die Brücke in die Siedlung Alnasca, wo der Steilaufstieg auf den Poncione d'Alnasca beginnt. Bei einer Übernachtung im Ristorante Ai Piée südlich Brione überschreitet man gleich dort die Verzasca und folgt dem Talwanderweg nach Alnasca. Der weiß-rot-weiß markierte Pfad schraubt sich über Cima alle Piode in einen Sattel am Westgrat des Poncione und quert seine

◄ Steinige Naturlandschaft: Die Bergwanderin gelangt auf den Gipfel der Cima d'Efra, hoch oberhalb der Valle Leventina.

▼ Steinige Kulturlandschaft: Sorgfältig ist das Gebäude an den Felsen gebaut, aus dem die Steine gebrochen wurden. Es ist ein Kühlraum, in dem die Älpler früher Milch und Käse lagerten.

NW-Flanke zu einer Weggabelung (etwa 2080 m). Man folgt der rechten markierten Route in eine Lücke (2199 m) und erreicht über den felsigen N-Grat (einige ausgesetzte Stellen; Kletterschwierigkeit I) das Gipfelkreuz des Poncione d'Alnasca (2300 m).

Vom Gipfel zur Hütte

Auf dem Aufstiegsweg zurück in die Weggabelung. Von hier bis Mazèr ist der Pfad nur noch in Spuren vorhanden, teilweise überwachsen; verblassende rote Punkte – bei guter Sicht aber kein Problem. Ostwärts die Bocchetta di Cremenzè (2143 m; ohne Namen auf der Karte) zur Alpe Cremenzè (2030 m) überschreiten (hierhin auch weglos direkt von der Lücke am N-Grat des Poncione d'Alnasca). Ungefähr Höhe haltend die gerölldurchsetzten Grashänge unter den Pizzi del Rabbioso hindurch auf den markanten SO-Grat (P. 2068 m) queren; die ausgesetzten Pfadspuren überwinden das Felsband an der schwächsten Stelle. Durch die folgende Mulde leicht zur großen Alpsiedlung Mazèr (2100 m). Von hier folgt man dem gut markierten und bei Tour 47 beschriebenen Weg über die die Bassa di Motto, die Bocchetta dello Scaiee und den Passo del Gagnone zur Capanna Efra (2039 m).

Von der Hütte zum Gipfel

Von der Capanna Efra ein paar Schritte nordwärts, dann ostwärts hinauf durch grasig-felsige Rinnen, die von Terrasse zu Terrasse zum flachen Übergang P. 2285 m führen (verschiedene Routen möglich). Der Pfad steigt rechtshaltend auf die große Terrasse am Fuß der W-Wand der Cima d'Efra, die er zum Passo del Rampi (2493 m, ohne Namen auf der Karte) durchquert. Vom Pass führt die markierte Route in der O-Flanke des N-Grats über Felsbänder aufwärts: steil, ausgesetzt, einzelne Kletterstellen mit guten Griffen. Man kommt in eine Lücke und folgt dem Grat zu einem Absatz, wo die markierte Route wieder in die O-Flanke hinauszieht; sicherer ist es, wenn man direkt über die Gratschneide klettert (kurz II). Dann leicht zum Gipfel der Cima d'Efra (2577 m).

Der Abstieg

Auf dem Aufstiegsweg zurück zum Übergang P. 2285 m und südwestwärts auf einem Schafspfad die grasig-steinigen W-Hänge queren, bis man auf den markierten Weg von der Capanna d'Efra zum Passo del Gagnone stößt. Auf ihm in den weiten Pass (2217 m). Der Weg durch die Val Gagnone ist bis zu deren Einmündung in die Val d'Ambra markiert und teilweise aus dem Unterholz geschlagen (er berührt die Bedra-Hütte nicht mehr). Auf den obersten 800 Höhenmetern ist er schmal und steil und nicht immer gut sichtbar. Vom Talschluss Giobina an gibt es keine Schwierigkeiten mehr, und man kann den Weg auf der rechten Talseite der Val

Gagnone und auf der linken, sonnigen Talseite der Val d'Ambra genießen. Oberhalb des Ambra-Staubeckens hat das Paradies ein Ende. Doch der Gang hinab zu Autobahn, Zug etc. ist gut markiert: größtenteils auf Wanderwegen bis Personico, dann auf der Straße nach Bodio (330 m).

◄ **Erweitern: Früher Bergbauern, heute Bergwanderer – die Capanna d'Efra dient als Stützpunkt auf den wilden Wanderungen zwischen Verzasca und Leventina.**

Nützliche Informationen

Ausgangsort: Brione Verzasca (756 m); Postauto [630.55] von Locarno über Bahnhof Tenero (Zug von Bellinzona). Wer am Morgen anreist, fährt bis Haltestelle Alnasca.

Zielort: Bodio (330 m) im untersten Abschnitt der Valle Leventina. Postauto [625.09] nach Biasca-Bellinzona oder Faido-Airolo. Die erste Haltestelle ist diejenige bei der Abzweigung der Straße nach Personico.

Schwierigkeit: T5.

Höhenunterschiede: 1. Tag insgesamt 2000 m Aufstieg und 750 m Abstieg; 2. Tag 540 m Aufstieg und 2250 m Abstieg.

Gehzeiten: Brione–Poncione d'Alnasca 4½ Std., Gipfel–Mazèr 1½ Std., Mazèr–Passo di Gagnone–Capanna Efra 1½ Std. Hütte–Cima d'Efra 1½ Std., Cima d'Efra–Passo del Gagnone 1 Std., Passo di Gagnone–Bodio 5 Std.

Distanz: 1. Tag 13 km, 2. Tag 16 km.

Unterkunft: Capanna Efra (2039 m) SEV, 24 Plätze, von Juni bis Oktober offene Selbstversorgerhütte. In Brione: Ristorante Ai Piée, Tel. 091 746 15 44; Privatzimmer bei Irene Bisi, Tel. 091 746 11 65. In Bodio drei Hotels.

Verpflegung: In der Capanna Efra sowie in Miregn und Gallina (Val Gagnone) Brunnen mit herrlich frischem Wasser.

Karten: 276 Val Verzasca, 266 Valle Leventina; 1273 Biasca, 1292 Maggia, 1293 Osogna.

Variante für Grottowanderer: Das Grotto Val d'-Ambra am südlichen Dorfrand von Personico ist ein Muss (Montag geschlossen sowie von Mitte Oktober bis Mitte Mai); man kann beim Abstieg nach Personico direkt dorthin gelangen, indem man bei der Antenne oberhalb des Dorfes den rechten Weg einschlägt.

Besonderes: Der ausgesetzte Weg von der Bocchetta dello Scaiee zum Passo del Gagnone sollte schneefrei sein!

Anschlusstouren: 44, 45, 47.

▼ **Erblicken: Der Poncione d'Alnasca über der Val Verzasca, gesehen vom Aufstieg auf den Madom da Sgiόf (Tour 44). Wer den Riesenzahn besteigen will, muss spürbar Beinarbeit leisten und zuoberst erst noch die Hände gebrauchen.**

47 Scaiee (2457 m) – Cima di Gagnone (2518 m)

Auf einem (kurzen) Teilstück der Via alta della Verzasca

Tourencharakter: Nach einem Drittel der Strecke von Frasco nach Lavertezzo liegt die Capanna Efra: Wer dort nicht übernachtet, ist selber schuld. Markierte Pfade, außer bei den beiden kurzen, weglosen Gipfelanstiegen.
Beste Jahreszeit: Juli bis September.
Gehzeit: 9 Std.

Die Val Verzasca ist die geschlossenste landschaftliche Einheit des Tessins. Zwei schroffe Bergketten erheben sich als lückenlose Schranken gegen die parallel verlaufenden Täler der Flüsse Maggia und Ticino. Die Val Verzasca ist der Inbegriff des Ticino granitico. Doch Granit ist für diejenigen, die dort arbeiten und leben mussten (und müssen), ein hartes Pflaster. »Das Verzascatal ist immer ein armes Tal gewesen, das seine Besitzer nie recht ernährt hat«, schreibt Ely Riva in seinem 1981 erschienenen Bildband *Ticino sconosciuto* (»Unbekanntes Tessin«), worin ein Kapitel dem wirtschaftlichen Leben im Tal gewidmet ist. 1880 zählte Frasco, Ausgangspunkt unserer Tour, knapp 700 Einwohner, heute weniger als ein Zehntel davon. Die Bewirtschaftung der Alpe dell'Efra wurde 1970 eingestellt, ein paar Schafe und Ziegen sind geblieben. 1866 grasten 7400 Geißen auf den Alpweiden der Val Verzasca, 1980 taten es noch 600. Wie bedeutend einmal die Alpwirtschaft war, zeigen die großen Ställe der Alp Mazèr auf 2100 Metern, die unzähligen Steintreppen von dort in die Val d'Agro hinunter, der breite Weg schließlich, der zu unserem Zielort Lavertezzo führt: Jeder Meter wurde in die jähe Talflanke gebaut, Stein auf Stein.

Stein auf Stein: Ebenso eindrücklich sind die kleinen, höchstens anderthalb Meter hohen Gebäude auf der Alpe dell'Efra und bei der Capanna Efra: Sie sind an den Hang gebaut, haben ein Giebeldach und einen niedrigen Eingang – wie Steinhäuser für Zwerge. Es sind so genannte fiadairöi (auch frégère oder einfach canvetti), waren Kühlräume für die Milch, da im Innern an der felsigen Stirnseite dauernd kühle Luft oder gar etwas Wasser herabströmt. Charakteristisch für die Val d'Efra ist auch die Mittelstütze bei den eigentlichen Alphütten. Zwei dieser Gebäude auf Corte di Cima, der obersten Alp, wurden 1989/90 in eine Berghütte umgewandelt. Sie ist das Werk der Società Escursionistica Verzaschese (SEV). Die SEV führte am 2. Juli 1989 eine »Giornata delle Cime« durch und deponierte auf Gipfeln und Pässen blaue Gamellen als Buchbehälter.

Ein Ziel der SEV war es, mit dem Um- und Wiederaufbau von Alp- zu Berghütten sowie der Wiederherstellung alter und dem Bau neuer Pfade eine durchgehende Route von Gordola am Lago Maggiore über die ganze schroffe Bergkette zwischen den Flüssen Verzasca und Ticino bis zum Pizzo Barone zu erstellen. Nun existiert diese Via alta della Verzasca – der vielleicht schönste, ganz sicher aber schwierigste Höhenweg des Tessins. Wir folgen ihm ein kurzes Stück, zwischen der Capanna Efra und der Cima di Gagnone.

Der Aufstieg

Von der Postautohaltestelle in Frasco (885 m) kurz talauswärts, bis links der markierte Weg zum Lago d'Efra abzweigt. Er führt durch die Val d'Efra, vorbei an den gleichnamigen Alp und See (1836 m), zur Capanna Efra (2039 m). Von der Hütte zieht der Wanderpfad südwärts in den Passo del Gagnone (2217 m); ein anderer geht vom See direkt dorthin. Kurz auf dem Kamm

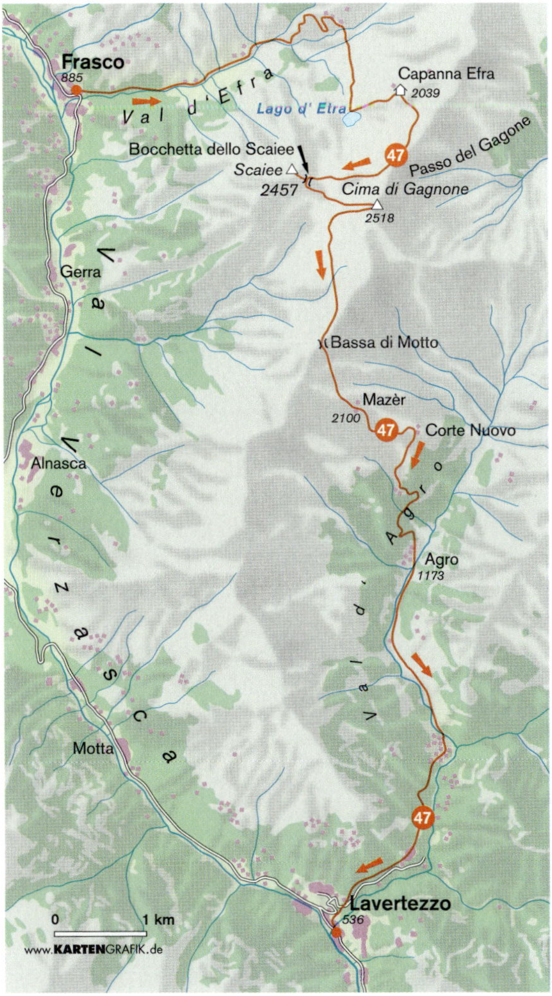

bleiben, einen steileren Geröllhang ersteigen und westwärts eine sehr abschüssige Flanke auf einem herausgebrochenen Weg in die Bocchetta dello Scaiee (etwa 2430 m; ohne Namen und Kote auf der Karte) aufsteigend queren. Ein Ziegenpfad führt auf den Gipfel des Scaiee (2457 m).

Von Gipfel zu Gipfel

Von der Lücke auf dem markierten Weg entlang dem W-Grat der Cima di Gagnone bis zur ersten Serpentine absteigen. Ein schwach sichtbarer Pfad zieht durch die grasig-geröllige SW-Flanke zu einer Geröllrinne rechts des Grates. Darin hochsteigen und ostwärts leicht zum flachen Gipfel der Cima di Gagnone (2518 m).

Der Abstieg

Bis an den Fuß der Geröllrinne folgt man der Aufstiegsroute. Über Gras- und Geröllhänge hinab auf den markierten Verbindungsweg Bocchetta di Scaiee – Bassa di Motto; der tiefste Punkt zwischen den beiden Übergängen liegt auf etwa 2240 Metern. Von der Bassa di Motto (2274 m) über die flachen Weiden nach Mazèr (2100 m), wo der schweißtreibende, steile Abstieg über Corte Nuovo nach Agro (1173 m) beginnt. Auf der linken Talseite zum Zusammenfluss von Val d'Agro und Val Pincascia und auf dem breiten Weg auf der rechten Talseite über Cognera in den Ortsteil Verzöö von Lavertezzo (536 m), von wo man direkt zur Kirche absteigt.

Nützliche Informationen

Ausgangsort: Frasco (885 m), zweithinterstes Dorf in der Val Verzasca. Postauto [630.55] von Locarno über Bahnhof Tenero (Zug von Bellinzona); oder Postauto von Sonogno.

Zielort: Lavertezzo (536 m) in der Val Verzasca.

Schwierigkeit: T3/T4.

Höhenunterschiede: Frasco–Capanna Efra 1150 m Aufstieg, Hütte–Scaiee–Cima di Gagnone–Lavertezzo 590 m Aufstieg und 2080 m Abstieg.

Gehzeiten: Frasco–Capanna Efra 3½ Std., Hütte–Scaiee–Cima di Gagnone 1½ Std., Cima di Gagnone–Mazèr 1 Std., Mazèr–Lavertezzo 3 Std.

Distanz: Aufstieg Cima di Gagnone 8 km, Abstieg nach Lavertezzo 10 km.

Unterkunft: Capanna Efra (2039 m) SEV, 24 Plätze, von Juni bis Oktober offene Selbstversorgerhütte. Capanna Fümegna (1810 m), Privathütte auf der gleichnamigen Alp, offen und bewirtschaftet von Ende Juni bis Ende August (wenn die Älpler oben sind), auf Anmeldung hin aber bis Ende Oktober; Rosanna und Dario Foletta, 6597 Agarone, Tel. 091 859 11 30 und 079 223 96 09. In Sonogno das Ristorante Alpino, 15 Betten, Tel. 091 746 11 63 (hier auch Vermittlung von weiteren Unterkunftsmöglichkeiten). In Lavertezzo: Osteria Vittoria, Tel. 091 746 15 81; Ristorante Posse, Tel. 091 746 17 96.

Verpflegung: Viele Heidel- und Himbeeren zwischen Alpe und Lago d'Efra.

Karten: 276 Val Verzasca; 1292 Maggia, 1293 Osogna.

Variante für Höhenwegbegeher: Die Etappe der blau-weiß markierten Via alta della Verzasca von der Capanna Efra zur Alpe Fümegna gehört zu den leichteren. Da aber diese sechstägige Höhenroute mit dem höchsten Wanderschwierigkeitsgrad T6 bewertet ist, erfordert auch die dritte Etappe (T5) deutlich mehr als der immer noch bekannteste Höhenweg des Tessins, die Strada alta di Leventina.

Besonderes: Die Überquerung Frasco-Lavertezzo ist die fünfte Etappe der Tessiner Wander-Haute-Route Strada altissima und könnte als einzige gut weggelassen werden, da Start und Ziel im gleichen Tal liegen. Aber es wäre un po' stupido, eine der schönsten Strecken zwischen Gotthard und Chiasso zu verpassen …

Literatur: Einen Führer zur Via alta della Verzasca gibt es (noch) nicht. Beim Ente turistico Tenero e Valle Verzasca sind Unterlagen erhältlich.

Anschlusstouren: 8, 35, 45, 46, 48, 49.

◄ Profiliert: Morgenstimmung auf dem Poncione d'Alnasca, mit dem markanten Poncione Rosso links. Die Val d'Agro (vorne) und die Val Pincascia liegen noch im Schatten.

▼ Markiert: Die weiß-blau-weiße Via alta della Verzasca ist der schwierigste Höhenweg des Tessins.

48 Pizzo d'Eus (1728 m)

Rundtour von Lavertezzo: Nicht einmal baden ist schöner – oder doch?

Tourencharakter: Ein Ausflug in die Bergwelt der Val Verzasca, auf schmalen Pfaden in glatt geschliffenen Plattenfluchten. Oberhalb davon liegt eine der eindrücklichsten Alpsiedlungen des Tessins. Am leichtesten und sichersten ist für einmal der Weg von der Alp auf den Gipfel.

Beste Jahreszeit: Juni bis Oktober. Bezaubernd, wenn die Lärchen golden leuchten, auch wenn dann die Pfade voll von rutschigem Buchenlaub sind und die Planschbecken hinten in der Val Carecchio kaum mehr zum Bade einladen.

Gehzeit: 6½ Std.

Ringsum Berge. Nur Berge. Ein paar bekannte, wie der Poncione d'Alnasca. Die meisten aber unbekannt, wie der Matarello oder der Tòr. Diese beiden stehen zwischen der Val d'Agro und der Val Pincascia, und der Tòr ist der Wachtturm vorne in der Mauer zwischen den beiden Tälern. Die gleiche Position hat auch der Pizzo d'Eus inne, zwischen der Val Pincascia im Norden und der Val Carecchio im Süden. Gleichzeitig fußt seine Nordflanke noch im Agro-Wasser. Der Pizzo d'Eus bewacht also die drei Seitentäler, die bei Lavertezzo in die Val Verzasca münden. Ein paar Häuser von Lavertezzo sind vom Pizzo d'Eus sichtbar, und weit, weit draußen erblickt man noch den künstlichen Lago Delio, hoch oberhalb des Lago Maggiore, schon jenseits der Schweizer Grenze. Aber sonst bestimmen nur Berge den Gesichtskreis. Berge, und wenn man genau hinschaut, Hütten.

Die großen Alpställe von Mazèr am Weg von der Capanna Efra nach Agro sind von bloßem Auge sichtbar. Um andere Gebäude zu sehen, bräuchten wir ein Fernglas. Wir müssen es nicht zücken. Denn die schönstgelegene Alp liegt nur zehn Minuten vom Pizzo d'Eus entfernt, und sie ist das eigentliche Ziel der Wanderung, nicht der Gipfel. Da er aber so leicht und rasch erreichbar ist, wird man ihn nicht auslassen. Doch dann kehren wir zurück auf die Alpe d'Eus.

Was für ein Ort! Neun größere und ein paar kleinere Gebäude, hineingestellt in einen Grassattel hoch oberhalb tief eingeschnittener Täler. Ringsum Abgrund, Leere, haltlose Flanken, und dann diese sanfte, leicht gekrümmte Fläche mit den Steinhütten. Und was für Hütten! Perfekt erhalten, perfekt restauriert. Nur Stein, wenig Holz, sonst nichts. Zwei Wohnhäuser, erkennbar am Kamin, sieben Ställe, scheinbar zufällig gruppiert und doch nicht. Sie stehen so da, dass sich immer wieder neue Anblicke und Ausblicke ergeben. Steht man mittendrin auf dem grasigen Platz, so sieht man ringsum nur Hütten, und in einem weiteren Kreis nur Berge.

Dort oben möchte man Ferien in den Bergen verbringen. Hoch über den Niederungen. Fern vom Alltag. Für diejenigen, welche diesen Platz gefunden, den Weg durch die Plattenfluchten erstellt, immer wieder erstellt und die Hütten erbaut haben, war es der Alltag. Entbehrungsreicher Alltag, begrenzt von Bergen.

◄ Vertikal: Dank eines Schrägrisses können die Wanderer die schier senkrechten Plattenschüsse am Pizzo d'Eus ohne Angstschweiß hinter sich bringen.

Der Aufstieg

Vom südlichen Ortsteil von Lavertezzo (536 m) auf dem Wanderweg hinauf in den Ortsteil Rancone mit seinen vielen Häusern. Am oberen nördlichen Rand beginnt der Weg in die Val Carecchio. Zuerst an-, dann absteigend zum Steg (674 m) über den Talbach. Bei der folgenden Wegverzweigung rechts, bei der nächsten wenig später links (je Eos an einem Felsblock angeschrieben). Steil hinauf zur Siedlung Rodana und weiter auf einem schmalen Pfad zu riesigen Plattenschüssen. Sie werden schräg rechts aufsteigend gequert; Schlüsselstelle mit aus dem Fels gehauenen Stufen und mit Ketten. In eine Südmulde hineinbiegen und durch diese im Zickzack zur Alpe d'Eus (1603 m). Auf Pfad leicht über den teilweise grasigen, felsigen und leicht bewaldeten Oströcken auf den Pizzo d'Eus (1728 m).

Der Abstieg

Vom Gipfel zurück zur Alp. Südwärts flach zu den untersten Hütten von Arossa. Nun beginnt der lange Abstieg durch die Steilflanke in den Talgrund der Val Carecchio, auf schmalem Waldweg durch Rinnen und um Rücken herum, oft unterhalb himmelwärts strebender Plattenfluchten (aber auch oberhalb des nur ahnbaren Abgrundes). Man erreicht den Talweg rechts eines Wasserfallbeckens. Talauswärts über Monte della Valle (hier ebenfalls Bademöglichkeit) zur Verzweigung unterhalb Rodana. Wie beim Hinweg zurück nach Lavertezzo.

Nützliche Informationen

Ausgangs- und Zielort: Lavertezzo (536 m); Postauto [630.55] von Locarno über Bahnhof Tenero (Zug von Bellinzona).

Schwierigkeit: T3.

Höhenunterschiede: Auf- und Abstieg je 1300 m.

Gehzeiten: Auf- und Abstieg je 3¼ Std.

Distanz: 11,5 km.

Unterkunft/Verpflegung: In Lavertezzo: Osteria Vittoria, Tel. 091 746 15 81; Ristorante Posse, Tel. 091 746 17 96.

Karten: 276 Val Verzasca; 1293 Osogna.

Varianten … für Pfadsucher: Es scheint auch möglich, die Alpe d'Eus von Norden aus der Val Pincascia zu erreichen; länger, schwieriger und nur zu versuchen von erprobten Tessinwanderern. … **für Kletterer:** Vom Ende der Platte mit den herausgehauenen Tritten senkrecht und überhängend weiter, auf der im Herbst 2002 von Tessiner Sportkletterern fertig eröffneten Route »Magic rampìt«. Mehr dazu unter www.scoiattoli.ch.

Anschlusstouren: 45, 47, 49.

49 Pizzo di Vogorno (2442 m) – Cima dell'Uomo (2390 m)

Die Aussichten entschädigen für den rauen Weg ab Lavertezzo

Tourencharakter: Anstrengende, mit lieblichen Badebecken ausgefüllte Bergwanderung von der Val Verzasca in die Riviera; die schmalen Pfade sind nicht immer markiert, in der Val Carecchio teilweise arg verkrautet und im Gipfelbereich geröllig. Der Pizzo di Vogorno, einer der allerbesten Tessiner Panoramagipfel, liegt fast, die beinahe ebenso aussichtsreiche Cima dell'Uomo ganz am Weg. Der Abstieg nach Moleno ist schwieriger, länger, wilder und erfrischender (Wald, Bach), derjenige nach Bellinzona bequemer (Seilbahn ab Mornera). Urige Hütten liegen am Weg.

Beste Jahreszeit: Juni bis Oktober; im Frühsommer Firn in den schattseitigen Rinnen.

Gehzeit: 10 Std. ohne Pizzo di Vogorno, aber mit Seilbahn ab Mornera (9 Std. in die Capanna Albagno); 14½ Std. von Lavertezzo nach Bellinzona mit Vogorno-Besteigung. Aber auf etwa halbem Weg liegt wunderschön die Capanna Borgna.

»Ich bin auf manchem Gipfel gewesen, aber ich glaube nicht, dass mir die aussichtsreichsten Viertausender einen viel

◄ Horizontal: Auf einem Grassattel ruht die Alpe d'Eus. Fast flach ist der Weg zum runden Gipfel. Auf der andern Talseite zeigt sich die Spitze des Poncione d'Alnasca.

größeren Rundblick boten. Es mag sein, dass ich vom Monte Rosa, vom Finsteraarhorn noch auf eine größere Anzahl von Spitzen hinabsehen konnte, doch bietet sich von jenen Höhen vieles nur allzusehr in der Vogelschau dar, während von dem nicht ganz 2500 Meter hohen Pizzo Vogorno alle Berge, auch die benachbarten, ungefähr gleich hohen Tessiner sich viel prägnanter abheben. Ich bin so entzückt vom Vogorno, dass ich keck behaupte, läge er mit seiner Rundsicht irgendwo in der Zentral-, Ost- oder Westschweiz statt in dem weniger unternehmungslustigen Süden, längst hätte sich eine Gesellschaft gefunden, die eine Bahn hinaufbaute, und Tausende und Abertausende würden jährlich den bezaubernden Anlick genießen. Jetzt aber, wer geht auf den Pizzo di Vogorno?«

Eine gute Frage, die Carl Täuber 1907 in seinem Buch *Aus den Tessiner Bergen* stellte. Weil eine (tatsächlich!) geplante Seilbahn von der Magadino-Ebene auf den Vogorno zum Glück bisher nicht gebaut worden ist, erhält der stolze Gipfel wegen der mehrstündigen Steilanstiege noch immer nur wenig Besuch, im Gegensatz zur Cima dell'Uomo, die von der Capanna Albagno aus in zwei Stunden erreichbar ist. Und von der Capanna Borgna gar in nur anderthalb Stunden. Beide Hütten sind Logenplätze hoch oberhalb der Magadinoebene, von denen die meisten Hotelgäste in Locarno und in Bellinzona unten nur träumen. Schöne Aussichten also.

Das gilt auch für diejenigen von den Gipfeln. Das Panorama von der Cima dell'Uomo, insbesondere auf den Lago Maggiore, ist nicht so umfassend wie dasjenige des Pizzo di Vogorno, doch die Piazza Grande von Locarno sieht man auch, und der Blick zur Torrone-Gruppe über Biasca beeindruckt mehr. Ob die Cima dell'Uomo einem Menschen gleicht, wie es der Name vermuten ließe, ist ungewiss; sicher hingegen, dass ein Steinmann oben steht, der die Besteigung durch Menschen bezeugt. Unterwegs sind Steinmänner rar; für die Orientierung sorgen weiß-rot-weiße Markierungen. Teilweise ist die Farbe verblasst, teilweise neu aufgetragen wie in der Val Carecchio, einem der 25 Seitentäler in der Verzasca-Gruppe, die zwischen den Flüssen Verzasca und Tessin liegt und im Norden von der Val Chironico begrenzt ist.

Es ist eines der wildesten Gebiete der Tessiner Alpen, mit schluchtartigen Tälern, in denen die Wildbäche mit Wasserfällen von Becken zu Becken stürzen, mit beeindruckenden Vegetationskonstrasten und großen Höhenunterschieden. Dank der Alpwege sind die Täler überhaupt zugänglich; derjenige durch die Val Carecchio ist aber nur noch bis zum Maiensäß Monte delle Valle gut, weil dieses als Feriensiedlung dient. Die Almen hinten im Tal werden nicht mehr bestoßen, die Steinhütten auf der Alpe Rognoi unterscheiden sich kaum noch von der umgebenden Geröllhalde, aus der sie entstanden sind. Nur ein paar Schafe sind dort, und – nochmals Täuber zitierend – »alle Schaltjahre einmal ein absonderlicher Bergnarr von fernerher wie ich.«

Der Aufstieg

Vom südlichen Ortsteil von Lavertezzo (536 m) auf der beim Pizzo d'Eus (Tour 48) beschriebenen Route in die Val Carecchio. Durch die Sonnenseite des steilflankigen

Tals zieht sich der schmale, markierte Weg meistens oberhalb des tief eingeschnittenen Bachs über Monte delle Valle (Ferienrustici) zur aufgelassenen, von Brennnesseln überwachsenen Alpsiedlung Carecchio (1299 m). Von hier bis zur Alpe Rognoi ist der Weg teilweise überwachsen, aber auch neu markiert (Begehung im Juni 2003). Hinter Carecchio bleibt er noch ein paar Minuten links des Bachs, überschreitet ihn etwa 200 Meter vor der erneuten Verengung des Tals und windet sich durch das felsdurchsetzte Unterholz auf der Schattseite der Val Carecchio hinauf. Östlich einer Alp geht er über den Bach (P. 1634 m), steigt steil durch Grünerlen die SW- und W-Hänge zur Alpe Rognoi (1950 m) und über Gras und Ge-

▼ Aufwärts: Frau und Mann machen die letzten Schritte zum Gipfel der Cima dell'Uomo, während im Hintergrund die Viertausender über dem Walliser Saastal leuchten.

röll zur Bocchetta di Rognoi (2219 m) hinauf. Ein Pfad führt ostwärts auf eine Verflachung in der S-Flanke des Madone. Schrägabstieg zur Capanna Borgna (1912 m). Wiederaufstieg zum Passo di Ruscada und auf Wegspuren in die Bocchetta di Medee (2149 m) am Fuß des W-Grats der Cima dell'Uomo. Wer nicht zur Capanna Borgna will, steigt von der Madone-Schulter nur bis auf etwa 2050 Meter ab, geht in die Bocchetta Cazzane hinauf und dann hinüber in die Bocchetta di Medee – schwierig, all diese Namen und Lücken. Über den unteren Teil des W-Grats der Cima dell'Uomo erreicht man die Normalroute über den SO-Grat. Ein kurzer, etwas brüchiger, aber leichter Kamin leitet auf den Dachfirst, dem entlang man etwas ausgesetzt den Gipfel der Cima dell'Uomo (2390 m) gewinnt.

Der Abstieg

Zurück zur Wegverzweigung unter dem Gipfelaufbau und im Geröll unter der gezackten Verlängerung des SO-Grats der Cima dell'Uomo hindurch in die Bocchetta della Cima dell'Uomo (etwa 2280 m, ohne Kote auf der Karte). Ostwärts hinab in den Geröllkessel (mit P. 2184 m), wo sich die Wanderrouten trennen:

Nach Mornera-Carasso-Bellinzona: Auf gleicher Höhe den Geröllkessel queren und in die Bocchetta d'Erbea (etwa 2250 m, ohne Kote auf der Karte) aufsteigen. Der Pfad steigt in der S- und SO-Seite der Cima d'Erbea Est (2323 m) zur Capanna Albagno (1870 m) ab. Ohne weitere Orientierungsschwierigkeiten auf dem Wanderweg zur Ferienhaussiedlung Mornera (1347 m). Entweder mit der Seilbahn nach Monte Carasso (229 m) und mit dem Postauto nach Bellinzona. Oder auf dem Wanderweg über Monda, Baltico (1083 m; Seilbahn), Marn und Coccio ins Dorf Carasso und über die Ticino-Brücke (236 m) nach Bellinzona. So geradeaus wie möglich zur Stazione FFS hinauf.

Nach Moleno: Von der erwähnten Karmulde über P. 2184 m und die NO-Hänge von Cazzane in Pfadspuren zur Alpe Cusale (1640 m) und auf dem Pfad zur Capanna Gariss (1422 m) hinab. Der Wanderpfad steigt von der Hütte nordwärts in die Valle di Moleno ab. Auf der rechten Talseite bis zur Brücke von Ripiano und auf der linken Talseite, immer hoch oberhalb der tiefen Klamm, nach Moleno (270 m) hinab; gute Badegelegenheit beim Ausgang der Schlucht.

Der Abstecher

Von der Bocchetta di Rognoi (2219 m) absteigen bis etwa 2120 Meter und auf spärlichen Pfadspuren westwärts über P. 2174 m die Geröllhänge queren, dann südwärts zu einer steilen Rinne ansteigen. Sie ermöglicht den Durchstieg durch die felsdurchsetzte O-Seite des Pizzo di Vogorno. Über den mäßig steilen S-Hang zu Gipfelbuch und -steinmann (2442 m).

Nützliche Informationen

Ausgangsort: Lavertezzo (536 m); Postauto [630.55] von Locarno über Bahnhof Tenero (Zug von Bellinzona).

Zielort: Monte Carasso (229 m) und Carasso (236 m) westlich von Bellinzona; Postautos [625.40 bzw. 625.10] nach Bellinzona. Moleno (270 m) in der Riviera; liegt an der Postautolinie [625.10] Biasca-Bellinzona.

Schwierigkeit: T4.

Höhenunterschiede: Aufstieg Cima dell'Uomo 2110 m (mit 270 m Abstieg), ohne Besuch der Capanna Borgna je 140 m weniger; Abstieg nach Mornera 1110 m (mit 50 m Aufstieg),

Weiterabstieg nach Bellinzona 1111 m; Abstieg nach Moleno 2120 m; Abstecher Pizzo di Vogorno je rund 400 m Aufstieg und Abstieg.

Gehzeiten: Lavertezzo–Bocchetta di Rognoi 5½ Std., Bocchetta di Rognoi–Capanna Borgna 30 Min., Capanna Borgna–Cima dell'Uomo 1½ Std.; Cima dell'Uomo–Capanna Albagno 1½ Std., Capanna Albagno–Mornera 1 Std., Mornera–Carasso–Bellinzona 2½ Std.; Cima dell'Uomo–Capanna Gariss 2 Std., Capanna Gariss–Moleno 2 Std.; Abstecher Pizzo di Vogorno 2 Std.

Distanz: Aufstieg Cima dell'Uomo 12 km (1 km weniger ohne Besuch der Capanna Borgna); Abstieg nach Mornera 5 km, Weiterabstieg über Carasso nach Bellinzona 5 km; Abstieg nach Moleno 10 km, Abstecher Pizzo di Vogorno 3 km.

Unterkunft: Capanna Borgna SEV (1912 m), 25 Plätze, von Juni bis Oktober offene Selbstversorgerhütte. Capanna Albagno UTOE (1870 m), 20 Plätze, nicht bewirtschaftet, immer offen, Tel. 091 827 17 73. Capanna Gariss (1422 m), gehört dem Patriziato von Preonzo, 17 Plätze, von Mai bis Oktober offene Selbstversorgerhütte ohne Telefon. In Lavertezzo: Osteria Vittoria, Tel. 091 746 15 81; Ristorante Posse, Tel. 091 746 17 96. In Bellinzona: verschiedene Hotels, zum Beispiel Internazionale, Tel. 091 825 43 33; Garni Moderno, Tel. 091 825 13 76.

Verpflegung: Ristoranti in Lavertezzo, Mornera, Monte Carasso und Bellinzona.

Karten: 276 Val Verzasca; 1293 Osogna, 1313 Bellinzona.

Variante für Vogorno-Wanderer: Aufstieg vom gleichnamigen Dorf (495 m) über Bardughè, Abstieg über Rienza – wer es unter 10 Std. macht, ist fit.

Besonderes: Luftseilbahn Monte Carasso-Mornera fährt im Sommer täglich; letzte Talfahrt um 18.45 Uhr; in Zweifelsfällen: biglietteria della funivia, Tel. 091 825 81 88.

Literatur: Cima d'Erbea Est e Pizzo di Vogorno con gli sci – Text und Bild in Daniel Anker/Pius Fähndrich, *Skitouren Schweiz Band 3, Zentralschweiz–Tessin,* Steiger Verlag, Innsbruck 1994).

Anschlusstouren: 23, 45, 47, 48, 50.

▼ Abwärts: Tosend schießt der Wildbach der Valle di Moleno in die schluchtartige Klamm hinab. Ein paar Meter oberhalb davon kann man noch baden – aber nur bei Niedrigwasser.

PIANO DI MAGADINO

Ein gemauerter Schützengraben umgürtet den Gipfel des Matro (1201 m), errichtet im Ersten Weltkrieg auf der Grenze zwischen Sopra- und Sottoceneri. Seither wurde vor allem im Piano di Magadino unten gebaut. Uns gefällt's oben besser.

50 Sassariente (1767 m)– Cima di Sassello (1890 m)

Riesenmauer und Fixseile über Merlotstauden

Tourencharakter: Schattige, von zuoberst jedoch aussichtsreiche Genusstour von Tenero in die Val Verzasca. Sie wird durch die spürbare Höhendifferenz, den teilweise mit Seilen gesicherten, glitschigen Gipfelpfad auf den Sassariente (er erfordert nüchternes Zupacken) und das Grotto auf den Monti di Motti gewürzt. Das größte Vergnügen bereitet aber der (zweimalige) Gang über eine Riesenmauer auf die Cima di Sassello.

Beste Jahreszeit: März bis November. Auch im Hochsommer geeignet, da fast durchwegs im Wald. Am schönsten wahrscheinlich im Spätherbst, wenn das Buchenlaub am Boden raschelt und zwischen den grauen Stämmen hindurch der Lago Maggiore glitzert.

Gehzeit: 8½ Std.

Wer von Bellinzona über die Magadino-Ebene auf der Schiene oder der Straße Richtung Locarno fährt, sieht an den Südhängen Rebenkulturen (das Tessin ist das viertgrößte Weinanbaugebiet der Schweiz) und weit, weit oben einen Felszahn, dessen Südwand silbrig funkelt. Das ist der Sassariente, der letzte Gipfel der langen Gebirgskette, die das rechte Ufer des Ticino von seiner Quelle bis zur Mündung in den Lago Maggiore begleitet. Sassariente heißt aber auch ein Merlot del Ticino der Fratelli Matasci aus Tenero. Und dieser Wein (gut 80 Prozent des im Tessin gekelterten Weins ist Merlot) funkelt in den Gläsern, wenn sich Sonnenstrahlen durch die Bäume auf die Granittische des Grotto stehlen, das auf halbem Weg zwischen Tenero und dem großen, eisernen Gipfelkreuz des Sassariente liegt.

Aber den Durst bitte mit Gazosa oder Brunnenwasser löschen. Denn beide Gipfel verlangen einen klaren Kopf und sichere Beine. Am Sassariente müssen Fixseile gepackt werden, und an der Cima di Sassello geht man über eine 50 bis 70 Zentimeter breite und 1 bis 2 Meter hohe Mauer. Die Hände müssen manchmal nachhelfen, wo die Mauer steil wird, wo Äste über ihr hängen, wo die Mauersteine in Felsblöcke übergehen. Und das tun sie so kunstvoll, dass man genau hinschauen muss, was schon da war und was die Menschen hinzugefügt haben.

Internierte Polen haben diese Mauer gebaut, die sich vom Vorgipfel der Cima di Sassello über den Westgrat hinabzieht, eine Kuppe hinter dem Sassariente überwindet und sich dann irgendwo im dichten Wald bei der Forcarella verliert. Mindestens anderthalb Kilometer lang ist die Muraglia polacca – eines der steinernen Kunstwerke des Tessins, vergleichbar mit der Mauer am Pizzo Bombögn. Im Innern der Polenmauer kleinere Steine, gegen außen größere, und darauf große, vorspringende Platten: alles perfekt passend. Nichts bewegt sich, außer dort, wo die Mauer eingefallen ist. Schritt für Schritt folgt man dieser nahtlos in die Natur gefügten künstlichen Linie. Wie viel Schweiß, wie viel Kraft, wie viel handwerkliches Geschick die Muraglia polacca gekostet hat! Auf einer Platte entdeckt man die Jahreszahl 1949 – das Baujahr.

Aber warum wurde diese Chinesische Mauer del Ticino überhaupt gebaut? Bloß ein Beschäftigungsprogramm für Internierte? Man vermutet, dass sie ein Übergreifen gefräßiger Ziegen und möglicher Waldbrände aus der Val della Porta auf die Südseite verhindern sollte. Tatsächlich ist ja die Mauer auf der Nordseite immer hoch, während man sie von Süden an mehreren Stellen leicht betreten kann. Ungünstige Einflüsse aus der Val della Porta fernhalten also – ausgerechnet aus dem Tal, an dessen Ausgang früher eine Pforte war, welche die Bewohner des Verzascatals in Zeiten der Gefahr schließen konnten.

Daran müssen wir denken, wenn wir in die Val Verzasca absteigen, vorbei am Maiensäß Lignasca. Ein Flecken zum Träumen: die Bruchsteinhäuser noch nicht zu Tode renoviert, keine Straße. Wozu auch?

Der Aufstieg

Von der Stazione Tenero (203 m) nordwärts auf die Hauptstraße, auf ihr nach rechts und gleich nach der Brücke über die Verzasca links in den Wanderweg einbiegen. Er führt nach Scalate. Weiter auf dem markierten Weg durch Rebberge nach Gordemo, auf dem Sentiero alla

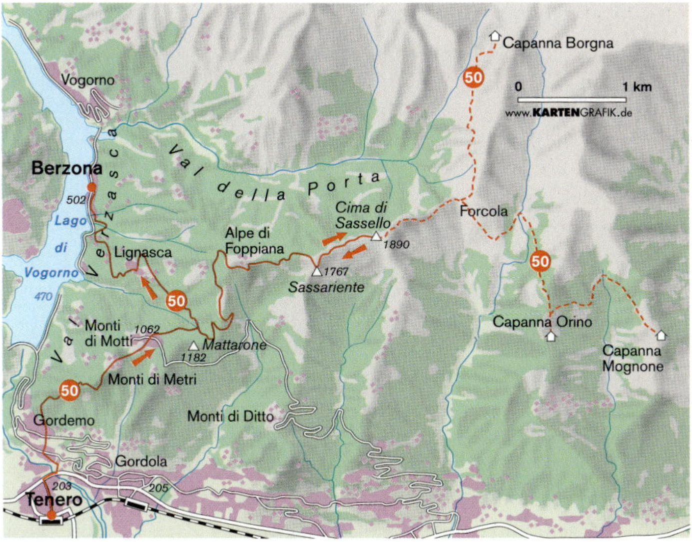

Fontana durch Häuser und Reben zum Waldrand. Im Kastanien-, dann Buchenwald im Zickzack nach Monti di Metri und auf dem Sträßchen zu den auf einer Hochterrasse gelegenen Monti di Motti (ehemalige Maiensäße und heute Ferienhäuschensiedlungen). Ostwärts auf einem Sträßchen in eine Senke nördlich des Mattarone zu einer Weggabelung und auf dem Sträßchen rechts hinauf an sein Ende. Der hier beginnende Wanderweg führt nordwärts zu den Monti della Scesa und – taleinwärts weit ausholend – auf die Alpe di Foppiana (1495 m). Ostwärts durch Tannenwald (und was davon nach den Lothar-Stürmen übrig geblieben ist) auf den Bergkamm hoch über der Val della Porta. Durch die Polenmauer in ein verstecktes Tälchen, die Mauer wieder kreuzen und durch dichten Wald dem Hang entlang zum Sattel hinter dem Felszahn des Sassariente. Auf dem schmalen Pfad kurzer Abstieg von etwa 20 Metern links des Nordgrats, dann Aufstieg durch die jähe, fels- und strauchdurchsetzte Ostflanke (Fixseile) zum Gipfelkreuz des Sassariente (1767 m).

Von Gipfel zu Gipfel

Zwei Möglichkeiten, um auf die Muraglia polacca zu gelangen: 1) auf dem Aufstiegsweg zurück bis zur östlichen Kreuzungsstelle; 2) auf dem Aufstiegsweg nur bis in den Sattel, dann aber rechts. Man folgt dem Weg aber nur etwa 20 Meter und kraxelt dann im steilen Wald direkt auf die Mauer. Nun folgt man ihr auf eine Kuppe (ca. 1790 m) hinauf und, mit ein paar leichten Kletterstellen, hinunter in einen weiten Sattel (ca. 1735 m). Weiter der Mauer folgen, bei der steilsten Stelle nach rechts ins Steilgras ausweichen und bald wieder zurück auf die Mauer – sich diese Stelle gut merken, damit man beim Rückweg nicht plötzlich zu weit nach links gerät. Wenn möglich auf der Mauer bleiben bis auf den Vorgipfel, wo sie abrupt endet. Nun rasch hinauf zum Steinmann auf dem höchsten Punkt der Cima di Sassello (1890 m).

◀ **Geschickt: Stein auf Stein und Schritt für Schritt – die Muraglia polacca ist eine magische Aufstiegslinie auf die Cima di Sassello und zurück.**

Der Abstieg

Laut Karte führt ein Pfad durch die abschüssige Südseite der Cima di Sassello zum Sattel nördlich des Sassariente, mit einem Gegenaufstieg von 140 Metern. Aussichts- und lehrreicher ist auf jeden Fall der Rückweg über die Mauer, auch wenn man da auch wieder auf die Kuppe steigen muss. Wer will, versucht der Mauer auch noch zwischen den Kreuzungsstellen mit dem Weg zum Sassariente zu folgen. Dann aber auf diesem Weg zurück Richtung Monti di Motti bis zur Weggabelung nördlich des Mottarone. Nun rechtshaltend auf markiertem Wanderweg über Corte di sopra zum charaktervollen Maiensäß Lignasca (bei einer Wegkehre etwas oberhalb davon genießt man einen prächtigen Ausblick in die Val Verzasca). Von Lignasca auf dem markierten Weg über Platana ins Dorf Berzona (502 m). Man erreicht die Talstraße beim Ristorante al Lago und geht kurz taleinwärts zum Postautostopp bei einer Kapelle.

▼ **Gesetzt: Polnische Internierte bauten die Mauer zwischen der Val della Porta (rechts) und der Magadinoebene. Ein steinernes Kunstwerk über dem Lago Maggiore; der Zacken vorne heißt Sassariente.**

Nützliche Informationen

Ausgangsort: Tenero (203 m) an der Bahnlinie [630] Bellinzona–Locarno. Von Locarno auch mit dem Verzascatal-Postauto [630.55] über Gordola bis Scalate.

Zielort: Berzona (502 m) in der vorderen Val Verzasca. Postauto [630.55] über Gordola und Bahnstation Tenero nach Locarno.

Schwierigkeit: T4.

Höhenunterschiede: Aufstieg 1800 m, Abstieg 1500 m.

Gehzeiten: Bahnhof Tenero–Monti di Motti 2½ Std., Monti di Motti–Sassariente 2 Std., Sassariente–Cima di Sassello 1 Std., Abstieg nach Berzona 3 Std.

Distanz: 15 km.

Unterkunft: In Tenero die größten Zeltplätze der Schweiz. In Berzona das Ristorante al Lago, Tel. 091 745 32 32. Capanna Borgna SEV (1912 m), 25 Plätze, von Juni bis Oktober offene Selbstversorgerhütte. Capanna Orino (1400 m), gehört dem Patriziato di Gudo, 15 Plätze, von Mai bis Oktober offene Selbstversorgerhütte. Capanna Mognone (1463 m), gehört dem Patriziato di Sementina, 12 Plätze, immer offene Selbstversorgerhütte.

Verpflegung: Ristoranti in Tenero, Gordemo (die Osteria Bellavista) und Berzona; Grotto Monti di Motti, täglich offen vom 1. April bis 30. Oktober.

Material: Gipfelwein (welcher, ist klar!).

Karten: 276 Val Verzasca; 1313 Bellinzona.

Variante für Auto-, Rad- und Hüttenwanderer: Monti di Motti (1062 m) erreicht man von Cugnasco in der Piano di Magadino auf einer 10,5 km langen, auf den ersten 9 km durchschnittlich 9 Prozent steilen, kurvenreichen und geteerten Straße. Nach dem Grottostopp die zweigipflige Tour starten; mit 4½ Std. rechnen. Von der Cima di Sassello kann man bequem über den O-Grat in die Forcola absteigen und auf dem Höhenweg durch die Val della Porta die Capanna Borgna erreichen – die erste Hütte und Etappe auf der sehr anspruchsvollen Via alta della Verzasca. Von der Forcola kann man aber auch hoch oberhalb der Magadinoebene zu zwei ebenfalls wunderbar gelegenen Hütten wandern – zu den Capanne Orino und Mognone. Den Schlummertrunk nicht vergessen – alle Hütten sind unbewirtschaftet.

Besonderes: Das Weinmuseum und die Weinsammlung der Fratelli Matasci beim Bahnhof Tenero können auf Anmeldung hin besucht werden (Tel. 091 735 60 11); zum Kaufen einer Flasche Sassariente muss man sich nicht anmelden. Ebenfalls am Wanderweg liegt das Gut Amstutz Vini (Degustation und Direktverkauf an der Via Loco Coste 36 in Gordemo, telefonische Anmeldung unter 091 745 07 18 oder 078 720 02 50); der Mezzanotte (100 % Merlot aus alten Stöcken) ist wuchtig und geschmeidig zugleich, der Penombra (je nach Jahrgang 50–70 % Bondola aus dem Stahltank und 30–50 % Merlot aus dem Barrique) ist erfrischend eigenständig.

Literatur: Alles über Wein und Sein im Tessin im gediegen gemachten Buch von Martin Kilchmann und Jürg Wilcek, *Ticino del vino. Tessin – Weine und Landschaft,* Kontrast, Zürich 2000.

Anschlusstour: 49.

51 Motto d'Arbino (1694 m)–Corno di Gesero (2227 m)

Vom Bahnsteig in Bellinzona durch alle Vegetationsstufen hindurch

Tourencharakter: Wer im Schnellzugstempo durchziehen will, braucht einen guten Antrieb. Bis zur Hütte verläuft der Weg wie auf Schienen, doch dann muss man sich selbst die beste Verbindung zum Gipfel bahnen.

Beste Jahreszeit: Mai bis Oktober.

Gehzeit: 9 Std. Auf etwa halber Strecke zwischen Bellinzona und Carena in der Valle Morobbia liegt die Capanna Gesero.

Es gibt einiges, was die Wanderung zur Capanna und zum Corno di Gesero besonders macht. Zum Beispiel die Anekdote, dass Jugendliche von Bellinzona, um als rechte Kerle zu gelten, den Ticino durchschwimmen und zu Fuß auf den Corno di Gesero steigen mussten. Oder die Tatsache, dass Pläne bestanden, den Passo San Jorio, die traditionelle Handels- und Schmuggelverbindung zwischen dem Lago di Como und dem Raum um Bellinzona, zu einer Autostraße auszubauen, als Kernstück einer Alpensüdfuß-Transversale Bozen–Passo di Tonale–Valtellina–Passo San Jorio–Bellinzona–Locarno–Domodossola–Simplon–Brig–Genfersee; immerhin ließ Mussolini eine Militärstraße auf den Passo San Jorio errichten.

Was die Gesero-Tour heute einmalig macht, ist die Tatsache, dass man direkt vom Bahnsteig starten kann: Man schnürt noch im Intercity die Wanderschuhe, steigt aus und beginnt die 2000 Höhenmeter zwischen der Hauptstadt des Tessins und dem Corno di Gesero emporzuwandern. In einem Zug von Zedern und Kaki-Bäumen durch alle Vegetationsstufen hindurch zur alpinen Stufe mit Grasheiden am Corno di Gesero. Am schönsten ist es in den ausgedehnten Kastanienselven zwischen Artore und Monti di Artore, auf dem gepflästerten Saumweg, den im Herbst Kastanien bedecken. Niemand scheint sie aufzulesen. Das war früher anders.

Der Kastanienbaum sei dem »italienischen Bauer sein nützlichstes und liebstes. Er ernähret sich davon noch länger als von dem Getreid«, schrieb der Zürcher Pfarrer Hans Rudolf Schinz im vierten Heft seiner *Beyträge zur näheren Kenntniß des Schweizerlandes* aus dem Jahre 1786: »Die Frucht genießt er frisch, oder gedörrt – das Laub streuet er dem Viehe, aus dem Holz des Castanienbaumes macht er seine besten Weinfässer, sein dauerhaftes Bauholz, und aus den abgehenden, unfruchtbaren Bäumen brennt er die allerbesten Kohlen.« Kein Wunder, dass der Kastanienbaum, der mächtig und uralt (bis 2000 Jahre alt!) wird, als Lebensbaum galt, zumal seine Wälder überdies als Schutz vor Lawinen und Erdrutschen dien(t)en. Früher stellten die Kastanien im Winter

fast das einzige Ernährungsmittel der Tessiner Bevölkerung dar. Von einem guten Kastanienbaum konnte sich eine Person ein halbes Jahr ernähren. Bis ins 20. Jahrhundert hinein wurde ein Großteil der Kastanienbestände gepflegt und genutzt. »Seit dem Auftreten der Kastanienkrankheit (Kastanienkrebs) in der 50er-Jahren sind diese Bestände unproduktiv geworden,« schreibt Werner Bätzing in seinem Meisterwerk *Die Alpen – Entstehung und Gefährdung einer europäischen Kulturlandschaft* von 1991 (völlig neu konzipierte Fassung 2003): »Da etwa gleichzeitig die Entwertung der Kastanie als Nahrungsmittel – Kastanien als ›Brot der Armen‹ – einsetzte, brach dieser Pfeiler einer gewissen traditionellen Wohlhabenheit plötzlich ersatzlos zusammen.« Die Natur hat inzwischen selbst ein Mittel gegen den Kastanienkrebs gefunden, doch die meisten Kastanienwälder verwachsen zu Laubmischwäldern. Einige Kastanienselven werden allerdings auch wieder genutzt, wie diejenigen von Arosio im Malcantone; dort wurde 1996 der Sentiero del Castagno eingeweiht.

Beim langen Aufstieg vom Bahnsteig Bellinzona zum Gesero gehen Wanderer ebenfalls über einen Kastanienweg, und sie können Früchte sammeln, um diese dann in der Capanna zu rösten.

Der Aufstieg

Vom Bahnhofplatz (238 m) in Bellinzona geht man nördlich am Hauptgebäude vorbei und auf einer Passerelle (auch direkt vom Bahnsteig erreichbar!) über die Geleise nach Daro. Man folgt den Wegweisern durch das Dorf auf die Straße Richtung Artore, benützt sie über einen Bachlauf hinweg bis zu einer Verzweigung, wo man links die kleinere Straße nimmt. Auf ihr hinauf, bis rechts der Wanderweg weggeht, der direkt zur Kirche von Artore (390 m) führt. Am oberen Dorfrand entdeckt man die Fortsetzung des Wanderwegs, der einem Bach folgt und eine Erschließungsstraße mehrmals kreuzt. Er geht in einen gepflästerten Saumweg über, der sich durch Kastanienwald nach Monti di Artore hinaufwindet. Ein kleinerer Weg erreicht schließlich das große Kreuz der Aussichtskanzel Motto della Croce (1255 m). Der markierte Weg folgt ostwärts einem bewaldeten Rücken auf die Alpe d'Arbino (etwa 1640 m). Auf einem breiten Weg in einen Sattel. Nun westwärts in wenigen Minuten zu den Antennenanlagen und zur Gipfelwiese des Motto d'Arbino (1694 m); man kann auch direkt von der Alpe d'Arbino durch lichten Wald auf die Gipfelwiese steigen. Zurück in den Sattel und auf den Weg, dann kurz auf einem Sträßchen und rechts hinauf in einen anderen Sattel (1624 m). Etwas weglos zum Sasso Guidà (1713 m) und auf schönem, markiertem Gratweg über P. 1799 m zur Capanna Gesero (1774 m). Von der Hütte folgt man dem Wanderweg Richtung Passo S. Jorio, biegt aber oberhalb von P. 1846 m links ab und erklimmt in Pfadspuren die abschüssige SW-Flanke des Corno di Gesero (2227 m), wobei man oben mit Vorteil an den W- oder S-Grat ausweicht. Den Gipfel ziert ein geheimnisvolles Gebäude.

Der Abstieg

Auf dem Aufstiegsweg, an der Hütte vorbei, bis kurz vor die Gebäude der Alpe di Gesero (1706 m), wo links der Wanderweg nach Carena abzweigt. Er zieht in einen weiten Grassattel (1745 m) hinauf, quert talauswärts die Südhänge und senkt sich durch die Vegetationsstufen, über die Alpe Croveggia, nach Carena (958 m) hinunter.

Nützliche Informationen

Ausgangsort: Bellinzona Bahnhofsplatz (238 m).

Zielort: Carena (958 m), hinterstes Dorf in der Valle Morobbia. Postauto [625.45] über Giubiasco nach Bellinzona.

Schwierigkeit: T4; ohne Corno T2/T3.

Höhenunterschiede: Aufstieg von Bellinzona zur Capanna Gesero 1670 m (und 130 m Abstieg), Abstecher Corno di Gesero 450 m, Abstieg nach Carena 820 m.

Gehzeiten: Aufstieg zur Capanna Gesero 5 Std., Abstecher zum Gipfel 2⅕ Std., Abstieg nach Carena 1⅖ Std.

Distanz: 16 km.

Unterkunft: Capanna Gesero UTOE (1774 m), 60 Plätze, immer offen, bewirtschaftet von Mitte Juni bis Ende Oktober, Tel. 091 827 12 71. Capanna Genzianella (1400 m) in Piano Dolce auf dem SW-Grat des Motto d'Arbino, gehört der Sektion Bellinzona der Amici della Natura, 22 Plätze, vom 30. April bis 15. Oktober offene Selbstversorgerhütte, Reservierung und Auskunft: Bruno Frontini in Bellizona, Tel. 091 814 39 71. In Bellinzona: verschiedene Hotels, zum Beispiel Internazionale, Tel. 091 825 43 33; Garni Moderno, Tel. 091 825 13 76. In Carena: Ristorante della Posta, Tel. 091 857 22 58; falls dort kein Platz: Albergo della Posta in Pianezzo, Tel. 091 857 17 27.

Verpflegung: Ristoranti in Bellinzona und Carena.

Karten: 276 Val Verzasca, 277 Roveredo; 1313 Bellinzona, 1314 Passo S. Jorio.

Variante für Radfahrer: Von Bellinzona über Arbedo und durch die Valle d'Arbedo auf den Motto d'Arbino, dann tolle Abfahrt über Paudo nach Giubiasco; man kann auch zur Capanna Gesero rollen, doch der Corno ist für Biker etwas zu steil. Die Details bei Daniel Anker, *Radtouren im Tessin,* Bruckmann, München 1997; nur noch antiquarisch erhältlich.

Besonderes: Um die Capanna Gesero übt manchmal das Militär. Regionale Auskunftsstelle Monte-Ceneri über militärische Schießen, Tel. 091 935 90 97.

Literatur: Das Gebiet Gesero–Passo San Jorio ist militärgeschichtlich höchst interessant. Vor allem im Ersten, aber auch noch im Zweiten Weltkrieg

▼ Kulturgut: Früchte und Schalen auf dem gepflasterten Saumweg zwischen Artore und Monti di Artore. Das Durchwandern der übrig gebliebenen Kastanienwälder gehört zum Eindrücklichsten beim Zurücklegen der Strecke zwischen üppiger Talsohle und kargem Corno di Gesero.

wurden Befestigungsanlagen erstellt; viel gibt es im Stützpunkt Biscia zu sehen. Und die modernen Gebäude auf dem Corno di Gesero und auf der benachbarten Cima delle Cicogne dienen ja nicht nur zivilen Zwecken. Mehr dazu bei Ursula Bauer/Jürg Frischknecht, *Grenzschlängeln. Routen, Pässe und Geschichten. Zu Fuß vom Inn an den Genfersee*, Rotpunktverlag, Zürich 1995, 4. Auflage 2000.

Anschlusstouren: 49, 52.

52 Camoghè (2227 m)

Über den höchsten Gipfel des südlichen Tessins

Tourencharakter: Ausreichend Kondition, mehr als eine Spur Trittsicherheit und tiefblauer Himmel sind die Voraussetzungen für diese großzügige Tour von Carena in der Valle Morobbia in die Val Colla; sie kann mit dem kurzen Abstecher zum Gazzirola noch gesteigert werden.

Beste Jahreszeit: Mai bis Oktober.

Gehzeit: 8 Std.

Der Weg von Isone auf den Camoghè sei »für Saumthiere gangbar, und völlig gefahrlos«, meinte Stefano Franscini in seiner 1835 erschienenen Landeskunde *Der Kanton Tessin*. Doch aus den »Saumthieren« sind Militärfahrzeuge geworden, womit der Aufstieg aus dem Tal, worin der Waffenplatz Isone liegt, unter der Woche gesperrt ist. Doch es bleiben genug andere Routen auf den Camoghè. Völlig gefahrlos sind sie zwar nicht – wie schon der Name hinweist: der Name leitet sich von »camoscio« ab, und wo Gemsen leben, ist das Gelände selten flach.

2000 Höhenmeter und nur 5 Kilometer Luftlinie liegen zwischen Giubiasco in der Magadinoebene und dem Steinmann des höchsten Gipfels des südlichen Tessins. Vom Camoghè senkt sich nord-, dann westwärts der Grat zum Monte Ceneri (554 m) ab, jenem Übergang, der das Tessin in zwei Hauptgebiete trennt. Nördlich oberhalb des Ceneri verzweigt sich das größere Sopraceneri, das dadurch gekennzeichnet ist, dass es der Tessin entwässert; südlich unterhalb des Ceneri liegt das Sottoceneri, in dem die schroffen Gebirgsformen langsam etwas mildere Formen entfalten. Davon ist auf der Nordseite des Camoghè, über die der Aufstieg verläuft, noch keine Spur vorhanden. Der Weg, durch die Topografie bestimmt und die Verbindungen zu den Alpen berücksichtigend, zeichnet sich durch ein spürbares Auf und Ab aus. Auf der Alpe Poltrinone, die in der Val Merdera liegt, einem Seitenast der Valmaggina, die wiederum ein Seitental der Valle Morobbia ist, fühlt man sich verloren am Ende der Welt, obwohl der Piano di Magadino in Sichtweite liegt. Ganz anders stand die Sicht auf dem Camoghè. »Von da oben«, so Franscini, »ist an einem schönen Tage das Schauspiel eines der außerordentlichsten und wundervollen: das Tessin-Thal und ein Theil des Lago Maggiore, der Luganer-See und das Luganische, das Mendrisische, das Locarnische, kurz fast der ganze Canton, und überdiess ein großer Theil des Comer-See's und seiner Berge bis in's Veltlin hinein, die Alpenkette vom Rosa zum Bernina und zur Oertlerspitze, die lombardische Ebene auf viele Meilen Entfernung.« Übrigens sei es am besten, wenn man bei Sonnenaufgang den Gipfel erreiche: Wer diesen Rat Franscinis befolgen will, biwakiert am besten gleich oben – in der Capanna Camoghè des Club Alpino Svizzero, die 1914 bis 1918 als Militärunterkunft gebaut wurde und heute leider eine Ruine ist.

Der Aufstieg

Von der Piazza in Carena (958 m) auf einer Erschließungsstraße flach taleinwärts bis zu einem Wegweiser (zur Alpe Poltrinone) kurz nach dem Durchschreiten eines Bachtobels. Ein Pfad zweigt rechts ab und führt zu zwei Häusern. Man geht an ihnen vorbei und steigt schräg zur Brücke (etwa 840 m) über die Morobbia ab. Am gegenüber-

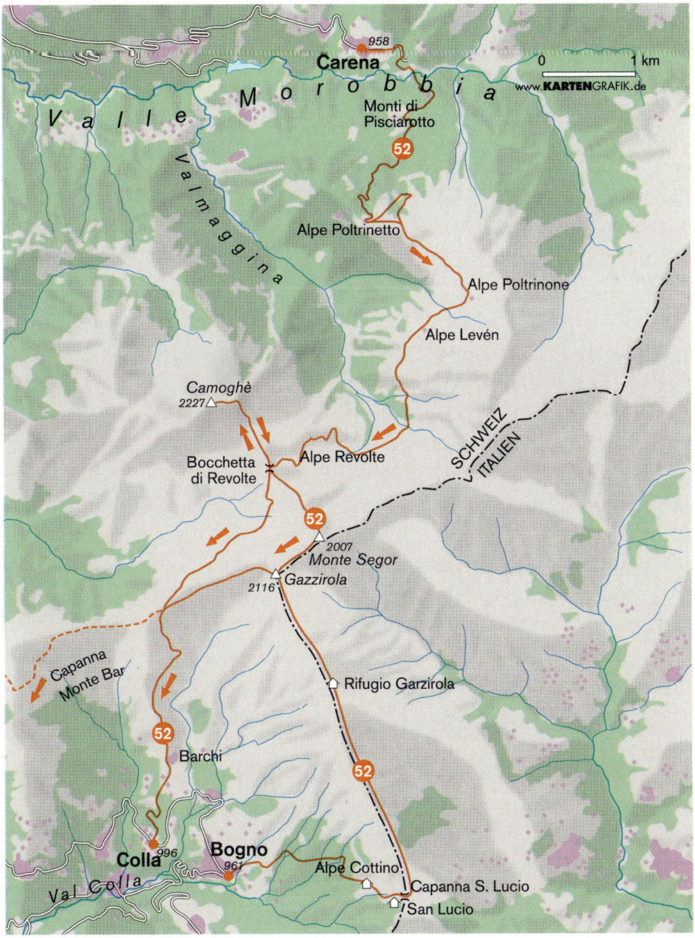

liegenden Hang führen Serpentinen durch den steilen Buchenwald zu den halbüberwachsenen Monti di Pisciarotto. Hier darf man nicht den markierten Pfad übersehen, der sich südwärts in unwegsamem Wald, ein paar abschüssige Tobel durchquerend, teilweise recht ausgesetzt zur Alpe Poltrinetto (1503 m) emporzieht. Nun entweder auf dem Wanderweg in der Valle Morobbia nordostwärts weit ausholend auf den östlich oberhalb der Alp liegenden Höhenweg, oder in Pfadspuren direkt in einer Waldschneise dorthin hoch. Der Höhenweg zieht zur Alpe Poltrinone (1710 m) hinüber. Der Pfad senkt sich südwestwärts auf eine kleine Hochebene (etwa 1630 m) hinab, steigt zur Alpe Levén (1667 m) hinauf und senkt sich von neuem in den Talhintergrund der Valmaggina (P. 1560 m). In allgemein westlicher Richtung erreicht der Weg über die Alpe Revolte die Bocchetta di Revolte (1981 m); Schießanzeigetafel beachten! Der Weg kurvt über den Südgrat auf den Gipfelkamm und geht an einer Kapelle und an der Ruine der SAC-Hütte vorbei auf den höchsten Punkt des Camoghè (2227 m).

Der Abstieg

Auf dem Aufstiegsweg zurück in die Bocchetta di Revolte. Von hier gibt es zwei Möglichkeiten mit je weiß-rot-weiß markierten Wegen. 1) Gipfelstürmer folgen dem manchmal etwas ausgesetzten Nordgrat (T4) auf den Monte Segor (2097 m) und von dort leicht auf den Gazzirola (2116 m; vgl. Tour 59): Abstieg entweder über den S-Grat zum Übergang San Lucio (und Weiterabstieg nach Bogno oder Weiterweg über die Cima di Fojorina in die Capanna Pairolo), oder über den SW-Grat zur folgenden Route. 2) Flankenwanderer steigen südwärts hinab nach Corte Lagoni, queren in leichtem Auf und Ab die abschüssige NW-Flanke des Gazzirola auf seinen breiten SW-Grat (etwa 1720 m) und folgen dem Wanderweg in der grasigen S-Flanke und auf dem Südrücken, bei der Ferienhäuschensiedlung Barchi vorbei, hinunter nach Colla (996 m).

Nützliche Informationen

Ausgangsort: Carena (958 m), hinterstes Dorf in der Valle Morobbia. Postauto [625.45] von Bellinzona über Giubiasco.

Zielort: Colla (996 m) bzw. Bogno (961 m) am Ende der Val Colla. Postautos [633.35, 633.30] über Tesserete (umsteigen) nach Lugano.

Schwierigkeit: T3.

Höhenunterschiede: Aufstieg 1570 m (mit 310 m Abstieg), Abstieg 1230 m. Lässt man den Camoghè aus, so erspart man sich je 260 m; der Umweg über die Gazzirola schlägt mit je 150 m zu Buche.

Gehzeiten: Carena–Bocchetta di Revolte 4½ Std., Abstecher Camoghè 1½ Std., Bocchetta di Revolte–Colla 2 Std.; von der Lücke auf die Gazzirola 30 Min.

Distanz: Carena–Bocchetta di Revolte 9 km, Abstecher Camoghè 2 km, Bocchetta di Revolte–Colla 5 km.

Unterkunft: In Carena: Ristorante della Posta, Tel. 091 857 22 58. In Colla gibt es keine Unterkunft, dafür in Maglio di Colla (823 m), von Colla auf einem Wanderweg in 15 Min. erreichbar: Ristorante Campana, Tel. 091 944 11 01. In Bogno liegt die Locanda San Lucio, Tel. 091 944 13 03. Rifugio Garzirolo (1974 m), Kasematte der Guardia di Finanza, gehört der Comune di Cavargna, 43 Plätze, offen und bewirtschaft vom 1. Juni bis 31. Oktober, Tel. 0039 099 632 53, Anmeldung empfehlenswert, Hüttenwart Pierangelo Capra, Tel. 0039 099 631 55. Capanna Monte Bar CAS (1600 m), 30 Plätze, immer offene Selbstversorgerhütte, am Wochenende bewirtschaftet, Tel. 091 966 33 22.

Verpflegung: Ristoranti in Carena und Colla.

Karten: 277 Roveredo, 286 Malcantone, 287 Menaggio, 5007 Locarno–Lugano; 1314 Passo San Jorio, 1333 Tesserete, 1334 Porlezza.

Variante für Hüttenromantiker: Vom Übergang am SW-Grat des Gazzirola auf dem Höhenweg zur Capanna Monte Bar (1600 m).

Besonderes: Unter der Woche besteht bei der Querung der NW-Flanke des Gazzirola Schießgefahr vom Waffenplatz Isone; Auskunft Tel. 091 935 85 03 oder 091 935 85 11. Anzeigen beachten; Umweg über Gazzirola immer möglich!

Anschlusstouren: 40, 44, 45.

◄ **Grenzenlos: Das Panorama vieler Gipfelziele im Tessin ist verlockend – dasjenige vom Camoghé zählt zu den weitreichendsten. Im Bild mächtig die italienische Seite des Monte Rosa.**

▼ **Grenzübertritt: Die Wanderung auf den Camoghè wie auch die Fortsetzung über den Gazzirola nach San Lucio und zur Capanna Pairolo verläuft entlang und auf der Grenze zu Italien.**

53 Matro (1201 m)–Cima di Medeglia (1260 m)

Über zwei militärische Gipfel vom Sopra- ins Sottoceneri

Tourencharakter: Ein Drittel Kondition, ein Drittel Trittsicherheit, ein Drittel Orientierungsvermögen sind die Voraussetzungen für diese Geheimtour. Die Aufstiege auf die beiden Gipfel oberhalb des Monte Ceneri schaffen auch Offiziersordonnanzen, für die Abstiege, insbesondere vom Matro, sollten Grenadiere her.
Beste Jahreszeit: Mai bis November.
Gehzeit: 6½ Std.

Der Monte Ceneri trennt und verbindet das Tessin. Nördlich des Passes breitet sich das Sopraceneri aus, welches vom Ticino entwässert wird. Südlich davon liegt das Sottoceneri, mit dem Lago di Lugano als Angelpunkt. Oben das große Nordtessin, unten das kleine Südtessin. Der einzige wegsame Übergang dazwischen: der Monte Ceneri. Bloß 550 Meter hoch, bloß 350 Meter oberhalb des Piano di Magadino. Ein Klacks, wenn man an die Höhenunterschiede im Tessin denkt. 2000 Meter erstrecken sich zwischen jener Ebene und dem Camoghè, dem höchsten Gipfel des Sottoceneri. Doch wie hatte Stefano Franscini, der erste Minister aus dem Tessin im Schweizer Bundesrat, gesagt: »Wie ist er doch fatal für uns Tessiner, dieser Zwerg von Monte Ceneri.« Durch die ganze Geschichte des Landes auf der Alpensüdseite spukt der verhängnisvolle Pass. Und noch heute ist der Gegensatz zwischen den klar abgegrenzten Landesteilen spürbar. Im Norden der HC Ambri-Piotta, im Süden das Eishockeyteam von Lugano, und beim Kantonalderby geht es mehr als nur um Punkte. Übertragen werden die Matchs vom Radio Svizzera di lingua italiana, dessen Sendeanlagen auf dem Monte Ceneri stehen.

Früher, als Nachrichten noch zu Fuß und per Kutsche überbracht wurden, galt der Ceneri als gefährlicher Pass. Im Niemandsland verschiedener Gerichtsbarkeiten – das Tessin war damals kein selbstständiger Kanton der Schweiz, sondern aufgeteiltes Untertanenland der Eidgenossen – lauerte lichtscheues Gesindel den Saumpfadtransporten und Reisenden auf. Die dichten Wälder boten guten Unterschlupf. Wer heute auf der Autobahn Dänemark–Kalabrien oder im IC »Monte Ceneri« von Zürich nach Milano fährt, merkt nicht allzu viel vom Übergang. Ein Tunnel mehr, und schon geht es endgültig gegen die lombardische Tiefebene hinunter. Wanderer hingegen lernen zwei geheimnisvoll verbaute Gipfel oberhalb der innertessinerischen Grenzlinie kennen.

Gemütlich steigen wir über die sonnigen Grasweiden auf den Matro. Den schattigen Aufstieg von Camorino durch die Steilflanke über der Magadinoebene haben wir glücklicherweise hinter uns. Die friedlichen Birken rascheln im leichten Wind, das Rauschen des Transitverkehrs hören wir nicht mehr, die Waffen auf dem Schießplatz von Isone, an dessen Rand wir vorbeimarschieren, schweigen für einmal. Die Antenne der Telekommunikationsanlage ist so hoch und schlank, dass sie uns nicht weiter stört. Freude und Ausblick weiten sich, wie immer, wenn der Gipfel in Reichweite kommt. Plötzlich klafft ein Loch unter uns – fast wären wir im Matro verschwunden.

Erstaunt stellen wir fest: Das ist kein einzelnes Loch, sondern ein Graben. Ein gemauerter Graben, der sich offenbar rings um den flachen Gipfel des Matro zieht. Wir folgen den Schützengräben, entdecken auf der Nordseite – natürlich, der Feind wäre ja von Süden gekommen – einen Unterstand. Ein Infanteriestützpunkt, wie wir später auf der Cima di Medeglia noch deren drei finden könnten. Erstellt zu Beginn des Ersten Weltkrieges, genau gleich wie die Verbindungsstraße zwischen den beiden Gipfeln. Und stiegen wir vom Kreuz und der Panoramatafel, welche die Amici della Cima di Medeglia auf ihrem Gipfel errichtet haben, gegen die Passhöhe des Monte Ceneri ab, kämen wir an weiteren militärischen Anlagen vorbei.

Schon zu Beginn der Tour sind uns solche Anlagen begegnet. Die runden Türme in den Rebbergen ob Camorino gehören zur

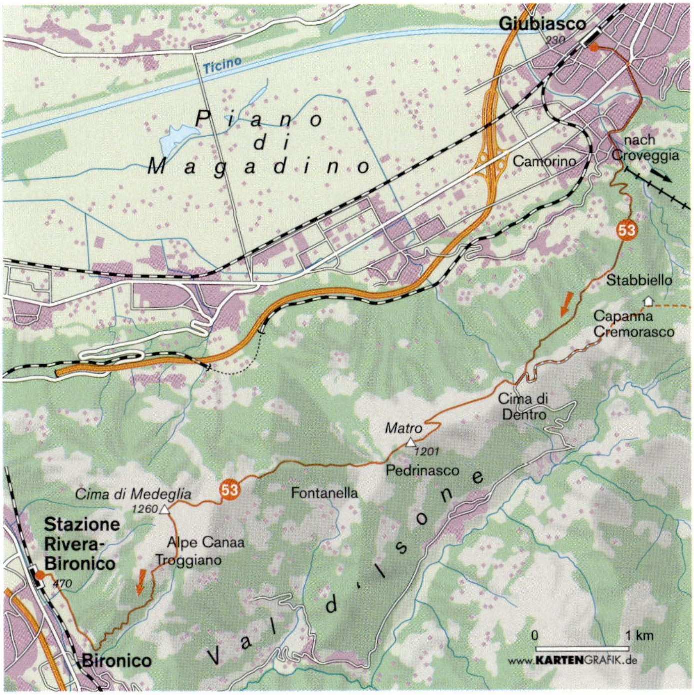

Talsperre quer über den Piano di Magadino, welche General Guillaume-Henri Dufour 1853/54 errichten ließ. Die Türme werden »Fortini della Fame« genannt, weil sie in einer Zeit von Armut und Hunger gebaut wurden. Ein weiter nördlich liegender Sperrriegel im Talboden des Tessins hat es zu Weltruhm gebracht: die drei Burganlagen von Bellinzona. Im Herbst 2000 hat die Unesco die mittelalterliche alpine Verteidigungsanlage als Teil des Weltkulturerbes anerkannt. Damit führte, wenigstens in dieser prestigereichen Tabelle und bis zum Juli 2003 das Sopraceneri gegen das Sottoceneri 1:0. Dann wurde der Saurierberg Monte San Giorgio zum Weltnaturerbe erklärt, und so steht es auf der World Heritage List dies- und jenseits des Monte Ceneri unentschieden.

Der Aufstieg

Vom Bahnhof Giubiasco (230 m) zur großen Kreuzung im Zentrum. Nun auf der Wanderroute entlang dem Parco pubblico, rechtshaltend über die Morobbia und dem Hangfuß entlang nach Camorino (256 m), wo der eigentliche Aufstieg beginnt. An der Talstation der Luftseilbahn nach Croveggia vorbei, durch einen Spielplatz mit Biotop und dann in vielen Kehren durch den steilen Wald über Stabbiello hinauf nach Cima di dentro und auf dem Wiesenweg nach vorne auf das Teersträßchen bei der Kurzwellensendeanlage. Auf dem Militärsträßchen, unterhalb der Alphütten von Cima di dentro (1005 m) durch, westwärts Richtung Matro. Bei einer Ruine zweigt links ein flacher Weg ab. Ihn kurz benützen, doch dann weglos über mit Erlen bestückte Matten auf den breiten, grasigen Ostrücken des Matro, wo man eine Wegspur findet. Sie führt über einen Vorgipfel hinweg auf den Matro (1201 m). Der flache, gewellte Gipfel wird von einem verfallenden Schützengraben umrundet.

Von Gipfel zu Gipfel

Der Abstieg vom Matro über die knapp 100 Meter hohe, felsdurchsetzte und im unteren Teil bewaldete Südwestflanke beginnt bei einem gespaltenen Block am Schützengraben. Auf einem undeutlichen, von hohem Gras überwachsenen, vereinzelt blau markierten Pfad hinab auf das Zufahrtsträßchen nach Pedrinasco. Wieder auf dem Militärsträßchen, das auf der Nordseite des Kammes zwischen Sopra- und Sottoceneri verläuft, hinab nach Fontanella (1038 m) und hinauf auf die Cima di Medeglia (1260 m), die zuoberst auf einem Pfad erreicht wird.

Der Abstieg

Vom Gipfelkreuz der Cima di Medeglia südwärts auf einem schwach ausgeprägten Pfad nach vorne und über eine Steilstufe hinab zur Alpe Canaa. Südwärts weiter, bis man auf den Weg trifft, der schräg hinab nach Troggiano führt. Rechtshaltend durch die ehemalige Alp- und heutige Ferienhaussiedlung hindurch zum Beginn des markierten Abstiegsweges nach Bironico, der auf einer Kuppe westlich eines Baches beginnt. Südwärts steil auf dem schmalen, nicht mehr unterhaltenen Pfad im Zickzack abwärts, zuerst durch Birken-, dann durch Kastanienwald. Kurz nach der Inschrift auf einem Felsblock »Rivera FFS« und »Medeglia« verzweigt sich der Pfad auf einer Verflachung. Nach rechts über einen Bachlauf, kurz darauf wieder zurück und entlang einem Rebberg auf ein Teersträßchen. Es führt nordwestwärts durch Rebberge. Kurz nach einer Bachbrücke auf einem unmarkierten Pfad links einer Trockensteinmauer hinab zu Einfamilienhäusern. Unter der Bahnlinie hindurch und nach rechts zur Bahnstation Rivera-Bironico (470 m).

Nützliche Informationen

Ausgangsort: Giubiasco (230 m); Bahn [600] von Bellinzona und Lugano, Bahn [630] von Locarno. Postauto [625.45] von Bellinzona bis Giubiasco Municipio.

Zielort: Bahnstation Rivera-Bironico (470 m) südlich des Monte Ceneri. Regionalzug [600] nach Bellinzona und Lugano. Oder Postauto [600.87] nach Lugano.

Schwierigkeit: T4; ohne Matro bzw. bei Abstieg vom Matro auf der Aufstiegsroute T2/T3.

Höhenunterschiede: Aufstieg 1200 m, Abstieg 960 m.

Gehzeiten: Giubiasco–Matro 3¼ Std., Matro–Cima di Medeglia 1½ Std., Abstieg nach Rivera-Bironico 1¾ Std.

Distanz: 13 km.

Unterkunft/Verpflegung: Capanna Cremorasco (1095 m), gehört dem Patriziato di Camorino, 10 Plätze, geschlossene Selbstversorgerhütte, Tel. 091 857 75 74, Schlüssel, Auskunft und Reservation bei Giulio Margnetti, Tel. 091 857 27 88. In Giubiasco vier Hotels, in Camorino eines. In Rivera: am urigsten im Grotto Leoni im Ortsteil Soresina, Tel. 091 946 11 18; weitere Hotels in Rivera und in Bironico.

Material: Uniform und Gewehr sind nicht nötig.

Karten: 276 Val Verzasca, 286 Malcantone; 1313 Bellinzona, 1333 Tesserete.

Variante für Marschfaule: Mit der Seilbahn von Camorino nach Croveggia (938 m); Auskunft bei Augusto Rotta, Tel. 091 8576148. Über Pian Granda, Giardini (ca. 1140 m), Capanna Cremorasco (1095 m) und Monti del Tiglio nach Cima di dentro (1005 m) zum Weg auf den Matro; 1½ Std. von der Bergstation auf den Gipfel.

Besonderes: Das Negozio Galli an der Piazza Collegiata mitten in Bellinzona hat viel Tessiner Wein, zum Beispiel einen Merlot von Camorino.

Literatur: Ein Muss für Militärköpfe: Werner Rutschmann, *Befestigtes Tessin. Burgen, Schanzen, Werke, Stände,* Verlag NZZ, Zürich 1994.

Anschlusstouren: 56, 58.

▼ Stramm: Beim Abstieg von der Cima di Medeglia marschiert man durch sauber geordneten Birkenwald. Der Weg quer hindurch hätte aber Pflege nötig.

SOTTOCENERI

Ein Geländer umgibt den höchsten Punkt des San Salvatore (912 m). Vom Hausberg Luganos blicken wir auf den Lago di Lugano, den Damm von Melide und den Monte San Giorgio, seit Juli 2003 zum Weltnaturerbe gehörend. Auf diesen Südtessiner Gipfel gehen wir auch.

54 Monte Caslano (526 m)

Naturlehrpfad, Fischereimuseum und Schokoladenfabrik

Tourencharakter: Die einen essen gerne Schokolade. Andere besuchen lieber ein Museum. Dritte möchten sich draußen belehren lassen. Einige erfreuen sich einfach an der schönen Landschaft. Oder an pittoresken Dörfern und hübschen Villen. Gegen gemütliche Grotti hat wohl niemand etwas einzuwenden, und wenn man noch baden kann – warum nicht? Kurz: Der Monte Caslano bietet allen etwas. Auch denjenigen, die bloß einen Gipfel machen wollen.
Beste Jahreszeit: Immer.
Gehzeit: Mindestens 3 Std.

Der höchste Gipfel des Tessins: die Adula (3402 m), auf der Alpennordseite besser unter dem Namen Rheinwaldhorn bekannt. Allerdings gehört es noch halbgrats zu Graubünden. Der höchste Gipfel, der ganz auf Tessiner Boden steht, ist der Pizzo Campo Tencia (3071 m).

Der nördlichste Gipfel: Piz Valdraus (3096 m) oberhalb der Greina. Wie ein Zahn ragt er ins Bündner Oberland hinein.

Der westlichste Gipfel: das Kleine Grieshorn (2930 m), auch Piccolo Corno Gries genannt, zuhinterst in der italienischen Formazza und südlich des Nufenenpasses, der Verbindung aus der Val Bedretto ins Goms. Fast so westlich wie das Kleine Grieshorn liegt der Südgipfel (2841 m) des Nufenenstocks; der westlichste Punkt des Tessins befindet sich zwischen beiden Bergen, beim Passo del Corno.

Der östlichste Gipfel: der Vorgipfel (2194 m) der Cima di Cugn (2237 m) oberhalb des Passo San Jorio, einst ein wichtiger Übergang von Schmugglern und fast auch von Soldaten. Unterhalb des Vorgipfels wurden zwei Militärunterkünfte errichtet, eine von den Schweizern, die andere von den Italienern. Ob sie wohl zusammen Karten gespielt haben? Der östlichste Gipfel (und nicht Vorgipfel) erhebt sich auf dem Verbindungsgrat zwischen der Cima di Cugn und dem Corno di Gesero: Es ist die Cima delle Cicogne (2201 m).

Der südlichste Gipfel: Ist es die Bedòla (1065 m), eine deutliche Erhebung im Gebirgskamm, der die Valle di Muggio im Osten begrenzt? Oder ist es der Dosso Pallanza (562 m) südlich des Bahnhofs Chiasso, nicht weit weg vom südlichsten Punkt der Schweiz, vom Grenzstein 75 B? Oder gehört die Ehre, der südlichste wirkliche Gipfel des Tessins (und der Schweiz) zu sein, dem Poncione d'Arzo (1015 m)? Leicht besteigbar sind alle drei.

Der schwierigste Gipfel: Giuseppe Brenna, Autor der fünf dicken Führer über die Tessiner Alpen, wäre die richtige Person, um diesen Berg auf Anhieb zu nennen. Wer in seinem Werk blättert, findet mindestens zwei, die in Frage kommen. Die Punta di Val Scaradra (2823 m) im gleichnamigen Tal oberhalb des Lago di Luzzone, »eine herrliche, elegante, kühne, abgesonderte Pyramide«, die, so Brenna weiter, von der Val Scaradra aus dem Gipfel des Matterhorns gleicht. So ein Gipfel kann natürlich nicht leicht zu besteigen sein, und die Normalroute ist mit »ziemlich schwierig« eingestuft. Noch etwas schwieriger dürfte die Ciavena Alta (2394 m) in der Val Calnègia sein, dem wilden Seitental in der Val Bavona. Schon der Zugang zur Ciavena Alta ist nicht leicht, und dann kommt oben noch eine schwierigste, nicht umgehbare Stelle im vierten Schwierigkeitsgrad, »über einem Abgrund von 1400 Metern« (Brenna). Atemberaubend, dieser Normalweg. Und ziemlich schweißtreibend.

Der leichteste Gipfel: Der Monte Generoso (1701 m) ist es nicht, zu weit ist der Weg von der Bergstation (1601 m) auf den höchsten Punkt. Auch der San Salvatore (912 m) und die Cimetta (1671 m) mit je rund 30 Metern Fußaufstieg von der Bergstation sind eine Spur zu anstrengend. Bleiben noch der Monte Brè (925 m) und die Sighignola (1314 m), wo man von den Fahrzeugen wirklich nicht viel gehen muss, um ganz oben zu stehen. Für die Sighignola muss man wahrscheinlich noch ein paar Schritte weniger machen. Noch müheloser ist nur der Monte Ceneri – da kann man im Auto gleich sitzen bleiben. Aber der Ceneri ist ja auch kein Gipfel.

Der tiefste Gipfel des Tessins: der Monte Caslano (526 m) oberhalb der westlichsten Bucht des Luganersees. Die Collina d'Oro bei Lugano ist höher, der Balladrum (483 m) ob Ascona tiefer, aber hat dieser Gipfel überhaupt eine gewisse Selbstständigkeit? Das könnte für den Rovine del Castelliere, der den Eingang in die Vallemaggia bewacht, schon eher gelten; sein Kulminationspunkt beträgt mindestens 530 Meter, die Karte gibt für einen weiter östlich liegenden Punkt die Höhe 529 Meter an. Der Monte Verità mit geschätzten 333 Metern war sicher ein gesellschaftlicher, die Burghügel von Bellinzona sind ein architektonischer Höhepunkt – aber geografische Gipfel? Bleibt also der Monte Caslano. Ein richtiger Berg, ringsum 250 Meter abfallend, ein abgestumpfter, bewaldeter und teilweise felsiger Kegel, der früher ganz von Wasser umgeben war, doch die ungestüme Magliasina brachte aus dem Malcantone viel Geschiebe und machte aus dem Monte Caslano eine

Halbinsel. Im Volksmund heißt er Sassalto – hoher Stein. Womit die Gipfelfrage mehr als beantwortet ist. Der tiefste Gipfel des Tessins besteht aus einer Mischung von altkristallinem Gestein und kalkigem Dolomit. Dank solch unterschiedlicher Bodenbeschaffenheit wachsen hier rund 750 Pflanzenarten. 1977 wurde der Monte Caslano ins Inventar der Landschaften und Naturdenkmäler von nationaler Bedeutung aufgenommen. Zum gleichen Inventar gehört auch das Rheinwaldhorn, mit seinem Quellgebiet des Hinterrheins.

Der Aufstieg

Von der Haltestelle Caslano (290 m) Richtung Caslano Centro bis zur Via Rompada; nach rechts zum Schokoland Alprose. Auf der Via Rompada zurück zur nächstliegenden Kreuzung, nach rechts und geradeaus in den Dorfkern von Caslano und nach vorne zum Lago di Lugano. Der Wegweiser »Sentiero didattico« führt nach Stremadone hinauf zum Parco naturale del Monte Caslano und zum Lehrpfad mit der ersten Tafel. Der Lehrpfad führt im Gegenuhrzeigersinn um den Monte Caslano herum. Aber wir wollen ja auch auf den Gipfel. Deshalb biegen wir bei Tafel fünf links in einen der Wege, die auf das Gipfelplateau steigen. Sie kreuzen sich schon bald – wir nehmen den rechten Weg, der auf dem Gipfelplateau in einen breiten Forstweg (Strada forestale) mündet. Auf ihm geradeaus; er steigt leicht an und beschreibt eine lang gezogene Linkskurve. Bevor er zu sinken beginnt, gehen wir ein paar Schritte nach rechts zum höchsten Punkt des Monte Caslano (526 m), Cimalmonte genannt. Zurück auf den Forstweg, der schon bald zum Sentiero didattico kommt. Nun könnten wir auf diesem weiterwandern. Aber wir sollten noch unbedingt die Kapelle auf dem Sassalto (521 m) besuchen, von wo wir einen schönen Blick auf Caslano und den Lago di Lugano genießen. Deshalb nicht dem Lehrpfad folgen, sondern auf einem Weg nordwärts quer über das Gipfelplateau und ostwärts zur Kapelle und zum Kreuz.

Der Abstieg

Von der Gipfelkapelle kurz westwärts zurück zu einer Wegverzweigung. Zwei Möglichkeiten: 1) Nordwärts hinab auf den Lehrpfad, wo man ihn beim Aufstieg verlassen hat; dann auf seinem westlichen Abschnitt um den Monte Caslano herum. 2) Gleich südwärts hinab auf den Lehrpfad, wo dieser als Sentiero panoramico durch die abschüssige Süd- und Ostseite verläuft und teilweise mit Geländern und Treppen versehen ist. Man kommt zurück zum Anfang des Sentiero didattico. Hinab nach Caslano. Bis ans Ende der Seepromenade spazieren. Kurz links und gleich wieder rechts, entlang dem Golfplatz. Nach der Brücke über die Magliasina gleich rechts und durch Auenwald bis zum Mündungsdelta, einem beliebten Picknicksplatz. Beim Rückweg schlagen wir einen anderen Weg durch den Auenwald ein. Doch dann auf ruhigen Straßen an Villen vorbei zur Stazione Magliaso (290 m).

Nützliche Informationen

Ausgangsort: Caslano (272 m); am schönsten wäre die Anreise per Schiff [3606] von Lugano, aber bei zwei Kursen täglich mit der Hinfahrt nachmittags und der Rückfahrt vormittags wird die Tourenplanung doch etwas erschwert. Schneller ist die Anreise mit der Schmalspurbahn [635] Lugano–Magliaso–Ponte Tresa bis Stazione Caslano (290 m).

Zielort: Magliaso (290 m).
Schwierigkeit: T1/T2.
Höhenunterschiede: Auf- und Abstieg je 280 bis 380 m, je nach Route.
Gehzeiten: Aufstieg 1 ½ Std., Abstieg 1 ½ bis 2 Std., je nach Route.
Distanz: 8,5 bis 9,5 km, je nach Route.
Unterkunft: In Caslano: Osteria Battello, Tel. 091 606 16 50; Albergo Gardenia, Tel. 091 606 17 16.
Verpflegung: Grotto Sassalto; Grotto Stremadone, geschlossen November bis März; Grotto Taverna dei Pescatori am Nordhang des Monte Caslano; Montag Ruhetag, außer im Sommer, geschlossen November bis Februar.
Karten: 286 Malcantone; 1353 Lugano.
Besonderes: Schokoland Alprose an der Via Rompada 36 in Caslano, täglich offen Montag bis Freitag 9 bis 19 Uhr, Samstag/Sonntag 9 bis 17 Uhr. Museo della Pesca (Fischereimuseum) an der Via Campagna in Caslano, offen April bis Oktober, Dienstag, Donnerstag und Sonntag 14 bis 17 Uhr. Und: Beim Ente turistico del Malcantone an der Piazza Lago in Caslano, Tel. 091 606 29 86, ist ein Faltblatt zum Sentiero didattico del Parco naturale del Monte Caslano auf Deutsch oder Italienisch erhältlich.
Literatur: Für Gipfelsammler die beiden Bände *Grandi cime per i nostri giorni* von Giuseppe Brenna, Salvioni Edizioni, Bellinzona 2001 und 2002 – der Monte Caslano fehlt freilich. Für Wasserratten *Befreite Wasser. Entdeckungsreisen in revitalisierte Flusslandschaften der Schweiz* von Markus Hostmann und Andreas Knutti, Rotpunktverlag, Zürich 2002 – die Magliasina gehört dazu.
Anschlusstour: 55.

▼ **Einzigartig: Der Monte Caslano ist ein grüner, auf drei Seiten vom Lago di Lugano umgebener Kegel. Und der tiefste Gipfel des Tessins.**

55 Monte Mondini (813 m)

Der erste und tiefste Gipfel des Giro di Lugano

Tourencharakter: Bergwanderung auf einen der südlichsten Gipfel im Malcantone, abseits der verstopften Straßen am schweizerisch-italienischen Brückenkopf Ponte Tresa. Zwei, drei Wegabschnitte sind nicht markiert, ein paar auch kurz leicht ausgesetzt. Schöne Tiefblicke auf das unterste Becken des Lago di Lugano, und am Horizont zeigt sich kurz der höchste Berg der Schweiz. Bis nach Novaggio muss man nicht gehen, aber es lohnt sich.

Beste Jahreszeit: Immer. Am aussichtsreichsten vom Spätherbst bis in den Vorfrühling, wenn die Blätter der Buchen und Kastanien am Boden liegen.

Gehzeit: 3¼ Std.

Name: Bedeutet der Name »mal cantone« – wörtlich übersetzt – schlechte Ecke, was für dieses früher nur schwer und auch heute bloß auf sehr kurvenreichen Straßen zugängliche Hinterland von Lugano ja durchaus zutreffen könnte? Verstecken sich im Namen auch die »mali«, die Bösen, welche im sehr hügeligen Land einst beste Schlupfwinkel fanden, nachdem sie die Handelreisenden von und nach Milano ausgeraubt hatten? Für die Opfer jedenfalls war die Gegend wirklich ein mal cantone. Oder war das Dreieck zwischen der Tresa – sie entwässert den Lago di Lugano zum Lago Maggiore –, dem Gebirgskamm vom Monte Lema zum Monte Gradiccioli sowie der topfebenen Val d'Agno einfach das Gebiet der »magli«, der Hammerschmieden, wie sie früher entlang der Magliasina in Betrieb waren? Diejenige von Aranno hämmert seit 1992 übrigens wieder.

Geschichte: Im 19. Jahrhundert hatte das Malcantone den Übernamen Kalifornien des Tessins, weil eifrig nach Gold und Silber geschürft wurde, allerdings ohne vergleichbaren Erfolg mit jenem jenseits des Atlantiks. Auch noch im 20. Jahrhundert versuchten sich die Bergbauern als Bergarbeiter; eine Zeit lang wurde das Edelmetall aus dem Malcantone sogar an der Börse von Paris gehandelt. Andererseits waren im 19. Jahrhundert zahlreiche Malcantonesi ins gelobte Amerika ausgewandert. Breno und Aranno zum Beispiel verloren in den letzten 100 Jahren die Hälfte ihrer Bevölkerung, während die Dörfer näher zu Lugano in den Dienstleistungssog dieser modernen Goldgräberstadt geraten sind.

Dörfer: Iseo und Aranno am Westhang oberhalb der tief im Tal fließenden Magliasina: Sonnenterrassen mit Blick bis zum Monte Rosa; auch auf dem Gipfel des Monte Mondini zeigt sich plötzlich der zweithöchste Berg der Alpen. Breno mit seinem kompakten Dorfbild, so wie viele andere Dörfer auch. Miglieglia mit der spätromanischen Kirche San Stefano al Colle und mit der Seilbahn zum Monte Lema (1620 m), auf dem Biker und Hiker, Snowboarder und Gleitschirmpiloten zu ihren Abenteuern starten. Novaggio, bekannt für das idyllisch gelegene Militärspital. Castelrotto: ein hübsches Dorf, dessen Kirche aus den Rebbergen zu wachsen scheint. Ponte Tresa, wo sich die Autos der Grenzgänger stauen; am Morgen in Italien, am Abend in der Schweiz. Ein Reiseführer nennt Ponte Tresa einen Luftkurort. Wir starten am besten um die Mittagszeit.

Leute: Domenico Trezzini aus Astano, der unter Zar Peter dem Großen das barocke St. Petersburg schuf. Pierre Avanzini, als

▼ Durstig: Andrea und Nico rasten vor der Kapelle Brusciate. Das Eis gibt's in Curio oder Novaggio. »Papa, ist es noch weit?«

Spross einer Patrizierfamilie 1889 in Curio geboren, gewann 1908 mit seinem Tourenrad ein Rennen in Ponte Tresa und war im folgenden Jahrzehnt einer der stärksten Radrennfahrer des Tessins. Er siegte in zahlreichen Rennen zu Hause und in Italien. Avanzini war eine Ausnahmeerscheinung, nicht nur wegen seiner schwarzen Rennbekleidung mit dem hochgeknöpften Trikot, sondern auch wegen seiner Herkunft; man nennt ihn »il primo corridore intellettuale del ciclismo ticinese«. Am 25. April 1909 organisierte er ein Rennen von Lugano über Magliaso in sein Heimatdorf Curio, das Antonio Sassella in 38 Minuten gewann. Avanzini verunglückte 1973 mit seiner Vespa auf der Fahrt zu seinem Wohnsitz in Italien. Zu nennen ist auch Adriano Kaufmann aus Beride, dessen Weingut die terrassierten Hänge zwischen Bedigliora und Castelrotto umfasst. Seine gehaltvollen Weine heißen »Zefiro«, »Il Rubino« und »Pio della Rocca«. Daniel Huber aus Monteggio, einem Dorf in der Südwestecke des Malcantone, nennt seinen im Eichenfass ausgebauten Merlot »Montagna Magica«. Ein schöner Name. Er passt gut zum Malcantone.

Der Aufstieg

Hinter dem Bahnhof Ponte Tresa (277 m) auf gelb markierter Route eine Treppe hoch, über einen Parkplatz rechts an einer Kirche vorbei, kurz die Straße benützen und links in die Salita alle Rocchette einbiegen. Weiter aufsteigen, an einem Motel vorbei und nach rechts. Auf der Straße ostwärts, bis links der Wanderweg abzweigt. In Kehren durch den Wald aufwärts – gleich bei der ersten Verzweigung rechts halten – zu einem Aussichtspunkt mit Sitzbank. Über den Monte Rocchetta (619 m) hinweg in einen Sattel (580 m) und weiter durch Wald aufwärts zur Wegverzweigung. Nach rechts zu Waldstraße und gleich wieder nach links in den Wanderweg abbiegen. Kurz darauf kommt man auf eine gerodete Fläche. An ihrem oberen Rand auf eine Forststraße, die in der Ostseite auf den Monte Mondini (813 m) führt, und zwar zu einem alten eisernen Gipfelkreuz. Den höchsten Punkt, markiert durch ein steinernes Gipfelkreuz, erreicht man am schnellsten südwärts quer durch den Wald.

Der Abstieg und Wiederaufstieg

Zurück zum eisernen Gipfelkreuz und auf nicht markiertem Weg ostwärts im Zickzack ziemlich steil hinab, dann nach links und flach auf einem breiten Weg zur Kapelle Bruciate (663 m). Nordwärts, an Ferienhäuschen vorbei, hinab nach Molino di Curio (535 m). Auf kleinen Straße hinauf ins Dorf Curio (566 m). Und auf der Wanderroute um den Sciaroni-Hügel herum nach Novaggio (638 m).

Der Weiterweg

Wie kommen wir von Novaggio auf den Monte Lema (1620 m)? Drei verschiedene Möglichkeiten: 1) mit dem Postauto nach Astano, dann wie Tour 56 weiter; 2) mit dem Postauto [635.20] nach Miglieglia und mit der Gondelbahn hinauf; 3) zu Fuß über Vinera (569 m) nach Miglieglia (706 m) und natürlich zu Fuß weiter zur Bergstation (1550 m) und zum Gipfel, mehr oder weniger unterhalb der Gondelbahn; 3½ Std. Viel Spass!

Nützliche Informationen

Ausgangsort: Ponte Tresa (277 m); Schmalspurbahn [635] vom Bahnhof Lugano. Oder Schiff [3606] von Lugano Centrale.

Zielort: Novaggio (638 m); Postauto [635.25] nach Ponte Tresa; oder Postauto [635.21] über Curio und Molino di Curio nach Magliaso, Bahnhof der Bahnlinie Ponte Tresa–Lugano.

Schwierigkeit: T2.

Höhenunterschied: Aufstieg 640 m, Abstieg 280 m.

Gehzeiten: Ponte Tresa–Monte Mondini 2 Std; Monte Mondini–Curio 30 Min; Curio–Novaggio 45 Min.

Distanz: 7,5 km.

Unterkunft: In Ponte Tresa: Zum Beispiel das Motel Ponte Tresa, Tel. 091 611 29 50. In Novaggio: Belcantone, Tel. 091 606 13 23; Novaggio, Tel. 091 606 63 95; Posta, Tel. 091 606 13 49; Villa Mona Lisa, Tel. 091 606 31 04. In Miglieglia: Garni Santo Stefano, Tel. 091 609 19 35.

Verpflegung: In Ponte Tresa, Curio und Novaggio.

Karten: 286 Malcantone; 1353 Lugano.

Variante für Malcantonisten: Neben der Strada verde gibt es noch den 7 Kilometer langen Sentiero delle Meraviglie (Weg der Wunder), einen in Novaggio beginnenden Rundlehrpfad zu den Industriedenkmälern, insbesondere zum Maglio d'Aranno; die Hebelhammerschmiede ist von Dienstag bis Sonntag zu besichtigen (und zu hören). Badeplätze in der Nähe der Schmiede.

Besonderes: Markt im italienischen Ponte Tresa, jeden Samtag von 8.30 bis 17 Uhr. Museo del Malcantone in Curio, untergebracht im Gebäude der ehemaligen Scuola maggiore, die wohl auch Pierre Avanzini besucht hat; offen April bis Oktober, Donnerstag und Sonntag 14 bis 17 Uhr, Tel. 091 091 606 31 72.

Anschlusstouren: 54, 56.

▼ Blumig: Den Monte Mondini kann man immer überschreiten. Besonders schön ist es, wenn die Magnolien blühen (und es auf der Alpennordseite stürmt und schneit).

56 Monte Lema (1620 m)–Monte Gradiccioli (1935 m)–Monte Tamaro (1961 m)

Der klassische Höhenweg im Sottoceneri, kurz »La Traversata« genannt

Tourencharakter: Die beliebteste Gratwanderung des Tessins zwischen der italienischen Veddasca und dem schweizerischen Malcantone. Von Astano einem sonnen-, aussichts- und tiefblickreichen Kamm zum Monte Ceneri folgen, hoch oberhalb zweier Seen, über einen bis zehn Gipfel, vorbei an drei Unterkünften.

Beste Jahreszeit: Mai bis November; am besten Anfang Oktober. Achtung: im Frühsommer und Spätherbst sind Gipfelunterkünfte und Seilbahnen teilweise außer Betrieb.

Gehzeit: 9½ Std. von Dorf zu Dorf, knapp die Hälfte bei Benützung beider Seilbahnen.

»Es gibt viel Schönes auf der Erde, Schöneres als dies gibt es nicht«, sagt Hermann Hesse in seinem 1923 erstmals veröffentlichten Text *Madonna d'Ongero,* der im liebevoll edierten Buch *Tessin. Betrachtungen, Gedichte und Aquarelle* aus dem Jahre 1990 wiederzulesen ist. Die Hälfte seines Lebens hat der Schriftsteller und Maler in der Südschweiz verbracht, vor allem in Montagnola, einem Dorf auf der Collina d'Oro südlich von Lugano. Von Montagnola aus unternahm Hesse ausgedehnte Wanderungen durch die ihm ans Herz gewachsene Landschaft des südlichen Tessins. Von ihm zeichnete er in vielen Texten und Erzählungen (*Klingsors letzter Sommer, Klein und Wagner*) ein meistens romantisierendes, oft etwas wirklichkeitsfremdes und dann doch wieder gestochen scharfes Bild, das man gerade heute desto lieber in sich aufnimmt, je mehr diese Landschaft zersiedelt und zerschnitten wird: »... und hinter See und Kuppelberg steigen andere

Berge auf, italienische und Schweizer Berge, Höhe hinter Höhe, Kette hinter Kette, zuhinterst und zuhöchst Monte Rosa und blasse Walliser Gipfel, dazwischen Täler mit Dörfern, Höhezüge mit Kapellen, Waldrücken und Hütten auf sanften Hügelwellen schwebend, die herrliche Bergreihe des Lema, Gambarogno und Tamaro, und nach links und nach rechts, den

◄ Schimmernd: Abendsonne auf dem Monte Lema, einem Gipfel am Nordrand der Poebene und im Süden der Schweiz, deren tiefster Punkt der Lago Maggiore ist.

ganzen sichtbaren Halbkreis füllend, blaue, schwarze, graue, rosige, luftige Berge und Bergzüge, endlos hintereinander aufgestellt, alles klar gegen den noch rot und golden leuchtenden Himmel gehoben, dessen Wölkchenflammen langsam erlöschen.«

Schön, nicht wahr? Noch schöner ist es, wenn man solche Sätze auf dem Monte Lema genießt, am Sockel des elf Meter hohen und von unzähligen Lämpchen erleuchteten Gipfelkreuzes.

Der Aufstieg

Von der Postautoendstation in westlicher Richtung durch die Hauptgasse oder durch Nebengassen von Astano (631 m) zum Ristorante Elvezia schlendern. Hier beginnt der Aufstieg, zuerst noch auf einem Teersträßchen bis zur ersten Serpentine. Der Wanderweg führt in eine Einsattelung (926 m). Zwei Wege umrunden auf der Ost- oder Westseite den Motto Croce und vereinigen sich in der Forcola (ca. 1120 m). Nun alles über den breiten S-Grat, die Kuppe des Moncucco linkerhand schneidend, auf den Gipfel des Monte Lema (1620 m) steigen.

Von Gipfel zu Gipfel

Vom riesigen Gipfelkreuz (1620 m) ist man in wenigen Minuten im Ostello Vetta Monte Lema (1550 m) bei der Bergstation der Funivia Miglieglia–Monte Lema. Nordwärts hinab in die Forcola d'Arasio (1481 m) und hinauf, zuerst in der Ost-, dann in der Westflanke unter dem Poncione di Breno (1654 m) hindurch auf den Gratverlauf. Weiter über den teilweise etwas exponierten Höhenweg, der direkt über den Kamm verläuft und einzelne Erhebungen, wie den Zottone (1569 m), den Monte Magino (1589 m) und den Monte Magno (1636 m), jeweils flankiert. Vom Passo d'Agario (nördlich des Monte Magno), wo ein Grenzwachthaus steht, über den langen S-Grat, vielleicht noch den Monte Pola (1742 m) mitnehmend, auf den Monte Gradiccioli (1935 m); die Betonung liegt auf dem ersten i. Auf dem SW-Grat etwas absteigen, die W-Flanke queren, über den N-Grat in die Bassa di Montoia und über einen Buckel in die Bassa di Indemini (1723 m). Auf dem steilen S-Grat-Weg auf den Monte Tamaro (1961 m); sowohl der Gradiccioli wie der Tamaro können in der W- bzw. O-Flanke umgangen werden.

Der Abstieg

Vom Monte Tamaro über den etwas abschüssigen O-Grat in einen Sattel (1843 m), den Motto Rotondo in der N-Flanke queren und zur Capanna Tamaro UTOE (1867 m) und zur unübersehbaren Antennenanlage. Von hier auf dem Schotterweg in der N-Flanke hinab oder auf einem schmalen Pfad entlang einem Rücken zur Sessellift-Bergstation und gemeinsam weiter zum Ristorante Alpe Foppa (1530 m) und zu der von Stararchitekt Mario Botta erbauten und 1994 eingeweihten Chiesa di Santa Maria degli Angeli; auf der Karte Corte di Sopra, die eigentliche Alpe Foppa befindet sich weiter nördlich. Von Foppa auf einem Sträßchen und auf Abkürzungen des Wanderwegs, bei der Gondelbahn-Mittelstation vorbei, bis zur Maiensäßsiedlung Monti di Spina di sopra, wo man den Direktweg nach Soresina wählt. Vom Dorf am besten auf dem Wanderweg, unter der Autobahn hindurch, zum Bahnhof Rivera-Bironico (470 m).

Nützliche Informationen

Ausgangsort: Astano (631 m) am Südfuß des Monte Lema. Bahn [635] von Lugano über Magliaso nach Ponte Tresa; von beiden Orten Kurse [635.21 bzw. 635.25] nach Novaggio; dort eventuell umsteigen ins Postauto [633.45] nach Astano.

Zielort: Bahnstation Rivera-Bironico (470 m) südlich des Monte Ceneri. Regionalzug [600] nach Bellinzona und Lugano. Oder Postauto [600.87] nach Lugano. Im Sommer und Herbst verkehrt täglich um 17 Uhr ein Bus zwischen Rivera und Miglieglia und umgekehrt; Kombifahrkarten mit den beiden Gondelbahnen erhältlich. Auskunft Tel. 091 946 23 03.

Schwierigkeit: T2/T3.

Höhenunterschiede: Astano–Monte Lema (Ristorante): Aufstieg 990 m, Abstieg 70. Lema–Alpe Foppa Aufstieg 810 m, Abstieg 830 m. Foppa–Rivera: Abstieg 1060 m. Insgesamt: Aufstieg 1800 m, Abstieg 1960 m.

Gehzeiten: Astano–Lema 3 Std., Lema–Foppa 4½ Std., Foppa–Rivera 2 Std.

Distanz: Astano–Lema 5 km, Lema–Foppa 12 km, Foppa–Rivera 6 km.

Unterkunft/Verpflegung: Ostello Vetta Monte Lema (1550 m), 60 Plätze, offen April/Mai bis Oktober/November, Tel. 091 967 13 53. Capanna Tamaro UTOE (1867 m), 60 Plätze, offen und bewirtschaftet von Juni bis Oktober, Tel. 091 946 10 08. Ristorante Alpe Foppa (1530 m), 72 Plätze, offen April/Mai bis Oktober/November, Tel. 091 946 22 51. In Astano: Albergo della Posta, Tel. 091 608 32 65; Garni Filanda, Tel. 091 608 27 02. In Miglieglia: Garni Santo Stefano, Tel. 091 609 19 35. In Rivera: am urigsten im Grotto Leoni im Ortsteil Soresina, Tel. 091 946 11 18; weitere Hotels in Rivera und in Bironico.

Karten: 286 Malcantone; 1333 Tesserete, 1352 Luino.

Varianten … für Finanzkräftige: Von Novaggio mit dem Postauto [635.20] nach Miglieglia und mit der Gondelbahn [2660] mühelos fast auf den Monte Lema und später mit der Gondelbahn [2640] von der Alpe Foppa ebenso mühelos nach Rivera. Die Seilbahnen sind von Mitte April bis Mitte November in Betrieb. **… für Gipfelsammler:** Piano del Poncione (1624 m), Poncione di Breno (1654 m), Zottone (1569 m), Monte Magino (1589 m), Monte Magno (1636 m) und Monte Pola (1742 m) jeweils überschreiten und den Motto Rotondo (1928 m) über den NO-Grat gewinnen.

Besonderes: Im Winter bei genügend Schnee Skibetrieb; www.montetamaro.ch.

Anschlusstouren: 53, 55, 57, 58.

▼ **Leuchtend: Ruhig genießen die Wanderer auf dem Monte Lema die letzten Strahlen am Gipfelkreuz, das in der Nacht weit übers Tessin hinaus strahlt.**

57 Covreto (1593 m)–Monte Paglione (1554 m)–Monte Gambarogno (1734 m)

Gratwanderung hoch über dem Lago Maggiore und einem Bergdorf

Tourencharakter: Ziemlich lang, nicht ganz leicht, sehr gelenkschonend, nicht immer markiert, sehr reich an Aussicht, von den Isole di Brissago über den Gridone bis zu Finsteraar- und Aletschhorn sowie den Walliser Viertausendern: Was will man mehr auf dem mediterranen Weg vom Lago Maggiore über drei insubrische Gipfel. Auf dem Monte Gambarogno müssen wir uns entscheiden: Zurück ans Wasser, weiter über den Grat auf den Monte Tamaro (1961 m) oder hinab nach Indemini, zum Schweizer Dorf zuoberst in der italienischen Valle Veddasca.

Beste Jahreszeit: April bis November. Wegen des weitgehend schattigen Aufstiegs auch im Hochsommer.

Gehzeit: 6 Std. bis Alpe di Neggia, 8½ Std. bei Rückkehr ans Seeufer, 8¼ Std. bei der Fortsetzung der Gratwanderung.

Der Monte Gambarogno erhebt sich direkt gegenüber von Locarno. Mit einem Schwung zieht er sich vom linken Ufer des Lago Maggiore, Riviera del Gambarogno genannt, 1500 Höhenmeter hinauf. Auf der andern Seite geht es in unglaublich mediterran anmutender Landschaft und Vegetation nach Indemini hinab, das einst als das vergessenste Dorf des Tessins galt und durch dessen verwinkelte Gassen heute souvenirsuchende Ausflügler irren. Sie treffen dabei immer weniger Einwohner an: Ihre Zahl sinkt so rasch wie in keiner anderen Schweizer Gemeinde. 1990 lebten noch 82 Menschen in Indemini, 2000 waren es nur noch 39.

Dass wir uns beim Abstieg nach Indemini, vor allem bei flimmernder Sommerhitze, wie an der Côte d'Azur vorkommen, ist nicht erstaunlich. Denn hier herrscht das so genannte insubrische Klima mit hohen Temperaturen und großen Regenmengen. Was uns besonders ans Mittelmeer erinnert, ist die Vegetation dieser »insubrischen Seezone«, wie Hermann Christ in *Das Pflanzenleben der Schweiz* schreibt. In dieser Zone finden sich Pflanzen – wie zum Beispiel die salbeiblättrige Zistose –, die sonst nur am Meer wachsen; insgesamt wurden über 250 südlich-mediterrane Arten gezählt. Den Großteil der Flora macht die alpine aus, allerdings teilweise mit bemerkenswerten Besonderheiten: So blüht die Alpenrose schon fast am Ufer des Lago Maggiore. »Das Geheimniß dieser seltenen, in Europa fast einzigen Mischung von südlichen und nordisch-alpinen Formen ist nun eben das von uns als ein Zusammenwirken unendlicher Feuchtigkeit und voller Insolation der italischen Sonne erkannte Clima dieser Gegend«, erklärt Christ in seinem Standardwerk aus dem Jahre 1879: »Die Sonne ist warm, der Winter milde genug, um den Südgewächsen Raum und Statt zu bieten, und der Boden feucht genug, um den Alpenpflanzen die frische, quellige Stätte zu bereiten«. Und zur Erklärung dieser »Mischung von Alpenwelt und Südwelt« dürfe man nicht vergessen, »dass überall in dieser Region die Abhänge in ununterbrochener dachgäher Steigung vom Seespiegel bis zur Alpenhöhe sich schwingen«.

Der Aufstieg

Von Ranzo (212 m) auf dem Fußweg hinauf nach Caviano (274 m), entweder direkt oder, von der Schiffländte kommend, auf dem Weg, der unterhalb von Sant'Abbondio in ein Tobel hineinzieht und dann nach Caviano hinüberzieht. Am oberen

Dorfrand findet man den Beginn des gepflästerten Saumwegs, der vorbei an zwei Wegkapellen zu den sehr sehenswerten Monti di Caviano (695 m) führt; früher waren hier einige Hütten mit Stroh gedeckt, 1997 wurden zwei der Hütten renoviert. Über einen Waldrücken aufsteigen und dann schräg zur Capanna Alpetto (1255 m), die sich in einer Waldlichtung befindet. Südwärts zur Grenze und westwärts in grasigem Gelände, vorbei am Sasso Torricello, auf den Covreto (1593 m).

Von Gipfel zu Gipfel

Nordostwärts hinab in einen Sattel (etwa 1530 m) und hinauf auf den Monte Paglione (1554 m), wo man nochmals kurz auf italienischem Boden stehen kann. Hinab, meistens im Wald, zum Pass und zur Kapelle Sant'Anna (1342 m). Nun in Pfadspuren kurz nordwärts durch Buchenwald, dann am südlichen Rand der Geröllhalde Gana di Sant'Anna steil hinauf zu den Sassi Gialli (1521 m). Über den teilweise felsigen SW-Grat in guten Wegspu-

ren auf den Monte Gambarogno (1734 m); etwas unterhalb davon befindet sich eine geschlossene Hütte.

Die Abstiege

Nach San Nazzaro: Über den NW-Grat, dann auf seiner Sonnenseite und zuletzt im Wald auf die Alpe Cedullo (1287 m). In allgemein nördlicher Richtung, ein paar Bachtobel querend, durch Wald auf die Monti di Vairano (790 m). Über Sasso di Grumo hinab nach Vairano (392 m). In der NW-Ecke des Dorfes findet man den Fußweg nach San Nazzaro (194 m). Nordostwärts auf der Hauptstraße zur Schiffländte; die Bahnstation befindet sich noch etwas weiter nordöstlich.

Nach Alpe di Neggia und Indemini: Auf dem Grat zum Ostgipfel (1687 m) mit Panoramatafel. Auf dem Ostrücken hinab zum Straßenpass Alpe di Neggia (1395 m). Von der Passhöhe den Höhenweg einschlagen, der westwärts an einem Haus vorbeizieht und die abschüssige Südostflanke des Monte Gambarogno quert. Einige steile Serpentinen leiten zum Saumweg hinab, der von der Alpe Cedullo über den Sattel Sant'Anna (1342 m) nach Indemini (979 m) führt. Auf diesem Weg ins Dorf an der Grenze zu Italien.

Über den Monte Tamaro auf die Alpe Foppa: Von der Alpe di Neggia (1395 m) auf dem guten Saumweg über den W-Grat und im oberen Teil auch durch die abschüssige NW-Flanke auf den Monte Tamaro (1961 m). Der Abstieg zur Alpe Foppa (1530 m) oder gar zur Stazione Rivera-Bironico (470 m) erfolgt auf der bei Tour 56 beschriebenen Route.

Nützliche Informationen

Ausgangsort: Ranzo (212 m) im Gambarogno, Haltestelle Posta; Postauto [631, 631.10] von Cadenazzo (bis hier mit dem Zug von Bellinzona und Locarno). Man kann von Bellinzona aus auch den Zug [631] Richtung Luino bis Ranzo benützen, nur hält er nicht in Ranzo selbst, sondern an der Haltestelle Ranzo-Sant'Abbondio, von wo man auf der Straße und auf Abkürzungen nach Sant'Abbondio aufsteigt; oder aber man nimmt das nicht allzu häufig verkehrende Postauto [631.30] (fährt von Montag bis Samstag). Von Sant'Abbondio auf dem Wanderweg durch ein Tobel nach Caviano (274 m), dem eigentlichen Ausgangspunkt der Wanderung. Andere Kurse der gleichen Postautolinie fahren von Ranzo Posta direkt nach Caviano. Und schließlich gibt es am Morgen noch ein Schiff [3630] von Locarno nach Ranzo. So, und nun los!

Zielorte: 1) Schiffländte San Nazzaro (194 m) am Lago Maggiore; der Bahnhof befindet sich weiter nordöstlich. Bahn/Postauto [631, 631.10] nach Cadenazzo, Bellinzona und Locarno. Romantischer ist jedoch die Überfahrt mit dem Schiff [3630] nach Locarno. 2) Indemini (979 m); Postauto [630.80] über die Alpe di Neggia nach San Nazzaro und Magadino, Debarcadero. 3) Alpe Foppa (1530 m); Gondelbahn [2640] nach Rivera. Bahnstation Rivera-Bironico (470 m) liegt nur ein paar Gehminuten entfernt. Regionalzug [600] nach Bellinzona und Lugano. Oder Postauto [600.87] nach Lugano.

Schwierigkeit: T3; beim Weg von Sant'Anna über die Alpe Cedullo auf den Monte Gambarogno T2.

Höhenunterschiede: Ranzo–Covreto–Monte Gambarogno–Alpe di Neggia Aufstieg 1800 m, Abstieg 620 m, Monte Gambarogno–San Nazzaro Abstieg 1540 m, Alpe di Neggia–Indemini Abstieg 420 m, Alpe di Neggia–Monte Tamaro–Alpe Foppa Aufstieg 570 m, Abstieg 430 m.

Gehzeiten: Ranzo–Capanna Alpetto 3 Std., Capanna Alpetto–Covreto 1 Std., Covreto–Monte Gambarogno 1½ Std., Monte Gambarogno–San Nazzaro 2½ Std., Monte Gambarogno–Alpe di Neggia 30 Min., Alpe di Neggia–Indemini 1 Std., Alpe di Neggia–Monte Tamaro–Alpe Foppa 2¼ Std.

Distanz: Ranzo–Covreto–Monte Gambarogno–Alpe di Reggia 10 km, Monte Gambarogno–San Nazzaro 7 km, Alpe di Neggia–Indemini 3,5 km, Alpe di Neggia–Monte Tamaro–Alpe Foppa 5 km.

Unterkunft: Capanna Alpetto (1255 m), gehört dem Patriziato von Caviano, Selbstversorgerhütte mit 13 Plätzen, geöffnet vom 1. Mai bis 31. Oktober, außerhalb dieser Periode den Schlüssel anfordern unter Tel. 091 794 25 25. Kapelle Sant'Anna (1342 m): offener Aufenthaltsraum mit einfacher Schlafgelegenheit für ca. 8 Personen (Schlafsack und Kocher mitnehmen). Alpe Cedullo (1287 m), Alphütte mit Übernachtungsmöglichkeit, wenn der Senn anwesend ist. Alpe di Neggia: Ritrovo di Neggia, Tel. 091 795 30 37. Capanna Tamaro UTOE (1867 m), 60 Plätze, offen und bewirtschaftet von Juni bis Oktober, Tel. 091 946 10 08. Ristorante Alpe Foppa (1530 m), 72 Plätze, offen April/Mai bis Oktober/November, Tel. 091 946 22 51. In Sant' Abbondio: Pensione Bellavista, Tel. 091 794 11 05. In Vairano: Sass da Grüm »Luogo d'energia«, Tel. 091 785 21 71. In San Nazzaro: Albergo Cedullo, Tel. 091 794 24 44. In Indemini: Ristorante Martini, Tel. 091 795 14 67; Ostello La Genziana (Gruppenunterkunft, abends telefonieren), Tel. 091 795 15 98. In Rivera: am urigsten im Grotto Leoni im Ortsteil Soresina, Tel. 091 946 11 18; weitere Hotels in Rivera und in Bironico. Unterstand auf dem Passo Sant'Anna.

Verpflegung: Ristoranti in den Dörfern des Gambarogno sowie in Indemini. Und unterwegs: Alpe Ceddullo, Alpe di Neggia, Alpe Foppa.

Karten: 286 Malcantone; 1332 Brissago, 1333 Tesserete.

Varianten … für Dorfwanderer: Vom Pass Sant'-Anna direkt auf dem Wanderweg nach Indemini. **… für Almwanderer:** Von diesem Pass leicht absteigend auf die Alpe Cedullo und nach einer zünftigen Brotzeit ostwärts auf dem Wanderweg hinauf auf den Monte Gambarogno.

Besonderes: Parco Eisenhut in Vairano; neben Magnolien, Rhododendren und Azaleen blühen dort rund 950 Arten von Kamelien. Täglich offen von 9 bis 19 Uhr; von Vairano in Richtung Piazzogna gehen.

Anschlusstour: 56.

◄ **Im Winter: Blick vom Covreto auf den Lago Maggiore, das Maggiadelta und Locarno. Nur Wandern ist schöner als Skilaufen.**

▼ **Im Sommer: Blick vom Monte Gradiccioli (Tour 56) auf das Dorf Indemini. Darüber der runsige Kamm von Covreto und Monte Paglione, überragt vom massigen Gridone (Tour 41).**

58 Caval Drossa (1632 m)–Monte Bar (1816 m)

Ein- und Aussichten im Hinterland von Lugano

Tourencharakter: Liebliche Wanderung (abgesehen vom Schießlärm) von Rivera-Bironico beim Monte Ceneri in die Val Colla.
Beste Jahreszeit: März bis November; auch im Winter, wenn kein Schnee liegt.
Gehzeit: 6 Std. bis zur Capanna Monte Bar, eine gute Stunde länger bis Bidogno.

Wer das schwarz-weiße Foto gesehen hat, vergisst es nicht: Sechs Frauen in Röcken lehnen sich halb sitzend an eine Mauer, um ihre Tragkörbe abzustützen. Diese sind leer, aber oben drauf sind lange Holzski mit Metallbindungen befestigt, pro Korb je etwa drei Paar. Die Mauer muss die Einfriedung einer Kirche oder Kapelle sein: das Holzkreuz links im Bild, rechts die angeschnittene Säule einer Vorhalle mit Treppenstufen, etwas weiter hinten und unten ein Bildstock. Den Mittelteil des Bildes durchzieht ein bewaldeter Hügelzug, überragt von verschneiten Felswänden.

Was verunsichert, sind die Ski: Warum und wohin trugen Frauen aus einem Bergtal mit ihren Körben, in denen sie sonst Lebensmittel für Mensch und Tier sowie Mist und Holz herumschleppten, die Sportgeräte von Menschen, wahrscheinlich Männern aus der Stadt, die sich erstens das Freizeitvergnügen Skifahren und zweitens die Dienste anderer leisten konnten? Zum Vergnügen werden die Frauen die Ski mit ihrer Gerla ganz gewiss nicht gebuckelt haben: Für sie als Berglerinnen war das Arbeit zugunsten der (Ski-)Touristen, die auf dem Bild nicht abgebildet sind, so wenig wie ihre Skistöcke, die jene wohl brauchten, um noch bequemer zum Schneesaum zu gelangen. Warum setzten sich die Skiträgerinnen an diesen heiligen Ort: nur für den Fotografen, zum Ausruhen, oder weil sie noch ein »Vater unser« beten – oder gar beichten wollten?

Die faszinierende Foto ist abgebildet im Buch *Va sentiero* von Plinio Grossi, das die Niederlassung Bellinzona des Schweizerischen Bankvereins zu dessen 125. Jubiläum im Jahre 1987 herausgegeben hat: ein großartig gemachtes und bebildertes Buch über die Berge und den Alpinismus des Tessins, über ihre Geschichte und über seine Geschichten; das ganze aufge-

◄ Kreuzweg: Wo fremde Wanderer mit ihren Rucksäcken zur Wallfahrtskirche Santa Maria delle Grazie in Bidogno schreiten, trugen einst einheimische Frauen in ihren Tragkörben die Skier von Luganeser Herren zur Capanna Monte Bar hinauf.

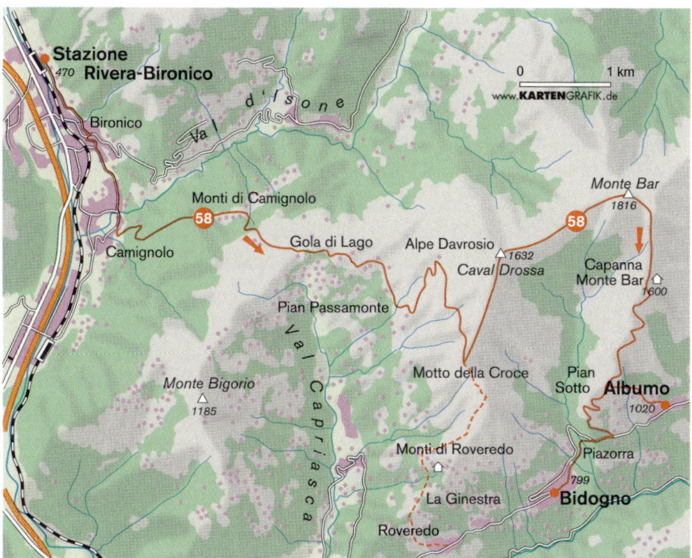

hängt an 24 Hüttenportraits. Plinio Grossi wiederum fand das Foto der Skiträgerinnen in der Jubiläumsschrift 1934–1984 des Sci-Club Capriasca, worin Franco Ferrari den »portatrici di sci« ein Denkmal setzt. Für drei bis vier Franken – pro Paar Ski ein Franken – trugen Frauen aus Bidogno (799 m), einem Bergdorf der Val Colla im Hinterland von Lugano, den Skifahrern (und auch einigen Skifahrerinnen) dieser Stadt die Ski zur 1935 errichteten Capanna Monte Bar (1600 m) und auf den Gipfel des Monte Bar (1816 m) – ein willkommener Zusatzverdienst, den die Frauen nach dem Tragdienst fest in der Schürzentasche umschlossen hielten, während sie zurück ins Dorf eilten, um das Mittagessen zu kochen. Die abgebildete Kirche ist die Wallfahrtskapelle Santa Maria della Grazia, auch Oratorio della Maestà genannt, zu der von Bidogno ein bildstockgeschmückter und gepflästerter Kreuzweg heraufführt.

Wandertouristen werden nach der Gipfelbesteigung des Monte Bar nicht unbedingt nach Bidogno absteigen, sondern in der Capanna Monte Bar übernachten, um hoch über dem Lichter- und vielleicht auch Dunstmeer von Groß-Lugano eine der schönstgelegenen Hütten des Tessins zu erleben. Allerdings sehen sie so den Kreuzweg der Skiträgerinnen nicht, doch die Reihe von schlichten Bildstöcken auf der Alpweide der Monti di Camignolo hat ihnen fast schon mystische Dimensionen offenbart. Und wer das Gegensätzliche des Tessins, das das Foto von gestern zeigt, heute erleben möchte, kann sich an folgende Geschichte aus dem Oktober 1991 halten: Als sechs Wanderer gerade ihr Abendessen in der Capanna Monte Bar einnehmen wollten, stürmte eine 16-köpfige Touristengruppe mit Esskanistern, Weinharassen und Geschirrkörben die Stube. Sie waren mit zwei Kleinbussen von einem Vier-Sterne-Hotel in Bissone am Lago di Lugano auf der Erschließungsstraße heraufgefahren, um einen Vollmondspaziergang auf den Monte Bar zu unternehmen und das Fondue chinoise statt im Hotel in einer gemütlichen Hütte bei Handorgelbegleitung zu verzehren.

Der Aufstieg

Vom Bahnhof Rivera-Bironico (470 m) südwärts kurz der Hauptstraße entlang, bis man links unter den Geleisen durchgehen und gleich wieder rechts abbiegen kann. Durch das Dorf Bironico hindurch, nach der Post links abbiegen und hinüber ins Dorf Camignolo. Kurz nach der Vedeggio-Brücke (449 m) und nach der Kirche links in einen Weg einbiegen, der durch Kastanienwälder zu den Monti di Camignolo führt. Von der Ostecke dieser Waldlichtung steil hinauf nach Alpe Santa Maria di Lago (1000 m) und auf einem Teersträßchen zum weitläufigen Sattel von Gola di Lago (972 m). Dem gelb markierten Höhenweg Richtung Roveredo bis zur Alpsiedlung Pian Passamonte (etwa 990 m) folgen. In der Westflanke des Caval Drossa über die Alpe Davrosio zur Aussichtskanzel Motto della Croce (1393 m) ansteigen. Ein Pfad führt über den Südgrat auf den Caval Drossa (1632 m). Auf dem E-Grat (Pfadspuren) in einen Sattel (1566 m) und hinauf zum Gipfel des Monte Bar (1816 m).

Der Abstieg

Über den breiten Grasrücken hinab zur Capanna Monte Bar (1600 m). Weiter über den Südrücken bis Pian Sotto (etwa 1200 m), wo sich die Wege trennen. Links geht es nach Corticiasca-Albumo (ca. 1020 m). Rechts senkt sich der Weg zur Talstraße ab, folgt ihr etwa 200 Meter und zweigt links nach Piazzora ab. Er führt über einen Bachlauf zum Oratorio della Maestà, von wo man auf dem Kreuzweg in den alten Dorfkern von Bidogno (799 m) wallfahrt.

Nützliche Informationen

Ausgangsort: Bahnstation Rivera-Bironico (470 m) südlich des Monte Ceneri. Regionalzug [600] von Bellinzona und von Lugano. Oder Postauto [600.87] von Lugano nach Camignolo (449 m).

Zielort: Corticiasca-Albumo (ca. 1020 m) und Bidogno (799 m) in der Val Colla; Postautos [633.30, 633.35] über Tesserete (umsteigen) nach Lugano.

Schwierigkeit: T2.

Höhenunterschiede: Aufstieg 1430 m, Abstieg 280 m; Abstieg von der Capanna Monte Bar nach Bidogno zusätzliche 800 m.

Gehzeiten: Rivera-Bironico–Camignolo 30 Min., Camignolo–Gola di Lago 2 Std., Gola di Lago–Caval Drossa–Monte Bar–Capanna Monte Bar 3½ Std., Hütte–Bidogno 1½ Std.

Distanz: 13 km; dazu 4 km von der Hütte–Bidogno.

Unterkunft: Capanna Monte Bar CAS (1600 m), 34 Plätze, immer offene Selbstversorgerhütte, am Wochenende bewirtschaftet, Tel. 091 966 33

◄ **Tierisch, vierte Folge: Im Herbst wird aus den meisten Schweinen würzige Salami. Noch genießen die beiden das Alpleben auf Monti di Roveredo.**

▼ **Wegverlauf: Vom Gipfelgrat des Gazzirola (Tour 59) geht der Blick über den Kamm zum Monte Bar. Dahinter zeigen sich Monte Lema und Monte Gradiccioli (Tour 56) und am Horizont der Monte Rosa (Tour 67).**

22. Naturfreundehaus La Ginestra (985 m) auf den Monti di Roveredo, 40 Plätze, Bewartung am Wochenende (Ostern bis Mitte November), Tel. 091 943 23 73, Auskunft bei Emma Ortelli, Tel. 091 943 11 39. In Bidogno: Ristorante Federale, Tel. 091 943 18 66. In Rivera: am urigsten im Grotto Leoni im Ortsteil Soresina, Tel. 091 946 11 18; weitere Hotels in Rivera und in Bironico.

Verpflegung: Ristoranti in Rivera-Bironico und Bidogno.

Karten: 286 Malcantone; 1333 Tesserete.

Variante für Genusswanderer: Am Vormittag auf der Piazza della Riforma in Lugano Kaffee trinken, am Mittag mit dem Postauto über Tesserete nach Roveredo (727 m) fahren und am Nachmittag gemütlich in gut 2 Std. über Monti di Roveredo auf den Caval Drossa bummeln.

Besonderes: Unter der Woche ist es möglich, dass die Armee Gola di Lago und den Nordwestteil des Caval Drossa besetzt hält. Regionale Auskunftsstelle Monte-Ceneri über militärische Schießen, Tel. 091 935 90 97; Auskunft auch beim Waffenplatz Isone, Tel. 091 935 85 03 oder 091 935 85 11.

Anschlusstouren: 52, 53, 56, 59.

59 Gazzirola (2116 m)–Cima di Fojorina (1809 m)

Gipfeltreffen in der hinteren Val Colla

Tourencharakter: Ziemlich lange, technisch unschwierige Gratwanderung auf markierten Wegen; zwei, drei etwas ausgesetzte Stellen zwischen der Capanna Monte Bar und der Capanna Pairolo.

Beste Jahreszeit: April bis November. Im Sommer recht heiß. Öffnungszeiten der Capanna Pairolo beachten!

Gehzeit: Von Hütte zu Hütte 5½ Std., von Bidogno nach Cimadera knapp 9 Std.

Die lange Tour über die Gipfel der hinteren Val Colla verläuft oft auf der Grenze zwischen der Schweiz und Italien. Das Tessin, diese Einbuchtung in italienisches Land, hat immer wieder versucht, sich gegenüber dem Nachbarn abzugrenzen. Die Behörden ließen während der Weltkriege hohe Gitterzäune über die Gipfel und durch die Täler des Sottoceneri errichten. Heute rosten sie still vor sich hin. Ab und zu treffen wir auch auf Grenzsteine, kaum jedoch auf einen -beamten. Vielleicht mischen sie sich unter die Menge, die sich alljährlich um den 16. August in San Lucio trifft, dem Übergang zwischen der schweizerischen Val Colla und der italienischen Val Cavargna. Die Bevölkerung dieser beiden armen Täler wallfahrt dann zur grande festa dort hinauf. Wer das Fest verpasst, tröstet sich mit dem frischen Wasser aus dem Brunnen etwas oberhalb von San Lucio und mit der Rast vor dieser Kirche, welche Sankt Lucius, dem Schutzheiligen der Hirten, gewidmet ist.

Die Gipfel des Sottoceneri sind nicht hoch, nur zwei erheben sich mehr als 2000 Meter in die ozongeschwängerte Luft: der Camoghè und der Gazzirola (auch Garzirola genannt). Aber was sagt schon allein die Höhe über Meer aus? Ihre Lage am südlichen Rande der Alpen macht die Tessiner Voralpen so besonders. Je höher wir kommen, desto mehr weiße Gipfel tauchen hinter den grün und braun gestaffelten Ketten der piemontesischen, tessinerischen und lombardischen Gebirge auf. Rechts vom Monte Rosa (4633 m), dem zweitgrößten Gipfel der Alpen, die Viertausender von Saas Fee, und wenn wir ganz genau hinschauen, entdecken wir auch das Matterhorn. Dann die mächtige Weissmies-Gruppe, abgelöst vom Monte Leone, der wiederum den herausragenden Spitzen der Berner Alpen Platz macht: Bietsch-, Aletsch-, Finsteraar- und Lauteraarhorn. Von der Cima di Fojorina zum Beispiel, dem unbekannten Aussichtsbalkon direkt oberhalb des Lago di Lugano, sehen wir alle Berner Viertausender – mit einem Feldstecher natürlich. Um allerdings die weiße Linie des Biancograts am Piz Bernina auszumachen, genügen die Augen: Wir finden den Kulminationspunkt der Ostalpen links der schattigen Spitzen von Pizzo Badile und Pizzo Cengalo. Noch weiter rechts erkennen wir den Disgrazia, den höchsten Berg der Bergeller Alpen. Dann folgen unsere Blicke dem südlichen Horizont, den Dreckwolken oberhalb der norditalienischen Industriestädte, bei dunstfreier Sicht allerdings dem lang gezogenen Apennin, um plötzlich am Monviso, dem gewaltigen Klotz im westlichen Teil des Alpenbogens, hängen zu bleiben.

54–66
Sottoceneri

Der Aufstieg

Von Bidogno zur Capanna Monte Bar (1600 m) folgt man dem beim Monte Bar (Tour 58) beschriebenen Weg. Von der Hütte auf einer Erschließungsstraße flach nach Piandanazzo, auf einem Weg um die Cima Moncucco herum und linkshaltend hinauf in den Passo di Pozzaiolo (etwa 1630 m, ohne Kote auf der Karte) zwischen der Cima Moncucco und dem Gazzirola; im SAC-Führer wird die auf 1700 Metern liegende Wegverzweigung Passo di Pozzaiolo genannt. Der Pfad zieht über den SW-Grat auf den Gipfel des Gazzirola (2116 m).

Von Gipfel zu Gipfel

Auf der italienischen Seite des langen S-Grates geht der Weg, am Rifugio Garzirola (1974 m) vorbei, hinunter zum Pass San Lucio (1542 m) mit der Wallfahrtskirche. Auf dem Kammverlauf südwärts in einen Sattel (1505 m) und in den Ostflanken vom Monte Cucco und vom Colmo di San Bernardo in die Bocchetta di San Bernardo (1586 m). Über den ausgeprägten N-Grat auf die Cima di Fojorina (1809 m) steigen.

Der Abstieg

Auf dem W-Grat vorsichtig in den Passo di Pianca Bella (1677 m) hinab, in Italien einige Felstürme der Cima dell'Oress umgehen, dann wieder auf dem Grat- und Grenzverlauf weiter westwärts absteigen. Zuletzt führt der Weg in der Schweiz und im Wald zum Sträßchen hinab, das in wenigen Minuten links zur Capanna Pairolo führt (1347 m). Wer nach Cimadera (1080 m) will, folgt dem Sträßchen nach rechts.

Nützliche Informationen

Ausgangsort: Bidogno (799 m) in der Val Colla. Postautos [633.30, 633.35] von Lugano über Tesserete (umsteigen). Wer direkt anreist und nicht in Bidogno bzw. in der Capanna Monte Bar übernachtet, bleibt bis Corticiasca-Albumo (ca. 1020 m) im Postauto sitzen: von dort ebenfalls markierter Weg zur Capanna Monte Bar (30 Min. Zeitersparnis).

Zielort: Cimadera (1080 m) auf der anderen Seite der Val Colla. Postauto [633.33] nach Sonvico bzw. Tesserete und weiter [633.38 bzw. 633.30] nach Lugano.

Schwierigkeit: T3.

Höhenunterschiede: Aufstieg von Bidogno zur Capanna Monte Bar 800 m, von Hütte zu Hütte 820 m Aufstieg und 1080 m Abstieg, Abstieg von der Capanna Pairolo nach Cimadera 260 m.

Gehzeiten: Bidogno–Capanna Monte Bar 2½ Std., Hütte–Gazzirola 2 Std. 15 Min., Gazzirola–Cima di Fojorina 2½ Std., Gipfel–Capanna Pairolo 45 Min., Hütte–Cimadera 45 Min.

Distanz: Bidogno–Capanna Monte Bar 4 km, von Hütte zu Hütte 16 km, Capanna Pairolo–Cimadera 2 km.

Unterkunft: Capanna Monte Bar CAS (1600 m), 34 Plätze, immer offene Selbstversorgerhütte, am Wochenende bewirtschaftet, Tel. 091 966 33 22. Rifugio Garzirolo (1974 m), Kasematte der Guardia di Finanza, gehört der Comune di Cavargna, 43 Plätze, offen und bewirtschaft vom 1. Juni bis 31. Oktober, Tel. 0039 099 632 53, Anmeldung empfehlenswert, Hüttenwart Pierangelo Capra, Tel. 0039 099 631 55. Rifugio San Lucio, Berggasthaus auf der italienischen Seite des Passes, steht dort, wo sich früher die Kaserne der italienischen Zöllner befand. Capanna San Lucio (ca. 1540 m) auf der Schweizer Seite des Passo San Lucio, gehört dem Verein zur Förderung des Tourismus in der Val Colla, 22 Plätze, offen und bewirtschaftet im Sommer und an den Wochenenden von Juni bis Oktober, Tel. 091 944 18 29; Auskunft und Anmeldung bei Franco Camozzi, Tel. 091 944 11 72. Alpe Cottino (1441 m) nordwestlich unterhalb des Passo San Lucio, renovierte Alphütte, gehört dem Patriziato von Bogno, 16 Plätze, in der Sommersaison geöffnet, Auskunft und Anmeldung unter Tel. 091 944 18 86. Capanna Pairolo SAT (1347 m), 40 Plätze, offen und bewirtschaftet von Juni bis September, im Oktober zeitweise auch noch an Wochenenden, Tel. 091 944 11 56. In Bidogno: Ristorante Federale, Tel. 091 943 18 66. In Colla gibt es keine Unterkunft, dafür in Maglio di Colla (823 m), von Colla auf einem Wanderweg in 15

Min. erreichbar: Ristorante Campana, Tel. 091 944 11 01. In Bogno liegt die Locanda San Lucio, Tel. 091 944 13 03.

Verpflegung: Ristoranti in Bidogno und in Cimadera.

Karten: 286 Malcantone, 287 Menaggio, 5007 Locarno–Lugano; 1333 Tesserete, 1334 Porlezza.

Variante für Frühaufsteher: Die Cima Moncucco (1725 m) zwischen Monte Bar und Gazzirola sowie die beiden Kuppen Monte Cucco (1624 m) und Colmo di San Bernardo (1616 m) südlich von San Lucio überschreiten; Mehraufwand 1 Std.

Anschlusstouren: 52, 58, 60.

60 Denti della Vecchia (1491 m)–Monte Boglia (1516 m)

Kalkfelsen und schmale Pfade hoch über dem Lago di Lugano

Tourencharakter: Eine gehörige Portion Trittfestigkeit, mehr als eine Prise Schwindelfreiheit und eine Dosis Mut (für diejenigen, welche den Großen Felsen der Tessiner Dolomiten erklimmen wollen) sind erforderlich für diese Kammwanderung aus dem ehemaligen Kesselflickertal Val Colla ins ehemalige Fischerdorf Gandria.

Beste Jahreszeit: April bis November. Öffnungszeiten der Capanna Pairolo beachten.

Gehzeit: 5 bis 6 Std.

»Das südlichste Klettergebiet des Ticino ist mit dem schneeweißen Dolomit, der Rundsicht bis ins Monte-Rosa-Gebiet und dem Vino rosso der Capanna Pairolo einfach bellissimo«: So charakterisiert Jürg von Känel in seinem 1992 erstmals erschienenen Führer *Schweiz plaisir. Die schönsten Klettereien* die Denti della Vecchia. Von Känel, einer der Pioniere des Sportkletterns in den Alpen, ist nicht der erste Spitzenkletterer, der dem Charme der bizarren Kalktürme am schweizerisch-italienischen Grenzkamm erlegen ist. Auch der Triestiner Emilio Comici, Erstdurchsteiger der Nordwand der Großen

▼ Schüsselstelle: Marco Volken in der klassischen, 1936 eröffneten Route Est am Sasso Grande. Der Normalweg auf den wichtigsten und höchsten Felsturm der Denti ist zum Glück weniger steil.

Zinne, war in den Denti della Vecchia unterwegs: Am 26. April 1935 führte er zusammen mit dem einheimischen Kletterer Tita Calvi eine Erstbegehung an den Gemelli durch. 20 Jahre später zeigte ein anderer Dolomitenkletterer, Cesare Maestri, am Sasso Palazzo sein Können. Vielleicht nennt man auch deswegen die Denti della Vecchia die Dolomiten der Luganeser Alpinisten. Jedenfalls sind die Denti die Wiege des Kletterns im Tessin.

Aber nicht nur Kletterer können sich in den Denti an jedem Schwierigkeitsgrad die Zähne ausbeißen: Wanderer kommen hier ebenfalls auf ihre Kosten und zu ihrem Nervenkitzel, vor allem dann, wenn sie sich auf den größten Felsen der Kalktürme, auf den Sasso Grande (1491 m), hinaufwagen, von wo sie einen schwindelerregenden Tiefblick in die Agglomeration von Lugano genießen. Auf ihre Art ebenso atemberaubend, auch wenn für die Gipfelerklimmung die Arme nicht gebraucht werden, ist die Aussicht vom Monte Boglia. Der Berg, fast senkrecht über dem Lago di Lugano stehend und der höchste am Rande dieser Stadt, hat von dort aus betrachtet »ein eigenartiges und unverkennbares Aussehen, das mit den obersten grasbedeckten und steilen Hängen, die an eine Schaufel erinnern, im Tessin einzigartig ist,« wie Carlo Meazza in *Passo, passo – 50 itinerari escursionistici tra il laghi: Maggiore, Varese, Lugano e Como* schreibt, einem 1983 erstmals publizierten Bildband mit vielen ungewöhnlichen Panoramaaufnahmen.

Der Monte Boglia markiert den südlichen Eckpunkt des Bergkranzes, der die Val Colla umschließt und über den man, einsteigend beim Caval Drossa, wandern kann. Noch schöner ist es, wenn man mit der Traversierung vom Monte Lema zum Monte Tamaro beginnt und so in vier bis fünf Tagen über alle Gipfel, die sich im nördlichen Halbkreis von Lugano erheben, geht. Wenn sich dabei die weitreichenden Fernsichten auf den Alpeninnenbogen mit den eindrücklichen Tiefblicken über die schroffen, häufig ganz bewaldeten Hänge hinunter auf die fjordähnlichen Lago Maggiore und Lago di Lugano vermischen, dann könnte uns fast schwindlig werden. Aber bitte nur im übertragenen Sinne! Denn der Höhenweg des »Giro di Lugano« verlangt einen sicheren Tritt und einen klaren Kopf. So richtig ausspannen können wir erst auf dem Schiff von Gandria nach Lugano, wenn die Abendsonne gegen den Schattenriss des San Salvatore sinkt und ihre Strahlen noch das Gipfeldreieck des Monte Boglia ausleuchten, auf dem wir uns vor ein paar Stunden das letzte Mal die Hände zum Gipfelgruß geschüttelt haben.

Der Aufstieg

Von der Capanna Pairolo (1347 m) – von Cimadera (1080 m) leicht auf dem nach Süden führenden Zubringersträßchen erreichbar – südwestwärts zum Gratverlauf ansteigen. Zwei Wege ziehen entlang der nordöstlichen Ausläufer der Denti della Vecchia: einer in Italien (mehr Morgensonne und bessere Fernsicht), der andere in der Schweiz (mehr Ausgesetztheit und bessere Blicke auf die Kletterfelsen). Die beiden markierten Wege berühren sich vor den ersten großen Felszähnen und führen beide zu einer Waldlichtung am Ostfuße des höchsten Punktes der Denti della Vecchia, dem Sasso Grande (1491 m). Die Lichtung (etwa 1400 m, ohne Namen auf der Karte, Grenzstein 7 M) wird von den Italienern Passo Streccione und von den Luganesi nur Bocchetta (= Lücke) genannt. Von hier alles dem teilweise schmalen Grat entlang, mit einigen spürbaren Gegensteigungen, hinunter in den Sattel Pian di Scagn (1174 m) wandern. Der Weg zickzackt über den N-Grat auf den Monte Boglia (1516 m).

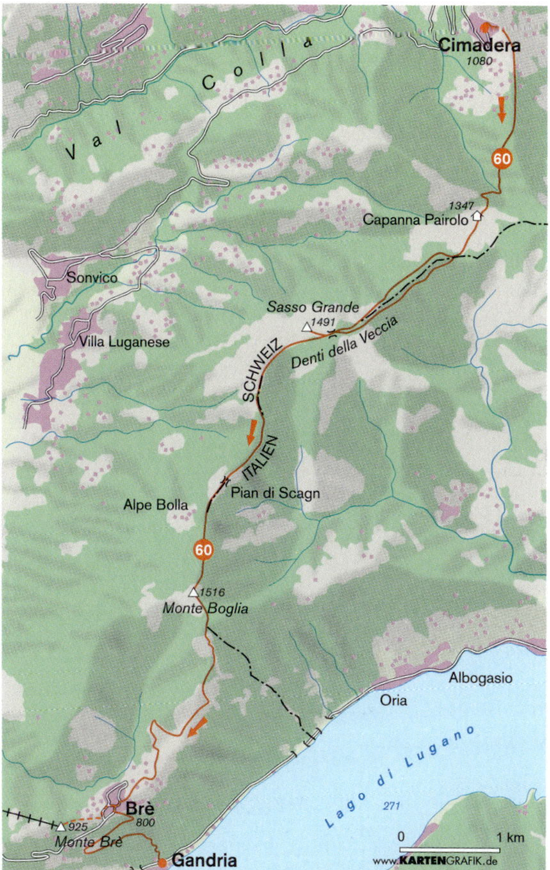

54–66
Sottoceneri

Der Abstieg

Auf dem steilen, manchmal recht exponierten Pfad entlang dem S-Grat steigt man zu den Kastanien und Weiden oberhalb des Dorfes von Brè (800 m) hinunter. Die Terrasse des Ristorante Posta ermöglicht Aussicht mit Ausschank. Zum Lago di Lugano hinunter folgt man genau den Wegweisern, die ausgangs des Dorfes den Abstieg nach Gandria (273 m) markieren.

Der Abstecher

Vom Passo Streccione (etwa 1400 m) der Denti della Vecchia nordwestwärts auf weiß-blau-weiß markierten Wegspuren in eine Lücke hoch; rechts oberhalb von ihr befindet sich ein überhängender Felszahn. Auf der Nordseite der Lücke linkshaltend kurz in ein Schuttkar hinab und hinüber an den eigentlichen Fuß des Sasso Grande. Links eines Geröllkamins über föhrenbesetzte Felsstufen aufwärts (Begehungsspuren) zu einem durch einen tiefen Riss abgespaltenen Block, den man linkshaltend erklettert. Mit einem mutigen Schritt über die Spalte hinweg und leicht zur flachen Spitze des Sasso Grande (1491 m).

Nützliche Informationen

Ausgangsort: Cimadera (1080 m) in der Val Colla; vgl. Tour 59.

Zielort: Gandria (273 m) am Lago di Lugano. Schiff [3607, 3608] nach Lugano oder nach Cantine di Gandria, um Tour 63 zu starten. Stadtbus nach Lugano.

Schwierigkeit: T5 (Sasso Grande), sonst T3. T1 (Monte Brè von Brè Paese).

Höhenunterschiede: Aufstieg zur Capanna Pairolo 260 m, von der Hütte nach Gandria 430 m Aufstieg und 1500 m Abstieg (ohne Abstecher Sasso Grande).

Gehzeiten: Cimadera–Capanna Pairolo 1 Std., Hütte–Monte Boglia und Monte Boglia–Gandria je 2½ Std., Abstecher Sasso Grande 1 Std.

Distanz: Cimadera–Capanna Pairolo 2 km, Hütte–Gandria 11 km.

Unterkunft: Capanna Pairolo SAT (1347 m), 40 Plätze, offen und bewirtschaftet von Juni bis September, an Wochenenden zeitweise auch noch im Oktober, Tel. 091 944 11 56. In Brè: Osteria Monti, Tel. 091 971 57 51; Ristorante Panorama, Tel. 079 620 69 07; Brè Paese, Tel. 091 971 47 61. In Gandria 4 Alberghi, die günstigen sind Locanda Gandriese, Tel. 091 971 51 41 81; Ristorante Miralago, Tel. 091 971 43 61. Sehr schön zudem das Elvezia al Lago am Uferweg nach Castagnola, Tel. 091 971 44 51; ebenfalls am Sentiero di Gandria Fischer's Seehotel, Tel. 091 971 55 71.

Verpflegung: Ristoranti in Cimadera, Brè und Gandria. Grotto Alpe Bolla (1129 m), offen von Spätfrühling bis Herbst.

Karten: 286 Malcantone; 1333 Tesserete, 1353 Lugano.

Variante für Kletterer: Tagsüber Sasso Grande »Via Est«, Sasso Palazzo »Maestri«, Vajolett »Spigolo Nord«, abends Polenta und Nostrano in der Capanna Pairolo; dort sind Infos über Kletterrouten erhältlich. Kletterführer: Jürg von Känel/Pesche Wüthrich: *Schweiz extrem Band 2* (Edition Filidor, Reichenbach 2002); Jürg von Känel: *Schweiz plaisir sud* (Edition Filidor, Reichenbach 2003); Maurice Brandt/Giuseppe Brenna: *Clubführer Tessiner Voralpen 5* (SAC Verlag, Bern 2000).

Besonderes: Vom Dorf Brè (800 m) den Monte Brè (925 m) erklimmen und mit der Standseilbahn in die Tiefe gleiten.

Anschlusstouren: 59, 63.

61 San Salvatore (912 m)

Wallfahrten am Hausberg von Lugano

Tourencharakter: 200 000 Touristen besuchen jährlich das Wahrzeichen von Lugano – wir steigen zu Fuß hoch, entweder auf dem Wanderweg oder gar auf dem 2002 eröffneten Klettersteig, einem der schwierigsten der Schweiz. Die anschließende Wanderung über Carona nach Morcote gehört zu den beliebtesten und bekanntesten des Tessins. Zuletzt steigen wir über 1452 Treppenstufen zum Lago di Lugano ab.

Beste Jahreszeit: Immer.

Gehzeit: 5¼ Std.

1. Station: Bucht von Lugano

Der Inbegriff des schweizerischen Südens, das Ziel sonnenhungriger Touristen von jenseits des Alpenbogens. Hinter dem Lido die Banken, Fluchtburgen von legalem und anderem Geld aus Italien. Zwei Wächter flankieren Stadt und See: Im Osten der villenüberbaute Monte Brè, im Süden der zuckerhutähnliche San Salvatore, den wir überqueren. An seinem Fuß der

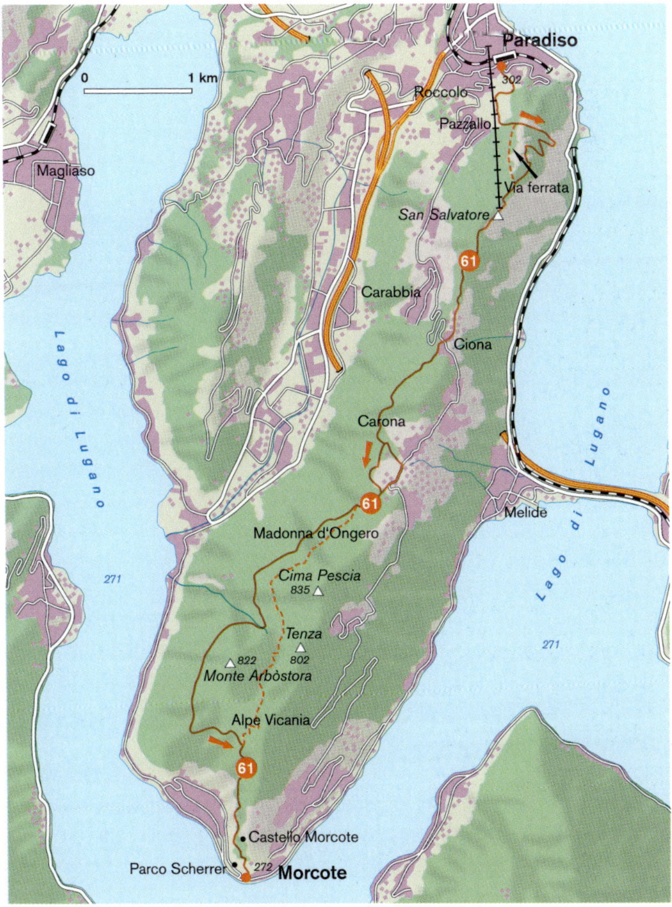

Vorort Paradiso; für einmal nur ein halbes Versprechen.

2. Station: Roccolo von Morchino

Im Aufstieg zur Mittelstation Pazzallo des Funicolare San Salvatore, beim Bauerngut Morchino: ein zweigeschossiger Turm zwischen Straße und großer Wiese – unser Ferienhäuschen während zweier Jahre, ein so genanntes Roccolo, ein Vogelfangturm. Für viele Zugvögel endete hier in den Netzen, die in den Bäumen und Büschen rings um das Gebäude aufgehängt waren, der Flug in den Süden.

3. Station: Lago di Lugano

Immer tiefer und weiter werden beim Aufstieg die Blicke auf den Lago di Lugano. Ein wunderbarer See sei er, schrieb der Berner Karl Viktor von Bonstetten, der Ende des 18. Jahrhunderts als Landvogt im Tessin amtete, in den *Briefen über die italienischen Ämter*: Der See dränge »still und unbeweglich, wie Lethe's Gewässer, sich zwischen diesen Bergen, gleich einem mächtigen Strohme« durch. Und Stefano Franscini – der erste Tessiner Bundesrat – urteilte im 1835 veröffentlichten Werk *Der Kanton Tessin*, der Ceresio (wie man den Luganer See auch nennt) habe weder wie der Lago di Como »jene paradiesischen Ufer voll Myrthen und Orangen, wo sanfte Winde balsamisch hauchten«, noch wie der Lago Maggiore »jene Inseln, welche von Sylphen aus den Wellen emporgehoben scheinen«. Trotzdem sei der

Lago di Lugano, der kleinste dieser drei Seen, »reich an malerischen und romantischen« Reizen. Können wir bestätigen, schon zu Beginn der Wanderung.

◄ **Hausberg: San Salvatore, festgehalten vom Parco Civico in Lugano aus. Zur Besteigung eröffnen sich drei Möglichkeiten.**

4. Station: Gipfel San Salvatore

Zuoberst auf dem San Salvatore steht eine Kapelle mit einer Aussichtsterrasse, zu der Treppen hinaufführen. Die Panoramatafeln stammen aus dem Jahre 1902, die 360-Grad-Aussicht gehört zu den besten des Tessins, wenn nicht der Schweiz, und wechselt ab mit Weitblick auf den Monte Rosa und Rundumblick auf den Lago di Lugano. Eigentümerin des Gipfels, der Kapelle und des Hospizes ist die »Arciconfraternità della buona morte e orazione«, die Erzbruderschaft vom guten Tod und Gebet. Die erste Gipfelkapelle wurde im 13. Jahrhundert erbaut; vor allem an Auffahrt und Pfingsten pilgerten Wallfahrer auf den Berg. Erleuchtungen ganz besonderer Art erlebten auch die Leute der ETH Zürich, welche von 1943 bis 1982 auf dem Gipfel die Erforschung des Blitzes vorantrieben. Anders gesagt: Bei akuter Gewitterdrohung ist vom Aufenthalt auf der Aussichtsplattform eher abzuraten.

▼ **Hausberge: Monte Brè (rechts) und Monte Boglia (Mitte, Tour 60), entdeckt von Paradiso am Fuß des San Salvatore.**

5. Station: Dorf Carona

Künstlerdorf auf einer sonnigen Terrasse hoch oberhalb des Dammes von Melide. Ein Solari aus Carona baute 1491 die Kremltürme von Moskau. Meret Oppenheim, die surrealistische Schweizer Künstlerin, lebte zuweilen hier. Die Touristen fotografieren herausgeputzte Tessiner Paläste, wo manchmal Maiskolben an Holzterrassen zur Zier hängen. Wenn jetzt noch eine alte Frau mit Tragkorb und Kopftuch vorbeitrottete, wäre das Glück der durch die Linse schauenden Souvenirjäger perfekt. Durstige kehren im Grotto Pan perdü ein (montags geschlossen).

6. Station: Madonna d'Ongero

Ein reiner, rötlicher Barockbau mit Kreuzweg, versteckt im Kastanienwald. Wallfahrtskirche der Gläubigen und Hesse-Jünger, der diesem Vorzimmer des Paradieses einen melancholischen Text widmete.

7. Station: Grotto Alpe Vicania

Wer in den Hauptraum des Grotto tritt, wird es sofort merken: Der Besitzer war mal ein aktiver Radfahrer. Tatsächlich war Giovanni Albisetti Ende der 50er- und Anfang der 60er-Jahre der stärkste Radrennfahrer des Tessins. Er gewann zahlreiche Straßen- und Querfeldein-Rennen, so zum Beispiel 1960 das Bergzeitfahren von Lugano nach Carona. Für ciclisti ist das Grotto Alpe Vicania natürlich ein Muss.

8. Castello di Morcote

Einst ein römischer Wachtturm, nun der schönstgelegene Rebberg des Tessins. Aus diesen Trauben keltert Claudio Tamborini einen himmlischen Merlot. Reservation für Weinproben mit Imbiss im Castello dei Paleari, wie das Castello di Morcote auch heißt, bei Tamborini in Lamone, Tel. 091 935 75 45.

9. Station: Chiesa Santa Maria del Sasso in Morcote

Die Kirche Santa Maria del Sasso und das Baptisterium mit traumhaftem Blick auf Buchten und Berge, Bäume und Bauten. Und dann ist da noch der Friedhof von Morcote mit den prächtigen Gräbern: das letzte Arkadien.

10. Station: Dorf Morcote

Das Schatzkästlein des Tessins, viel besucht, viel bestaunt, viel fotografiert – und wirklich sehenswert: die Arkaden mit Andenkenläden, die schmalen Gassen mit runden Pflastersteinen. Nur erstickt das Dorf fast im Ausflugsverkehr. Nun soll ein Parkhaus Abhilfe schaffen – Stararchitekt Mario Botta plante einen Monolithen, der im See draußen fast ganz versenkt würde. Ob die Botta-Jünger dereinst auch dorthin pilgern werden?

11. Station: Parco Scherrer

Der Parco Scherrer in Morcote, in dem der reiche St. Galler Textilkaufmann Arthur Scherrer sein mitgebrachtes Sammelgut vor allem aus ostasiatischen Kulturen in einem exotischen Garten an einem der schönsten Flecken des Tessins präsentiert; wir lustwandeln staunend durch ein romantisches Gesamtkunstwerk.

12. Station: Auf dem Schiff

»Man kann für wenig Geld alle Augenblicke gute bedeckte Schiffe haben«, stellte schon von Bonstetten fest. Im Morcote drängt sich diese Transportmöglichkeit fast auf, wenigstens für die Rückkehr nach Lugano, wenn wir voll gesättigt von Eindrücken dem drittwichtigsten Finanzplatz der Schweiz entgegenschaukeln.

Der Aufstieg

Von der Haltestelle Lugano Paradiso (302 m) oder von der Bushaltestelle bei der Talstation der 1890 erbauten Drahtseilbahn auf die Straße nach Carona. Unter der Bahnlinie durch in die erste Haarnadelkurve und geradeaus. Nicht rechts den Wanderweg nach Pazzallo und dem San

Salvatore einschlagen, sondern dem Weg linkerhand folgen (er ist der alte Wanderweg). Er führt zu einem heruntergekommenen Stall am Waldrand; bei der Wegverzweigung rechts. Schräg hinauf zum Rebberg von Morchino. Auf ungepflegten Treppen östlich der Drahtseilbahn aufsteigen. Schließlich erreicht man den breiten Weg von der Mittelstation Pazzallo (492 m) auf den San Salvatore. Der gut ausgebaute Weg steigt in vielen Kehren über den bewaldeten Nordrücken direkt auf den Gipfel (912 m) mit Kapelle und Panoramaplattform; unterwegs zweigen drei Stichpfade zu Aussichtspunkten ab, und zuletzt kommt man noch an einem Naturlehrpfad vorbei.

Der Abstieg

Vom Gipfelplateau hinab zum Restaurant (882 m), wo der markierte Abstiegsweg nach Carona und Morcote beginnt; er ist überraschend steil, steinig und erdig – Halbschuhtouristen, die den San Salvatore mit der Drahtseilbahn bezwingen, können hier in Schwierigkeiten geraten. Auf dem Pian Albor sind die Schwierigkeiten vorbei. Hinab nach Ciona (612 m) und durch das Dorf zur Postautohaltestelle. Nördlich davon findet man den Wanderweg zur Madonna d'Ongero. Der bald steinige, bald erdige Weg sinkt und steigt durch Wald zu Häusern am Westrand von Carona. Wer das Dorf besuchen will, geht geradeaus und dann links. Sonst rechts in ein Teersträßchen einschwenken und zum Centro sportivo mit Schwimmbad und Fußballplatz. Auf dem Wanderweg durch Wald zur Wallfahrtskirche Madonna d'Ongero. Weiter auf dem ansteigenden und abfallenden Höhenweg, der teil-

▼ **Paradiesisch: Bergwanderer rasten auf dem Vorplatz der Kirche Santa Maria del Sasso oberhalb des Lago di Lugano. Im Vordergrund ein paar der 1452 Treppenstufen nach Morcote hinunter.**

weise ziemlich steinig ist, um den Monte Arbòstora herum zur Alpe Vicania (659 m). Eine kürzere, aber stärker auf- und absteigende Route führt von der Wegverzweigung nördlich der Madonna d'Ongero über den Sattel (743 m) zwischen dem Monte Arbòstora und dem Hügel von Tenza auf die Alpe Vicania. Auf dem Treppenweg mit insgesamt 1452 Stufen steil hinab, vorbei an der Kirche Santa Maria del Sasso, nach Morcote (272 m).

Nützliche Informationen

Ausgangsort: Lugano, Stazione Paradiso (302 m); die Gotthardschnellzüge [600] halten hier stündlich. Auch mit der Buslinie Nr. 2 vom Bahnhof Lugano zum Funicolare San Salvatore [2652]; fährt von Mitte März bis Mitte November.

Zielort: Morcote (272 m); mit dem Schiff [3606] oder Postauto [633.64] nach Lugano.

Schwierigkeit: T2.

Höhenunterschiede: Aufstieg 720 m, Abstieg 750 m.

Gehzeiten: Aufstieg San Salvatore 2¼ Std., Abstieg nach Morcote 3 Std.

Distanz: 11,5 km.

Unterkunft: In Lugano: das Stadthotel City, Tel. 091 923 62 44; das alkoholfrei geführte Pestalozzi, Tel. 091 921 46 46; das ruhig gelegene Rosa, Tel. 091 922 92 86; das Garni Atlantico bei der Talstation der Brè-Bahn; Tel. 091 971 29 21; die schön gelegene Jugendherberge in Savosa, Tel. 091 96 27 28. In Carona: Villa Carona, Tel. 091 649 70 55; Casa del 1577, Tel. 091 649 58 27. In Morcote: Bellavista, Tel. 091 996 11 43 und Rivabella, Tel. 091 996 13 14.

Verpflegung: Auf dem San Salvatore, in Ciona und Carona, auf der Alpe Vicania und in Morcote.

Karten: 286 Malcantone; 1353 Lugano.

Variante für Ferratisti: Seit September 2002 gibt es in der Nordwand des San Salvatore einen athletischen und schwierigen Klettersteig. Die 130 Meter hohe Via ferrata über zwei senkrechte bis überhängende und teilweise auch grasige Wandstufen ist durchwegs mit einem dicken Stahlseil gesichert; die Eisenbügel sind jedoch nur an einigen Schlüsselstellen gesetzt; Bizeps sind also für den Kraftakt am Seil gefragt; Ferratisti mit zarten Händen tragen Velohandschuhe. Von der Mittelstation Pazzallo (492 m) rund 200 Meter dem Wanderweg Richtung San Salvatore folgen, dann beim »Achtung Steinschlag«-Schild rechts in einen neu erstellten Pfad einbiegen. Er führt im Zickzack durch den Steilwald zum Einstieg auf ungefähr 680 Metern. Tief durchatmen und einsteigen. Vom Ausstieg kurz links, dann rechts in den Wald hinein und zum breiten Wanderweg. Ohne größere Schwierigkeiten auf die Panoramaplattform auf der Gipfelkapelle des San Salvatore (912 m). Abstieg mit der Drahtseilbahn (wie denn sonst?). Weitere Informationen bei den Guide alpine Ticino, Via Pometta 3, 6900 Massagno, Tel. 079 740 39 80, www.guidealpine.ch.

Material: Für die Via ferrata del San Salvatore ist neben der normalen Wanderausrüstung (mit guten Schuhen) folgendes Material obligatorisch: Helm, Brust-Sitzgurt, zwei je etwa einen Meter lange Seilstücke mit Sturzbremse und zwei Schnappkarabiner mit großer Öffnung.

Besonderes: Museo San Salvatore, offen Mittwoch bis Sonntag 10 bis 12 und 13 bis 15 Uhr. Die Wallfahrtskirche Madonna d'Ongero ist meist geschlossen. Der Küster (Tel. 091 649 98 76) in Carona kommt aber mit dem Schlüssel, wenn man sich am Vorabend anmeldet. Parco Scherrer in Morcote, offen Mitte März bis Oktober, täglich 9 bis 17 Uhr; jeden Dienst und Donnerstag finden geführte Wanderungen statt.

Literatur: *Melide–Carona: Un sentiero del passato. Storia, fauna, foreste, legname, geologia, massi erratici e massi cuppellari,* erhältlich bei der Comune di Melide, Via Franscini 6, 6815 Melide, Tel. 091 640 10 70. Und natürlich die Hesse-Bücher *Klingsors letzter Sommer* und *Tessin. Betrachtungen, Gedichte und Aquarelle* (beide Suhrkamp).

Anschlusstour: 62.

62 Monte San Giorgio (1096 m)–Poncione d'Arzo (1015 m)

Saurierskelette und Marmorbrüche: eigenartige Berge am Rande der Alpen

Tourencharakter: Leichte Wanderung durch die grünen Lungen des Mendrisiotto. Mehr Ambiente als Aussichten zwischen Capolago-Riva San Vitale und Arzo. Für erd- und kunstgeschichtlich Interessierte ein Muss. Seit Juli 2003 gehört der Monte San Giorgio zum Unesco-Weltnaturerbe.

Beste Jahreszeit: Ganzjährig; auch im Hochsommer, da größtenteils im kühlen Wald.

Gehzeit: 5¼ Std.

Der Monte San Giorgio und der Poncione d'Arzo liegen zwischen dem Basso Ceresio und dem Mendrisiotto, den beiden südlichsten Regionen des Tessins, die wie ein Zipfel tief in die italienischen Provinzen Varese und Como hineinreichen. Dieser Teil der Südschweiz, der »italienischer« ist als das nördliche Tessin, lag vor 200 Millionen Jahren im Küstenbereich des Meeres. Und tatsächlich fand man am Monte San Giorgio Versteinerungen von Sauriern, die zum Teil einmalig in der Welt sind, wie der 230 cm lange Ceresiosaurus (von »Ceresio«, wie der Lago di Lugano auch heißt) und der noch längere Ticinosuchus ferox. Ferox heißt auf Lateinisch wild, und da können wir froh sein, dass wir diesen Gesellen nur im Fossilienmuseum von Meride antreffen. Wegen seiner Einmaligkeit wurde der Monte San Giorgio ins Bundesinventar der Landschaften und Naturdenkmäler

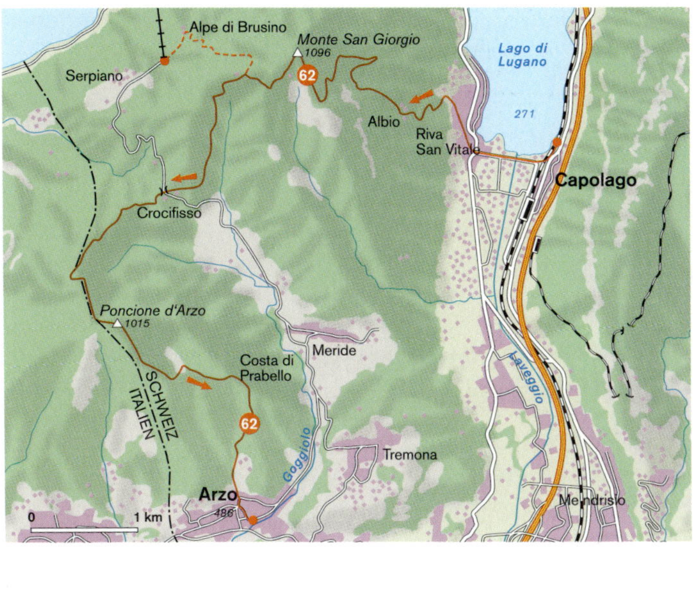

von nationaler Bedeutung aufgenommen. Und am 2. Juli 2003 ist er als eine der reichsten paläontologischen Stätten der Welt zum Unesco-Weltnaturerbe erklärt worden. Damit hat das Tessin mit den mittelalterlichen Burganlagen von Bellinzona gleich zwei Objekte auf der prestigereichen World Heritage List.

Wer sich aus Versteinerungen nicht viel macht (beim Wandern sieht man sie auch nicht), kann sich dafür vielleicht an anderen Steinen erfreuen, in Riva San Vitale, wo der Aufstieg auf den Monte San Giorgio beginnt: Das um das Jahr 500 entstandene Baptisterium mit dem riesigen Taufbecken ist der älteste noch erhaltene Sakralbau der Schweiz, und die Kirche Santa Croce gehört zu den bedeutendsten Renaissancebauten im Lande. Wer aber lieber unbehauene Steine hat, ergötzt sich an den Marmorsteinbrüchen von Arzo: Es ist bunter Marmor. Wem dieser Anblick zu lärmig ist, blickt vom einsamen Monte San Giorgio auf Morcote hinab und zum Matterhorn hinüber.

Der Aufstieg

Von der Schiffanlegestelle in Capolago (272 m) den Bahngeleisen entlang zur Straße, die nach Riva San Vitale (273 m) hinüberführt. Vom Dorfplatz (Wegweiser) rechts hinauf zur Kirche Santa Croce pilgern. Der Via San Giorgio nordwärts folgen, bis links der Wanderweg abzweigt, der im Wald über die Albio-Alp (585 m) auf den Südgrat hinaufzickzackt. Auf dem Grat zum Gipfel des Monte San Giorgio (1096 m); an das Gipfelkirchlein ist ein Unterstand mit Feuerstelle angegliedert.

Von Gipfel zu Gipfel

Der Weg führt zuerst über die halbbewaldete Südflanke und zieht dann nach rechts an den Westgrat hinab, in den Sattel Tre Fontane (925 m). Dem Grat entlang absteigen, wobei man schon bald auf den Naturlehrpfad stößt. In einer Einsattelung trennen sich die Wege: Ein Wanderweg senkt sich direkt nach Crocifisso (670 m) an der Straße von Meride nach Serpiane, während der »Sentiero naturalistico« nordwestwärts ausholt. Von Crocifisso führt ein Fahrweg in den Wald hinein. Man folgt ihm bis kurz vor Italien und nimmt dann linkerhand den markierten Pfad, der entlang der Grenze (und ihrem gefallenen Zaun) den Nordgrat zum Westgipfel (1015 m) des Poncione d'Arzo erklimmt; unterwegs kurzer Abstieg in den Sattel Albero di Sella. Der Weg geht auf dem bewaldeten Kamm zum Ostgipfel (1015 m) hinüber. Verschiedene Wachthütten zieren den Grenzgipfel am Südrand der Alpen; die Italiener übrigens nennen ihn auch Monte Pravello.

Der Abstieg

Vom Ostgipfel des Poncione d'Arzo auf dem Pfad entlang der Landesgrenze in die Tiefe. Bei P. 887 m links den besseren (markierten) Weg wählen, der durch die Mulde Pre Sacco nach Costa di Prabello hinüberleitet. Ein unmarkierter Pfad führt direkt steil über den Rücken zu den Marmorsteinbrüchen an der Straße von Meride nach Arzo. Der Wanderweg hingegen geht südwärts ins Dorf Arzo hinab; durch die Hauptgasse zur Postautohaltestelle (486 m).

Nützliche Informationen

Ausgangsort: Capolago (272 m) am Lago di Lugano. Schiff [3609] und Regionalzug [600] von Lugano. Busverbindung [637.18, 637.19] zwischen Capolago und Riva San Vitale.

Zielort: Arzo (486 m). Postauto [637.10] über Meride nach Mendrisio und Bahn [600] nach Lugano. Von Crocifisso das gleiche Postauto nach Mendrisio.

Schwierigkeit: T2.

Höhenunterschiede: Aufstieg 820 m + 350 m (= 1170 m), Abstieg 430 m + 530 m (= 960 m).

Gehzeiten: Capolago–Riva San Vitale 15 Min., Aufstieg Monte San Giorgio 2 Std., Monte San Giorgio–Poncione d'Arzo 2 Std., Abstieg nach Arzo 1 Std.

Distanz: 11 km.

Unterkunft/Verpflegung: Alberghi, Ristoranti und Grotti in Capolago, Riva San Vitale und Arzo. In Arzo: Al Torchio Antico, Tel. 091 646 49 94. In Meride: San Silvestro, Tel. 091 646 90 77. Sehr bekannt und schön das Grotto Alpe di Brusino in der Nordflanke des Monte San Giorgio.

Karten: 296 Chiasso; 1373 Mendrisio.

Variante für Naturkundler und Schifffahrer: Der 7 Kilometer lange Sentiero naturalistico del San Giorgio, der erste Naturlehrpfad des Tessins, zeigt auf zehn Stationen die interessante Flora, Fauna und Geologie des Gebiets; beim Abstieg vom Gipfel nach Crocifisso kommen wir an ihm vorbei. Und: Von Morcote mit dem Schiff [3606] übersetzen nach Brusino-Arsizio Funivia und mit der Seilbahn (von März bis Oktober täglich von 8.30 bis 19 Uhr) zur Bergstation (651 m) nordöstlich von Serpiano. Auf dem Wanderweg direkt hinauf in den Sattel Tre Fontane und weiter auf den Monte San Giorgio; 1¼ Std. von der Bergstation.

Besonderes: Das Museo dei Fossili in Meride ist täglich 8 bis 18 Uhr geöffnet. Ebenfalls das Battistero in Riva San Vitale. Und: Am Pfingstmontag jeweils Wallfahrt von Riva San Vitale zur Einsiedlerkapelle auf dem Monte San Giorgio.

Literatur: Südwestlich des Poncione d'Arzo liegt der Monte Orsa, wichtiger und gut erhaltener Stützpunkt der »Linea Cadorna«. Diese Verteidigungslinie entlang der Schweizer Grenze zwischen Ossola und Veltlin ließ General Luigi Cadorna zwischen 1916 und 1918 errichten, weil er einen Angriff der Österreicher durch die Schweiz hindurch befürchtete. Mehr zu den Resten dieses Schutzwalls, aber auch zu den Sauriern des Monte San Giorgio im leider nur auf Italienisch vorliegenden Bildband *Tra confine e cielo,* Salvioni Edizioni, Bellinzona 2002.

Anschlusstouren: 61, 64.

▼ Absinken: Vom Monte San Giorgio blickt man über den gestutzten Poncione d'Arzo und den spitzen Monte Orsa hinweg in die Lombardei.

63 Sighignola (1314 m)

Der unbekannte Berg gegenüber von Lugano

Tourencharakter: Eine nicht ganz abgasfreie Entdeckungswanderung von Cantine di Gandria nach Arogno am Rande der Schweiz. Je eine Portion Trittsicherheit, Kondition und Orientierungssinn (nicht markierte und streckenweise nicht mehr vorhandene Wege!) auf einen der schönsten Aussichtspunkte über dem vielarmigen Lago di Lugano mitnehmen.

Beste Jahreszeit: März bis November. Auch im Sommer, da oft im Schatten.

Gehzeit: 4½ Std.

Piazza della Riforma, das Herz Luganos: Hier geben sich am Mittag die aufstrebenden Angestellten in den dunklen Maßanzügen und Deuxpièces kurz der Sonne hin, bevor sie wieder in den vom Verkehrslärm umrauschten Zitadellen des Geldes verschwinden, während die Touristen noch einen »Cappuccino, per favore« ordern. Gegen Süden blinkt zaghaft der See, und darüber schießt ein bewaldeter Berg schroff 1000 Meter ins Blaue hoch. Sighignola heißt der Gipfel. Viele werden ihn schon gesehen haben, fast niemand kennt ihn. Da wollen wir hinauf.

Im Debarcadero Giardino gehen wir an Bord, beim Museo doganale svizzero in Cantine di Gandria am andern Ufer verlassen wir das Schiff. Ein richtiger Grenzwächter mit Pistole im Halfter wacht über das Zollmuseum – die richtige Einstimmung in eine Wanderung entlang der schweizerisch-italienischen Grenze. In Landessa entdecken wir den geheimen Pfad, der uns durch die Val Ruina auf die Sighignola bringt. Bruchstückhaft bloß ist er noch in der Ausgabe 1998 des Blattes Lugano der 1:25 000-Landeskarte der Schweiz eingezeichnet und dürfte dereinst vor allem im unteren, gerölligen Teil ganz fehlen. Steil zieht sich die sicht- bis erahnbare Zickzackspur durch das fast beängstigend einsame Tal hoch zur Waldlichtung der Alpe Trevino. Etwas weiter oben laden uns Italiener zu einer Schale Vino ein. Beschwingt ziehen wir von dannen, auf der italienischen Teerstraße gegen den Gipfel, vorbei an einem Skilift, der in schneereichen Wintern in Betrieb ist.

Den höchsten Punkt der Sighignola markiert eine Kapelle zur Erinnerung an die italienischen Gebirgsjäger. Am Panorama ergötzen wir uns auf der Plattform des von Gaststätten gesäumten Parkplatzes. Den eindrücklichen Tiefblick auf die Bucht von Lugano steigert eine Betonruine im Vordergrund auf ihre Art, ein mehrstöckiges Überbleibsel der vor rund 30 Jahren in Bau genommenen Seilbahn zwischen der italienischen Casino-Enklave Campione am Westfuße der Sighignola und dem Gipfel. Aber die Luftbrücke über schweizerischem Hoheitsgebiet wurde nie fertig gestellt. Wenn abends die letzten Autowanderer und auch der Bus nach Lanzo d'Intelvi weggebraust sind, stellt sich so etwas wie das Gefühl von Ruhe über allen Gipfeln ein. Im schweizerischen Arogno, fast senkrecht 700 Meter weiter unten, wartet das Albergo La Pignatta auf uns. Das heißt Kochtopf. Buon appetito!

Der Aufstieg

Vom Zollmuseum bzw. von der Anlegestelle in Cantine di Gandria (272 m) auf dem Uferweg nach Landessa vorstoßen. Die vereinzelt mit blauen Flecken markierte Route durch die Val Ruina zweigt dort vom Uferweg ab, nachdem dieser bei einem Haus einen Bachlauf gequert hat. Durch das Tal aufsteigen, teils im Wald, teils im Geröll, teils auf den Resten des Pfades, teils weglos. Auf etwa 650 Metern traversiert die Route rechterhand eine Bachrinne und zickzackt einen steilen Waldrücken hoch auf die Lichtung der Alpe Trevino (1010 m). Eine Erschließungsstraße führt weitausholend über die Staatsgrenze auf die Straße von Lanzo d'Intelvi; kürzer ist der Pfad, der direkt zur Straßenverzweigung aufsteigt. Man benützt die Sighignola-Straße bis zu einem Bergrestaurant an der nächsten Haarnadelkurve und biegt gleich links in einen Waldweg ein, der in die Gipfelparkplätze mündet; den höchsten Punkt der Sighignola (1314 m) krönt eine Alpinikapelle.

◄ **Kaffeepause: Das sonnige Herz von Lugano ist die Piazza della Riforma, deren Restaurants einen genuss- und ruhevollen Blick auf die Sighignola erlauben.**

Der Abstieg

Beim östlichen Gipfelparkplatz beginnt der Waldpfad entlang der Grenze: Er passiert Grenzwachthäuschen, folgt einem steilen Rücken, quert linkerhand eine Rinne, hält schließlich gegen die Waldlichtung der Alpe Bovisio, erreicht diese aber nicht, sondern zieht – unterhalb von ihr – weg von der Grenze und in teilweise sehr abschüssigem Gelände zur Talstraße durch die Valle Mara hinunter, die er beim Ristorante Miravalle erreicht. Auf der Straße nach Arogno (584 m); PTT-Haltestelle beim Albergo La Pignatta.

Nützliche Informationen

Ausgangsort: Cantine di Gandria (272 m) gegenüber von Gandria. Von den Anlegestellen Centrale oder Giardino in Lugano mit Schiff [3608] via Gandria oder Campione zum Museo doganale svizzero oder nach Cantine di Gandria, je nach Kurs.

Zielort: Arogno (584 m) in der Valle Mara, einem verborgenen Tal zwischen Maroggia am Lago di Lugano und dem italienischen Lanzo d'Intelvi. Postauto [600.93] über Rovio nach Maroggia und Regionalzug [600] nach Lugano oder Chiasso.

Schwierigkeit: T4.

Höhenunterschiede: Aufstieg 1040 m, Abstieg 730 m.

Gehzeiten: Aufstieg 3 Std., Abstieg 1½ Std.

Distanz: 8 km.

Unterkunft: In Arogno: Albergo La Pignatta, Tel. 091 649 74 05; Bed & Breakfast Casa Serenella, Tel. 091 649 68 86. In Rovio: Park Hotel, Tel. 091 649 73 72.

Verpflegung: Grotti und Ristoranti am Start, auf dem Gipfel und am Ende der Wanderung.

Material: Personalausweis.

Karten: 286 Malcantone; 1353 Lugano.

Varianten ... für Bergwegwanderer: Wem der Aufstieg durch die Val Ruina zu abenteuerlich (und zu pfadlos) erscheint, kann sich an folgende, auf der Landeskarte durchgehend eingezeichnete Route halten: Mit dem Schiff von Lugano nach Caprino (271 m), auf der Straße nach Pugerna, dann auf einem Pfad durch die waldige Westseite der Sighignola über P. 754 m auf die Alpe di Pugerna (962 m) und über den NW-Grat direkt auf den Gipfelparkplatz; Schwierigkeit T2. ... **für Geldwanderer:** Von Arogno nordwestwärts zur Kapelle San Vitale (684 m) hinauf und südwestwärts auf Fahr-, dann Fußweg in 1 Std. nach Bissone (273 m) hinunter, von wo der auf der alten 100-Franken-Note abgebildete Francesco Borromini stammt. Wer mit Geld spielen will, zweigt auf halbem Weg rechts zum italienischen Campione und seinem Casino (täglich offen von 13.45 bis 3 Uhr) ab.

Besonderes: Das Museo doganale in Cantine di Gandria ist geöffnet von April bis Oktober, jeden Nachmittag von 13.30 bis 17.30.

Anschlusstouren: 60, 64.

64 Monte Generoso (1701 m)

Gratwege und Klettersteig auf die Rigi der Südschweiz

Tourencharakter: Die Überquerung des Grenzgipfels von Norden nach Süden, von Arogno in die Valle di Muggio ist atemberaubend: Natur (Flora, Aussicht) und Kultur (Alpgebäude, Bergpfade).

Beste Jahreszeit: April bis November – die Blumen im Frühsommer, das Panorama im Spätherbst.

Gehzeit: 7 Stunden.

»Sehr wenige Berge sind leichter Besteigung so zugänglich und zugleich von so erstaunlicher Aussicht«, erklärte Stefano Franscini in seiner Landeskunde *Der Kanton Tessin* aus dem Jahre 1835. »Wann die lombardische Jugend mehr Liebe zu Naturschönheiten fassen« werde, so lesen wir weiter, dann wird der Monte Generoso »seine köstlichen Freuden denen reichen, welche hinkommen werden, um auf dessen erhabenen Gipfeln die schwere Bürde der städtischen Plackereyen abzulegen«. Ohne Plackerei erreichen die Erholungsuchenden seit 1890 den Gipfel des Monte Generoso: Eine Zahnradbahn rattert von Capolago am Luganersee hinauf. Sanfter ist ein Ausflug ganz zu Fuß. Wir wollen den Berg von Norden nach Süden, von der Valle Mara in die Valle di Muggio, überschreiten. Wir lassen Arogno und seine aufgegebene Uhrenfabrik hinter uns und erfreuen uns an der hervorsprießenden Blumenpracht, gilt doch der aus Liaskalk aufgetürmte Berg als florareichster des Tessins mit allein 23 Orchideenarten. Wie Angelo Valsecchi in seinem kenntnis-

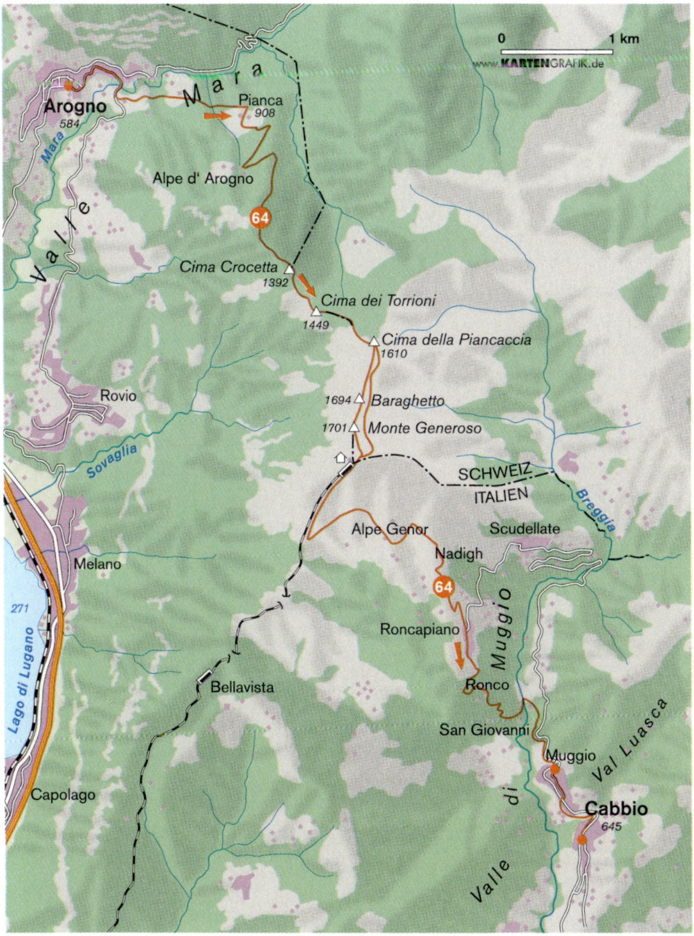

reichen Wander- und Naturführer über den Monte Generoso zeigt, wachsen hier Blumen, die es sonst nirgends gibt, wie das narzissenblütige Windröschen. Eine weitere seltene Pflanze ist die Mittelmeerblume Affodil. Unbehelligt von menschlicher Hand blühen die Blumen in der Westflanke des Monte Generoso, die mit ihren haltlosen Grasbändern und senkrechten Trümmermauern eindrücklicher als manche Hochalpenwand aussieht. Auf dem Nordgrat verläuft aber ein sicherer Pfad.

Typisch italienisch ist der 1985 errichtete Klettersteig, der über den Nordgipfel auf den Hauptgipfel leitet. Wer sich auf diese Via ferrata begibt, braucht Schwindelfreiheit und Armkraft, doch der abenteuerliche Gang hoch über dem Damm von Melide ist den Angstschweiß wert. Beeindruckend auch das Panorama vom 1701 Meter hohen Monte Generoso. Bei guter Fernsicht sieht man den ganzen Alpenbogen vom Monviso über Monte Rosa, Matterhorn, Finsteraarhorn und Dammastock bis zum Bernina und Ortler, im Süden das Glasdach des Mailänder Hauptbahnhofs, dahinter den Apennin. Und in der Tiefe die steilhügelige, von schimmernden Fjorden durchzogene Landschaft.

Später steigen wir in die Valle di Muggio ab. Wild-romantisch könnte man das südlichste Tal der Schweiz nennen, wenn da nicht die sich entvölkernden Dörfer wären, die an den Hängen kleben. Roncapiano zum Beispiel, das letzte Dorf am Ende der kurvenreichen Talstraße: ein paar ältere Leute auf dem winzigen Dorfplatz, geschlossene Fensterläden der Wochenendrustici. Faszinierend die Alpsiedlungen Génor und Nadigh weiter oben im steilen Gras: architektonische Kunstwerke aus Bruchsteinen, harmonisch in sich selbst und mit der Natur, dennoch listet kaum ein Reiseführer sie unter den Sehenswürdigkeiten auf. Dabei gibt es dort je zwei besondere Gebäude zu besichtigen: die Schneegrotten, die so genannten nevère (von neve, Schnee). Weil auf den trockenen, kalkbödigen Hängen das Wasser sofort versickert, konnte man die Milch nicht damit kühlen. Deshalb baute man tief in den Boden hinein ein rundes Gebäude und ließ darum herum ein paar Buchen wachsen. Die nevèra wurde im Winter mit stark zusammengepresstem Schnee gefüllt, worin man auch im heißesten Sommer die Milch bei zwei bis drei Grad lagerte, um dann Formaggini, herrliche kleine Weichkäse, daraus zu machen. Eine nevèra steht übrigens auch bei der Osteria neben der Bergstation der Zahnradbahn.

Nevère braucht man nicht mehr, aber die Formaggini können wir genießen. Wir sitzen im Talhauptort Muggio vor dem Ristorante Stella und blicken zum Generoso hoch. Gegenüber liegt das Kirchlein San Giovanni di Tur, mitten in terrassierten Hängen: ein Anblick mit einem Hauch von Toskana. Aber wir sind noch in den Alpen, und die Valle di Muggio ist, wie Karl Viktor von Bonstetten in seinen *Briefen über die italienischen Ämter* von 1796 schrieb, »eines der schönsten Alpenthäler, das ich je gesehen«.

◄ Im Boden: Die Alpe Génor am Südhang des Monte Generoso. Rechts unten beim Baum eine Nevèra, eine runde Schneegrotte, die tief in die Erde hineingebaut wurde.

▼ In der Luft: Via ferrata auf den Monte Generoso, hoch über dem Damm von Melide.

Der Aufstieg

Südlich der Mara-Brücke (575 m) in Sasso Grosso an der Straße Arogno-Rovio zweigt der Wanderweg ab. Er steigt ostwärts nach Pianca hinauf, knickt Richtung Alpe d'Arogno ab und biegt vorher zur Costa del Bové hinaus. Der Pfad steigt schnurgerade über diesen Rücken an und quert unterhalb der Kammlinie und der Cima Crocetta (1392 m) in den Passo Crocetta (1360 m; ohne Namen auf der Karte); von hier kann man auf einem Pfad rasch die Cima Crocetta besteigen. Man folgt dem Grat- und Grenzverlauf, dabei etwas ausgesetzt die Cima dei Torrioni (1489 m) in die Bocchetta Camoscia (1445 m) überschreitend, auf den Nordgrat des Generoso; man erreicht den Grat südlich der Cima della Piancaccia (1610 m), die man auch gut traversieren kann. Kurz auf dem Wanderweg bleiben, dann rechtshaltend hoch zum Beginn der Klettersteiges, der auf den Baraghetto, den Nordgipfel des Monte Generoso (1694 m) und weiter zum Signal des Hauptgipfels (1701 m) leitet. Wer mit den Schuhen fest auf dem Boden bleiben will, wählt besser den Wanderweg durch die O-Flanke, oder erreicht den mäßig schwierigen Klettersteig durch eine grasige Rinne nach den beiden ersten Türmen, über die drei senkrechte bis überhängende Leitern führen.

Der Abstieg

Vom Gipfel zum Gipfelrestaurant (1601 m) hinabbummeln. Dem Bahngeleise bis P. 1452 m folgen, von wo der Weg in der Flanke über die Alpe Génor zur Alpsiedlung Nadigh (1295 m) hinüberzieht. Nun steil über den grasigen S-Grat nach Roncapiano hinab. Am südlichen Dorfende findet man den Wanderweg, der – häufig durch Kastanienwald – über Ronco zur Breggia-Brücke (ca. 610 m) absteigt. Von hier auf einem Fahrweg nach Muggio (661 m). Wer in Cabbio (645 m) übernachtet, muss nicht auf der Straße dorthin marschieren, sondern kann einem Weg unterhalb von ihr folgen.

Nützliche Informationen

Ausgangsort: Arogno (584 m) in der Valle Mara. Regionalzug [600] von Lugano oder Chiasso nach Maroggia-Melano und Postauto [600.93] über Rovio bis zur Haltestelle Sasso Grosso östlich von Arogno.

Zielort: Muggio (661 m) im gleichnamigen Tal; Postauto [639.11] nach Chiasso. Ein Morgen- und ein Abendkurs [639.15] von Roncapiano über Scudellate nach Muggio.

Schwierigkeit: T2/T3; die Via ferrata ist auf der sechsstufigen Klettersteigskala mit mittelschwierig (zweitunterste Stufe) bewertet.

Höhenunterschiede: Aufstieg 1220 m, Abstieg 1130 m; Klettersteig 100 m.

Gehzeiten: Aufstieg 4 Std., Abstieg 3 Std.; Klettersteig 45 Min.

Distanz: 10 km.

Unterkunft: In Arogno: Albergo La Pignatta, Tel. 091 649 74 05; Bed & Breakfast Casa Serenella, Tel. 091 649 68 86. In Rovio: Park Hotel, Tel. 091 649 73 72. Auf dem Monte Generoso: Albergo-Ristorante Vetta, Tel. 091 649 77 22 (offen bei Bahnbetrieb). In der Valle di Muggio: Osteria del Cervo in Cabbio, 4 Zimmer, Tel. 091 684 11 52; in Scudellate (910 m), erreichbar von Roncapiano auf der Straße oder schöner direkt vom Monte Generoso über den Ostgrat, das Ostello, Tel. 091 684 11 36; Ristorante Bruzella in Bruzella, Tel. 091 684 10 95.

Verpflegung: In Arogno; bei der Bergstation der Ferrovia Monte Generoso das Selbstbedienungsrestaurant sowie eine kleine Gaststätte bei der Kühlgrotte (täglich offen von Mai bis Dezember); in Muggio, Cabbio und Scudellate.

Material: Eine Tafel verlangt UIAA-Ausrüstung für den Klettersteig; wer die beiden ersten Türme auslässt, kann ihn durchaus ohne wagen!

Karten: 286 Malcantone, 296 Chiasso, 5007 Locarno–Chiasso; 1353 Lugano, 1373 Mendrisio. Bei den Generoso-Bahnen ist eine informative Wanderkarte im Massstab 1:25000 erhältlich.

Varianten ... für Bergsteiger: Durch die Westwand des Monte Generoso führen einige wilde Routen auf den Gipfel. Detailliert beschrieben sind sie in den Führern von Valsecchi und Brenna/Brandt. Besonders eindrücklich ist die Via della Variante von Rovio über Perostabbio; sie ist auf dem Blatt Lugano der Landeskarte eingezeichnet. Schwierigkeit T5. **... für Bahnwanderer:** Vom Gipfel des Monte Generoso mit der Zahnradbahn [636] nach Capolago (fährt täglich von April bis Oktober, von Mitte Dezember bis März am Wochenende und nur bei schönem Wetter) und mit dem Schiff [3609] nach Lugano.

Besonderes: Das Museo etnografico della Valle di Muggio plant, unterstützt vom Fonds Landschaft Schweiz, die Alpe Nadigh so herzurichten, dass eine junge Bauernfamilie hier wirtschaften und Wanderer beherbergen kann.

Literatur: Der Monte Generoso ist dank Angelo Valsecchi bestes dokumentiert. Neben dem umfassenden Werk *Monte Generoso. 26 Wanderrouten zur Entdeckung des Berges* sind bei der Bahn und im Kiosk auf dem Gipfel weitere Publikationen zu einzelnen Themen, meistens auch in deutscher Sprache, erhältlich, zum Beispiel zur Vegetation, den Vögeln, den Karsterscheinungen und Höhlen sowie natürlich zu den nevère, den berühmten Schneegrotten.

Anschlusstouren: 62, 63, 65, 66.

65 Poncione di Cabbio (1263 m)–Sasso Gordona (1410 m)

Gipfelziele auf und ennet der Grenze zu Italien

Tourencharakter: Frühlingserwachen zwischen Alpenglühn und Poebene: Im südlichsten Tal des Tessins und der Schweiz kommen kulturell und landschaftlich interessierte Wanderer auf ihre Kosten und zu einigen Höhenmetern. Die Valle di Muggio ist zu einem Museo nel Territorio geworden, einem lebendigen Talmuseum, wo die Besonderheiten an Ort und Stelle erfahren werden können. Zum Beispiel bei der Wanderung über den kinderleichten Poncione di Cabbio und den deftigen Sasso Gordona. Gipfel und Tal mit Charakter: con Muggio Gusto eben.

Beste Jahreszeit: Immer, auch im Winter, wenn schnee- und eisfrei. Besonders schön von Herbst bis Frühling, wenn das schräge Licht die Konturen der Landschaft hervortreten lässt.

Gehzeit: 5 Std.

▼ Zukunft: Im Dorf Cabbio, dessen Kirchturm frühlingshaft leuchtet, wurde im Juni 2003 die Casa Cantoni eingeweiht, der Sitz des Museo etnografico Valle di Muggio. Das Zentrum eines im Aufbau begriffenen Museums, welches das ganze Tal umfasst.

Die Valle di Muggio soll bleiben, wie sie ist – und werden, wie sie war. Ein acht Kilometer langes, nach Süden ausgerichtetes Alpental am Rande der (Schweizer) Alpen, tief eingekerbt in die Südabdachung des Monte Generoso. Ein Tal voller Gegensätze zwischen alpiner und mediterraner Vegetation, zwischen sich entvölkernden Bergdörfern im hinteren Teil des Tales und den Dörfern weiter vorne, die zu Schlafstätten der Arbeitstätigen in der Stadtlandschaft Chiasso-Mendrisio werden. Ein Tal mit einer eigenen agrarwirtschaftlichen und kulinarischen Kultur. Die Formaggini aus der Valle di Muggio sind die bekanntesten jener frischen Käslein, die auf einigen Alpen des Tessins hergestellt werden. Früher wurden die Milchprodukte in Schneegrotten gelagert. 70 solcher nevère stehen im Muggiotal und in den angrenzenden Seitentälern der italienischen Valle d'Intelvi.

Bäuerliche Architektur, die vor dem Zerfall gerettet wird. Ein Talmuseum entsteht, das die nach und nach restaurierten Zeugnisse der Volkskultur in der Natur belassen will und wird. Das Museo nel Territorio der Valle di Muggio wird kein Ballenberg wie im Berner Oberland, wohin hervorragende Zeugnisse ländlicher Bau- und Wohnkultur der Schweiz gebracht und wieder aufgebaut werden. In der Valle di Muggio bleiben die nevèra, die graa (Dörrhaus der Kastanien), das roccolo (Vogelfangturm) im Gelände stehen. Man muss sich die Mühe nehmen, die Sehenswürdigkeiten in diesem besonderen Freilichtmuseum selbst aufzusuchen.

Im März 1995 erschien im *Brückenbauer* ein Artikel, in dem ich die Valle di Muggio und zwei ihrer Wanderungen näher vorstellte. Offenbar nicht ohne Folgen. Viele Touristen seien mit dem Artikel in der Hand bei ihnen vorbeigekommen und hätten da gegessen und übernachtet, schrieben mir Vincenzo und Maria Cereghetti in einem liebenswürdigen Brief, in dem sie mir »per il suo bel pensiero scritto su un giornale svizzero tedesco« danken. Das Ehepaar führt die gemütliche Osteria del Cervo, eine Pensione con alloggio in Cabbio. In diesem Dorf, in dem sich die Straßen der beiden Talseiten verbinden, hat auch das im Mai 2003 eröffnete Museo etnografico della Valle di Muggio in der Casa Cantoni seinen Sitz.

Der Aufstieg

Von der Postautohaltestelle in Cabbio (645 m) hinauf ins Dorf und links, auf der Wanderroute zum Rifugio Prabello und zum Passo Bonello. Ihr aber nur kurz folgen, dann rechts abschwenken und steiler durch das Dorf ansteigen und auf einem alten, etwas grasüberwachsenen Weg hoch zu einem Stall, zu dem ein geteertes Sträßchen (dies ist auch die Wanderroute) führt. Nun auf dieser und dem breiten alten Saumweg schräg hinauf nach Vallera am Beginn des Nordwestrückens auf den Poncione di Cabbio. Auf der Sonnenseite dieses Rückens auf dem guten Weg über Croce, Laorina und Tov nach Arla. Etwas steiler ansteigen und um den Dosso d'Arla herum in einen weiten Sattel. Über den grasigen Grat in Wegspuren auf den Poncione di Cabbio (1263 m); Grenzgipfel.

Von Gipfel zu Gipfel

Abstieg über den leicht bewaldeten Ostgrat, die Schweiz verlassend, zum Rifugio Prabello (1201 m). Über den Gratrücken gegen den steil sich aufbäumenden Sasso Gordona und auf dem ausgesetzten, teilweise versicherten und im Herbst 2002 sanierten Weg auf den Gipfelfirst des Sasso Gordona (1410 m).

Der Abstieg

Der Abstieg durch die jäh abfallende Südostflanke beginnt rechts vom Kreuz. Der Pfad zickzackt mutig hinunter und hält links zum Ostgrat. Auf ungefähr 1240 Metern scharf nach rechts schwenken und auf einem Pfad die steilen Grashänge unter dem Gipfelkopf auf den Südgrat queren. Auf ihm zu den Ruinen von Monti Corno und dann im Wald, die Staatsgrenze wieder überschreitend, zur Alpe del Corno (ebenfalls Ruinen). Weiter im Wald zu einer Wegverzweigung absteigen. Nach rechts, hinab zum Bachbett (ca. 660 m) der Valle Cugnolo und hinauf nach Piazzò (703 m). Auf einem breiten Weg flach nach Uggine mit seinen wenig einfühlsam

restaurierten Häusern. Auf dem Sträßchen zurück nach Cabbio: In Dorfnähe wählt man am besten den mittleren Weg, so kommt man am Friedhof und später am Dorfbrunnen vorbei.

Nützliche Informationen

Ausgangs- und Zielort: Cabbio (645 m) in der Valle di Muggio; Postauto [639.11] von Chiasso.

Schwierigkeit: T4; ohne Sasso T2/T3.

Höhenunterschied: Auf- und Abstieg je 870 m.

Gehzeiten: Auf- und Abstieg je 2½ Std.

Distanz: 11 km.

Unterkunft/Verpflegung: Rifugio Prabello (1201 m) des Club Alpino Italiano, durchgehend bewirtschaftet von Mitte Juni bis Mitte September, von Mitte Februar bis Mitte Juni und von Mitte September bis Anfang Januar nur am Wochenende, übrige Zeit geschlossen, Tel. 0039 0318 319 05. Rifugio Binate CAI (1200 m), durchgehend bewirtschaftet von Mitte Juni bis Mitte September, sonst an den Wochenenden außer Dezember (nur Sonntag) und Januar/Februar (geschlossen), Tel. 0039 0368 300 72 88. Rifugio Bugano (1120 m), bewirtschaftet an Wochenenden und Feiertagen von Juni bis September, Tel. 0039 031 51 38 08. In Cabbio: Osteria del Cervo, 4 Zimmer, Tel. 091 684 11 52. In Bruzella: Ristorante Bruzella, Tel. 091 684 10 95.

Karten: 296 Chiasso, 297 Como, 5007 Locarno–Chiasso; 1373 Mendrisio, 1374 Como.

Material: Personalausweis mitführen.

Variante für Italienwanderer: Vom Sasso Gordona kann man gut alles dem Kamm entlang bis auf den Monte Bisbino (1325 m) wandern, von wo man nach Sagno und Chiasso absteigt (Tour 66). Dabei begeht man ein Teilstück der fünftägigen Via dei Monti Lariani, des Weitwanderwegs oberhalb des Westufers des Lago di Como. Vom Sasso Gordona auf den Monte Bisbino 2½ Std., Aufstieg 400 m, Abstieg 480 m, 10,5 km.

Besonderes: Museo etnografico della Valle di Muggio, 6838 Cabbio, Tel. 091 684 10 68; man kann dem Verein auch beitreten. Weitere Infos unter www.valledimuggio.ch und www.mevm.ch.

Anschlusstouren: 64, 66.

66 Monte Bisbino (1325 m)– Bedòla (1065 m)

Aus der Valle di Muggio über einen großen und einen kleinen Berg

Tourencharakter: Die letzte Wanderung dieses Buches. Und eine der leichtesten.
Beste Jahreszeit: Immer, aber am besten dann, wenn der Wetterbericht ganz im Süden blauen Himmel und kalten Nordwind bis in die Täler verspricht.
Gehzeit: 3¼ Std. bis Sagno, 4¼ Std. bis Chiasso.

Die grüne, ruhige Frische am Morgen auf dem alten Talweg der Valle di Muggio, von Cabbio nach Bruzella, vorbei am restaurierten Mulino. Auf der Straße weiter oben nur das Geräusch vorbeifahrender Pendler. 75 Prozent der verbliebenen Einwohner von Bruzella arbeiten auswärts. Über Kopfsteinpflaster schleichen wir durch das Dorf empor zu einem barocken Kreuzweg, an dessen Beginn ein postmodernes Wasserreservoir für Aufsehen sorgt. Dann kranke Kastanien, schlanke Birken, und zuoberst ein glänzender Pfosten, von gelben Tafeln gekrönt: die Sella Cavazza. Nach Osten geht es zum lombardischen Monte Bisbino, einem überbauten Aussichts- und Wallfahrtsgipfel hoch über dem Lago di Como. Da müssen wir hinauf.
Aussichtsreich ist später der Höhenweg zum südlichsten Berg der Schweiz, wenn die Erhebung Bedòla (1065 m) so bezeichnet werden darf; der Name bezieht sich auf die Alp auf der Staatsgrenze knapp 100 Höhenmeter östlich des Gipfels. Kurz nach seiner Überschreitung tauchen wir wieder in den Wald. Beim Grenzstein 55 A halten wir kurz inne: drei vermodernde Holzkreuze, ein getarntes Grenzwacht-

◄ **Vergangenheit: Rest des 1926 errichteten und später verstärkten Drahtgitterzauns auf dem Dosso d'Arla; links der Poncione di Cabbio, über den die Staatsgrenze verläuft, rechts der italienische Sasso Gordona.**

▼ **Gegenwart: Italienische Wandermarkierung am Sasso Gordona.**

häuschen. Kein Ort zum Verweilen. Sagno schon eher, aber wir wollen weiter, nach Chiasso, allerdings – es sei gestanden – nicht zu Fuß. Denn den letzten Abstieg hinein in einen der dichtesten Siedlungsräume der Eidgenossenschaft wagen wir nicht mehr. Auf der Piazza Elvezia, unterhalb des Bahnhofs, dessen Halle das Wandgemälde »Die Auswanderer« des aus Sagno stammenden Pietro Chiesa schmückt, steigen wir aus dem Postauto. Das Restaurant nebenan serviert eine »Focaccia 4 cantoni«, mit Salame, Carne secca, Prosciutto crudo und cotto. Dazu trinken wir eine gazosa, jene Limonadenspezialität, die ein Dutzend Familienbetriebe noch in Handarbeit herstellen und die zum Tessin gehört wie die Grotti und der Merlot. Ein paar Meter weiter weg der Grenzübergang Chiasso. Da hört das Ticino auf. Arrivederci!

Der Aufstieg

Durch das Dorf Bruzella (593 m) hindurch gelangt man zu einem Kreuzweg. Von der Kirche an seinem Ende führt der gut markierte Pfad über den bewaldeten Westrücken in die Sella Cavazza (1162 m). Ostwärts flach, dann steiler in einen Sattel (1244 m) auf der Landesgrenze. Direkt über den Nordgrat auf den Monte Bisbino (1325 m).

Der Abstieg

Vom Gipfel zurück in die Sella Cavazza. Auf dem Kammverlauf zur Erhebung Bedòla (1065 m) weitergehen. Ein Pfad senkt sich auf dem bewaldeten Südrücken zur Grenze, von wo ein Saumweg nach Sagno (693 m) hinabführt. Die Postautohaltestelle befindet sich am westlichen Dorfrand. Am östlichen Dorfrand beginnt der Wanderweg nach Vacallo. Ab hier wandert man auf Straßen durch Fontanella und San Simone immer südwärts bis zum Bahnhof Chiasso (238 m).

Nützliche Informationen

Ausgangsort: Bruzella (593 m) in der Valle di Muggio. Postauto [639.11] von Chiasso.

Zielort: Chiasso Stazione (238 m). Postauto [637.35] von Sagno (693 m) nach Mendrisio; mit Umsteigen in Morbio Inferiore, Anschluss ans Postauto von Muggio nach Chiasso.

Schwierigkeit: T1/T2.

Höhenunterschiede: Aufstieg 730 m, Abstieg bis Sagno 630 m, bis Chiasso weitere 460 m.

Gehzeiten: Aufstieg 2 Std., Abstieg bis Sagno 1 ¼ Std., von dort nach Chiasso 1 Std.

Distanz: 8 km bis Sagno, weitere 3 km bis Chiasso.

Unterkunft: In Cabbio: Osteria del Cervo, 4 Zimmer, Tel. 091 684 11 52. In Bruzella: Ristorante Bruzella, Tel. 091 684 10 95. In Sagno: Osteria Ul Furmighin, Tel. 091 682 01 75. In Vacallo: Conca Bella, Tel. 091 683 74 74.

Verpflegung: In den Dörfern. Gipfelrestaurant des Monte Bisbino sowie gleich unterhalb davon in der Schweiz die Capanna Alpina bei der Sella Cavazza.

Karten: 296 Chiasso, 297 Como, 5007 Locarno–Chiasso; 1373 Mendrisio, 1374 Como.

Material: Personalausweis mitführen.

Varianten … für Talwanderer: Wer nach dem Abstieg vom Monte Generoso in Cabbio übernachtet hat, erreicht Bruzella in 40 Min. auf dem alten Talweg unterhalb der Straße (2 km). Man kommt so am restaurierten Mulino vorbei; die

Mühle ist jeden Donnerstag Nachmittag in Betrieb; man kann die Produkte kaufen. **... für Schluchtwanderer:** Naturlehrpfade im 2001 eröffneten, 65 Hektar großen Parco delle Gole della Breggia. Denkmäler der Natur und solche der Industriekultur sind in der Schlucht zu entdecken, die der Fluss ausgangs der Valle di Muggio geschaffen hat. Verschiedene Zugänge möglich, zum Beispiel von der Chiesa Sant'Anna in Morbio Superiore.

Anschlusstouren: 64, 65.

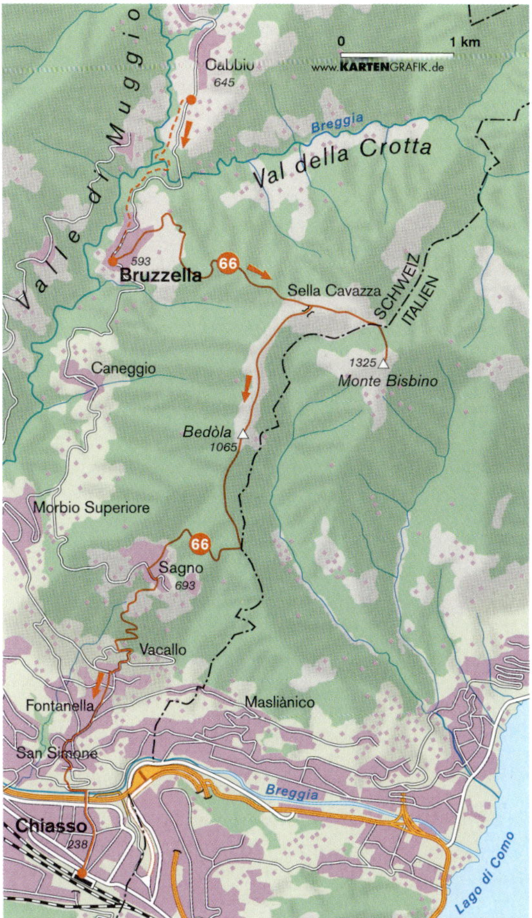

◄ **Am Ende: Bedòla ob Chiasso – der Gotthard liegt Tage zurück, die Strada altissima durch das Tessin ist bald vorbei.**

ANHANG

PRAKTISCHE INFORMATIONEN VON ANREISE BIS WEGE

Anreise: Gotthard und Simplon machen es möglich

Das Tessin liegt dank des Gotthards an der internationalen Bahnlinie Deutschland–Italien – bequemer und schneller als mit dem Zug geht die Anreise also nicht. Mit dem Cisalpino von Stuttgart über Zürich oder mit dem Intercity von Basel über Luzern Richtung Tessin: siehe Fahrplanfeld 600 im offiziellen Kursbuch der Schweiz. Ins Locarnese kann auch die internationale Bahnlinie Lötschberg–Simplon [300] über Basel–Bern–Milano bis Domodossola benützt werden, von wo das Centovalli-Bähnchen [620] nach Locarno kurvt. Für die Anreise kommen ebenfalls die Postautokurse über die drei ins Tessin führenden Alpenpässe in Frage: aus dem Wallis über den Nufenen [600.51], aus dem Urnerland über den Gotthard [600.50] und aus dem Bündner Oberland über den Lukmanier [920.80]. Wer von Osten anreist, sollte die Postautolinie [900.80] Chur–San Bernardino–Bellinzona (mit Expresskursen) in Erwägung ziehen, und wer es ganz exklusiv will, wählt den Palm-Express [940.75] von St. Moritz über Chiavenna nach Lugano oder den Bernina-Express von Tirano nach Lugano [950.50].

Abkürzungen: Alpen-Club ist nicht gleich Alpen-Club

Der Schweizer Alpen-Club (SAC) heißt auf Italienisch Club Alpino Svizzero (CAS). SAV hingegen bedeutet Società Alpinistica Valmaggese, diese gehört zum Dachverband Federazione Alpinistica Ticinese (FAT), wie ebenfalls die Società Alpinistica Ticinese (SAT) und die Unione Ticinese Operai Escursionisti (UTOE). Auch die Associazione Amici Capanna Brogoldone (AACB), die Società Alpinistica Bassa Blenio (SABB) die Società Escursionistica Onsernonese (SEO), die Società Escursionistica Verzaschese (SEV), die Amici della montagna Brissago sowie die Associazione Nido d'Aquila haben sich der FAT angeschlossen.

Ausgangs- und Zielorte: Fahrpläne einpacken

Alle Ausgangs- und Zielorte der Gipfelwanderungen sind mit öffentlichen Verkehrsmitteln gut erreichbar. In den Transittälern Leventina, Blenio, Riviera, Centovalli sowie in der Vallemaggia verkehren regelmäßig Züge und Autobusse, aber auch die Täler und Dörfer außerhalb der großen Linien sind in das Verkehrsnetz eingebunden, zu dem auch die Schiffskurse auf dem Lago Maggiore und Lago di Lugano gehören.

Über die Fahrpläne informieren die beiden Bände des offiziellen Kursbuchs der Schweiz (das blaue für Bahnen, Seilbahnen und Schiffe; das gelbe für die Autobuslinien) und natürlich das Internet: www.sbb.ch. Man kann Fahrpläne auch per Handy abrufen: sehr praktisch für unterwegs (sofern man Empfang hat): www.sbb.ch/pv/sms_d.htm. Ebenfalls praktisch für unterwegs sind gelbe Fahrplanauszüge, die gratis an den regionalen Bahnschaltern und oft auch im Postauto selbst greifbar sind. Fahrplanauszüge finden sich im Weiteren auch in Broschüren der regionalen Verkehrsbüros, so zum Beispiel im »Vademecum Maggiore!«.

Ausrüstung: Gefäß für Beeren mitnehmen

Zu Bergwanderungen im Tessin gehören: stabile Wanderschuhe oder Bergschuhe (steinige Wege, Geröll), Teleskop-Skistöcke (schmale, steile, rutschige Pfade, teils von hohem Gras überdeckt), Gamaschen (nasses Gras), guter Regenschutz (im Tessin kann es auch regnen – und wie!), Badekleidung (notfalls geht es auch ohne), kleines Gefäß für Heidel- und Himbeeren, Höhenmeter, Karten im Maßstab 1:25 000, Fernglas. Falls besonderes Material wie Steigeisen nötig ist, wird speziell darauf hingewiesen.

Führer: Der Brenna ist am ausführlichsten

- Renato Armelloni, *Alpi Lepontine. Sempione–Formazza–Vigezzo,* Club Alpino Italiano/Touring Club Italiano, Milano 1986.
- Willy Auf der Maur, *Alpine Skitouren Zentralschweiz–Tessin,* SAC-Verlag, Bern 2002 (7. Auflage).
- Ursula Bauer, Jürg Frischknecht, *Grenzschlängeln. Routen, Pässe und Geschichten. Zu Fuß vom Inn an den Genfersee,* Rotpunktverlag, Zürich 2000 (4. Auflage).
- Heinrich Bauregger, *Tessin,* Rother Wanderführer, München 1997.
- Luca Bettosini, *Ticino terra d'escursioni,* Fontana Edizioni, Pregassona 2000.
- Luca Bettosini, *Week-end escursionistici in Ticino,* Fontana Edizioni, Pregassona 2001.
- Lucca Bettosini, *Escursionismo alpino in Ticino,* Fontana Edizioni, Pregassona 2002.
- Chiara Brenna, *Ticino e Mesolcina. Guida escursionistica,* Salvioni Edizioni, Bellinzona 2003.
- Giuseppe Brenna, *Tessiner Alpen 1 – Vom Gridone zum Sankt Gotthard* (1992); *Tessiner Alpen 2 – Von der Cristallina zum Sassariente* (1992); *Tessiner Alpen 3 – Von der Piora zum Pizzo di Claro* (1996); *Misoxer Alpen 4 – Vom Zapporthorn zum Passo San Jorio* (2001); *Tessiner Voralpen 5 – Vom Passo San Jorio zum Generoso* (2000), den letzten Band zusammen mit Maurice Brandt. Alle Führer erschienen im SAC-Verlag, Bern.
- Giuseppe Brenna, *Grandi cime per i nostri giorni,* Band 1 und 2, Salvioni Edizioni, Bellinzona 2001, 2002.
- Aldo e Nora Cattaneo, *Storie e sentieri di Val Bavona,* Fondazione Val Bavona/Armando Dadò Editore, Locarno 1998.
- Silvia Fantacci, Ueli Hintermeister, *Val Calanca. 21 Wanderungen in einem ursprünglichen Südalpental,* Rotpunktverlag, Zürich 2002.
- Plinio Grossi, *Bergseen der italienischen Schweiz* (früherer Titel: *Tessiner Bergseen*); 32 Faltblätter 1984–2001, herausgegeben von der Banca del Gottardo in Lugano, Tel. 091 808 11 11; größtenteils vergriffen, die jüngsten Faltblätter sind jedoch noch erhältlich.
- Plinio Grossi, *Passeggiate nel Ticino*, Edizioni San Giorgio, Lugano 1990 (3. Auflage).
- Beat Hächler, *Das Klappern der Zoccoli. Literarische Wanderungen im Tessin,* Rotpunktverlag, Zürich 2000.
- Luc Hagmann, Franz Auf der Maur, *20 Bergwanderungen im Tessin,* Werd Verlag, Zürich 2001.
- Manfred Hunziker, Maurice Brandt, Giuseppe Brenna, *Clubführer Gotthard. Von der Furka zum Lukmanier,* SAC-Verlag, Bern 1995.
- Manfred Hunziker, *Clubführer Bündner Alpen 2. Vom Lukmanier zum Domleschg,* SAC-Verlag, Bern 1996.
- Eugen E. Hüsler, *Rund um den Comer See,* Rother Wanderführer, München 1994.
- Eugen E. Hüsler, *Tessin. Reihe Wandern kompakt,* Bruckmann, München 2002.
- Jürg von Känel/Pesche Wüthrich, *Schweiz extrem Band 2,* Edition Filidor, Reichenbach 2002 (Klettern).
- Jürg von Känel, *Plaisir sud,* Edition Filidor, Reichenbach 2003 (Klettern).
- Remo Kundert/Marco Volken/Teresio Valsesia, *Alpinwandern Tessin,* SAC-Verlag, Bern 2004.
- Ely Riva, *Montagna bella... 15 itinerari per scoprire il Ticino,* Edizioni Gaggini-Bizzozero, Lugano-Muzzano 1995.

- Ely Riva, *Valli dimenticate. Die vergessenen Tessiner Täler,* Salvioni Edizioni, Bellinzona 1997.
- Ely Riva, *Fünfzig 3000er des Tessins,* Salvioni Edizioni, Bellinzona 1999.
- Ely Riva, *Die Augen unserer Berge,* Salvioni Edizioni, Bellinzona 2000.
- Hans Schmid, *Ossola-Täler,* Rother Wanderführer, München 1995.
- Jochen Schmidt, *Lago Maggiore,* Rother Wanderführer, München 2001.
- Angelo Valsecchi, *Monte Generoso. 26 Wanderrouten zur Entdeckung des Berges,* Monte Generoso-Bahn, Capolago 1990.
- Teresio Valsesia, *La storia camminata. 25 escursioni in Ticino,* Edizioni Giornale del Popolo, Lugano 1998.
- *Tra confine e cielo. Passo dopo passo tra natura e cultura,* 2 Bände, Salvioni Edizioni, Bellinzona 2002.
- *Wanderwelt Tessin. 40 Wanderrouten im Tessin,* Kümmerly+Frey, Bern 2001.
- *Trekking dei Fiori,* Broschüre, erhältlich bei Ticino Turismo.
- *Trekking del 700°,* Broschüre, erhältlich bei Ticino Turismo.
- *Il Ticino. Wege von den Gletschern zu den Seen,* Wandervorschläge, erhältlich bei Ticino Turismo.

Information: am einfachsten im Internet

- Ticino Turismo, Casella postale 1441, CH-6501 Bellinzona, Tel. 091 825 70 56, Fax 091 825 36 14, info@ticino-tourism.ch, www.ticino-tourism.ch, www.discoveryalps.com mit abonnierbarem Newsletter.
- Bellinzona Turismo, CH-6500 Bellinzona, Tel. 091 825 21 31, info@bellinzonaturismo.ch, www.bellinzonaturismo.ch
- Biasca Turismo, CH-6710 Biasca, Tel. 091 862 33 27, info@biascaturismo.ch; www.biascaturismo.ch
- Blenio Turismo, CH-6718 Olivone, Tel. 091 872 18 87, info@blenioturismo.ch, www.blenio.ch
- Gambarogno Turismo, CH-6574 Vira, Tel. 091 795 18 66, gambarogno@etlm.ch, www.gambarognoturismo.ch
- Ente turistico Lago Maggiore, CH-6601 Locarno, Tel. 091 791 00 91, buongiorno@maggiore.ch, www.maggiore.ch
- Leventina Turismo, CH-6780 Airolo, Tel. 091 869 15 33, info@leventinaturismo.ch, www.leventinaturismo.ch
- Lugano Turismo, CH-6901 Lugano, Tel. 091 913 32 32, info@lugano-tourism.ch, www. lugano-tourism.ch
- Malcantone Turismo, CH-6987 Caslano, Tel. 091 606 29 86, info@malcantone.ch, www.malcantone.ch
- Mendrisio Turismo, CH-6850 Mendrisio, Tel. 091 646 57 61, info.mendrisiotourism.ch, www.mendrisiotourism.ch
- Tenero e Valle Verzasca, CH-6598 Tenero, Tel. 091 745 16 61, info@tenero-tourism.ch, www.tenero-tourism.ch
- Vallemaggia Turismo, CH-6673 Maggia, Tel. 091 753 18 85, info@vallemaggia.ch, www.vallemaggia.ch

Jahreszeit und Wetter: Juli und August sind heiß

So sicher wie an Ostern die Staus auf der Autobahn vor dem Gotthardtunnel, so verbreitet ist das auch von den Medien genährte Vorurteil, dass der Frühling die ideale Wanderzeit für das Tessin sei. Ganz falsch ist die Idee nicht, die blühenden Magnolien- und Kamelienbäume an den Lidos von Locarno und Lugano geben einem Spaziergang die nötige Wärme. Und wer die niedrigeren Gipfel im Sottoceneri besteigen will, kann sich im März durchaus in die Höhe wagen. Aber man sollte dann nicht überrascht sein, wenn in Nordhängen des südlichen Tessins noch Schnee liegt – und wenn sich die so viel gepriesene Sonnenstube der Schweiz als feuchtes Regenloch erweist. Denn gerade Frühling und Herbst bringen viel Regen; das Regenmaximum liegt im Sommer, während der Winter die trockenste Periode ist und die Anzahl der ohnehin schon reichlichen Sonnentage vergrößert. Für das auch »insubrisch« genannte

Klima des Tessins gilt: größere Niederschlagsmenge als die Alpennordseite bei gleichzeitig geringerer Niederschlagshäufigkeit – denn die Niederschläge erfolgen meistens wolkenbruchartig, tagelanges trübes Wetter ist selten; deshalb mehr Sonnenscheindauer und höhere Strahlungsintensität. Diese Charakteristika sind je südlicher desto ausgeprägter und finden in der insubrischen Seenzone von Locarno und Lugano ihren Höhepunkt. Im Sottoceneri trübt allerdings die immer häufiger auftretende Dunstglocke aus den norditalienischen Industriegebieten das Klima auf ihre Art. Deshalb empfiehlt sich ein Ausflug auf die Gipfel zwischen dem Monte Ceneri und Chiasso dann, wenn der Wetterbericht Nordwind bis in die Täler verspricht. Dieser Wind ist der Nordföhn, der im Tessin, im Gegensatz zum bekannteren Föhn auf der anderen Seite der Alpen, in der Regel kalt bläst. Bei einer solchen Wetterlage stauen sich die nordwestlichen atlantischen Strömungen auf der Alpennordseite, wobei die Wolken häufig über den Alpenhauptkamm hinüberschwappen, weshalb die nördlichen Tessiner Täler vom Klima der Alpensüdseite nur in abgeschwächter Form profitieren.

Aber welche Jahreszeit ist nun die beste für die Gipfelbesteigungen? Allgemein gilt, wie sonst auch: Je höher die Berge, desto kürzer die optimale Zeit für Fußbesteigungen. Im Juni muss man an den Drei- und Fastdreitausendern in der nördlichen Hälfte der Tessiner Alpen normalerweise mit zu viel Schnee zum Wandern rechnen, besonders im Raume Basòdino; aber auch die Hochebene der Greina liegt um diese Zeit häufig noch unter einer weißen Decke. Und wenn es im Herbst mal ausgiebige Niederschläge gibt, kehrt in den nördlichen und höheren (oberhalb etwa 2500 m) Regionen bereits der Winter zurück. Im südlichen Teil dauert die Wandersaison natürlich länger, doch gerade der Gridone (2188 m) und der Pizzo di Vogorno (2442 m), die beiden schönsten Gipfel über dem Lago Maggiore (193 m), können noch Anfang April mit Südhängen zum Skifahren verlocken, weshalb es nicht erstaunt, wenn Schneereste noch im Mai die schattseitigen Pfade gefährlich machen.

Also, nochmals, wann ist die beste Wanderzeit? Wenn das Wetter mitmacht, so ist Mitte August bis Anfang September sehr schön. Dafür spricht: die hochsommerliche Gewitterneigung hat nachgelassen, die Ozonwerte sind nicht mehr so hoch, die Dunstglocke dafür tiefer, die Fernsicht besser – und, ganz wichtig: Es gibt immer noch Heidelbeeren und die Bäche und Seen verlocken zum Bade wie im Juli. Allerdings darf man dann nicht mehr mit Firnfeldern rechnen, welche die mühsamen Geröllhänge der Tessiner Alpen zu gleichmäßigen Flächen ausebnen.

Bei Orselina befindet sich das OTL, das Osservatorio Ticinese di Locarno-Monti, einer der drei Hauptsitze von MeteoSchweiz. Sein Wetterbericht wird täglich viermal erneuert; er ist am Telefon (Tel. 162) und am Radio zu hören; um 12 Uhr 20 gibt es auf Radio DRS 1 einen sehr ausführlichen Bericht; kürzer sind die Berichte von 7 Uhr 30 und 16 Uhr 50. Im weiteren veröffentlicht MeteoSchweiz täglich ab 17.30 Uhr den Spezialwetterbericht (0900 55 21 11) sowie ab 16 Uhr den Alpenwetterbericht (0900 55 21 38).

Ebenfalls sehr nützlich: www.meteoschweiz.ch, www.meteosvizzera.ch sowie www.meteomedia.ch. Radio DRS1 gibt nach den 9-Uhr- bzw. 8-Uhr-Nachrichten (Winter- bzw. Sommerzeit) auch das Wetter von Locarno-Monti bekannt, wobei das Wort »schön« häufiger als bei den andern Stationen gebraucht wird.

Karten: Maßstab 1:25 000 ist ein Muss

Die Nummern beziehen sich auf die Landeskarte der Schweiz: Dreistellige Nummern bedeuten Maßstab 1:50 000 (Ausnahme: die Zusammensetzungen 5001 Gotthard und 5007 Locarno–Lugano, die beide sehr brauchbar sind); Vierstellige Nummern bedeuten Maßstab 1:25 000. Karten im Maßstab 1:25 000 sollte man bei Wanderungen immer dabei haben, wenn möglich die jüngste Ausgabe. Die Karten sind nicht nur in Buchhandlungen erhältlich, sondern auch in größeren Kiosks.

Die 1:50 000-Blätter 265 Nufenenpass, 266 Valle Leventina, 267 San Bernardino, 276 Val Verzasca sind auch als offizielle Wanderkarten der

Schweizer Wanderwege erhältlich; zur Nummer kommt dann ein »T«.
Weitere Wanderkarten: 1:60 000 Tessin Sopraceneri und Tessin Sottoceneri (geben einen guten Überblick, aber nicht mehr); 1:60 000 Hinterrheintäler (mit Calanca und Mesolcina); alle diese Karten stammen aus dem Verlag Hallwag Kümmerly+Frey. 1:50 000 Sottoceneri; MPA Editions. 1:30 000, Carte turistico-escursionistica »Strade di Pietra« vom Programm Interreg II Italia Svizzera, folgende drei Blätter sind für das südliche Tessin sehr nützlich: 1 Basso Ceresio, Mendrisiotto; 2 Luinese, Gambarogno, Malcantone; 3 Valli di Lugano.

Sprache: Pizzo statt Pizza

Wer Pizzo für eine besondere Form von Pizza hält, sollte die Wanderungen auf die Piazza Grande in Locarno beschränken, in deren Restaurants häufig Deutsch gesprochen wird. Wer hingegen die Pizzi und Cime des Tessins kennen lernen will, darf mehr verstehen als Birra und Formaggio. Ist dies nicht der Fall, so zeugt es nur von Anstand, wenn man es bei einer Begegnung, zu Beginn eines Gesprächs trotzdem mit Italienisch versucht. Auf ein »bun di« sollte man allerdings mit »buongiorno« antworten, es sei denn, man beherrsche neben dem Italienischen auch den Tessiner Dialekt.

Unterkunft: con alloggio ist ein guter Tipp!

Für das Tessin sehr nützlich sind die jährlich herausgegebenen Hotelverzeichnisse Bellinzona & alto Ticino, Lago Maggiore und Lugano (zu beziehen bei Ticino Turismo). Im Telefonbuch sind die Unterkünfte meistens unter »Hôtels, etc.« zu finden, zuweilen aber auch unter »Caffé, ristoranti, grotti, bar«; der Zusatz »con alloggio« bedeutet »mit Zimmer«. Wenn das einzige Hotel am Übernachtungsort voll ist, so vermittelt es manchmal auch Privatzimmer. Sehr schnell gelingt die Unterkunftssuche natürlich per Internet: www.ticinotourism.ch, oder auf einer der regionalen Seiten. Die Hütten des Club Alpino Svizzero sind immer offen; wenn der Hüttenwart anwesend ist, kann man ihm einfache (!) Sachen zum Kochen abgeben oder das Menü bestellen; sonst kocht man selbst. Das Gleiche gilt, wenn nicht anders angegeben, auch für die Hütten der Federazione Alpinistica Ticinese, des Dachverbands der Tessiner Alpenclubs außer dem SAC, sowie für die vielen anderen Hütten im Tessin. Achtung: Kein Gegenrecht in den FAT-Hütten für Mitglieder nicht tessinerischer SAC-Sektionen sowie der meisten anderen Alpenvereine. Den besten Überblick über die Tessiner Hütten gibt www.capanneti.ch.
Wildes Zelten außerhalb der ausgewiesenen Zeltplätze ist im Tessin verboten. Und Feuermachen auch: Die Waldbrandgefahr ist häufig sehr groß!

Wege: Leitfaden durch die Wildnis

Wandern im Tessin stellt zuweilen höhere Ansprüche an das Orientierungsvermögen als Wandern auf der Alpennordseite. Nicht immer sind die Markierungen so deutlich wie auf der »Wanderautobahn« Strada alta Leventina. Manchmal fehlt ein eigentlicher Pfad, und wenn dann noch die Wegzeichen aufhören, braucht man Gespür für den richtigen Weg und gute Sicht. Dabei war doch vielleicht auf der Karte, sogar auf der jüngsten Ausgabe, ein Weg, ja sogar ein Wanderweg eingezeichnet. Aber die üppige Vegetation verdeckt die Pfade rasch, starke Regenfälle, verbunden mit Erdrutschen, verwischen die Wegspuren zusätzlich, und früher viel begangene Alpwege fallen wie die aufgegebene Alp nach und nach an die Natur zurück. Das Tessin ist nicht nur einer der gebirgigsten, unwegsamsten Kantone der Schweiz, sondern überdies anteilsmäßig der am dichtesten bewaldete: Mehr als fünfzig Prozent der Fläche des Tessins bedeckt Wald, Gebüschwald, Gehölz.
Gerade die alten Alpwege werden mehr und mehr wieder als Wanderwege markiert, und selbst in öden Geröllhalden und an ausgesetzten Gipfeln finden sich immer häufiger markierte Routen. Doch aufgepasst: Eine weiß-rot-weiß markierte Bergwanderroute im Tessin ist häufig schwieriger als eine gleiche Route auf der Alpennordseite und entspricht teilweise einer alpinen Route, die weiß-blau-weiß markiert sein sollte. Dass die Routen nicht in jedem Fall nach offiziel-

len Verbandsrichtlinien markiert sind, zeigt sich auch an den vielen ungewöhnlichen Markierungszeichen. Da und dort hat man auch schon zu viel Farbe verstrichen und damit das Abenteuer Wildnis-Wandern banalisiert. Grund zum Bedauern besteht nicht: Wer Wege abseits ausgetrampelter, markierter und überhaupt aller Pfade sucht, kommt zwischen Adula und Basòdino schnell auf Touren.

Es gibt im Tessin gut markierte, aber weglose Routen. Und es gibt nicht markierte, aber trotzdem gut sichtbare Wege. Bei den Beschreibungen wurde nicht immer angegeben, wann der Weg auf der Karte eingezeichnet, im Gelände aber nicht zu finden ist und umgekehrt. Wer zwischen Gotthard und Chiasso wandert, muss mitdenken, muss die Route fühlen können, sollte sich hineinversetzen in die früheren Bewohner der Bergtäler, Wo und wie sie ihre sentieri alpestri angelegt haben. Die Steinhütten sind gute Wegweiser: Wo eine cascina, eine stalla steht, gibt oder gab es mal einen Pfad. Apropos Wegweiser: Die metallenen Stangen mit den gelben Schildern können da stehen, wo man sie nicht erwartet, wie am Fuß der Nordostflanke des vergletscherten Basòdino. Weit häufiger sind die Ziele direkt auf Stein geschrieben. Steine gibt es schließlich genug im Tessin. Den Zeitangaben darf man nicht immer trauen: 5 Std. 10 Min. gibt der Wegweiser zur Capanna Gesero auf dem Bahnhofplatz Bellinzona an; ein paar Schritte weiter, bei der Überführung über die Gotthardeisenbahn, sind es nur noch vier Stunden. Immer noch ziemlich weit. Doch wer mit schnell erreichbaren Gipfelzielen rechnet, ist im Tessin ohnehin auf dem falschen Weg.

DIE SCHÖNSTEN GIPFELTREKKINGS IM TESSIN

STRECKENWANDERUNGEN

Strada altissima Gottardo–Chiasso

In elf bis vierzehn Tagen durch das Tessin, eine Wander-Haute-Route vom Alpenhauptkamm an den Rand der Poebene, eine lange, anspruchsvolle Strada alta von ganz oben bis ganz unten: die Strada altissima Gottardo–Chiasso. Täglich mindestens ein Höhepunkt, täglich eine bedeutende Strecke, täglich ein Stück Ticino abseits ausgetrampelter Pfade und doch mittendrin in der Wirklichkeit. Die Etappen: 1) Gotthard–Pizzo Lucendro–Airolo; 2) Airolo–Pizzo di Sassello–Fusio; 3) Fusio–Pizzo Campo Tencia–Capanna Sponda. Die schwierigste Etappe; etwas leichter ist es, vom Campo Tencia in die gleichnamige Hütte abzusteigen und am nächsten Tag den Pizzo Forno zur Capanna Sponda zu überschreiten; Ausweichtour: Monte Zucchero von Prato nach Sonogno; 4) Capanna Sponda–Pizzo Barone–Sonogno; 5) Sonogno/Frasco–Scaiee–Abstecher zur Cima di Gagnone–Lavertezzo; 6) Lavertezzo–Abstecher zum Pizzo di Vogorno–Cima dell' Uomo–Bellinzona; Variante: in der Capanna Albagno übernachten und am nächsten Tag über Bellinzona die Capanna Gesero erreichen; 7) Bellinzona–Corno di Gesero–Carena; 8) Carena–Abstecher zum Camoghè–Gazzirola–Cima di Fojorina–Capanna Pairolo; Variante: Etappe aufteilen und in der Capanna Bar oder im Rifugio Garzirolo übernachten; 9) Capanna Pairolo–Denti della Vecchia–Monte Boglia–Gandria; 10) Mit dem Schiff nach Cantine di Gandria–Sighignola–Arogno–Monte Generoso; 11) Monte Generoso–Valle di Muggio–Monte Bisbino–Chiasso. Mitnehmen: Ausdauer, Schwindelfreiheit, Orientierungsvermögen. Vor Ort: Unterkunft, Verpflegung und – hoffentlich – beständiges Sommerwetter. Touren 4 bis 6, 8, 47, 49, 51, 52, 59, 60, 63, 64, 66.

Von Airolo nach Olivone

Eine Woche der Wasserscheide zwischen Adria und Nordsee entlangwandern, von Airolo, dem

Dorf auf der Sonnenseite des Gotthards, nach Olivone, dem Dorf am Südfuß des Passo del Lucomagno. Unterwegs sieben Gipfel besteigen, liebliche Grasberge und kernige Geröllspitzen. In Berghütten nächtigen, mit Polenta und Merlot zum Nachtessen, mit caffè und Alpkäse zum Frühstück. Die leichte bis anspruchsvolle Bergwanderung führt von der Leventina in die Valle di Blenio, durch den östlichen Teil der nördlichen Tessiner Alpen. Zwei ganz besondere Gegenden sind darin eingelagert: das blumen- und seenreiche Hochtal von Piora und die abgeschiedene, vor der Zerstörung gerettete Hochebene der Greina. Und wer die nötige Erfahrung und Ausrüstung mitbringt, besteigt am Ende den höchsten Berg des Tessins. Ein Sommertrekking. Touren 11 bis 17; evtl. 18 und 19.

Trekking del 700°: il Ticino da Est a Ovest

Das »Trekking del Settecentesimo« ist eine offizielle Ost-West-Durchquerung der Tessiner Berge, von der Valle Mesolcina bis in die italienische Val Formazza. Die Talorte: Mesocco–Rossa/Selma (Val Calanca)–Biasca–Frasco/Sonogno (Val Verzasca)–Prato–Sornico (Val Lavizzara)–Fontana/San Carlo (Val Bavona)–Formazza. Man kann nur die Pässe überschreiten oder auch ein paar Gipfel mitnehmen. Sieben Tage für den Tessiner Weitwanderweg zum 700. Geburtstag der Schweiz von 1991 einplanen. Touren 24, 21, 46, 47, 35, 34, 29.

Von Ossasco nach Ponte Tresa

In 10 Tagen der Westgrenze des Tessins entlangwandern, von Ossasco in der Val Bedretto bis Ponte Tresa am Lago die Lugano: Die 111 Kilometer lange Route ist ein neuer Sentiero alto von der Südseite des Gotthards Richtung Süden. Ein anspruchsvolles Abenteuer in einer stein- und wasserreichen Gegend mit dem Höhepunkt Basòdino (Gletscher!). Wenn in Cimalmotto keine Unterkunft zu finden ist, wandert man gleich weiter zum Rifugio Alpe d'Arena. Wegen des schwierigen Basòdino (kann aber umgangen werden) und der Schwimmstrecke zwischen Brissago und Ranzo (kann auch mit dem Schiff zurückgelegt werden) dürfte Juli ein geeigneter Zeitpunkt sein. Touren 27 bis 29, 31, 33, 40, 41, 57 bis 55.

Wandern und Baden, Gipfelglück und Traumstrände

Eine Woche lang kreuz und quer über und durch die westlichen Tessiner Berge wandern. Zu Beginn ins Steinbecken der Bagni di Craveggia tauchen, in hochalpinen Badewannen planschen, in der Verzasca schwimmen, in klaren Gebirgsseen die heißen Füße kühlen und am Ende unter dem warmen Wasserfall von Maggia kühlen Kopf bewahren. Sich tagsüber auf warmen Granitblöcken trocknen lassen und abends an schattigen Granittischen nicht auf dem Trockenen bleiben. Und folgende Gipfel besteigen: Cima del Sassone, Cramalina, Pizzo Alzasca, Monte Zucchero, Cima di Gagnone, Madom da Sgiòf. Ein Badetuch für den hochalpinen und -sommerlichen Badeplausch braucht es nicht unbedingt. Touren 39, 36, 35, 47, 44.

RUND- UND STERNWANDERUNGEN

Val Bavona und Val Lavizzara: Neue Horizonte auf alten Wegen

Die Tour zeigt das Tessin von einer echten, kontrastreichen Seite, verlangt aber gleichzeitig das, was die Tessiner Berge ihren Bewohnern abverlangt hatten: Ausdauer, Mut, Orientierungssinn, Geschicklichkeit auf den unglaublichen Alpwegen und auf den Gipfeln mit Geröll, Gletschern und Gras. Zur Einstimmung empfiehlt sich die Lektüre von Plinio Martinis Romanen. Die Route: Ossasco–Cristallina–Robièi–Basòdino–Piano delle Creste–Pizzo Fiorèra–Val Bavona–Pizzo Rosso–Prato-Sornico–Pizzo Campo Tencia–Fusio–Pizzo di Sassello–Airolo. Touren 27 bis 29, 34, 6, 5.

Die Riviera einmal anders

Viel durchfahren und kaum bekannt, das ist die Riviera, der zweitunterste Abschnitt des Tessintals zwischen Biasca und Bellinzona. Ein flacher Talboden, beidseits von unglaublich hohen und steilen Bergen gesäumt. Zeit also, hin- und hinaufzugehen. Die Strecke (6 bis 7 Tage): Biasca–Capanna Cava–Landarenca in der Val Calanca–Pizzo di Claro–Rifugio Alpe Peurett oder Capanna Brogoldone–Claro–Moleno–Capanna Gariss–Cima dell'Uomo–Lavertezzo–Cima di Gagnone–Capanna d'Efra–Biasca. Sonnenhut nicht vergessen, gut trainierte Oberschenkelmuskeln sind von Vorteil. Touren 21 bis 23, 49, 47, 46.

Giro di Lugano

Sechstägige Gratwanderung über die Berge, die sich im nördlichen Halbkreis von Lugano erheben. Vom Monte Mondini über den Monte Tamaro und den Monte Bar bis zum Monte Boglia und zum Monte Brè: 22 große und kleine Gipfelziele am Südrand der schweizerischen Alpen. Berghütten und Gasthäuser säumen den aussichtsreichen Weg, eine Schifffahrt von Lugano in der Morgen- und eine solche nach Lugano in der Abendsonne runden die Rundwanderung an der Grenze der Schweiz ab. Am fernsichtigsten im September und Oktober. Touren 55, 56, 58 bis 60. Man kann auch von Bellinzona über die Cima di Medeglia (Tour 53) oder von Locarno über den Monte Gambarogno (Tour 57) auf den Luganeser Rundkurs aufspringen.

Locarneser Köstlichkeiten

Auf der Piazza Grande von Locarno stehen und um sich blicken: schöne Fassaden und darüber Berge. Viele der Gipfelziele können dank der guten Verkehrsverbindungen mit Start in Locarno erreicht werden. Folgende Spitzen sieht man von der Stadt aus: Sassariente und Cima di Sassello, Pizzo di Vogorno, Corno di Gesero, Camoghè, Covreto bis Monte Tamaro, Gridone und Pizzo Leone, Pizzo Ruscada, Salmone und – nicht zu vergessen – den Hausberg Cima della Trosa. Empfehlenswert von Mai bis Oktober, am schönsten Anfang August während des Internationalen Filmfestivals: Auf der Piazza Grande sitzen und hinter der Leinwand den letzten Sonnenstrahl am Vogorno sehen. Touren 38, 40 bis 43, 49 bis 52, 56, 57.

DIE WANDERSKALA DES SAC

Die 66 Touren mit ihren Varianten wurden nach der neuen Wanderskala des Schweizer Alpen-Clubs (SAC) bewertet. Diese im Jahr 2002 lancierte Skala findet nicht nur in den SAC-Führern Verwendung, sondern zunehmend auch in andern deutsch- und italienischsprachigen Führern und Zeitschriften. Die alte dreistufige Wanderskala (B für Bergwanderer, EB für erfahrener Bergwanderer und BG für Berggänger) hielt den heutigen Anforderungen nicht mehr stand. Im Vergleich zu den übrigen Skalen (Hochtouren, Kletterrouten, Klettersteige und Skitouren) war sie zu grob. Ganz wichtig in der neuen Wanderskala sind die Referenztouren. Das Kürzel T steht übrigens für »Tourism« und »Trail«; es erinnert zudem an die Wanderkartenblätter der Landestopografie im Maßstab 1:50 000, wie zum Beispiel 266T Valle Leventina.

Grad	Weg/Gelände	Anforderungen	Referenztouren CH	Referenztouren TI
T1 Wandern	Weg gut gebahnt falls nach SAW-Normen markiert: gelb Gelände flach oder leicht geneigt, keine Absturzgefahr	keine, für Turnschuhe Orientierung problemlos, auch ohne Karte möglich	Männlichen–Kleine Scheidegg Hüttenweg Jurahaus Cabane Mont Raimeux Vermigelhütte	Strada alta Leventina Capanna Pairolo von Cimadera Capanna Cadagno von Ritom Capanna Adula CAS von der Val Carassino
T2 Bergwandern	Weg mit durchgehendem Trassee und ausgeglichenen Steigungen falls markiert: weiß-rot-weiß Gelände teilweise steil, Absturzgefahr nicht ausgeschlossen	etwas Trittsicherheit, Trekkingschuhe empfehlenswert elementares Orientierungsvermögen	Wildhornhütte Bergseehütte Täschhütte ab Täschalp	Capanna Cristallina von Ossasco Capanna Piansecco von All'Acqua Capanna Alzasca von Cevio Passo Campolungo
T3 anspruchsvolles Bergwandern	am Boden ist meist noch eine Spur vorhanden, ausgesetzte Stellen können mit Seilen oder Ketten gesichert sein, eventuell braucht man die Hände für das Gleichgewicht falls markiert: weiß-rot-weiß zum Teil exponierte Stellen mit Absturzgefahr, Geröllflächen, weglose Schrofen	gute Trittsicherheit, gute Trekkingschuhe durchschnittliches Orientierungsvermögen elementare alpine Erfahrung	Hohtürli Sefinenfurgge Fründenhütte Grosser Mythen	Pizzo Centrale vom St. Gotthard Pizzo di Vogorno von der Capanna Borgna Pizzo di Claro vom Lago di Canee Passo Laghetto von der Capanna Quarnei Gridone von der Capanna Al Legn
T4 Alpinwandern	Weg nicht überall sichtbar, Route teilweise weglos, an gewissen Stellen braucht es die Hände zum Vorwärtskommen falls markiert: weiß-blau-weiß Gelände recht exponiert, heikle Grashalden, Schrofen, einfache, apere Gletscher	Vertrautheit mit exponiertem Gelände, stabile Trekkingschuhe Gewisse Fähigkeit zur Geländebeurteilung und gutes Orientierungsvermögen alpine Erfahrung	Schreckhornhütte Dossenhütte Mischabelhütte Übergang Voralphütte–Bergseehütte Vorder Glärnisch Steghorn (Leiterli) Lisengrat Pass Casnile Sud	Cima dell'Uomo von der Capanna Albagno Sassariente Normalroute Piz Terri von der Capanna Motterascio Passo del Piatto von der Capanna Cognora Cristallina von der Capanna Cristallina Pizzo Cassinello von der Capanna Scaradra
T5 anspruchsvolles Alpinwandern	oft weglos, einzelne einfache Kletterstellen bis II falls markiert: weiß-blau-weiß exponiertes, anspruchsvolles Gelände, Schrofen, wenig gefährliche Gletscher und Firnfelder	Bergschuhe Fähigkeit zur sicheren Geländebeurteilung und sehr gutes Orientierungsvermögen gute Alpinerfahrung und elementare Kenntnisse im Umgang mit Pickel und Seil	Cabane Dent Blanche Bordierhütte Bütlasse von der Sefinenfurgge Salbitbiwak Sustenjoch Nordflanke Pass Cacciabella	Pizzo Campo Tencia von der Capanna Campo Tencia Torent Basso vom Passo del Mauro Sasso Grande (Denti della Vecchia) Pizzo di Claro Südgrat (»via Lumino«)
T6 schwieriges Alpinwandern	meist weglos, Kletterstellen bis II meist nicht markiert häufig sehr exponiert, heikles Schrofengelände, Gletscher mit Ausrutschgefahr	ausgezeichnetes Orientierungsvermögen ausgereifte Alpinerfahrung und Vertrautheit im Umgang mit alpintechnischen Hilfsmitteln	Ostegghütte Piz Linard Glärnisch Guppengrat	Via alta della Verzasca

DIE 66 TOUREN GEORDNET NACH DEN SCHWIERIGKEITSGRADEN T1 BIS T6

Ohne Gipfel sind einige Touren leichter, zum Beispiel der Pizzo di Sassello zwischen Airolo und Fusio: über den Passo nur ein T2, mit dem Pizzo T5.

T1

60 Monte Brè

T1/T2

54 Monte Caslano
66 Monte Bisbino–Bedòla

T2

3 Chilchhorn
10 Pizzo di Nara
43 Cima della Trosa
55 Monte Mondini
58 Caval Drossa–Monte Bar
61 San Salvatore
62 Monte San Giorgio–Poncione d'Arzo

T2/T3

13 Pizzo di Cadrèigh
38 Salmone
42 Pizzo Leone–Corona dei Pinci–Monte Verità
56 Monte Lema–Monte Gradiccioli–Monte Tamaro

T3

1 Pizzo Centrale
9 Pécian
12 Piz Corandoni
21 Mottone di Cava
23 Pizzo di Claro
24 Cima de Nomnom
29 Pizzo Fiorèra (Weg nach Foroglio)
32 Pizzo di Bronzo
40 Pizzo Ruscada
41 Gridone
44 Madom da Sgiòf
48 Pizzo d'Eus
52 Camoghé
57 Covreto–Monte Paglione–Monte Gambarogno
59 Gazzirola–Cima di Fojorina
60 Denti della Vecchia (ohne Sasso Grande)–Monte Boglia
63 Monte Generoso

T3/T4

2 Scopi
4 Pizzo Lucendro
39 Cima del Sassone
47 Scaiee–Cima di Gagnone

T4

7 Pizzo Forno
8 Pizzo Barone
14 Cima di Garina
15 Piz Valdraus
16 Piz Terri
18 Pizzo Cassinello
20 Cima di Negrös
22 Cima di Biasca
25 Piz d'Arbeola–Cima de la Bedoleta
27 Cristallina
29 Pizzo Fiorèra (Route über Alpe Formazzöö)
30 Heij Barg
33 Pizzo della Cavegna–Munzelüm
45 Cima di Nimi–Pizzo Corbella–Madone–Cima della Trosa
49 Pizzo di Vogorno–Cima dell'Uomo
50 Sassariente–Cima di Sassello
51 Motto d'Arbino–Corno di Gesero
53 Matro–Cima di Medeglia
63 Sighignola
65 Poncione di Cabbio–Sasso Gordona

T4/T5

31 Pizzo Bombögn
34 Pizzo Rosso
36 Cramalina–Pizzo Alzasca

T5

5 Pizzo di Sassello
6 Pizzo Campo Tencia (Aufstieg von Tencia-Hütte und von Fusio, Abstieg nach Prato)
17 Sosto
26 Piz Giümela–Senda del Bò
29 Pizzo Fiorèra (Gipfel und Route über Passo Cazzòla)
35 Monte Zucchero
37 Pizzo Coca
46 Poncione d'Alnasca–Cima d'Efra
60 Sasso Grande (Denti della Vecchia)

T6

6 Pizzo Campo Tencia (Abstieg zum Rifugio Sponda)

Hochtour

Vergletscherte Touren, die eine andere Erfahrung und Ausrüstung voraussetzen, obwohl sie mit Ausnahme des Südabstieges vom Basòdino technisch und orientierungsmäßig im Normalfall leicht sind. Eine Überquerung des Pizzo Campo Tencia ist das größere alpinistische Unternehmen als der Normalweg auf die Adula. Aber Gletscher ist Gletscher!

19 Adula
28 Basòdino

GIPFEL-REGISTER

Die Zahlen entsprechen den jeweiligen Touren-Nummern. Cima, Corno, Monte, Motto, Piz, Pizzo, Poncione, Torrone etc. wurden nachgestellt.

HÜTTEN-REGISTER

◄ Nach den Gipfelzielen: Ein gedeckter Granittisch wie hier im Riposo Romantico auf der Sonnenseite der Centovalli. Minestrone, formaggio, pane, birra e gazosa: Braucht es mehr? Buon appetito e salute!

Reihe Naturpunkt

Silvia Fantacci
Ueli Hintermeister
Val Calanca
25 Wanderungen
in einem ursprünglichen
Südalpental.

288 Seiten, Broschur
Zürich 2002
Fr. 42.–/Euro 24,–
ISBN 3-85869-238-7

Philipp Bachmann
Jurawandern
Vom Wasserschloss
bei Brugg zur Rhoneklus
bei Genf

288 Seiten, Broschur
2. Aufl. Zürich 2002
Fr. 42.–/Euro 24,–
ISBN 3-85869-219-0

Thomas Bachmann
Sagenhaftes Wandern
13 Ausflüge in die Gegen-
wart der Urschweizer
Sagenwelt.

216 Seiten, Broschur
Zürich 2003
Fr. 39.–/Euro 22,–
ISBN 3-85869-202-6

Margrit und
Jürgen Wiegand
Querungen
Dreimal zu Fuß
durch die Schweiz.

256 Seiten, Broschur
Zürich 2000
Fr. 42.–/Euro 24,–
ISBN 3-85869-203-4

Gerhard Stürzlinger
Durchs wilde Wipptal
Wandern zwischen
Innsbruck und Mauls.

240 Seiten, Broschur
Zürich 2001
Fr. 38.–/Euro 20,–

François Meienberg
Glarner Überschreitungen
18 Wanderungen zu
Geschichte und Gegenwart
eines engen Tals.

288 Seiten, Broschur
2. Auflage, Zürich 2002
Fr. 42.–/Euro 23,–
ISBN 3-85869-204-2

Lesewanderbücher

Ursula Bauer und
Jürg Frischknecht
Grenzland Bergell
Wege und Geschichten zwischen Maloja und Chiavenna.

360 Seiten, Broschur
Zürich 2003
Fr. 42.–/Euro 24,–
ISBN 3-85869-267-0

Ursula Bauer und
Jürg Frischknecht
Bäderfahrten
Wandern und baden, ruhen und sich laben.

432 Seiten, Broschur
Zürich 2002
Fr. 45.–/Euro 26,90
ISBN 3-85869-236-0

Ursula Bauer und
Jürg Frischknecht
Antipasti und alte Wege
Valle Maira – Wandern im andern Piemont.

304 Seiten, Broschur
2. Auflage, Zürich 2000
Fr. 38.–/Euro 20,–
ISBN 3-85869-175-5

Ursula Bauer und
Jürg Frischknecht
Veltliner Fussreisen
Zwischen Bündner Pässen und Bergamasker Alpen.

416 Seiten, Broschur
3., vollständig überarbeitete Auflage, Zürich 2000
Fr. 45.–/Euro 23,–
ISBN 3-85869-136-4

Beat Hächler (Hrsg.)
Das Klappern der Zoccoli
Literarische Wanderungen im Tessin.

528 Seiten, Broschur
3. Auflage, Zürich 2001
Fr. 42.–/Euro 23,–
ISBN 3-85869-196-8

Ursula Bauer und
Jürg Frischknecht
Grenzschlängeln
Zu Fuß vom Inn an den Genfersee. Routen, Pässe und Geschichten.

432 Seiten, Broschur
4., vollständig überarbeitete Auflage, Zürich 2000
Fr. 45.–/Euro 23,–
ISBN 3-85869-123-2